男孩危机

〔美〕沃伦·法雷尔 / 约翰·格雷◎著
徐海崃◎译

THE
BOY
CRISIS

四川科学技术出版社

图书在版编目（CIP）数据

男孩危机 / （美）沃伦·法雷尔，（美）约翰·格雷
著；徐海幏译. -- 成都 ：四川科学技术出版社，
2020.8
　书名原文：THE BOY CRISIS
　ISBN 978-7-5364-9912-6

　Ⅰ．①男… Ⅱ．①沃… ②约… ③徐… Ⅲ．①男生—
青少年教育 Ⅳ．①G775

中国版本图书馆CIP数据核字(2020)第159806号

四川省版权局著作权合同登记章　图进字21-2020-217号
© 2018 by Warren Farrell, Part VI copyright © by John Gray. Published by arrangement
with Folio Literary Management, LLC and The Grayhawk Agency Ltd.

男孩危机
NANHAI WEIJI

出 品 人：程佳月　　　　　　　　　　　　责 任 编 辑：罗小燕
著　　者：[美]沃伦·法雷尔　[美]约翰·格雷　责 任 出 版：欧晓春
译　　者：徐海幏
出 版 发 行：四川科学技术出版社
　　　　　地址：成都市槐树街2号　邮政编码：610031
　　　　　官方微博：http://weibo.com/sckjcbs
　　　　　官方微信公众号：sckjcbs
　　　　　传真：028-87734035
成 品 尺 寸：150mm×230mm
印　　张：14.5
字　　数：460千
印　　刷：文畅阁印刷有限公司
版次/印次：2021年1月第1版　2021年1月第1次印刷
定　　价：68.00元

ISBN 978-7-5364-9912-6
版权所有　翻印必究
本社发行部邮购组地址：四川省成都市槐树街2号
电话：028-87734035　邮政编码：610031

《男孩危机》的读者是每一个人

《男孩危机》所获赞誉

颇具原创性和思想性，充满宝贵的实用知识，这些知识有助于我们理解男孩们的未来并为其提供支持。

——杰克·坎菲尔

《纽约时报》畅销书排行榜第一名《心灵鸡汤》系列作品（合著）作者

作为妇女运动的积极分子，我为自己能够帮助我们的女孩拓宽生命的选择而感到自豪。然而，迄今为止尚未有人为我们的男孩做出同样的努力。在这部引人入胜、令人惊叹的杰作中，沃伦·法雷尔博士将探索的目光聚焦在了"叫不出名字的男孩问题"上。最重要的是，他满怀同情心地为家长和教育工作者提供了一些明确的解决方案。

——盖尔·希伊

《人生变迁》和《理解男性的人生变迁》作者

对任何一个关心我们的男孩、我们的学校、我们的文化以及我们这个国家的未来的人而言，都有必要读一读这部著作。

——海伦·史密斯

博士，《罢工中的男性》作者

《男孩危机》是 21 世纪里最重要的一部著作。沃伦·法雷尔和约翰·格雷都极其杰出，他们数十年来针对性别问题所做的阐释以及极其详尽的研究为我们提供了真知灼见，有助于我们理解男孩们的状况为什么在不断下滑，为什么我们会生活在一个暴力现象与日俱增的世界。更重要的是，他们还提供了一些能够让我们所有人团结起来的解决方案。如果你关心人类的生死存亡，那你就必须读一读这部著作。

——杰德·戴蒙德

哲学博士，《雄性易怒综合征》作者

《男孩危机》是我们这个时代最富有思想的一位作者针对有关美国男孩的各种最关键、最严重但是却没能得到充分报道的各种问题展开的探讨，这部著作具有开创性的意义，对问题的研究详尽无遗。作为一个失去父亲的男性的妻子，以及一个充分拥有父爱的男孩的母亲，我能够肯定地说这部著作意义深远。

——苏珊娜·文克

《福克斯新闻》供稿人 ，《对男性的战争》作者

在过去的 50 年里，全世界没有人能比沃伦·法雷尔和约翰·格雷的著作更深入彻底地对男女两性的话题进行阐述。看到这两位极其富有智慧的作者联手写出了《男孩危机》一书就仿佛看到了两个探照灯将灯光双双聚焦于我们这个时代最重要的社会问题上——今天的男孩、明天的男人将去往何方？

——尼尔·林登

《停止性别战争》作者

《男孩危机》是一部了不起的、充满同情心的著作，对问题做出了清晰的分析，并且提供了切实可行的解决方案。我自己在长大成人的过程中就经历过这样的危机，我发现沃伦·法雷尔博士和约翰·格雷为我们的男孩、我们的家庭和我们这个国家走向更美好的未来提供了一份路线图。

——塔比提·布恩

美国前总统奥巴马主持的"白宫父爱良师倡议"的拥护者，
为了养育女儿，放弃了美国职业篮球赛的职业生涯

读《男孩危机》一书令人不安和焦虑。我经历过失去父亲、疏远父亲和那种孤独感，在很大程度上我又将这一切复制在了我的儿子身上。通过这部杰出的著作，沃伦·法雷尔为我们指出了一条清晰的道路，告诉我们作为成年男性，作为家庭的一分子，我们应当如何打破这样的恶性循环。

——戴维·麦吉耶希

前美国全国橄榄球联盟后卫及全国橄榄球联盟球员协会区域主任，
《脱离联盟》作者

现在，我有两个年幼的孙儿，《男孩危机》或许将成为我的"圣经"。

——伊琳·皮齐

全球首家女性家庭暴力受害者收容所创办人

一部极其重要、影响深远的著作，作者以无可辩驳的研究为本书提供了支持，为每一位家长和专业人员提供了积极重塑男孩生活的工具。

——迈克尔·古里安

《男孩的奇迹》和《拯救男孩》作者

沃伦·法雷尔博士是一位睿智的文化战士，他充满同情心，富有智慧。他不仅在这场男孩危机的问题上扮演了顾问的作用，而且还为我们的男孩所面对的"社会"本身——在他看来从"英雄悖论"到男性特有的抑郁问题等一系列潜在状况——以及如何改善我们的男孩的精神健康、身体健康、经济健康和教育健康状况的问题提供了指导意见。

——芭芭拉·马克思·哈伯德

意识进化基金会主席

《男孩危机》是一座宝库。作为一名供职于一家团体中心、负责照顾数百名男性青少年的"养母"，我知道倘若这些男孩的父母能够读一读《男孩危机》，这些男孩就不会被人从家中带走，就会面对更负责、更有爱心的家长。

——瓦妮莎·达恩博士

安全着陆团体中心执行理事

对于任何一位育有男孩的家长来说，这都是一部必读书籍。从身体健康、心理健康，到为你的儿子创造稳定的生活环境，对于各种层面的问题，你都能从本书中获得指导。这部著作不仅阐明了问题，而且还对造成问题的原因做出了解释，从而让读者对问题获得全面的理解。

——雷切尔·亚历山大

《市政厅》撰稿人

沃伦·法雷尔和约翰·格雷对千千万万男孩和青年男性所面对的各种问题做出了深刻、坦诚、令人大开眼界的阐述。

——琳达·尼尔逊博士

维克弗里斯特大学教授，《父女关系》作者

作为一名从业 30 多年的治疗师，我亲眼见证了被沃伦·法雷尔博士和约翰·格雷定义为一种社会化过程的危机。这场危机不起眼，但是具有极大的破坏性，它令年轻男性变得更容易走向死亡而不是活下去。对于如何改变这场危机的问题，法雷尔和格雷给予了非常敏锐的关注，做出了深刻而急迫的阐述。

——罗瑞·D·加帕林

执业临床社会工作者，卡斯尔伍德治疗中心联合创始人

给予男孩的任何一点帮助往往都会被认为意味着停止对女孩的帮助。沃伦·法雷尔帮助我们理解了为什么一旦男孩失败了、我们的女孩也将遭遇失败这个问题。但是，男孩在茁壮成长过程中所需要的帮助有别于女孩所需要的帮助。沃伦·法雷尔理解这一点。作为养育了一个女儿的父亲，我相信读一读《男孩危机》会令我们有所获益。

——伦纳德·萨克斯

医学博士，《纽约时报》畅销书《迷茫的男孩》和
《为什么性别如此重要》作者

《男孩危机》堪称是一部扭转时局之作。如果你爱你的儿子、兄弟、丈夫、男友或者其他的男性，这本书都将改变你和他们的生活。这本书充满了真知灼见，充满了同情心，也为爱的进化做出了震撼人心的展望，是一部必读作品。

——马克·加夫尼博士

整体智慧中心主席

切中要害，鼓舞人心，信息翔实。

——特洛伊·肯普

美国男孩发育中心执行董事

概述

真的有"男孩危机"吗

真抱歉，我是个男人。

——戴维·坎利夫[①] / 新西兰工党领袖，2014

在一次宴会期间，一位前州长、一位部长、一家公关公司的老板、两位作家和一位加州大学伯克利分校的教授（其中3名男性，3名女性，这6人中有3名坚定的女权主义者）进行了一场热烈的讨论。就在交流的过程中，身为东道主之一的作家萨姆·凯因提出了一个问题："如果出生在今天的话，你们更希望自己是什么人——男孩还是女孩？"

每一位男士的答案都是"女孩"，3位女士中有2个人也做出了同样的回答。

在另一次宴会期间，好朋友的女儿梅利莎告诉我的妻子丽兹和我，她怀孕了。我问梅丽莎的丈夫如果孩子是男孩的话，他对孩子有什么期望。安迪的眼睛一下子就亮了起来。"在他还是婴儿的时候，我要把他举得高高的，跟他一起满地打滚。我估计我想得最多的还是他大一些的时候，我们会在家里打打闹闹，踢踢球。我都等不及想教他钓鱼，还有踢足球了。我还记得以前我父亲让着我、假装我能带球过人时的情景，母亲回家后，我大喊大叫地告诉她的第一件事情就是我把爸爸给踢赢了。我也想为我的儿子做

---

① 戴维·坎利夫于2013年9月—2014年9月担任工党领袖。2014年7月，在女性保护组织妇女庇护所主办的座谈会上，当谈到新西兰根深蒂固的男性至上主义问题时，他为自己是一名男性而表示道歉，因为男性造成的家庭暴力和性暴力现象普遍存在。事后，他的这番表态遭到了不少人的驳斥，后者提出并非所有的男性都虐待成性，坎利夫的表态打击面过大、过于片面。

这些事情。"

这天晚上，我后来又问安迪："要是你必须做出选择的话，你会选择哪一个——男孩还是女孩？"迟疑片刻后，安迪用严肃的语气回答道："女孩。现如今……现如今，还是女孩吧！"我问他为什么，他实事求是地说："现如今，女孩想干什么都行，男孩却不行。我更担心的是男孩会在学校里表现得很差劲，或者沉迷于电子游戏等事情。"

诚然，无论是在外部还是内部，女孩们的面前依然存在着各种文化偏见。真正令我震惊的是，尽管安迪会充满热情地憧憬跟儿子玩耍时的情景，但是他的幻想还是被他作为父亲的本能渴望压倒了。他固然会幻想自己将对孩子的人生产生怎样的影响，但是他更渴望孩子拥有最美好的人生。在这种心理的作用下，女孩就成了他的首选。

过去，大部分父亲都希望家里的第一个孩子是儿子。现在，情况变了。安迪更深层的"父亲本能"——为孩子的考虑超过了为自己的考虑——跟当今社会的大部分父亲一样：在即将成为父亲的人里，想要女儿的人是想要儿子的人的2倍之多。

在即将成为母亲的女性中，希望第一个孩子是女儿的比父亲的人数更是多了24%。

以前，我们大多数人应该都觉得在长大成人后，女儿比儿子更有可能搬回家跟父母住在一起，因为事实就是如此。现在，情况变了。在25岁至31岁的年轻人里，愿意跟父母住在一起的男性比女性多了66%。

有史以来第一次，年轻男性更有可能跟父母——而不是伴侣——住在一起。相反，女性却更有可能跟伴侣住在一起。

凯文的父亲威廉告诉我："我们给凯文办了一个非常棒的30岁生日，生日过后他就搬回来了，住在他小时候的房间，我记得当时我就在心里嘀咕：'这证明我当父亲当得很失败。我从来没有跟凯文说过这种话，但是直到现在我都没有打消这个念头。'"

然而，凯文还是察觉到了父亲的羞愧感。更令他感到困扰的是，"有个女孩和我在一次聚会上调了调情。我想叫她跟我一起走，可是我又不能叫她跟"我一起回我父母的家，所以我就只能一个劲地调着情。最终，还是她开口了：'这里太吵了。咱们还是去别的地方吧。'于是，我就提议去酒吧。

她看着我的眼神就好像我有什么问题似的。她的目光充满了诱惑，她用手指抚弄着我的衬衫扣子，跟我说：'也许你家？……你就住在附近吧？'"

"我说：'是的，但是我跟父母住在一起。'我想问她有没有我俩能去的地方，可是就在说出我跟父母住在一起的时候，我看到她一下子就僵住了。她借口说要'上个厕所'，等从厕所出来后，她就径直去了一个女孩那里，她们俩鬼鬼祟祟地打量着我，一边看还一边笑着。我还从来没有过如此耻辱的记忆。"

以效率为衡量标准的话，极端进取心很强的男孩和凯文有什么相同点？敏感，还有羞耻感。在比尔·科斯比[①]、哈维·韦恩斯坦[②]和其他堕落的偶像中间，每一个刚被揭露出来的性骚扰者、强奸犯和连环杀手都给外界留下了一种相同的印象——他是一个内心敏感、为自己身为男性感到羞耻的男孩。罗伊斯·曼恩[③]在参加"孵化"创意的全球性团体HATCH的活动期间朗读过自己在2017年创作的一篇散文诗的片段，通过这首诗外界不难感知到尚不满16岁的他所承受的羞耻感。

……最近，我变成了男人。走在人行道上的时候，一个女人躲开了我，碰巧这是我生平头一回碰到这样的情况……走在我前方10英尺（1英尺≈30.48厘米）的时候，她回头瞟了一眼……然后就调转了方向，以摩西劈开红海的架势穿过了马路……她的脚步让我知道了我的双手有多么危险。让我知道这样的危险对男人来说意味着什么，尽管我也许永远都无法知道这样的危险能令别人感到怎样的恐惧。你们知道吗？就在那一刻，我终于理解了彼得·潘。瞧，我希望自己永远是一个男孩，不要变成男人。现在，我终于知道了，男人既是父亲、兄弟，也是攻击者，而且大半都属于后者。

---

① 比尔·科斯比（1937年—）美国演员。出生于费城的一个工人区，获得过哲学博士学位并积极参加黑人社团的活动，早年在夜总会以演滑稽独角戏开始艺术生涯。2018年，因14年前在家中下药和性侵一名女性罪名成立，被判3年至10年监禁。

② 哈维·韦恩斯坦（1952年—），权倾好莱坞的电影制作人，被誉为"现代电影的挽救者"，在2017年被《纽约时报》发文披露在几十年内涉嫌至少对8位女性进行性骚扰，随后他曾经荣获的多项国际大奖和荣誉被撤销，美国制片人工会也宣布将其开除。当年11月，美国电视学院以多票通过对韦恩斯坦的制裁，他终身不得进入美国电视学院。

③ 罗伊斯·曼恩（2001年—），在2016年凭借自己创作的诗歌《白种男孩的特权》在学校的一次比赛中获得了第一名，随即这首诗就以病毒般的速度在互联网世界传播开，美国各大电台、电视台和平面媒体都对罗伊斯进行了专访。他后来创作的作品也同样获得了大量关注，他本人也获得了一系列荣誉、制作了一些影视作品，获得了各种高级会议的邀请，并参加其他国家的电视节目，在学校里兴趣广泛，从摄影、音乐到攀岩、橄榄球，无所不包，被誉为"神童"。

罗伊斯已经产生的羞耻感让他懂得了"我的双手有多么危险"，他对男性身份的主要认识就是令人恐惧的人，他得出的结论就是"我希望自己永远是一个男孩"——一个彼得·潘——因为男人"大半"都是"攻击者"。他的羞耻感清晰可辨，而这种认识竟然来自一个才华横溢的少年。

幸好，罗伊斯不太可能成为一名性骚扰者。罗伊斯的这段讲话丝毫没有提及男性特质存在着积极的方面，他完全有可能利用这些积极的方面，对家庭和全世界做出贡献。他只感到自己已经被设计成了一个会逐渐成为攻击者的人，在未来这种感觉将会促使他展现出男性特质中由羞耻感所驱动的那些方面。

《大西洋月刊》刊登过一篇文章《男性的末日》，这篇文章在只善于思考的读者中间引起了强烈的共鸣，因此有人建议作者根据这篇文章撰写一本书——后来出版的著作也以"男性的末日"①为标题。无论是凯文还是罗伊斯，现在的男孩总体上就成长在一个这样的时代。设想一下，如果你女儿生活的时代被预言为"女性的末日"，你会作何感想。以前，无论是男孩还是女孩都不曾生活在一个被预言为自己的性别将要走向末日的时代。"男性的末日"预言对男孩的一生可起不到任何激励的作用。

但是，男孩面临的境况真的可以被称为一种"危机"吗？或者说只是因为女孩们的表现有所提高，而男孩们还在原地踏步？从一些衡量标准判断，男孩们出现了大幅度衰退的迹象，本书中相关的章节都提供了证据。而且，世界各地的男孩都出现了同样的状况，这种趋势将对女孩以及她们的婚姻、儿女和全球安全都有影响。

然而，我们却基本上对这个问题视而不见。作者在 2017 年 9 月 16 日用谷歌搜索了"男孩危机"这个关键词，结果第一页出现的搜索结果有一半都指向了一个名叫"男孩危机"的乐队。在涉及文化性"男孩危机"这个话题的搜索结果中，有一半数量的文章都认为这种说法纯属虚构。

理解男孩危机的深度以及在世界范围内的广度将会在心理方面给我们带来很大的益处。如果你的儿子正在经历"独立生活失败综合征"②的阶段　，

① 这本书是记者及杂志编辑汉娜·罗辛于 2012 年出版的，全名为"男性的末日——女性的崛起"，其雏形是作者于 2010 年发表在《大西洋月刊》上的一篇封面报道。罗辛在书中指出父权社会即将宣告结束，在美国的学校和工作场所女性都已经占据了主导权。

② "独立生活失败综合征"被用来描述当今社会青年人普遍抗拒进入成年期的现象，具体表现为无法独立生活。

你或许也会情不自禁地认为自己当父亲当得很失败，就像凯文搬回家的时候威廉产生的那种感觉。如果你看到这个问题在所有发达国家的男孩中已经严重到了怎样的程度，你就会意识到这并不是你的过错。但是，你还是可以做很多事情，预防自己的儿子被这场危机吞噬，同时帮助他化危机为机会。这正是《男孩危机》一书的主旨。

《男孩危机》之旅

1970 年，妇女运动的领袖们被打上了"焚烧胸罩""丑八怪"和"厌恶男性"的标签。当时我还在罗格斯大学任教，就在这一年里我要求学生们进行了一种角色扮演的游戏，或者说是"穿软底平跟鞋步行一英里（1 英里≈1.6 千米）"。一部分学生扮演的是妇女运动的领袖，然后我叫剩余的学生扮演沉默的大多数人或者对这些女性破口大骂的少数派。学生们满怀热情地完成了这项游戏，接着我又给他们布置了一项他们认为"十恶不赦"的任务——互换角色。

我非常希望学生们能够理解女性面临的各种问题，他们对我的期望也做出了热情的反应，正是他们的态度启发我改变了博士论文的主题，将其集中在了妇女运动所传达出的信息上面。以纽约为大本营的美国妇女组织（NOW）在得知了我新产生的兴趣后，邀请我创办"一些帮助男性提高认识的组织"，也就是具有女权视角、支持妇女运动的组织。还没等我反应过来，我就当选了美国妇女组织的理事会成员，开始代表女权主义在世界各地发言，每次活动结束后都会像"苹果籽"[①]那样以星火燎原的方式创办数百个由男性或者女性组成的支持团体。

世界妇女组织和女权主义理论进入了主流社会，尤其是在高校里，与此同时我的演讲事业也蓬勃发展了起来。我欣喜地看到女性的机会越来越多，其增长速度已经超过了我的预期。

在 20 世纪 70 年代晚期，我亲眼目睹了离婚率的急速增长，并且注意到

---

① 苹果籽（又译作"苹果佬"，1774—1845），原名约翰·查普曼，又被称作"约翰尼·苹果籽"，美国园艺界的先锋，凭着个人魅力以及对苹果栽种事业的贡献成为美国人民心中的传奇人物。

很多父母离异的儿童基本上都跟母亲生活在一起。有关父亲这一角色的文化模因①聚焦于父亲的钱而不是父亲对家庭生活的参与，如果父亲没有提供孩子的抚养费，他们就会被视作"二流子"，也就是游手好闲、不负责任的人。我也接受了这种模式——直到我在自己组建的男性团体中听到了各位父亲们的想法。

面对他们的心声，我震惊地意识到这些父亲竟然那么关心孩子。他们为自己在家庭法庭上遭到的歧视感到愤怒，在发泄出自己的不满时，他们满口法律词汇、满怀愤怒和怨气。但是，当我问起孩子的事情时，他们的眼泪便顺颊而下了。他们的愤怒只是掩饰脆弱内心的面具，愤怒背后是他们的无力感，"探望"和"监护权"这些词汇让他们感到自己就是一个二等公民，每两周才能跟孩子相聚一个周末的现实，令他们觉得自己能为孩子付出的一切都会在这两个星期的时间里付诸东流。

我看到一些父亲很快就陷入了抑郁状态，一些人则不顾一切地凑钱打官司，以便争取到同等的抚养权。一部分父亲打不起官司；另一部分父亲则拼命赚钱，到头来又会觉得自己没有能力花时间多陪陪孩子。

就在我经历这些事情的过程中，我的妹妹盖尔引起了我的注意。盖尔在新泽西州一个叫艾伦代尔的地区当小学教师，她的一些学生在学习能力和对人对事的态度上都一反常态地出现了恶化倾向，令我感兴趣的是这些学生后来都告诉她自己的父母正在经历离婚的痛苦折磨。

《男人为何是这样的》一书于1986年出版后，各种国外译本的出现促使世界各地的父亲们告诉了我，他们经历的类似的沮丧、抑郁和愤怒。这时，20世纪70年代初期的美国孩子已经成长为高中生。听完我的报告后，家长们会跟我交流各自的心得，他们的眼睛里充满了失望，他们为孩子正在经历的挑战感到悲伤。我是一名研究者，也是女权主义者，但是我不知道孩子们的问题更多的在于父母离异对他们的情感造成的刺激，还是因为他们失去了父亲，或者其他原因。受到这个问题的启发，我开始了一项新的研究，研究成果最终形成于2001年出版的《父子重聚》一书。这项研究显示，离异家

---

① 模因（meme）：文化的基本单位，通过非遗传的方式，特别是模仿而得到传递。这个词最初来源于英国科学家理查德·道金斯所著的《自私的基因》一书，含义为"在诸如语言、观念、信仰、行为方式等的传递过程中与基因在生物进化过程中所起的作用相类似的东西"。

庭的孩子遭受着社会、心理、学校和生理健康等方面的多种问题的严重困扰，其中有超过 25 种问题的主要成因就是失去了父亲。

这项研究在当时清楚地显示出失去父亲的男孩和女孩都过着痛苦的生活。到了动笔撰写《男孩危机》这本书的时候，显然失去父亲的问题对男孩们造成了更负面的影响。对男孩造成的伤害持续的时间也更长久。

问题是，为什么会这样？造成这种状况的首要原因就在于妇女运动在帮助女性应对离婚的事情上取得了很大的成效，发达国家也已经有条件接纳离婚女性了，与此同时却没有人给予男性们同样的帮助。因此，女性的目标感日渐增强（养儿育女、自己赚钱，或者一定程度上二者兼而有之），而男性却进入了"目标缺失"的状态。在对男性目标缺失问题有了更多的了解后，我终于明白了在寻找目标的过程中缺少了父亲指导的男孩为什么会比不缺少父亲陪伴的男孩落后那么多。

简言之，我明白了"失去父亲"和"目标缺失"之间存在着多么强大的复合效应。

更糟糕的是，我越发意识到：男孩们如果拥有目标感，这多么需要社会鼓励培养男孩的"英雄智商"，而"英雄智商"却和"健康智商"，以及身体健康和心理健康相抵触。我看到家长、同龄人、啦啦队领队大多都在冲着男孩们高声叫喊着"1 攻 10 码！①"，而根本没有意识到自己在鼓励们冒着出现脑震荡的危险去争当英雄。如果他们受了伤，大家会给他们送来祝愿早日康复的问候卡，以鼓励他"重返赛场"。

当我开始在这些事情之间建立起关联的时候，妻子丽兹和我搬到了加利福尼亚州的米尔谷。就在这里，我们结识了《男人来自火星，女人来自水星》的作者约翰·格雷。约翰和我开创了一项集体徒步活动，我们漫步于米尔谷的红杉林和一条条溪水之间，现如今这项活动已经发展成了同时会有大约 400 人参加的大型活动。在此之前，约翰曾经帮助男性和女性深入了解了两性之间的差异并因为这方面的成就而名扬世界，就在徒步的过程中我惊讶地发现在过去的 10 年里他一直在针对多动症的非医学治疗方案开展着先锋

---

① 橄榄球的基本规则就是 4 次进攻推进 10 码，"1 攻 10 码"表示第一次进攻，还需要推进 10 码才能获得下一个四次进攻的机会。

性的研究，他希望找到能够解决多动症潜在成因的治疗方法。男孩们在脆弱性方面最常见的一个表现就是多动症，因此我邀请约翰向读者讲述他曾经讲述给我的知识。他出色地完成了任务。不少家长和教育工作者都面临着进退两难的处境：为了走捷径，他们接受了处方药物，结果就有可能造成需要用更多药物解决的新问题。在本书的第五部分，约翰为你们指明了一条出路。

就在这段时期里，我在 2009 年 4 月的一天接到了一个出人意料的电话。电话是白宫打来的，奥巴马总统刚刚组建了白宫妇女和女童事务委员会，考虑到我参加美国妇女组织的经历，对方问我是否愿意为这个委员会担任顾问。我充满热情地做出了回复，我还告诉对方还有必要建立一个"白宫男性和男童事务委员会"，以协同这个女性委员会一起开展工作，提醒全国人民正视男孩们目前面临的挑战。

得知组建这样的机构需要单独提交一份建议书后，我邀请了来自不同阵营的 32 位国内一流学者和医生和我一起着手起草建议书。我们花了 18 个月的时间进行了讨论、倾听了彼此的意见，最终对我们的思想精华进行了整合。尽管奥巴马总统和特朗普总统后来都没有为男性和男童组建一个委员会，但是对于男孩和成年男性存在的问题，专家组的讨论让我看到了一些极具有价值的想法。

在随后开展的长达 9 年的研究工作中，我对这个问题的理解得到了很大的深化，我关注的焦点从联邦政府能够做些什么转变为了家长、教师和各地社区能做些什么。与此同时，我还出现了另外一个转变。在起草那份立场全面的建议书期间，我不得不考虑到每个人的感受。对于《男孩危机》这本书，我相信当现实不符合政治正确需要的时候，读者更希望我能做到直言不讳。当你们读完《男孩危机》，放下它的时候，我希望你们已经对自己的家庭和自己的儿子所面对的现实有了一定的认识。有些看法或许难以接受，但是不立足于现实的答案过不了多久就会土崩瓦解，取而代之的将是更强烈的绝望。

对于《男孩危机》中阐述的每一个问题，我都努力提供了多种解决方案，你可以根据自己的家庭情况对其进行修正。在当今社会的有些家庭里，孩子对于自己扮演的角色有着比较灵活的选择，而不必接受家长给他们安排的角色，这样的家庭在养育孩子方面面临着远比其他家庭更复杂的情况。对于这样的家庭，我发现你能给予儿子的最重要的一件工具就是每周 1 至 2 次的"家庭聚餐之夜"。

但是，如果进行得不顺利，家庭聚餐之夜很容易就演变成"家庭聚餐噩梦"。举例来说，你自己跟儿子之间产生共鸣，你同时也期望他能跟自己的兄弟姐妹之间产生共鸣，保持这两者之间的平衡既需要技巧，也需要纪律。因此，有关家庭聚餐之夜指导原则的附录A就列出了各种技巧和纪律。在有些方面，男孩们往往会压抑自己的情绪。在本书中，每当涉及这些方面的话题时，我会提醒读者注意适合家庭聚餐之夜谈论的话题。

"你的儿子"：《男孩危机》的读者是谁

在《男孩危机》中，我经常会提到"你的男孩"这种说法，因为我在不断地请每一位读者透过男孩的视角阅读这本书，这个男孩或许就是你的儿子。

两点说明。第一，"你的男孩"中的"你"指的不是母亲。"你"仅指父亲。第二，"你的男孩"中的"男孩"不仅仅指你的儿子。"男孩"是所有的男孩。如果你是一名教师，那么"你的男孩"指的就是你负责的每一名男学生；如果你是一个社区的领袖，"你的男孩"指的就是社区里的每一个男孩。

男人会阅读"自救"类的书籍吗？会的。适合父亲们的自救图书被称为"工作类图书"，教他们如何提高工作表现，这样才能让家人过上更好的生活。今天，越来越多的母亲参加了工作，有史以来第一次更多的父亲有条件将注意力更多地放在家庭"工作"上。男孩危机成了父亲们的工作，《男孩危机》自然也就成了他们的工作图书。

约翰和我都是有女儿的人，加起来有5个之多。《男孩危机》固然聚焦于男孩，但是我们始终都没忘记男孩危机不光给我们的女儿造成了影响，而且对所有的年轻女性和成年女性都造成了影响。男人和女人或许的确来自于不同的星球，但是我们都在吃力地划着"家庭"这条小船。两性之间·不存在谁赢谁输的问题。家庭中某一种性别获胜只会导致两败俱伤的结局。

在《男孩危机》这本书里，你还会发现即使还没有孩子，你还是会通过每天上班纳税的方式对男孩危机的存在进行着补偿。例如，我们将会看到ISIS（活跃在伊拉克和大叙利亚伊斯兰国的极端恐怖组织）招募的新兵都是由于失去父亲而缺少了人生目标、容易受到别人引诱的孩子。仅仅 ISIS 一个组织的壮大就意味着我们需要在国土安全、网络战争、国防、照顾新兵的问题上投入更多的经费，与此同时我们还不得不在打击犯罪和监狱建设的工作上投入更多的直接费用。此外，发挥"代理丈夫"功能的政府福利计划也需要成本。再加上失业人口从来不会为国家税收做出贡献，仅仅美国一个国家每年就在这些工作上支出了上万亿美元。

当然，这些只是直接投入，心理成本并没有被计算在内。担心孩子有可能会成为下一次校园枪击案的受害人——我们将会在书中看到在缺少父亲的男孩身上，出现这种袭击事件的可能性更大；担心男孩对父亲的渴望有可能会让他们容易受到性侵犯者的伤害，这些都是我们付出的成本。

简言之，《男孩危机》的读者是每一个人。

在一部有关男孩的书里，为什么要谈及成年男性

只盯着男孩，我们是无法解决男孩危机的。当年，为了能有更多的时间跟我的妹妹、弟弟、母亲待在一起，父亲屡次放弃了提升的机会。父亲成了我的榜样，而不只是一个钱袋子——他是一个我需要效仿的成功目标。

我之所以要在一本讲述男孩问题的书里探讨成年男性的话题是因为成年男性是男孩的榜样，他们或者为后者指引方向、激励他们，或者任由后者毫无方向、陷入沮丧。男孩往往会变成他在周围的男性身上看到的形象，尤其是父亲在身边的时候。"有其父，必有其子""虎父无犬子"，但是有的父亲则会成为儿子在人生道路上所畏惧的范例，如和妻子离异后不准同儿子见面、住在小公寓里、开始酗酒的父亲。如果儿子无法清楚地告诉父亲是什么令他感到害怕，他或许就会躲进电子游戏、色情影片的世界中，建立虚拟的生活，以掩盖自己的沮丧。对他来说，过去的一切就是自己的序幕。

类似的，即使男孩跟父亲和母亲生活在一起，但看到父亲为养家糊口而从事着对他来说毫无意义的工作，男孩对于努力工作、成家立业、养儿育女的渴望有可能还是会受到抑制。他就有可能会经历"独立生活失败"阶段。如果你的孩子是一个聪明、敏感的人，他就更有可能遭遇这样的困境，造成

这种状况的有可能并不是怠惰和无知，而是他潜意识里的智慧。

"易洛魁和平大法律"①的主旨就在于我们最神圣的职责就是在制定任何原则的时候首先要考虑到七代人的福祉，判断出今天做出的决定能否让我们自己和下一代人受益的同时还能泽被后世子孙。《男孩危机》就采取了这种兼顾多代人的观点，对英雄智商遗留下来的传统以及这种传统对我们的儿子和孙子的健康智商所能产生的影响进行了审视和分析。

爷爷，注意

当祖父还是父亲的那个年代，父亲会手把手地养育儿女，在家里打打闹闹、指望孩子能给父母端茶倒水而不是颠倒过来，诸如此类，但是当时没有任何研究工作记录下这种典型的养育模式对孩子的成长所起到的至关重要的作用。《男孩危机》清楚地指出了这一点，从而保证祖父们能够意识到自己对孙子的价值，同时也能够将自己的发现告诉妻子。

不过，有一种变化需要祖父们注意。在祖父们长大成人的那个年代，男性气概和内化的目标感——成为供应者和保护者（例如，勇士、家里唯一赚钱养家的人）——是不可分割的。而今，男孩们没有了目标。《男孩危机》能够帮助祖父母们理解目标缺失现象的存在，以及如何依靠新的目标感激励孙子。我认识的一位祖父就跟我说过他常常跟孙子说说悄悄话，告诉孙子陪他一起玩比他做过的所有工作都更令他感到开心。他的孙子在工作中非常成功，但是已经多次拒绝了升职的机会，因为这样一来他出差的次数就会增加，他说："我可以做我最喜欢的事情，也就是陪着我心中最重要的人——我的孩子和妻子。"

---

① "易洛魁和平大法律"指的是易洛魁联盟大法律，是印第安一些部落在 15 世纪通过的一部口头宪法。这部法典是被称为"伟大的和平缔造者"德卡纳韦达及其代言人海华沙草拟的，第一批承认这部宪法的 5 个部落居住在今天的纽约州维克多镇附近，在 1722 年又有 6 个部落加入了这个联盟。

《男孩危机》的目标

在上一代人里，"电脑迷"在学校里会遭到嘲笑和愚弄，他的父母有可能会竭力劝说他们练习举重、加入摔跤队。这么做是为了保护他，让他不再受到同学们的嘲笑，但是有可能会向他做出不明智的暗示，让他认为他们无法接受他的天性。如果能有一本书催生出一场遍及全国各地的大讨论、帮助他的父母意识到日后科技将会让"电脑迷"跻身受人尊敬的领导人和千万富翁的行列，他们就有可能帮助他培养起对未来的乐观态度、鼓励他发展自己的天赋，而不是怀着羞愧的心情练习举重。

对未来的任何一种展望都不可能是完美的，尽管如此，《男孩危机》还是希望能对半个世纪以来全国围绕着女孩和成年女性面临的挑战所进行的讨论和全国各地针对男孩和成年男性所面临的挑战进行的同样微妙的讨论进行整合。《男孩危机》探讨了造成这场危机的主要原因，提供了适用于所有家长、教师和决策人的数百项解决方案。

每一个男孩都是独一无二的，因此在读过这本书之后你还需要倾听儿子的心声，这样你才能判断出约翰或者我撰写的内容是否适用于他。都说"外来的和尚会念经"，所以也许可以直接把这本书塞给你的儿子，让他进行自我探索，或者直接塞给你的女儿，好让她在爱着伴侣的时候对他有所了解，在和伴侣共同生活的过程中能够和对方产生心理上的沟通。

沃伦·法雷尔
加利福尼亚米尔谷
2017 年 1 月 1 日

目录

第一部分　真的有"男孩危机"吗

第二部分　为什么男孩危机不是你的错

第五部分 英雄智商和健康智商

真的有"男孩危机"吗

1. 精神健康危机

凶杀和自杀

一旦精神健康出现了下滑的趋势，男孩就会感到消沉、孤独，因为他会认为凡是真正了解他的人都不会爱他、没有人需要他，而且这种状况毫无改变的希望，或许有一天他会找一处悬崖跳下去。毁灭自己的方式有的比较直接，比如自杀；有的比较间接，例如校园枪击事件。袭击校园的做法既是谋杀，也是自杀，即使行凶者并没有结束自己的生命，但是从现实的角度考虑，他的生命已经终结了。

自 2011 年以来，大规模枪击事件的发生率已经增长了 2 倍。[1] 我们将责任归咎于枪支、媒体和电子游戏里的暴力内容、糟糕的家庭价值观。实际上，每一种因素都似是而非。女孩们也生活在相同的家庭里，同样容易接触到枪支、电子游戏和媒体，在成长的过程中也被灌输了同样的家庭价值观。可是，女孩没有行凶。男孩们却在这样做。

在很大程度上，可以说凶杀和自杀合二为一的校园惨剧以及其他地方出现的大规模凶杀事件都是白人男孩在通往精神健康的曲折道路上驾车飞出悬崖的结果。回想一下三个最声名狼藉的男性枪手：亚当·兰扎（美国康涅狄格州桑迪胡克小学）、埃利奥特·罗杰斯（美国加州大学圣塔芭芭拉分校）、戴伦·鲁夫（美国南卡罗来纳州查尔斯顿伊曼纽尔非裔卫理圣公会教堂）。

美国国家科学院在报告中指出**白人男性自杀率的增长导致白人男性人口中自杀致死的人数已经赶上了艾滋病的人数**[2]（只有美洲原住民的自杀率接近

白人；西班牙裔和亚裔美国人的自杀率大约是白人的 1/3，跟非洲裔美国人基本相等）。[3]

不过，非洲裔美国男性和凶杀事件关系紧密。在全美国的凶杀受害者人口中，非洲裔美国人只占有 6%，但是黑人男性的数字高达 43%。[4]在 10 岁至 20 岁的黑人男性中，凶杀造成的死亡人数超过了十大致死原因里其他九项原因造成的死亡人数的总和。[5]

男性角色带来的压力日趋增大，荷尔蒙分泌日趋旺盛，自杀的人口数量呈现了不断增长的趋势。在尚未进入青春期的时候，男性和女性的自杀率基本相等。可是，在 10 ～ 14 岁这个年龄段，选择自杀的男孩数量几乎是女孩的 2 倍之多。

在 15 ～ 19 岁这个年龄段，男孩自杀率达到了女孩的 4 倍；在 20 ～ 24 岁这个年龄段，男性自杀率是女性的 5 ～ 6 倍。[6]

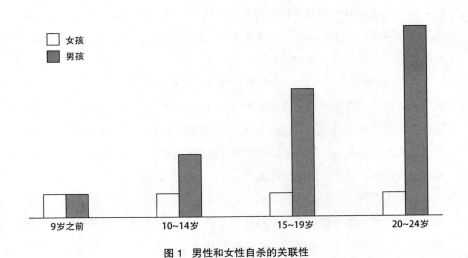

图 1　男性和女性自杀的关联性

来源：美国疾病控制和预防中心，基于网络的受伤数据统计查询和报告系统 [7]

你大概看到过上世纪经济大萧条期间男人从高楼大厦上纵身跳下的照片，他们的下降速度超过了股票下跌的速度，四肢平摊着落在楼下的人行道上，就这样离开了这个世界，也离开了自己所爱的人。**一旦贬值了，男人就会觉得自己一文不值**。就这样，在大萧条发展到最高峰的时候，每 100 个女人自杀，就有 154 个男人做出同样的事情。[8]

但是，在经济形势喜人的 2015 年，男孩和成年男性的自杀人口数量却达到了女性的 3.5 倍之多。[9]

这是因为女性天生就善于应对压力吗？不一定。当男性和女性面对类似的工作压力时，例如军队中的男性和女性，女性的自杀率就攀升到几乎跟男性一样的高度。[10] 但是，男性倾向于选择不同的方式应对压力，例如布拉德。

2016 年，布拉德结束了在阿富汗的第三轮任务，带着相当可观的经济保障重返家乡。然而，他感到无论是对于妻子来说还是对自己而言，他都像是一个陌生人，没过多久他的火气就令他和孩子疏远了。他患上了创伤后压力心理障碍症，家里的紧张气氛让他感到自己成了全家人的负担。一天，布拉德又发了一场火，事情过后他买了妻子最喜欢的鲜花，给孩子们买了最新款的游戏机，满怀深情地拥抱亲吻了他们，久久没有松手，然后他就钻进了家里比较旧的那辆车。他告诉家人自己要去商店，半路上他在一个弯道处加速了，车子一"打滑"，飞出了悬崖。

回首往事，布拉德的妻子才"明白"丈夫选择了自杀。"在'做人失败'后，他总是说比起当丈夫和爸爸，他当保险单更有价值。"布拉德假造了车祸，这样他的家人就能拿到保险金，因此他没有被计入自杀人口中。

一旦年轻男性和老年男性觉得钱比自己更能给自己关心的人带来更大的益处，他们往往就容易产生自杀的动力，因此他们需要掩盖自杀行为，以便保险公司能够给他们的家人支付保险金。每一年，因自杀身亡的退伍军人数量都超过了在伊拉克和阿富汗战场上的阵亡者数量，[11] 这个估算结果令人难以置信，但是很有可能退伍军人的实际自杀人数还是被大大低估了。老年男性的状况也是如此，他们更容易感到自己死了反而对家人更有帮助。

监禁国家和预防国家

作为一种精神健康问题存在的男孩危机出现了增强的趋势。对于这种说法，最充分的例证大概莫过于美国的监狱和监狱人口的数量在 1973 年至 2013 年增长幅度超过了 700%。[12] 新增的人群中有 93% 都是男性，年轻人在其中所占的比率更是高得惊人。[13]

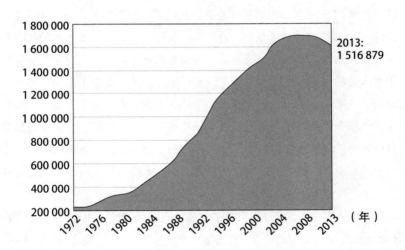

图 2　美国监狱人口增长示意图（93% 男性，1972—2013 年）

来源：美国司法统计局囚犯曲线图 [14]

美国心理学会称美国是一个"监禁国家"。[15] 为什么？我们的人口占世界总人口的 5%，我们的监狱人口占了全世界监狱人口的 25%，[16] 美国心理学会估计其中有一半的人都存在精神健康方面的问题。

在监狱里，黑人年轻男性所占的比率高得惊人，这种状况折射出了我们这个社会中存在的种族主义，但是很少有人会思考一下这种状况是否也反映出了我们的性别歧视，毕竟"黑人男性"中一半的因素是"男性"。在过去 40 年里，增长的 700% 监狱人口中有 93% 都是男性这个事实是否意味着我们在过去半个世纪里养育男孩的方式导致了男孩们精神健康的退化？解决这个问题的关键是预防措施。**迄今为止，我们针对监狱的讨论都聚焦于劳教和监禁之间的比较，而不是预防和监禁之间的差异**。这种状况对非洲裔美国人造成的伤害超过了对其他种族人口的伤害，同样地，这种状况对年轻男性造成的伤害也超过了对年轻女性的伤害。

男孩危机越小，预算危机就越小：精神健康在纳税

我们有能力专注于预防性监禁工作的发展吗？我们不得不这么做。**监狱开支的增长率是小学生平均支出增长率的 5 倍**。[17] 即使在不断进行革新的加利福尼亚州，自 1980 年以来每出现一所新高校，同时就会建起 23 所新监狱。[18]

自杀不仅会给自杀者的家人和朋友带来巨大的悲痛和强烈的自责感，按照估计，每一年还给美国这个国家造成了 44 亿美元的经济成本。[19] 对于精神健康来说，自杀只是冰山的一角。仅仅为了童年时期的各种精神疾病（主要的受害者还是男孩）美国现在每一年就得花费 2 500 亿美元。[20]

我们用纳税人的钱重建精神不健康的男孩们毁掉的一切。预防工作会让我们的男孩成为精神健康的纳税人。男孩危机越小，预算危机就越小。投入资金，将我们这个"监禁国家"变成预防国家，这样就能够减少我们在各个方面的投入。

2. 生理健康危机

现如今，男性成了早逝统计数据中所占比重最大的人口。

——**伦道夫·内瑟** / 美国亚利桑那州立大学进化与医学中心主任[1]

内瑟对 20 世纪里早逝问题的研究做了简明扼要的分析，他发现"现如今，男性成了早逝统计数据中所占比重最大的人口"。"现如今"这个词很重要。直到现在，男孩和 50 岁以下的成年男性的死亡概率才达到了同龄女孩和成年女性的 2 倍之多，男女平均寿命的差距超过了第二次世界大战以来的任何一段时期。

男孩们变得越来越脆弱，这种状况甚至体现在精子数量的变化趋势上。[2]在精子数量上，现如今的男孩比他们的祖父在他们这个年纪时减少了一半。[3]这种状况还在继续恶化。每一年，美国男性的平均精子数量都会减少 1.5%。[4]

"祝你活到 120 岁……还是算了吧"

按照传统，犹太人在祝福别人活到 120 岁（受到犹太律法的启发，根据记载摩西就活到了 120）的时候，也是向对方的儿子送上了同样的祝福。但是，男孩们的现状决定了他们远不如女孩容易实现这个目标。

　　在导致死亡的 15 种高频原因中，有 14 种因素都会造成我们的男孩、丈夫和父亲早逝。

表 1　导致死亡的 15 种高频原因

排名	死亡原因	男性 / 女性经过 年龄校正的死亡率（%）
1	心脏病	1.6
2	恶性肿瘤（癌症）	1.4
3	下呼吸道（肺部）疾病	1.2
4	事故（意外伤害）	2.0
5	脑血管疾病（中风）	1.0
6	阿尔茨海默病（老年痴呆症）	0.7
7	糖尿病	1.5
8	流行性感冒（呼吸道）和肺炎	1.3
9	肾炎（肾脏炎症）	1.4
10	故意自残（自杀）	3.7
11	败血症（血中毒）	1.2
12	慢性肝病和肝硬化	2.0
13	原发性高血压和高血压肾病	1.1
14	帕金森病	2.3
15	肺炎	1.8

来源: 美国国家卫生统计中心的《国家出生和死亡统计报告》[5]

　　导致男孩平均寿命缩短的疾病只是导火索，我们对他们作为男人的各种期望才是深层原因。

"死亡职业"：男孩的"玻璃房间"

每一天都有 150 名工人因为危险的工作环境而身亡，[6] 其中 92% 为男性。[7]

接受的正规教育越少、孩子越多，你的儿子就越有可能感到为了给家人创造幸福的生活条件，自己就必须冒着生命危险、从事所谓的"死亡职业"。[8]

为什么？为了获得"死亡职业奖金"。在阿拉斯加捕蟹（想一想纪录片《致命捕捞》）、在石油钻塔上工作、在矿井里工作，或者当伐木工人、驾驶半挂车（或者 18 轮大货车）的长途货运司机、在悬空 100 英尺的大桥上工作的焊接工、午夜在市中心揽活的计程车司机、农药喷洒飞机的驾驶员、屋顶修葺工或者建筑工，从事这些职业能够获得的报酬都高于对学历要求不太高但是比较安全的职业。有数百万学历比较低的父亲在冒着生命危险挣着这份"死亡职业奖金"，以便为自己的孩子创造他们不曾拥有过的机会。与此同时，有成千上万单身的年轻男性也在拼命攒钱，好为即将成为父亲的自己增加一些魅力。

我们居住的家园是许许多多年轻男性冒着生命危险创造出来的，但是我们中的绝大多数人都认为这一切都是天经地义的事情。例如你家里用到的木材，很有可能先是年轻的伐木工冒着生命危险完成了砍伐工作，他们砍倒的树木接着就被长途卡车司机（另一种危险的职业）运送到其他地方——将来你的家有可能就在那里。在运输的途中，卡车司机会不断地停车加油，他们用的汽油正是另外一群男人冒着生命危险在石油钻台上开采出来的（就像影片《深海浩劫》中描述的那样）。最终，这些木材被建筑工人和屋顶工用上了。在美国，屋顶工的死亡率是工作时间里每小时一个人。

我的一位朋友是消防员。他和妻子都是摩门教徒，他们养育了 8 个孩子。一天，朋友的妻子给我打来电话，哭着告诉我她的丈夫去世了。多年来，由于不断吸入充满化学物质的浓烟他患上了肺癌，夺走他生命的正是肺癌，逝世时他才 50 岁刚出头。在从事危险职业的人口中，在工作之余死亡的人数比牺牲在工作岗位上的人数高出 11 倍。[9] 当自豪地看着儿子穿上消防员制服的时候，没有多少父母会意识到这一点。所谓的危险职业在工作期间面对的只是"烟雾"，工作造成的职业病——例如矿工容易患上的尘肺病——才是真正的"烈火"。

总体上，这些职业或许都可以被算作"玻璃房间"职业，即清一色由男性占据的高危行业，因为基本上只有我们的男孩才愿意冒着死亡的危险从事这些工作，以便他们的家人能过上更美好的生活。

恐瘦症和肥胖症

你的女儿或许会患上厌食症或者贪食症，在压力之下你的儿子则更容易受到恐瘦症或者肥胖症的折磨。

乔纳森刚刚进入高中的时候，他的哥哥已经读到了高中三年级，而且还是校摔跤队里的明星。哥哥将乔纳森介绍给了自己的队友，过后他无意中告诉了弟弟他的队友后来都笑话他俩好像电影《龙兄鼠弟》里的那两个家伙——哥哥就像阿诺德·施瓦辛格扮演的角色，他比较像丹尼·德·维托扮演的角色。

这样的类比一直令乔纳森无法释然。他知道自己在身高上永远都追不上哥哥，但是他要让所有人都再也不把他当作那个羸弱的小矮子了。他开始练习举重，到最后对健身已经发展到了痴迷的程度，并且还服用了大量的营养品。他为自己的进步感到骄傲，但是仍旧觉得自己无法超越哥哥，因此他开始服用类固醇。很快，他就出现了过量服用的问题。

乔纳森出现的问题就是恐瘦症，像乔纳森这样的年轻男性为了通过健身填补遭受创伤的心理黑洞，便持续增强身体力量、频繁使用类固醇药物、在短时间内扩大肌肉围度，那么他们的身体就会出现这样的畸形问题。社会文化对纤瘦身材的推崇导致很多女孩的父母和朋友都没有意识到她们遭受着厌食症的折磨、她们需要外界的帮助；同样地，社会对男性肌肉的推崇也导致乔纳森的朋友和父母对他的痛苦和需要帮助的状况视而不见。

恐瘦症还会带来其他一些问题。如果你的儿子痴迷于身体形象的问题，那么他就比较容易酗酒、滥用药物。[10]

同样是精神上的煎熬，乔纳森的表征是身上的肌肉群和内心强大的动力，他的朋友奥斯汀则更多地表现为大量的脂肪和缺少动力的态度。乔纳森的动力是出人头地，奥斯汀跟不上他的脚步，于是放弃了，躲进了电子游戏和暴饮暴食的世界里。然而，网络朋友的存在依然无法消除他在现实世界遭到朋友们排斥的痛苦，就这样他出现了肥胖症和抑郁的问题。

在青春期的女性中间，肥胖症的发病率一直比较稳定，但是在我们的男孩中间，这个数字却在节节攀升。[11] 这个问题还殃及到了我们的安全工作所依赖的其他职业：70% 的消防员和 80% 的警察也都存在肥胖或者体重超重的问题。[12] 在所有的大国中，男性超重人口比率最高的就是美国。[13]

无论是患上恐瘦症还是选择了死亡职业，我们的男孩就像我们的女孩一样，常常会屈服于他们觉得能让他们得到更多认可和尊重的事情。例如，很多男性都会觉得节食到了接近厌食症程度的女孩很迷人；同样地，很多女孩都发现自己很容易对消防员、身着军礼服的海军军人、穿着护垫球服的橄榄球运动员，以及冒着生命危险参加的其他各种运动的获胜者着迷。

3. 经济健康危机

　　对你儿子的祖父来说，工作最大的挑战就是没有出路；对你儿子来说，真正的挑战是工作流向了别处。你儿子进入的行业很有可能越来越依赖于项目外包和海外采购，例如电脑科技和制造业，以及在线工作。你的女儿更有可能选择比较稳定、不容易受到经济衰退冲击的行业，例如健康和教育行业，这两个行业的从业者有 75% 都是女性。[1]

　　自 2009 年制造业和建筑业陷入衰退以来，全美国 6 500 万个就业岗位已经减少了一半。[2] 相比之下，个人护理和家庭健康护理都出现了快速增长，按照预计，这些行业的大部分岗位都会被女性占据。[3]

　　除了项目外包和外购，自祖父们的那个年代以来，其他的事情也出现了变化。如果祖父没有受过教育，他很有可能会凭着自己的一身力气养家糊口。可是，**你的儿子面对的经济环境已经从以体力劳动为主转变成了以脑力劳动为主，或者说从体力型经济变成了电脑芯片经济**。例如，根据预测，美国 170 万卡车司机中将会有很多人被无人驾驶的新型卡车所取代，目前优步公司所有的自动驾驶卡车公司奥图公司就在对这种卡车进行测试。[4]

　　这种情况对你的儿子意味着什么？**在过去的 40 年里，只有高中文凭的男孩的年平均收入已经减少了 26%**。[5] 如果连高中文凭都没有的话，在自己的黄金工作期（25 岁至 54 岁）里他失业的概率是 20%，几乎是平均失业率的 400%。[6]

　　如果你的儿子打算选择城市生活，那么他有可能就会住在全国 147 座城市中的某一座城市，在这些地方 30 岁以下的年轻女性不仅已经赶上了同龄男性的收入水平，甚至已经超过了他们（平均超过 8%）。只有 3 座城市年轻男性在收入水平上和女性持平或者超过后者。[7] 现在，独立购买住房的单身女性人数是单身男性的 2.5 倍。[8]

如果你的儿子是异性恋，这些社会变化就会给他带来更多的问题，其中一个问题或许很刺耳。不过，我向你保证我会直言不讳，这样我们才能针对你儿子的真正弱点提供解决方案。

每一次亲吻都从凯氏开始，然而……

你肯定听过凯氏珠宝的广告，"每一次亲吻都从凯氏开始"。这句话的意思就是，一颗钻石换一个吻。或者说，每一次亲吻都从掏钱开始。

时至今日，这种说法依然符合事实吗？是的。在一项有关初次约会时共同承担账单的调查中，接受调查的女性中有 72% 都选择了男性全额支付账单的选项。[9] 不仅如此，82% 的男性也对这种态度表示了同意。[10]

如果你的儿子和一个想生儿育女的女人对彼此产生了好感，决定吃顿饭，他因担心账单提出 AA 的原则，那他被对方视作吝啬鬼从而遭到拒绝的可能性就会提高。

如果你的儿子正处于失业中呢？ 3/4 的女性表示他们不会跟失业的男人约会。[11] 相反，在 2/3 的男性看来，跟失业的女性约会没有任何问题。[12]

如果你的儿子是异性恋，他就会发现**越是找不到工作，他就越难找到女人**。如果他爱的女人有孩子，或者想生孩子，情况就更是如此。如果你的儿子处于失业状态，他的交往对象或许会认为跟他结婚的话，自己又多了一个需要养活的孩子。

这不是女人的过错，也不是男人的过错。在过去，让孩子能存活下来的女性都得找到能够提供经济保障的男人——无论是为她们自己，还是为她们的孩子。自然进化过程让女人倾向于生育"阿尔法"男性，而不是哼哼唧唧的弱男子，从而将男性改造得可以毫无怨言地付出自己的生命。这是人类通过基因一代代传承下来的倾向性。这个进化过程帮助以前的人存活了下来，但是在未来却没有用武之地。不过，人类无法在一夜之间就改变进化结果，因此还是让我们帮助你的儿子度过这个转型期的时代吧。

如果你的儿子身材高大、相貌英俊，那么即使他没有工作，也还是会有1/4 的女性被他吸引住、愿意跟他约会。对方愿意跟英俊但是处于失业中的他约会，有可能还愿意跟他发生性关系，但是没有多少女人会认为自己爱上了这个正捧着《男孩危机》、身处失业大军中的男孩！所以说，失业意味着他英俊的容貌最终只会增加他在爱情面前遭到拒绝的概率。

在下文中我们将看到在失去爱情时男性脆弱的程度可能会远远超过人们的想象。在失去爱情后，失业男性的自杀人数比有工作的男性多了 1 倍，在下文中我们也会对这二者之间的必然联系做出解释。[13]

设想一下，一个男人现在有工作，但是准备存钱，以分期付款的形式购买住房，或者准备完成研究生阶段的深造，因此他希望在结账的时候跟约会对象采用 AA 制。他应该去跟某个女人外出约会、共进晚餐吗？正如我们已经看到的，72% 的女性认为在初次约会时男性应当全额付款。[14]男人并不知道这个统计数据，但是他的生活经验让他了解了这种情况。他很有可能属于愿意独自承担账单的那 82% 的男性。因此，只是跟一个女人聊聊天，他对约对方出去的渴望将会催化他对遭到拒绝、自贬身价的担心。他有可能会担心自己表现得就像个傻子，竟然以为一次愉快的交谈就是爱情。[15]

通过这些方式，男人的经济健康状况就能显示出他是否有能力得到爱情，从而导致他的经济健康状况和他的心理健康状况形成了密不可分的关系，因此也跟他的生理健康息息相关。对他的经济健康影响最大的因素莫过于教育程度。

4. 教育危机

在世界各地，判断一个人成功潜质的最重要的两个指标就是一个人的阅读和写作能力。[1] 此外，在其他一些方面男孩们也远远落后于女孩。**在美国，8 年级的学生中有 41% 的女孩在写作方面至少达到了"熟练"的程度，男孩中只有 20% 的人达到了同样的水平。**[2]

到了大约高中三年级或者毕业班的阶段，很多男孩的情况往往会有所"好转"。他们已经意识到自己必须成为家里唯一的经济支柱，从而让家人为他感到自豪，赢得同龄人的尊敬以及异性的爱慕，在这些目标的驱策下他开始发奋努力了。成为家里唯一的经济支柱的前景成了他的人生目标。但是，在当今社会这种情况已经不复存在了。在一代人中间，年轻男性人口中拥有大学学位的人已经从 61% 下降到了 39%，在年轻女性中这个数据则从 39% 增长到了 61%，这两个数据都非常醒目。

表示不喜欢上学的男孩人数自 1980 年以来已经增长了 71%。[3] 被学校开除的男孩人数是女孩的 3 倍。[4]

怎么会这样？在一项针对美国小学阶段的男孩和女孩进行的研究中，对于标准化考试和教师评分的问题，"在阅读、数学、自然科学考试中表现和女孩一样出色的男孩在老师那里得到的评分不太高"。[5] 在这项研究中，一部分男孩在课堂上的表现被贴上了通常被用在女孩身上的标签，例如"专注""积极"，有趣的是，老师对这些男孩的评分和在标准化考试中取得相同成绩的女孩的评分是持平的。因此，男孩们或许会觉察到老师们对他们所谓的"男孩"行为存在着歧视，不难理解，这种态度有可能会导致他们对上学的兴趣有所减弱。

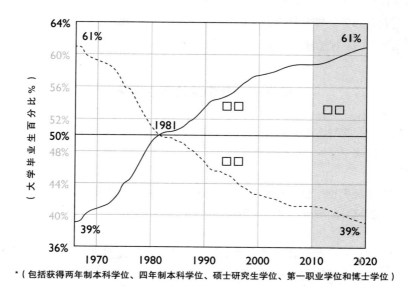

* (包括获得两年制本科学位、四年制本科学位、硕士研究生学位、第一职业学位和博士学位)

图3　美国不同性别持有大学文凭的百分比（%）

来源:《美国教育统计年鉴（2016）》[6]

　　（在"为什么父亲如此重要？"一章中，我们会进一步发现失去父亲的儿童数量大幅度增加已经在很多方面都对男孩缺乏动力的状况产生了强烈的影响。显然，动力的缺乏会削弱男孩们的注意力。）

缺乏教育的男孩面临的无数后果

　　受到驱动的男孩有可能会成为最积极的社会力量，变成发明家、将自己的发明投入于实践中（例如亚马逊、苹果、脸书、微软和谷歌这些网站），但是精力没能得到充分引导的男孩有可能会成为社会中最具有破坏性的力量，例如连环杀手和监狱里的犯人。

　　颇有讽刺意味的是，男孩的教育程度日趋下降，与此同时女孩们越来越希望找到教育程度更高的伴侣。在 1939 年的时候，在丈夫最重要的优点中，女性将"教育"排在了第 11 位。近来，女性已经将这项指标排在了第 4 位。[7]

教育的欠缺容易导致男孩加入失业大军，这样就产生了我所说"辍学－被淘汰"的恶性循环。

辍学——被淘汰的恶性循坏

(1) 在严重缺少婚姻家庭和父亲的社区，有超过半数的男孩都没能完成高中学业。[8]这些男孩都辍学了。

(2) 年轻男性所受的教育越少，他就越有可能遭遇失业或者才能得不到充分的施展。这样，他就被淘汰出工作单位了。

(3) 渴望孩子的女性会认为缺少教育的年轻男性没有可取之处，失业的男人只是"又一个孩子而已"，基本上不是一个适合结婚的对象。这样，他就被淘汰出了婚姻和父亲的世界。

(4) 一些跟他发生性关系的女性怀了孕，在没有他的情况下独自抚养孩子。这样，我们就回到了第一阶段：遭到淘汰的父亲和辍学的儿子。

学校如何帮助男孩实现从"肌肉"到"头脑"的转变

在未来，制造行业和建筑行业中大量的劳动力都要被头脑所取代，也就是机器人和人工智能。如果你的儿子想当一名焊接工，他就需要掌握物理和化学知识；如果他想靠着电脑谋生，他就需要掌握代码、编程和设计软件的知识。祖父和父亲或许会制造汽车、冰箱和恒温器，你的儿子或许需要掌握的知识是这些工具如何利用内置的灵敏元件收集和交换数据。也就是说，他需要理解"事物之间的联系"。帮助他掌握这些知识的共同要素是什么？他的头脑。他以适宜男孩的方式受到教育的头脑。

对于一个没有学习兴趣的男孩来说，他应该以怎样的方式对自己的头脑加以利用？树立一个具体的目标。如果他把成为焊接工当作自己的具体目标，这个目标就会驱使他产生学习动力，努力掌握成为高收入焊接工所必须具备的物理和化学知识。学校应当如何鼓励男孩们树立目标？强化职业教育。事实上，大多数学校都一直在削弱职业教育。

日本一直在大力发展职业教育项目，在该国的高中毕业生里有23%的人都来自于职业学校。结果：**日本职业学校的毕业生里有99.6%的人刚一毕业就找到了工作**。[9] 这种差异在心理和经济方面产生的影响都不可估量。（顺便说一句，日本的一些学校在招收外国学生的工作上积极性很高）。[10]

除此之外，我们的学校也在不断巩固着男孩危机。女孩们了解到情商是女性的社会化过程的一部分；对于男孩们来说，英雄智商和情商之间存在着不断扩大的差距。在过去，英雄智商促使男孩们成为可敬的男性；现在，为了应对未来，男孩们需要提高情商。然而，没有几所学校会教授沟通技巧、培养孩子们的同理心，以帮助男孩们接受这样的社会转变。

我预言，对男孩的未来而言，情商将是首要的决定因素。我之所以会做出这样的论断，是因为**人工智能越复杂，我们就越需要人类填补情商空缺**，护理行业（例如健康护理、家庭护理——目前女性占优势的行业）也就越兴旺，即使传统的男性行业出现萎缩。

人工智能有可能会像电影《她》所描述的那样模仿出人类的情商吗？在一定程度上，答案是肯定的，但是对于男孩们的职业选择来说，人工智能还达不到父亲、男性伴侣、健康护理或者家庭护理人员所需要的微妙的情商，例如，对肢体语言、语音语调、迟疑的表示和目光接触，人工智能都没有能力做出灵敏的反应。人工智能也不知道应该何时聆听、何时开口、何时积极主动、何时留有余地。由于人工智能留下的空缺，我们会越来越重视最有能力填补这些空缺的人（给他们的报酬也会越来越高）。

你的儿子能够掌握同理心、拥有情商吗？还是说，在这些事情上女孩和成年女性就是比男孩更擅长？研究显示在随意观察的过程中，女性对其他人的感受会产生更准确的认识。不过，真正令人着迷的一点是：**研究提出如果能够对其他人的感受做出准确的判断，男性和女性就都能得到报酬，结果同理心的性别差距消失了！**[11] 这个结果表明了什么？同理心和情商就潜伏在男孩和成年男性的体内，我们只需要让男孩们知道如果专注于自己的这部分潜能，他们就会受到重视。

即使在情商严重缺乏开发、仇恨这种感情机制不受到任何限制的环境中，例如美国一小部分种族歧视的人，创建于 2011 年的非营利性组织"仇恨过后的生活"还是成功地彻底化解了许多人的仇恨，用同情心、爱和自我宽恕将其取而代之。[12] 因此，通过一些方法，就连有可能被我们视作无可救药的人都能培养起情商和同理心。

培养情商和同理心还有第二个作用。如果心怀仇恨的人能够学会理解别人，那么我们或许也能学会如何理解他们。如果对仇恨者"以牙还牙"，我们就是在强化大脑的仇恨能力、削弱同理心的培养。这样一来，我们就和我们所仇恨的敌人有些接近了。

在这个方面，学校能起到什么作用？目前，我们的学校在消除校园霸凌现象的工作上得到了帮助。**但是，欺凌别人的人和受到欺凌的人有着三个相同点：他们都来自消极的家庭、学校和社区坏境；自尊心都不太强；都没有多少社交技能**。[13] 也就是说，欺凌者和受欺者都同样脆弱，教授同时对二者都有帮助的社交技能是一种正和策略[①]。同理心和情商是可以教授的，在帮助男孩做好准备、迎接极有挑战的职业方面，这些社交技能具有至关重要的意义，因此我们就需要给处在儿童性格形成期阶段的几个年级补上培养同理心和情商的课程。（对于如何实现这个目标，我们将通过本书的第五部分"英雄智商和健康智商"了解到更多的信息。）

加剧教育危机：关心不足

那还是 2016 年的事情。当时，我收到了加利福尼亚大学洛杉矶分校（我的母校）发来的一封电子邮件，这封宣传邮件的主体是该校 10 位一流的政治学家要进行博士论文报告。我注意到了一个细节：10 位专家清一色都是女性。我给政治学系打去了电话，询问对方为什么名单中没有男性。对方的答复是"哦，没错，你说的没错。我还没有注意到这一点。"

---

① "正和"指的是双方都获益，或者一方获益但是另一方的利益也没有受到损害，因而整个社会的利益有所增加。

对于常态的现象，我们从来不会留意。在 20 世纪 50 年代，社会常态就是工商管理硕士和医学博士项目里很少能见到女性的身影。是妇女运动帮助我们注意到了这种普遍现象。今天，男孩在教育领域优秀人才队伍中的缺席已经成了一种常态。

多一些关心，我们就比较容易注意到常态现象。我的朋友最近参加了女儿的毕业典礼，他的女儿和另外一个女孩一起在毕业典礼上发表了告别致词。这个女孩是学校荣誉学会的成员，在这个校园团体中男生屈指可数。朋友的儿子就读于同一所学校的低年级，他和他的男性朋友们在考试中得到的 D 和 F 跟 A 和 B 一样多。

他的父母关心他，因此注意到了这个问题。听说在全国范围内 70% 的毕业致辞都是由女孩发表的，[14] 70% 的 D 和 F 都来自男孩[15]的消息后，他们并没有感到震惊。事实上，这个消息甚至减轻了他们对儿子的失望。

在我朋友长大成人的那个时代，女孩们在数学课和自然科学课上的成绩都很差，现在他们依然记得当年我们都断定问题在于学校。他们同时还意识到现在男孩们几乎在各门功课上的表现都非常差劲，但是我们将问题归咎于男孩自身。

对于在教育领域和我们提到的其他各种领域，解决男孩危机首先就需要注意到这种现象已经出现了——不只仅限于美国，在世界各地也都如此。

5. 遍及全球的男孩危机

事实：在过去的一年里，英国死于自杀的男性人数超过了自 1945 年以来
在各场战争中阵亡的英国军人人数的总和。[1]

事实：在 63 个发达国家里，男孩的平均学习成绩都低于女孩，这些国家
都采用了国际标准化考试"国际学生评价项目（PISA）"。[2]

　　对于"男孩危机"这种说法，每一个国家都有着独有的描述方式：中国
人将这种现象称为"阴盛阳衰"，也就是女性（阴）处于上升状态，男性（阳）
处于衰退状态，[3] 就好像性别的股市一样。日本人用来描述新出现的一代男孩
的词汇颇有蔑视的意味，*soshoku danshi*（"草食男"）[4]和 *hikikomori*（"蛰
居族"）[5]。在欧洲各国，人们用大写字母缩写形式的"NEET"形容"不上学、
没有就业、没有参加培训"（*not in education, employment, or training*）
的年轻男性。[6]

　　**在全球范围内，男孩在阅读、数学和自然科学这三门核心课程的不达标
概率都比女孩高出 50%。**[7]联合国发现在这三门核心课程中，能够预测一个人
未来是否会取得成功的最有效的依据就是阅读技能，在世界各地都是如此。
阅读这项核心技能却是男孩们表现最差的一项技能。[8]

　　成绩会转化成对前途的期望值。在国际社会，现如今女孩们对自己未来
的事业的期望超过了男孩。[9]男孩们较低的期望有可能会转化成抑郁，其中也
包括抑郁的一种主要症状，即肥胖症。在世界范围内，男孩和成年男性的肥

胖症发病率都呈现出增长的趋势。在澳大利亚、英国、加拿大、德国、波兰和西班牙，有 1/4 的男孩和成年男性都存在肥胖的问题。[10]

英国开展的一项大型研究发现自 20 世纪 80 年代以来男孩的智商下降了15%。[11] 研究人员逐渐发现对于这种趋势的产生，有很多环境因素都起到了推动作用。[12] 在前文中，我强调了跟父亲相处的时间对提高儿童智商所能起到的作用。[13] 然而，就像在美国一样，在英国父子亲情已经出现了很大的衰退，每 13 个孩子中就有 1 个孩子是在没有父亲的环境中长大的。在这个问题上，两个国家的情况是一样的。[14]

男性的平均寿命与自杀 —— 新的终极解决方案的关系

本书在前文中提到了一项针对 20 个国家的男性过早死亡问题开展的研究，面对研究结果，进化生物学家伦道夫·内瑟断言道："要是能让男性的死亡率和女性的持平，你的贡献就比治愈癌症更伟大。"[15] 在世界范围内，女孩的平均寿命大约比男孩的长了 7%。[16]

造成两性平均寿命差距的主要因素中就包括自杀。不光是在美国，在全世界男孩和成年男性在自杀率方面都处于"领先"地位，和女孩的比率是 4:1。

现在，"自杀夺走的生命已经超过了战争、凶杀和自然灾害等因素累计毁灭的生命"，在全世界"每年夺走了 3 600 万人的健康生命"。[17] 在很多国家，男性自杀率的上升远远超过了女性。例如，印度男性自杀事件的上升率是女性的 9 倍多（自 2000 年以来分别为男性 37% 和女性 4%）。[18]

因此，不难理解为什么即将成为父亲的男性有可能希望自己即将来到人世的孩子不是男孩，这样他们的孩子就不用面对当今的男孩所面对的生活。或许可以说，他们不希望孩子面对他自己所面对的生活。

6. 为什么我们对危机视而不见

当警察对黑人男孩开枪的时候，我们会表示抗议，"黑人的生命很重要"。说得没错。这样的抗议促使人们对我们潜在的偏见意识进行了重要的审视。但是，"黑人男孩"的内涵一半在于"黑人"，另一半则是"男孩"。警察射杀男性的概率比射杀女性的概率高出了 23 倍。[1] 黑人男孩之所以遭到枪击既是因为他是黑人，同时也是因为他是男孩。

那么，我们为什么会对"黑人男孩"中的"男孩"因素视而不见呢？这是因为在人类历史的大部分时期，无视男孩的死亡正是人类社会存活下来的必要手段。人们的生存取决于男孩们是否愿意牺牲生命的时代，**对死亡、对男孩和成年男性所承受的痛苦的感知度和我们的生存本能存在着相互竞争的关系。**

要想在战争中取得胜利，我们就必须将我们的男孩训练成可以牺牲生命的勇士。为了我们的生命而献出生命，他们就会得到嘉奖和推崇，被我们称为"英雄"。

男孩们面对着潜在的死亡前景，因此在心理上我们就没有能力对我们的男孩培养起我们对女孩的那种感情。为了让男孩做好战斗，甚至面对死亡的准备，我们就必须把他们调教得能够压抑自己的感情。男孩越是能压抑自己的感情、在心里建立起铜墙铁壁，我们就越是难以向他们敞开心扉。

这样的疏远就带来了我所说的"同理心性别差异"：对男孩的死亡的关注不如对女孩的强烈。差异之大，甚至没有一位记者考虑过开展调查、揭示在遭到警察枪击的事情上男性的概率是女性的 24 倍这个事实。

在一定程度上，正是同理心性别差异的存在，我们才会对男孩危机视而不见，我们才会对人类历史上始终存在的这种性别歧视视而不见。但是，以前从来没有出现过"男孩危机"这种问题，现在我们为什么却要详细阐述这场世界性的危机？

这个问题的答案将会让你知道男孩危机并不是你的过错，一旦你了解了造成这场危机的因素究竟是什么，你就会知道应当如何增强男孩应对危机的能力、教会他将危机转化为机遇。

第一部分注释

1. 精神健康危机

1. Amy P. Cohen, Deborah Azrael, and Matthew Miller. "Rate of Mass Shootings Has Tripled Since 2011, Harvard Research Shows", *Mother Jones*. October 15, 2014, http://www.motherjones.com/politics/2014/10/mass-shootings-increasing-harvard-research.

2. Anne Case and Angus Deaton. "Rising Morbidity and Mortality in Midlife Among White Non-Hispanic Americans in the 21st Century," *Proceedings of the National Academy of Sciences* 112. no 49 (2015): 15078, doi:10.1073/pnas.1518393112.

3. Suicide Prevention Resource Center, "Rate of Suicide by Race/Ethnicity, United States 2000- 2014," in "Racial and Ethnic Disparities" (summarized from WISQARS Fatal Injury Reports, 1999 - 2014) http://www.sprc.org/racial-ethnic-disparities.

4. Federal Bureau of Investigation, "Crime in the United States: 2011," Expanded Homicide Data Table 1, http://www.fbi.gov/about-us/cjis/ucr/crime-in-the-u.s/2011/crime-in-the-u.s.-2011/tables/expandedhomicide-data-table-1.

5. University of Chicago, "Becoming a Man," Crime Lab, 2012, https://crimelab.uchicago.edu/page/becoming-man-bam-sports-edition-findings.

6. Centers for Disease Control and Prevention (CDC), *Morbidity and Mortality Weekly Report* 58. no.1 2009; and Web-based Injury Statistics Query and Reporting System (WISQARS), 2010.

7. Centers for Disease Control and Prevention (CDC), *Morbidity and Mortality Weekly Report* 58, no. 1 (2009); and Web-based Injury Statistics Query and Reporting System (WISQARS), 2010.

8. In 1933, the rate of suicide for males between fifteen and twenty-four was 1.54 times higher than for females in the same age range. See Mortality Statistics 1933, US Department of Commerce, Bureau of the Census. (Washington, DC: Government Printing O ce, 1936.)Credit to Jack Kammer.

9. American Foundation for Suicide Prevention, "Additional Facts About Suicide in the US," 2015. https://afsp.org/about-suicide/suicide-statistics/, accessed July 7, 2017.

10. Alan Zarembo, "Suicide Rate of Female Military Veterans Is Called 'Staggering,'" *Los Angeles Times*, June 8, 2015, http://latimes.com/nation/la-na-female-veteran-suicide-20150608-story.html.Female veterans commit 28.7 suicides for each 32.1 committed by male veterans.

11. Armen Keteyian, "Suicide Epidemic Among Veterans." CBS News, November 13, 2007. http://www.cbsnews.com/stories/2007/11/13/cbsnews_investigates/main3496471.shtml.

12. Jason Breslow, "New Report Slams 'Unprecedented' Growth in US Prisons," *Frontline, PBS*, May 1, 2014, http://www.pbs.org/wgbh/pages/frontline/criminal-justice/locked-up-in-america/ new-report-slams-unprecedented-growth-in-us-prisons.

13. J.Schmitt and K.Warner, "Ex-offenders and the Labor Market" (report, Center for Economic and Policy

Research, November 2010), 6, http://www.cepr.net/documents/publications/exoffenders-2010-11.pdf.

14. Office of Justice Programs' Bureau of Justice Statistics, "Prisoners in 2013," https://www.bjs.gov/index.cfm?ty=pbdetail&iid=5109.

15. The APA report estimates that half of prisoners have mental health problems. See American Psychological Association, "Incarceration Nation," *Monitor on Psychology 45.* no.9, (October 2014): 56, http://www.apa.org/monitor/2014/10/incarceration.aspx.

16. Breslow. " 'Unprecedented' Growth in US Prisons."

17. Saki Knafo. "Prison-Industrial Complex? Maybe It's Time for a Schools-Industrial Complex," *Huffington Post*, August 31, 2013, http://www.huuffingtonpost.com/2013/08/30/california-prisons-schools_n_3839190.html.

18. Knafo, "Prison-Industrial Complex?"

19. American Foundation for Suicide Prevention, "Suicide Statistics," http://afsp.org/about-suicide/suicide-statistics.

20. "Children's Mental Health: New Report," CDC, archived September 10, 2015, http://web.archive.org/web/20150910003950/http://www.cdc.gov/features/childrensmentalhealth.

2. 生理健康危机

1. Randolph Nesse conducted a study of premature deaths in twenty countries. An estimated 375,000 lives per year would be saved were men's risks equal to women's. See Betsy Mason, "Men Die Young—Even if Old", *New Scientist.* July 25,2002, https://www.newscientist.com/article/dn2586-men-die-young-even-if-old.

2. "Being a Man 'Is Bad for Health,' " BBC News, July 24, 2002, http://news.bbc.co.uk/2/hi/health/2148573.stm. See also Mason, "Men Die Young."

3. Rémy Slama et al., "Epidemiology of Male Reproductive Function," *Revue d' Epidémiologie et de Santé Publique* [Review of epidemiology and public health] 52 (2004), 221-242; as cited in Leonard Sax, Boys Adrift (New York: Basic Books, 2007), 231.

4. S.Cabler et al., "Obesity: Modern Man's Fertility Nemesis," *Asian Journal of Andrology* 12, no. 4 (2010): 480-489.

5. Adapted from National Center for Health Statistics, CDC, *National Vital Statistics Reports* 64, no. 2 (2016): table B, p. 5.

6. AFL-CIO, *Death on the Job: The Toll of Neglect*, 2015. See http://www.acio.org/Issues/ Job-Safety/Death-on-the-Job-Report.

7. US Bureau of Labor Statistics, Current Population Survey, Census of Fatal Occupational Injuries, 2015. Data is 2014 preliminary data. See http://www.bls.gov/iif/oshwc/cfoi/cfch0013.pdf.

8. See Warren Farrell, "The Death Professions: My Body, Not My Choice," in *The Myth of Male Power* (New York: Simon & Schuster, 1993). An updated Kindle edition is available on Amazon.

9. AFL-CIO, *Death on the Job: The Toll of Neglect* (AFL-CIO, 2015), https://aflcio.org/sites/ default/files/2017-03/DOTJ2015Finalnobug.pdf.

10. Allison Field et al., "Prospective Associations of Concerns About Physique and the Development of Obesity, Binge Drinking, and Drug Use Among Adolescent Boys and Young Adult Men." *JAMA Pediatrics* 168, no. 1 (2014): 34-39, doi:10.1001/jamapediatrics.2013.2915.

11. Ashleigh May, CDC, "Obesity: United States, 1999-2010," *Morbidity and Mortality Weekly Report* 62. No.3 (2013): table 2, http://www.cdc.gov/mmwr/preview/mmwrhtml/su6203a20. htm#Tab2.

12. Natalie Rahhal, *Daily Mail.com*, October 16, 2017. http://www.dailymail.co.uk/health/article-4985856/Americans-fat-fight-crime-war-fires.html.

13. "Still Too Fat to Fight," *Mission: Readiness,* 2012. http://missionreadiness.s3.amazonaws.com/wp-content/uploads/Still-Too-Fat-To-Fight-Report.pdf.

3. 经济健康危机

1. US Bureau of Labor Statistics, "Employed Persons by Detailed Occupation, Sex, Race, and Hispanic or Latino Ethnicity," Household Data, Annual Averages 2009, table 11, http:// www.bls.gov/cps/cpsaat11.pdf.

2. Andrea Coombes, "Men Suffer Brunt of Job Losses in Recession," *Wall Street Journal, July* 16, 2009, https://www.wsj.com/articles/SB100014240529702035773045742725701491530I0.

3. Heidi Hartmann, Elyse Shaw, and Elizabeth Pandya, "Women and Men in the Recovery: Where the Jobs Are" (briefingg paper, Institute for Women's Policy Research, November 2013), 12, Institute for Women's Policy Research, https://iwpr.org/wp-content/uploads/ wpallimport/files/iwpr-export/publications/Women%20and%20Men%20in%20the%20Recovery_Web%20Final2.pdf.

4. Jonathan Vanian, "In 10 Years, Artificial Intelligence Will Transform Truck-ing, Says Otto Exec," *Fortune,* March 27, 2017. http://fortune.com/2017/03/27/uber-otto-artificial-intelligence-truck-driving/.

5. M.Greenstone and A.Looney, "Trends" (report), Milken Institute, July 2011, p. 11, http://wwwassetslb.milkeninstitute.org/publications/review/2011_7assets/Publication/MIReview/PDF/08-16MR51.pdf (accessed June 8, 2014, October 26, 2017).

6. David Wessel, "Meet the Unemployable Man," *Wall Street Journal,* May 1, 2010, https://www.wsj.com/articles/SB10001424052748703322204575226003417489846.

7. Belinda Luscombe. "Workplace Salaries: At Last, Women on Top," *Time,* September 1, 2010, http://www.time.com/time/business/article/0,8599,2015274,00.html.

8. National Association of Realtors, "First-Time Buyers, Single Women Gain Traction in NAR's 2016 Buyer and Seller Survey," National Association of Realtors, October 31, 2016, http:// www.realtor.org/news-releases/2016/10/first-time-buyers-single-women-gain-traction-in- nar-s-2016-buyer-and-seller-survey. Single women represented 17 percent of home purchases, single males 7 percent.

9. Jeffrey Gentry, "Who Pays for the First Date? Survey Says Men Should," *USA Today*, September 25, 2014; survey conducted by NerdWallet.com.

10. Gentry, "Who Pays for the First Date?"

11. David Mielach, "75 Percent of Women Say They Won't Date Unemployed Men," *Business News Daily*, June 26, 2012, http://www.businessnewsdaily.com/2753-dating-unemployed-men-women.html; a survey of 925 respondents conducted by It's Just Lunch, a dating service.

12. Mielach, "Women Won't Date Unemployed Men."

13. Augustine J.Kposowa, "Unemployment and Suicide: A Cohort Analysis of Social Factors Predicting Suicide in the U.S.National Longitudinal Mortality Study," *Psychological Medicine* 31, no.1(January 2001): 127-138. See also Kposowa, "Marital Status and Suicide in the National Longitudinal Mortality Study," *Journal of Epidemiology and Community Health* 54 (April 2000): 256.The figure is 9.94 higher in divorced men than in divorced women.The 9.94 figure was obtained from Dr. Kposowa using information from table 1 on p. 256. Personal correspondence with Warren Farrell, June 29, 2000.

14. Gentry, "Who Pays for the First Date?"

15. Gentry, "Who Pays for the First Date?"

4. 教育危机

1. OECD, "How Do Girls Compare to Boys in Mathematics Skills?" in *PISA 2009 at a Glance* (Paris, France: OECD, 2010) 22, doi:10.1787/9789264095298-en.

2. D. Salahu-Din, H. Persky, and J. Miller, *The Nation's Report Card: Writing* 2007, NCES 2008-468, National Center for Education Statistics (NCES), Institute of Education Sciences, U.S. Department of Education, (Washington, DC, and Chapel Hill, NC, 2008), table A-9. Average scores and achievement-level results in NAEP writing for eighth-grade public school students, by gender and state. 2007.

3. In 1980 only 14 percent of boys said they did not like school very much at all; by 2001 that figure had increased to 24 percent. See University of Michigan, Institute for Social Research, Monitoring the Future (study), 1980-2001; cited in NCES, "How Do You Feel About School?" *Trends in Educational Equity of Girls and Women*: 2004, fig. 13, p. 45.

4. NCES, "Number and Percentage of Students Who Were Suspended and Expelled from Public Elementary and Secondary Schools, by Sex and Race/Ethnicity: 2002, 2004, and 2006," in *Condition of Education* 2009, ed. Michael Planty, William J. Hussar, and Thomas D. Snyder (Washington, DC: NCES, June 2009), table A-28-1, p. 206.

5. C. Cornwell et al., "Non-cognitive Skills and the Gender Disparities in Test Scores and Teacher Assessments: Evidence from Primary School," *Journal of Human Resources* 48 (Winter 2013): 236-264.

6. Original chart developed by omas G. Mortenson, Senior Scholar, Pell Institute for the Study of Opportunity in Higher Education, Washington, DC. Digest of Education Statistics, 2016, Table 318.10, https://nces.ed.gov/programs/digest/d16/tables/dt16_318.10.asp.

7. Ana Swanson, "What Men and Women Wanted in a Spouse in 1939—and How Different It Is Today," *Wonkblog (blog), Washington Post*, April 19, 2016, https://www.washingtonpost.com/news/wonk/wp/2016/04/19/what-men-and-women-wanted-in-a-spouse-in-1939-and-how-different-it-is-today.

8. Peg Tyre, "The Trouble with Boys," *Newsweek, January* 29, 2006, http://www.newsweek.com/education-boys-falling-behind-girls-many-areas-108593.

9. Taro Fujimoto, "Vocational Schools on the Move," *Japan Today*, July 21, 2008. https://japan-today.com/category/features/executive-impact/vocational-schools-on-the-move.

10. Kazuhiro Ohshima of the Katayanagi Institute is actively recruiting foreign students. See Fujimoto, "Vocational Schools."

11. Kristi Klein and Sara Hodges, "Gender Differences, Motivation, and Empathic Accuracy: When It Pays to Understand," *Personality and Social Psychology Bulletin* 27, no. 6 (June 2001): 720-730.

12. See www.lifeafterhate.org.

13. Clayton Cook, et. al., "Predictors of Bullying and Victimization in Childhood and Adloscence: A Meta-analytic Investigation," *School Psychology Quarterly* 25, no.2. See http://www.apa.org/news/press/releases/2010/07/bully-victim.aspx.

14. Lester Holt. "Men Falling Behind Women," NBC News, March 5, 2011, http://www.nbcnews.com/id/41928806/ns/business-us_business/t/men-falling-behind-women.

15. Paul Stern, director, Raising Cain: Boys in Focus (documentary), PBS Films, 2006; see also Michael Gurian Michael and Arlette C. Ballew, *The Boys and Girls Learn Differently*: Action Guide for Teachers (Hoboken, NJ: John Wiley & Sons, 2003), 23.

5. 遍及全球的男孩危机

1. Finlay Young, " The Trouble with Men: Why Men are Killing Themselves," *Newsweek, February* 12, 2015,

http://www.newsweek.com/2015/02/20/suicide-men-305913.html.

2. OECD, *The ABC of Gender Equality in Education: Aptitude, Behavior, Confidence*. PISA (Paris, France: OECD Publishing, 2015), 26, doi:10.1787/9789264229945-en.

3. Sarah Keenlyside, "Young, Free and Shengnu: China's Bridget Joneses," *Telegraph*, July 30, 2012, http://www.telegraph.co.uk/women/sex/9424628/Young-free-and-shengnu-Chinas-Bridget-Joneses.html.

4. "From Carnivores to Herbivores: How Men Are Defined in Japan." *Japan Today*, February 16, 2012, http://www.japantoday.com/category/lifestyle/view/from-carnivores-to-herbivores-how-men-are-defined-in-japan.

5. William Kremer and Claudia Hammond, "Hikikomori: Why Are So Many Japanese Men Refusing to Leave Their Rooms?" BBC News, July 5, 2013, http://www.bbc.com/news/magazine-23182523.

6. Massimiliano Mascherini, Lidia Salvatore, Anja Meierkord, and Jean-Marie Jungblut, *NEETs—Young People Not in Employment, Education or Training: Characteristics, Costs and Policy Responses in Europe*, Eurofound, (Luxembourg: Publications Office of the European Union, 2012), http://www.eurofound.europa.eu/sites/default/files/ef_files/pubdocs/2012/54/en/1/EF1254EN.pdf.

7. According to the OECD's *ABC of Gender Equality in Education: Aptitude, Behavior, Confidence* (p. 3), 14 percent of boys versus 9 percent of girls did not attain the PISA baseline proficiency in reading, math, or science.

8. "What's the Problem with School?" Understanding and Raising Boys, PBS Parents, accessed December 26, 2011, http://www.pbs.org/parents/raisingboys/school02.html.

9. OECD, *ABC of Gender Equality*, 32, 107.

10. World Health Organization, "Adult Risk Factors: Obesity, Blood Sugar, Blood Pressure Data by Country" (2013), accessed May 30, 2014, http://apps.who.int/gho/data/node.main.NCD56?lang=en.

11. John Crace, "Children Are Less Able than they Used to Be," *Guardian*, January 24, 2006, https://www.theguardian.com/education/2006/jan/24/schools.uk; see also *Leonard Sax' Boys Adrift* (p. 65), which references the same study, "Thirty Years On: A Large Anti-Flynn Effect? The Piagetian Test Volume & Heaviness Norms, 1975-2003," by Michael Shayer, M. Ginsburg, and Coe in *British Journal of Educational Psychology 77*, no. 1 (March 2007): 25-41. Boys' IQs have dropped about 15 points (a full standard deviation) since the 1980s. Girls' have dropped about 7-8 points. In the 1970s boys' IQs were about seven to eight points higher than girls'.

12. William T. Dickens and James R. Flynn, *Psychological Review 108*, no. 2 (2001): 346-369.

13. Daniel Nettle, *Evolution and Human Behavior* 29, no. 6 (November 2008): 416-423, doi:10.1016/j.evolhumbehav.2008.06.002.

14. US Census Bureau, "Living Arrangements of Children under 18 Years/1 and Marital Status of Parents by Age, Sex, Race, and Hispanic Origin/2 and Selected Characteristics of the Child for all Children 2010," Current Population Survey, table C3. UK source: Office of National Statistics.

15. "Being a Man 'Is Bad for Health,'" BBC News, July 24, 2002, http://news.bbc.co.uk/2/hi/health/2148573.stm. See also Betsy Mason, "Men Die Young—Even if Old", *New Scientist*, July 25, 2002, https://www.newscientist.com/article/dn2586-men-die-young-even-if-old.

16. "World Health Statistics, 2017", World Health Organization, p. 92, http://apps.who.int/iris/bitstream/10665/255336/1/9789241565486-eng.pdf.

17. Institute for Health Metrics and Evaluation, "Global Burden of Disease, 2010," *Lancet*, December 2012, http://thelancet.com/gbd/2010; cited in Tony Dokoupil, "Why Suicide Has Become an Epidemic—And What We Can Do to Help," May 23, 2013, Newsweek. See http://www.newsweek.com/2013/05/22/why-suicide-has-become-epidemic-and-what-we-can-do-help-237434.html.

18. Deepika Bhardwaj, "Men: e Forgotten Gender." YouTube video, 19:00, posted by TEDx Talks, February

25, 2015, http://youtu.be/1_2g171z25E; for specific statistics on suicide rates, see National Crime Records Bureau, "Accidental Deaths & Suicides in India 2013," accessed November 2, 2015, http://ncrb.gov.in/adsi2013/ADSI-2013.pdf.

6. 为什么我们对危机视而不见

1. There were 923 males and 40 females fatally shot by police in 2016. For the full tally, see www.washingtonpost.com/graphics/national/police-shootings-2016.

第二部分

为什么男孩危机不是你的错

7. 答案制造的问题

当年满 30 岁的凯文搬回父母家的时候，威廉觉得"这'证明'我当父亲当得很失败"（见"概述"部分）。经过长时间的愧疚和否认之后，威廉最终得出的结论是自己的儿子出现了"独立生活失败"的问题。

凯文的父母（威廉和阿纳斯塔西娅）曾经试过用药物帮助他治疗注意缺陷多动障碍（通常称为"多动症"）、改变他的懒散状态，现在他们又在担心儿子会患上抑郁症，有时候甚至担心他会自杀。他们试图通过家庭游戏日和各种活动帮助儿子摆脱电子游戏给他制造的与世隔绝的世界，跟其他人建立交往，可是他们的努力都纯属徒劳。在凯文失去学习兴趣的时候，他们聘请过家庭教师，还把他送进了私立学校，可是他的成绩变得更差了。接着，他们又试图激发起儿子对体育运动的热情，足球课、棒球手套，甚至是车道上的篮筐都毫无用处。

凯文想搬回家的时候，威廉和阿纳斯塔西娅顿时陷入了进退维谷的境地：要么进一步鼓励凯文的状况，要么让凯文在需要帮助的时候感到自己被抛弃了。

如果凯文是你的儿子，你自然会产生自责的情绪。但是，正如我们在前文中见到的那样，在 63 个发达国家中都存在着男孩危机，也就是说很有可能儿子的问题并不是你的过错！相反，真正的"过错"在于渗透进发达国家千家万户的各种问题。颇有讽刺意味的是，造成这些问题的罪魁祸首竟然是一件好事情——获得生存手段比以前容易了。

自从 18 世纪和 19 世纪的工业革命以来，人类获得生存手段的机会大大地提高了，科学、技术和信息交换领域的革命性发展（例如数字革命）让发达国家有条件大幅度地将关注的焦点从保证生存转移到提高个体自由度的事情上。

但是，新的自由带来了新的问题。新获得的自由往往会给人们带来意识层面的问题，注意到这些问题的存在，在判断哪些解决方案更适合自己的家庭时，你就会拥有更多的选择。

幸运的是，对你的儿子来说，每一种新问题的解决方案中都孕育着追赶上女孩们的机会，并且促进女孩们下一个阶段的进步。在这里，我将针对这些解决方案提出一些棘手的问题，不过，决定成败的还是细节。（没错，细节就在本书的其余章节中！）

1）婚姻和离婚

（1）以生存为基础的强制要求。社会对离婚赋予的恶名让孩子们有条件享受到双亲俱全的生活，从而增加了他们存活下来的概率。

（2）自由。更容易获得生存手段的现实为曾经代价昂贵的离婚创造了条件。妇女运动再加上其他因素（例如药物）为我们的女孩们创造了一个"女性选择多样化的时代"。能够自由利用这些新选择的女性都是家里的主要经济来源。

（3）问题。为了保证在工作中取得成功，身为丈夫的男人们就必须具备一些特殊的品质（例如，压抑——而不是释放——自己的感情），这些品质往往会导致他们在感情方面遭遇失败。但是，现在妻子们有了更大的自由度，能够将自己的失望转化为离婚。离婚让父亲有可能失去陪伴孩子的机会，从而制造出缺失父亲的孩子。在经济上比较自由的女性从一开始就有条件选择是否跟孩子的父亲结婚，这种状况也给社会带来了数百万由单身母亲抚养长大的孩子。父亲的缺失给男孩和女孩都带来了各种问题，但是男孩们显得比女孩们更容易受到伤害。

（4）解决方案和新的机遇。对我们的男孩进行社会化的训练，让他们愿意参与照顾孩子的工作。如果小学普遍对孩子们进行沟通训练，让良好的人际关系在他们的心中成为一种"自然而然"的事情，那么想要离婚的夫妇就会越来越少。在父母离婚的时候，孩子的亲生父亲和亲生母亲受到的影响一样多。

2）目标

（1）以生存为基础的强制要求。每一种性别都有着以提高生存概率为出发点的既定角色（例如，女性能够冒着生命危险生养孩子，男性能够冒着生命危险参加战争、赚钱）。这些角色就成了男女两性各自的人生目标。

（2）自由。女性已经获得了离开家、去外面参加工作的自由，这也让男人摆脱了"家庭唯一的经济支柱"这样的强制性身份。我们对军人的需求数量日趋减少，这就让参军成了男孩们自己的选择，而不是外界强加给他们的期望或者要求。

（3）问题。男孩的两个目标——家庭唯一的经济支柱、勇士——都被削弱了。缺少父亲的男孩在培养其他目标的过程中得到的指导比较少。很多男孩都出现了"目标缺失"的问题。

（4）解决方案和新的机遇。无论是个体还是全社会，支持男孩找到符合他们个性和价值观的新目标。帮助他们培养实现新目标所必需的自制力。我们已经为女孩成为未来的公司总裁提供了大量的支持，现在我们也要为男孩成为明日的父亲提供同样多的支持。

3）英雄智商和健康智商

（1）以生存为基础的强制要求。"英雄智商"就是培养孩子不畏惧生命危险的社会化过程，社会对这个过程的强调超过了对"健康智商"的重视，后者指的是强调长寿和健康感情生活的社会化过程。

（2）自由。在第二次世界大战结束后，社会对军人的需求数量越来越少，作为榜样的英雄也越来越少，男孩们有了更多的自由选择比较安全的职业。

（3）**问题**。旨在培养男孩争当英雄的诱惑因素（例如"大男孩不会哭""艰难之路，唯勇者行"——心理治疗专家并不接受这些说法）尚未消失。如果没有一套制度支持男孩们培养自己在生理健康和心理健康两方面的智商，男孩们就会通过毒品、酗酒、消极怠工等方式将自己对达不到理想标准的恐惧外化或者说"表现出来"，或者表现为情感上的冷漠。外化的恐惧对男孩自己和其他人造成的伤害令家长和老师都无力顾及深层的抑郁问题，男孩们在情感上的冷漠让仜们无法得到情感上的支持。

（4）**解决方案和新的机遇**。对男孩们开展的"英雄情商"教育是社会强调短命的过程，"健康情商"教育则是对长寿的鼓励。我们要为所谓的男性气概赋予新的内涵——有勇气为自己着想，而不是为了避免被叫作"胆小鬼"而屈从于社会压力。我们应当教会男孩们如何感知自己的感情，在他们表达出自己的感情时，教会他们如何表现出自信而不是侵略性，让他们获得倾听的力量，健康智商不是力量的面具，而是让自己摘掉假面具的力量。

4）注意缺陷多动障碍

（1）**以生存为基础的强制要求**。"不打不成才"的管教态度能够确保孩子在能够做自己想做的事情之前首先学会他们必须做的事情。这种态度帮助孩子们逐渐培养起了"延迟满足"的能力，这是生存所必需的一种能力。父亲就应该采取这种方式管教孩子（"等爸爸回家"），尤其是对儿子。体力劳动（例如种地）是生存所必需的工作，即使对有机会跟随父亲学习手艺活的男孩来说也不例外。

（2）**自由**。在不太需要担心饥荒问题的中产阶级和更加富裕的家庭里，家长们感到自己有更多的自由允许孩子从事他们想从事的工作，而不是逼迫他们把注意力集中在他们必须做的事情上。家长越来越多地开始培养男孩们独特的个性，并且越来越能接受他们的不同需求和欲望。

（3）**问题**。在父亲缺失的家庭里，缺少强制性规则的约束，孩子就更会做自己想做的事情，而不是聚焦于自己必须做的事情。这种状况导致孩子更加缺乏延迟满足的能力，永远无法保持长时间的注意力。当男孩为了电子游戏和网络朋友而忽视身体更重要的需求——对运动的需求时，这个问题就更是严重了。杀虫剂、杀真菌剂、破坏营养的防腐剂更是进一步加剧了男孩们的这些问题，暂时能够缓解症状的药物往往会对他们的大脑和身体造成伤害。这些因素累积起来，原本只是注意力不够集中的男孩就出现了身心机能失调的问题。

（4）解决方案和新的机遇。坚持锻炼和健康饮食。将延迟满足当作核心规则。利用家庭聚餐之夜培养男孩们的情商、健康智商和目标。在满足这些条件后，如果多动症依然存在，约翰·格雷还为家长和孩子们提供了大量新颖自然的解决方案，从组织艺术课堂到热水治疗法无所不有。

给我们带来男孩危机的并不只有上述这些因素。在日后的著作中，我将对其他一些因素进行更加深入的分析。例如，我们对性的态度比过去冷漠、破坏性也更大，这种态度给男孩造成的各种危害；校园里出现的各种问题（见参考文献中迈克尔·古里安和伦纳德·萨克斯的著作）；适应职业和适应儿子之间的差异（见参考文献中马蒂·尼姆克的著作）；男孩潜意识里对男性形成的消极形象给他们造成的强烈影响；为电子游戏成瘾问题提供的解决方案。

但是，通过长达十年的研究我发现最根本的问题还是目标缺失、父亲缺失的男孩，以及英雄智商对健康智商的削弱，这些问题正是《男孩危机》这本书所要解决的问题。让我们首先来看一看目标缺失的问题。

第三部分

目标缺失

8. 寻找目标的代沟

目标的力量

日本人将"目标"称作"Ikigai"，意思就是"存在的理由"。

在有Ikigai的日本男人中，死于心脏病的人不太多；有Ikigai的人，无论男女的寿命都比较长。[1]无论我们将其称为"Ikigai"，还是目标，当我们追求在我们看来能为生命赋予意义的目标时，这件事情本身就赋予了我们生命。

在历史上，赋予男孩人生目标的正是证明自己的过程。为了生存，大部分文化都赋予了男女两性火星和水星式的性别角色，就是这样的性别角色被社会当作人生目标"贩卖"给了男性和女性。作为父母的男女两性以性别角色为人生目标所具有的深层目的就在于保证孩子得到最大的生存机会，让孩子过上比他们更优越的生活。

但是，正如第二部分描述的那样，发达国家已经有接受离婚的充足条件了，在这些国家产生了"女性选择多样化的时代"（抚育孩子、赚钱，一部分人则兼而有之），与此同时"男性没有选择的时代"依然没有结束。也就是说，父亲拥有的"三个选择"依然是赚钱、赚钱、赚钱。不少女性开始和伴侣共同承担起养家糊口的责任，面对这种情况，年轻男性再也无法将"家里唯一的经济支柱"当作自己作为男人的人生目标了。此外，社会对勇士的需求逐渐降低了，男孩们开始遭遇到一种"目标缺失"的现象。失去父亲的男孩在寻找其他人生目标的过程中缺少了父亲的指导，因此成了遭受"目标缺失"影响最严重的群体。

今天，在男孩长大成人的过程中，男孩和父亲常常会碰到"寻找目标的代沟"，就连有父亲陪伴的男孩也不例外。如果你是一位奉行"我在，故我劳"的父亲，那么面对似乎在强调"我在，故我得"的文化或许会感到沮丧。你或许会感到自己的儿子正在被权利的黑洞吞噬着。你的儿子或许会觉得你在剥夺他追求幸福的"权利"。

如何填补这道鸿沟？首先，父亲们要和儿子一起寻找一个超越他自身的目标，从而确定他服务社会和自己的方式。否则，他就会出现目标缺失的问题，这种状况往往会引发"独立生活失败"的问题，而且同时还会产生另外两个问题：抑郁和自我厌恶。

帮助男孩建立目标与他父辈和祖辈寻找目标的起点截然不同。对于男孩来说，父亲和祖父的目标来自于他人。对于身为父亲的你来说，你的任务是帮助儿子寻找目标。父亲建立目标的过程首先就是放弃那些能让自己眼睛发亮的事情，儿子建立目标的过程首先必须是找到能让自己眼睛发亮的事情。

对于指导儿子建立目标的工作，理解在寻找目标的问题上存在的代沟对父亲们来说具有核心意义，因此我想告诉你们我在自己主持的研讨班上碰到的一件事情，我在其中也起到了促进作用。这件事证明改变现状既需要儿子理解父亲的目标，也需要父亲帮助儿子寻找目标。假想此刻你就身处在研讨班里，我要求你：

"回想一次你父亲眼睛发亮的情形……"

努力回想一下，在父亲的一生中他眼睛发亮的情形——眼中透着兴奋的光亮，无忧无虑，心中毫无对外界的评判，也没有想着你或者他自己。

或许是他和你在家里打打闹闹的时候，玩捉迷藏的时候，踢足球的时候，跟你或者你的孩子把球扔来扔去的时候，你就在他的眼睛里看到过这样的光亮，他自自然然地开怀大笑着，透出一股"我一直在为这一刻活着"的喜悦。当他在车库里做出了一样有用或者有趣的东西、回到屋子里的时候，在乐队或者唱诗班里唱歌的时候，表演戏剧的时候，看着自己的球队夺冠的时候，讲述总能逗乐别人或者赢得别人敬意的故事的时候，你也看到过这样的光亮。

如果你不知道自己的父亲是谁，或者在你年幼的时候他就离开了你，你也不妨猜一猜，有什么事情能让他眼睛发亮？（记住，我们都和自己的父亲之间存在着感情，即使这份感情完全建立在想象的基础之上——我们想象中的父亲，想象中父亲对我们的感情）。

父亲的目标："光亮"和工作

想一下，你的父亲以什么工作为生。然后，假想你的父亲和母亲在你即将出生之前对两件事情——他的"光亮"，还是他的工作——进行着权衡，试图想清楚究竟哪一件事情能给家庭带来更可靠的收入，好让你能够住在你现在住的地方、让你能够拥有你现在拥有的机会。

也就是说，如果你的父母盘算过的话，他们会考虑清楚你的父亲究竟选择能让他眼睛发亮的事情（某一天带你去钓鱼、参加表演、画画、创作歌曲或者写写文章），还是他眼下用来谋生的事情？

很有可能你的父亲会在心里"想明白"：**要是他听从自己的喜悦，那么你的钱就没了**。他的"光亮"或许是写作、绘画、音乐或者陪伴你的时光，但是他明白相比于跟你一起钓鱼，当工程师能抓到更多的"鱼"，这样才能养活你。他或许也想过着晚出早归的生活，可是他觉得自己赚得越多，他能为你创造的生活就越是比他自己的生活更令人满意。

简言之，如果你的父亲是一个"好"父亲，他就会悄悄地想明白**通往高薪的道路都不是免费的**。[2] 他明白越是令人满足的工作，薪水越低。为什么？工作越是令人满足，例如艺术家，想从事这种工作的人就越多，尤其是跟想从事其他一些职业的人数相比，例如垃圾清洁工。不过，相比于增加自己的艺术收藏品，你大概更需要有人来清洁你的垃圾。满怀抱负的艺术家的数量远远超过了市场的需求量，因此给他们的报酬不必太高，所以社会上就会出现"吃不饱肚子的艺术家"这种形象的说法。诚然，少数艺术家的确能够依靠自己的作品谋生，但是这些人都属于特例，不是普遍现象。因此，没有多少父亲会进入"令人满足的行业"。

你的父亲为什么甘愿放弃眼睛里的光亮？唉，其实他并没有放弃。他只是将自己的光亮替换了他的"目标"：为你创造比他的生活更优越的生活。这个希望就是新的光亮，能够代替原先的光亮——在你毕业、[3] 结婚、生子、感到幸福的时候，他的眼睛里所能闪现出的光亮。

父亲的责任就是用眼睛里原有的光亮（他热爱的事情）换取新的光亮（他对你的爱）。

"我父亲的光亮就是他的事业——他一直在做自己想做的事情。"

在完成这样的想象练习后，一名女性听众告诉大家："我父亲眼睛里的光亮完全就是他的事业。我父亲一直在做自己想做的事情。"她毫不掩饰自己对父亲的怨恨。

这位女士的父亲依然健在，因此我叫她向自己的父亲问一个问题：在遇到她的母亲之前、在选择大学专业之前，他眼睛里的光亮是什么。我给了她我的名片。几个月后，她给我打来了电话。

"嗯，我听了你的建议。爸爸说在高中的时候他喜欢参加喜剧演出、讲笑话。可是他没有能力在好莱坞或者纽约熬上几年，看看自己是否能够成功。"他说在大学选择自然科学专业是因为他的父母说这个专业比戏剧专业实际一些。其实，他并没有那么热爱自然科学。

我听得出这位女士的内心发生了变化，因为她不再将父亲称为"我父亲"，而是改成了"爸"：

> 我爸说，还没遇见我妈的时候他找到了驾驶小飞机的工作。他成天到晚都在天上飞，最终攒够了钱，终于能单飞了。遇见我妈的时候，他带着她在夕阳下飞了一次，尽管当时她很紧张，她还是常常跟我们几个孩子讲起当初我爸飞翔在夕阳中的景象，将那情景描述得多么诗情画意，他们的初吻就发生在那次飞行中，诸如此类的事情。
>
> 爸爸是飞行员，所以我猜这就是你所说的"眼睛里的光亮"。结果，他却说当飞行员只关乎联邦航空局的规章制度和自己的职责，跟自由、诗歌和初吻都八竿子打不着。他的这番话让我明白了你所说的"光亮"和职业之间存在的差异。
>
> 不过，这还不是最重要的事情！父亲从来不让我坐他的飞机，对于这一点我一直心怀不满。我一直以为我不属于他眼睛里的光亮。所以我就鼓起勇气问了他这个问题。他跟我说我妈严禁他带着我们几个孩子一

45

起飞小飞机，我的哥哥也不例外，因为小飞机太危险了。他还说在我妈怀上孩子后，他和我妈都认为，她也不能再跟他一起飞了，直到我们几个孩子长大之后。

所以，法雷尔博士，我想我要说的就是，这是我和我爸之间做过的最重要的一次交流。这次的谈话让我对他的感情有了很大的改观；尤其是知道了我一直不曾跟他一起飞小飞机的原因其实是我对他来说太重要了，而不是因为我对他无足轻重。太感谢你了。

哦，还有一件事情。为了让我和我哥完成大学学业，我爸基本上放弃驾驶小飞机的工作了。对于这件事情，我感觉有些难过。你觉得，我应当鼓励他重操旧业吗？

我告诉这位女士："问问他，他现在对这件事情的想法是什么。但是，更重要的是，你要告诉你爸你有多么感激他为了你、你妈和你哥而放弃了自己眼睛里的光亮。等你让他知道了你的想法后，他的心里就会重新燃起希望——你成为他眼睛里新的光亮。"等他感觉到你、你哥和你妈对他的感激，他的生活目标也就实现了。

"我完全没想到你会想到问我这个问题"

有一次，我在加利福尼亚州恩西尼塔斯市的潘尼金咖啡馆里撰写之前出版的一本书，一名男青年瞟了我几眼，然后犹犹豫豫地走到了我跟前。

"你是沃伦·法雷尔，是吗？"

我冲他热情地笑了笑，表示了肯定。于是他便跟我聊了起来：

我参加过您针对父亲的事情组织的一个研讨班。我就是想跟你说一说发生在我身上的事情。

在父亲节的那一天，我觉得我应该问一问父亲你提出的那个问题——有什么事情让他眼睛发亮。他似乎不太理解"光亮"的含义，所以我就给他举了几个你举过的例子：钓鱼、兴趣爱好之类的事情。他说："吉米，这就是你从你参加的某个不着边际的研讨班学来的问题？你要知道生活可不是为了什么光亮，生活意味着责任。等你明白了这一点，你就长大了。"

一开始，我对你感到火冒三丈，因为就是你把我改造成这副德行的。不过，接着我又跟父亲说："爸，那个研讨班让我意识到我过于关注自己，过于关注一切并不完美的东西，让我意识到我从来没有问过你是谁，在年轻的时候你有过什么样的希望和梦想这些问题。这样是不对的。"

沃伦，我刚一说完这番话，就看到我爸流下了眼泪。太不可思议了，这还是在他父亲的葬礼之后我头一回见到他落泪。

我说："爸，怎么了？"

他告诉我他没事。停顿了一下，他又说："我完全没想到你会想到问我这个问题。"随即他的眼泪又流下了来。他抱住了我，他以前还从来没有这么拥抱过我。

我问这位男青年："有些'我终于满足了'的意思？"

"没错。没错。就是有些'我终于满足了'的意思。"

"我对我父亲知道得很少。"

在我接下来主办的研讨班里，在讲解想象练习的时候我提到了这件事情。练习结束后，一个人站起身，主动讲了起来：

我对我父亲知道得很少——在我4岁大的时候他就离开了我。多年来，我从没再见过他。但是，我知道他有酗酒的毛病，还有喜欢发火的毛病。

对于"什么事情能让他的眼睛发亮"这个问题，我没有确切的答案，不过我知道在还没有我的时候，他经常在冲浪比赛中获胜。我不知道自己猜得对不对，不过我觉得他应该是应付不了生活中发生的变化——从冲浪到给我擦屁股、放弃大概是能让他保持清醒的事情……唔，这让我不禁觉得他离开的原因可能并不是我，酗酒和火气大概是因为他失去了自我。

意识到这一点，我对他的感觉就好了一些，这令我对自己的感觉也好了一些。这种感觉可真不错。

这位男青年觉得自己和父亲之间没有感情。**其实，无论我们是否认识自己的父亲，我们和他之前都存在着感情。想象中的感情也是感情。**透过父母的眼睛审视他们的世界时，我们跟他们之间的感情就会发生变化。原先我们只关注自己受到的伤害，现在我们开始对他们受到的伤害产生了同情。我们从只关心自己转变成了更多地关心他们。这样的转变改变了我们和他们之间的感情，也改变了我们自己对自己的感情。

如何利用这种"光亮和工作"练习指导你的儿子培养目标

看到家人得到满足后父亲的眼睛里又出现了光亮，为了这样的光亮他放弃了眼睛里原先有过的光亮，当儿子体会到父亲的放弃所具有的力量时，他就会开心地认识到自己拥有多么强烈的爱，也会意识到家庭对父亲有着多么重要的意义。如果你离了婚，这种练习也能够帮助你的儿子看到父亲对他的爱，尽管这种爱看上去消失了，其实始终不曾消失。

当儿子培养起这样的安全感之后，他就能够意识到关注超越自身的事情可以给他带来多少满足和目标。当儿子将父亲视作人生的"赢家"、认为父亲并没有因为他"放弃"的一切而怨恨他，这时父亲就会对儿子起到激励作用，无论后者决定生儿育女还是通过不同的方式对高于个人的目标做出贡献。父亲成了儿子的榜样，无论他的人生目标是追求传统的男性角色还是不同的角色。这样一来，就在"追求目标的代沟"上架起了一座沟通的桥梁。

儿子的下意识判断

如果你的儿子聪明、敏感，那么指导他找到自我就需要你敞开胸怀、接纳他潜意识里的判断——传统男性角色中有一部分并不像人们通常描述得那么美好。你的儿子将会听到"男性权力"和"男性特权"这样的说法，看到各国总统和公司总裁的时候他或许就能对这些概念产生具体的认识，**但是他有可能同时也会感觉到男性角色在压迫着他，让他感到自己有义务赚钱供别人花钱，同时自己还要面临过早死亡的危险。**他有可能会认为这样的现实跟"权力"和"特权"都毫无关系，这种认识给他带来的冲击有可能就会导致他出现目标缺失问题，这就需要你帮助他创造一些有建设性的选择。

在 1960 年之后出生的美国男孩都不会把美国总统当作自己的榜样，后者最重要的身份曾经是军事英雄。战争越来越少，伟大的勇士也就越来越罕见了。

随着勇士这个男性角色的式微，男人们将战场上的杀戮变成了在华尔街"大开杀戒"（即"发横财"的意思）。但是，这些男人不再像过去那样被大量描述为家人的救星，而是更多地被视作了公司里的男性至上主义者，就像讲述广告公司生活的电视剧《广告狂人》中主人公对假想的敌手所做的回顾。当代的银行被打上了"银行歹徒"的标签，在外界看来，医药大亨、汽车大亨、烟草大亨、汽水大亨和石油大亨这些大资本家都是一丘之貉，他们全都将利润置于人民之上，在这种环境下，虽然不少男孩也考虑过通过在公司里一步步晋升而成为男子汉，但是现在他们把这种想法视作了一种浮士德式的理想。

你的儿子或许会在世界各地的乔布斯们、盖茨们、扎克伯格们的身上、在数据公司"甲骨文"（拉里·埃里森）、电脑公司"戴尔"（迈克尔·戴尔）、社交软件"推特"（埃文·威廉姆斯）或者高端连锁超市"全食超市"（约翰·麦基）的创始人的身上看到英雄的影子，而这些人曾经全都在中途放弃了学业。**你儿子心目中的英雄都没有攀登传统的社会阶梯——他们建造了自己的阶梯。**

目标缺失的现象不仅在美国的男孩们有。日本的父亲们把太多的时间都花在公司里，由于他们承受的压力和疲惫，"Karoshi"这个词应运而生，这个词可以被翻译成"过劳死"或者"死在工作岗位上"。

今天的日本男孩越来越不屑于过劳死这种生活方式，他们的态度通过电子游戏《过劳死》的走红得到了体现，在这个游戏中最先"挂掉"的玩家就是"赢家"。[4]

没错，你没有看错。**日本男孩们下意识地认为成了赢家的父亲其实都是输家。**他"赢"了游戏人生——赚到了钱、获得了权力，为了得到这一切他丢掉了现实生活。很多人同时也丢掉了生命。为了什么？日本男孩对婚姻的认识也变得清醒了，在他们看来婚姻并不是像很多常见的日本老话所描述的那种亲密生活，例如"身体健康、不用管家庭生活的丈夫就是好丈夫"。[5]

韩国和中国的男孩们也听说了"过劳死"一类的说法，在韩国过劳死写为 gwarosa。世界各国的聪明男孩在潜意识里都有着同样的判断，如果换作父辈的那个年代，这些聪明的孩子都会在公司里一步步向上爬，直到过劳死，但是现在他们会下意识地认为如果说过劳死属于男权的话，那么我们只能说，谢谢，还是免了吧。[6]

观察力极其敏锐的男孩会注意到，《广告狂人》里的"成功"男性的形象在每一集的片头序幕中得到了充分的体现——一个男人从自己在摩天大楼的办公室跳楼身亡的剪影。所谓的有权有势的主管们对酒精的沉迷反映出了他们的无力感。

同日本男孩的情况一样，男孩们也没有听到有人对这些男人的做法——为了家人冒着牺牲生命的危险，很多时候都要面临着早死的危险——心存感激。他听到的是这种做法叫作"性别歧视"。他或许能够觉察到但是无法清晰地表述出来：让女人远离工作是一种性别歧视，让男人过劳死也是一种性别歧视，二者在本质上是同一个东西。

有些男孩不自觉地对这种看法嗤之以鼻 ：**如果《广告狂人》的男主人公唐·德雷柏最终进了"伊莎兰"（美国流行的集体心理治疗机构），开始思考当男人究竟意味着什么的问题，或许他就能拥有新的人生了。**

对于参军入伍的男孩来说，最聪明的人往往都是最有可能清醒地认识到自己的使命是毫无意义的；面对他们甘愿冒着生命危险捍卫的那个政府在他们重返家园时对待他们的态度，最聪明的人也最容易感到自己对政府的感激之情转瞬即逝。例如，前美国海军陆战队下士及狙击手克雷·亨特。2009 年，在结束了第二次外派任务后，亨特开始接受抑郁症和创伤后应激障碍方面的治疗。他不知疲倦地争取着社会各界对退伍老兵的关注，与此同时他又得不到及时充分的治疗，这种状况令他感到了挫败。最终，他朝自己开了一枪，结束了 28 岁的生命。

亨特的朋友杰克·伍德对重返家园的老兵们的经历做过解释："从战场上下来，回到了家的时候，我们没有做好迎接和平生活的准备……我们觉得那么孤独，而且失去了人生目标。"[7]

当世界各地的男孩目睹到这样的目标最终会以自杀收场，或者说找到目标的途径消失了，从而产生了"目标缺失"的问题，那么他们在下意识里就会认为除了攀登这种没有出路的阶梯，自己肯定还有其他的选择。

你的儿子和征兵广告：从目标明确到目标缺失

注意，在下面这 3 幅不同时代出现的美国海报上，**我们对我们要求牺牲生命的男性发生了态度上的转变：从鼓励，到利用责任感说服，最后变成了不屑。**

20 世纪初期   20 世纪晚期   今天

20 世纪初期：我需要你加入美国陆军，最近的征兵站。
20 世纪晚期：报名，男人就得做男人应该做的事情。
今天：18~25 岁的男人。
这些事情你都做得到：读完 / 填写 / 寄出。报名 / 快捷 / 简单。法律规定。

在 20 世纪初期，对于曾祖父的父亲来说，当他得知社会需要他的时候，他就有了目标。

在 20 世纪晚期，激励机制被换成了**责任**："男人就得做男人应该做的事情。"

今天，责任尚未消失，但是社会既期望男性能够履行责任，同时也对这些责任充满了鄙夷：很简单，就连你都能做到。注意，右上面这张海报里的报名指南中，每一条的字数都达到了极限："读完""填写""寄出"。更确切地说，看广告的人可能就连一个字都读不完。

家庭聚餐之夜
男性可弃性的社会诱惑是如何演化的

上面这些海报的演化过程是否反映出，在过去的一个世纪里男性从被需要的对象变成了只是承担责任的人，最后变成了只有在面对潜在的死亡时才受到需要、在日常生活中只能得到社会的怜悯？如果事实果真如此，那么造成这种状况的原因是什么？这个问题值得大家在课堂上或者在家庭聚餐之夜进行讨论。

初步导论：需要在战争中或者快速反应工作中牺牲的人越来越少，因此我们是越来越不尊重男性了，这种说法符合事实吗？

现在，将讨论进一步深化：报名参军这种只有男性才有的义务和美国奴隶制的历史是否存在着相似之处？奴隶制的本质就是对黑人的身体和精神的掠夺（而不是尊崇）。或者说是，掌管立法权的自由人制定的一项法律义务和奴隶制有着天壤之别，因此二者毫无可比性？

争议太大？相比争议，促使你的儿子丧失兴趣的更有可能是无聊感。你应该和儿子进行令人兴奋的交谈，兴奋得让他庆幸自己没有把手机带到餐桌上来！

从神话到深渊：男孩的"目标缺失"问题

男孩越是清楚地认识到父亲的生活毫无希望，就越是会担心自己早晚也会过上这样的生活，他在情感上的深渊也就越深，他的目标缺失问题也就越严重。

或许，造成目标缺失现象的文化变迁在日本社会得到了最充分的说明。在二战结束后，日本从轴心国变成了一个《和平宪法》规定"放弃发动战争权力"的国家，日本的国防一直受到美国的"呵护"。很多日本青年"勇士"的目标消失不见了。

唯恐社会强加给自己过劳死命运的男孩们不愿意将目标定位在公司企业的工作上，这个因素加上二战后男性角色的转换，日本社会突然出现了大量的"草食男"（Soshokukei Danshi）。①

草食男就像女人一样把大把的钱都花在了化妆品和服装上。仅仅一家公司（许愿屋）就已经给这样的男孩卖出过五千多件文胸。草食男又被称作"单身寄生虫"（Parasaito Shinguru），他们大多都对事业、约会、性生活和婚姻无动于衷，基本上都和父母住在一起，尤其跟母亲很亲近。

在西欧各国，这种亲近、依赖母亲的趋势也变得越来越普遍了。在德国，住在所谓的"妈妈旅馆"的男孩会被耻笑为"赖巢族"（Nesthocker）；在意大利，越来越多的男孩在母亲的鼓励下搬回了父母家，即使他们（以及跟他们一起住在家里的姊妹）有可能被称为"大宝"（Big Babies）。在希腊和西班牙，年轻人的失业率已经超过了 50%（美国年轻人的失业率为 12%），数百万年轻男性失去了传统的目标，取而代之的是依赖性。

这种趋势并不是有史以来的第一次。在日本历史上最长久的一次和平时期（德川时代，1603 年—1868 年），社会不需要男性充当勇士，因此在舞台上出现了男扮女装的男性和女扮男装的女性，情色艺术作品也在颂扬雌雄同体的审美观和性别转换的角色扮演游戏。

认为身为男性的目标就是在战争或者工作中争当英雄，为此可以不惜健康和生命的男孩越来越少，这对过去和现在来说都是一个好消息。不幸的是，没有人帮助目标缺失的男孩们找到切实可行的其他选择。

真的有可供男孩们追求并且值得尊重的其他目标吗？答案是肯定的。但是，首先你需要对事业这个概念多一点想象力。

妇女运动让所有的女孩意识到婚姻有可能需要自己牺牲掉工作，但是从未有人提醒过每一个男孩婚姻有可能会促使他为了工作做出牺牲。

我在 1976 年里的一次经历对我产生了很大的影响，甚至可以说改变了我的一生，帮助我理解了为了工作牺牲掉的究竟是什么……

---

① "草食男"是日本专栏作家深泽真纪在 2006 年创造的日本流行词，专指日本现今社会中性格女性化的年轻男性，其有男性特征，同时又具有部分女性性格特点的族群。

"真正的男人"能从供应者和保护者变成养育者和聚合者吗

在我结束为自己的首部作品的平装版开展的巡回宣传活动，回到家后。我和其他一些作家参加了一场大型聚会，这场聚会是《女士》杂志举办的庆功会。就在聚会期间，我和格洛丽亚·斯泰纳姆（作家及女权活动家）的目光碰到了一起，之前我们说过要借着这次聚会的机会聊一聊，看到彼此时我们就通过目光告诉对方现在就来兑现之前的约定吧。就在这时，一名男子插了进来。

"你是沃伦·法雷尔？"

"是的，"我有些心不在焉地回答道。

"我参加过你组织的一个男性团体，但是我还从来没有见过你，因为大家都说你组织了很多团体，只要团体一上道你就离开了。"

我点了点头，他开起了玩笑："始乱终弃，嗯？"

我请他解释一下，就在这时我看到了他的眼睛亮了起来。

"好吧。我只是想告诉你我们那个团体对我的生活产生了很大的影响。促使我决定全职照顾我的儿子。"

"全职？"他终于引起了我的注意。"之前你一直在上班？"

他笑了笑。"没错。全天候的。所以我忽略了长子，也失去了妻子。后来我又结婚了，可还是全天候地上着班。"

我知道"全天候"通常都意味着成功，我也知道很多刚刚成为母亲的女性尽管都希望丈夫能够多花一些时间照顾孩子，但是她们绝对不希望丈夫放弃一份成功的日间工作，所以我问这名男子："你的妻子没意见？"

"她的支持非常重要。她的支持，男性团体的支持。"

"这个团体对你提供了什么样的支持？"

"你让大家做的一个练习就是叫每一个人轮流谈一谈自己'心里最大的窟窿……'唔，我脱口而出的一件事情就是'为了事业忽略了儿子'。"

"你觉得是什么原因促使你说出这种话？"

"大概是我妻子最近跟我说她怀孕了，而且我们知道了这个孩子也是一个男孩！不管怎么说，那个团体接着又问了我一个问题，也是你建议的那种幻想练习。'要是你用不着担心钱的问题，想做什么都行的话，你会做什么？'

我告诉他们我的幻想就是：'离开几年，抚养孩子。'然后他们就问我是否问过妻子的意见。我说这对我来说不切实际，我还跟他们说了一大堆理由，可是他们要我向他们做出承诺，至少去问一问妻子。我问了。"

"她说没问题？"

"是的，我们谈了很长时间，她对我的每一步决定都非常支持。"

"太棒了。你们这么做已经多久了？"

"他现在已经一岁半了。"

"一切都进展顺利？你为自己这么做感到开心吗？"

"沃伦，抚养儿子是我这辈子迄今为止做过的最棒的一个决定。"

"为什么？"

"这就像是我发现了一种截然不同的爱。我以前甚至不知道世上还有这样的爱。跟长子待在一起的时候，我曾时不时地看到过这种爱，但是我对它一直没有充分的认识，直到我完全沉浸其中后我才知道了。"

"比如说？"

"我原本以为毫无意义的东西——让他破涕为笑，拉着他的胳膊穿过袖管，等着听他叫出第一声'爸爸'和'妈妈'，这些事情全都变得非常重要了，因为他非常重要。沃伦，你知道吗，在那之前我一直在谈论爱的话题，可是从来不太清楚不求回报、只为了另一个人的幸福活着意味着什么。一切都来源于此。我一直不知道自己在错过多么重要的东西。"

这名男子对抚养孩子的看法促使我俩进行了一场鼓舞人心的谈话，我甚至忘了格洛丽亚的存在。我俩聊了大约一个小时后，一名年轻男子打破了我俩周围那圈厚实的隐形屏障。

"您能给我签个名吗？"

刚刚结束了一场图书巡回宣传活动，参加了很多电视节目，所以我一下子就接过了对方递过来的纸和笔。

对方似乎有些不自在。

"怎么了？"我问他。

"哦，没什么。是的，我也喜欢您的签名，绝对的。可我其实是来找约翰……"

我还以为他是来找我要签名的，这令我感到有些尴尬，又有些耻辱。这时，我刚认识没多久的那位朋友伸出了手。从他在纸上写下自己名字的速度看，这不是他头一回给别人签名。

"哇。真抱歉，我还以为他要的是我的签名。我很少看电视。请问你是谁？"

"我其实就希望保持刚才那种状态！我是约翰。"

"约翰。跟你聊天真是太开心了。你贵姓？"

"约翰……列侬。"

我的生活中一直缺少电视，所以……唔……令我感到"自豪"的是我居然能问出接下来的这个问题："你有一个乐队，是不是？"

对方有些不知所措地笑了笑，然后点了点头。

"请原谅我，乐队叫什么？"我说。

"甲壳虫。"

我还是知道这个名字的。我突然感到身体里的每一个细胞都一致感到了害臊。我意识到我也跟他一样为自己的无知感到开心，也为他的明智感到庆幸，庆幸他之前没有提及甲壳虫、小野洋子以及任何能让我产生联想或者令我感到羞涩的事情。

对我来说，约翰当全职父亲的决定摧毁了"能者出门做事，无能者在家看孩子"的男性神话。我面前的这个男人曾经拥有有史以来最令人羡慕、最成功的事业，可是他却说这辈子做过的最棒的一个决定就是放弃五年的工作、专心抚养儿子。

在思考约翰这个决定的过程中，我有了两个重要的发现：

约翰·列侬发现了隐藏起来的那个约翰·列侬。通过努力赢得了爱的约翰·列侬发现了原本就值得爱的那个约翰·列侬。

如果约翰也照顾过长子朱利安，我们就绝对无从得知他是如何照顾次子西恩的。

在外界看来，丢下事业、当全职父亲对约翰来说似乎比较容易，因为他有钱。但是，钱和成功同时也会带给他各种各样的困难。约翰让我认识到无论是在感情上还是经济上，他都背负着乐队其他成员和他们关心的人对他的期望，以及一大堆经纪人、会计师和律师的期望，另外还有成千上万的歌迷在情感上对他的依赖，当然还有他在情感上对歌迷的依赖，要想摆脱束缚着他的五花八门的法律问题和一个个自我膨胀的人，他就首先必须摆脱别人对他的期望和依赖。

约翰意识到自己在"你所拥有的拥有了你"的斜坡上已经下滑很久了。好在，他拥有的盛名足以让他认识到名望给人带来的限制，他也拥有了足够的安全感，让他不会被自己对名气的渴望而束缚住。他知道工作的局限性。

另外还有 5 个因素也保证了约翰能够实现自己的决定：

- 更关心他而不是金钱的妻子。
- 积极进取的男性团体。
- 内心的窟窿。
- 想象的能力。
- 执行的勇气。

你可以给予儿子在这场革命性的社会变迁中成为先锋的机会，让他在自己的身上找到那个隐藏的男人，那个值得爱的男人，而不是让他觉得自己毫无选择的余地，只能通过远离心爱之人的方式赢得后者的爱——父亲的"第22 条军规"。

为你的儿子创造其他选择并不仅仅意味着让他接受成为全职父亲的观念，你真正要做的是让他接受在未来将会成长起来、最能让他尊重自己的职业。我将在后文对这个问题进行探讨。在你的儿子有能力判断出哪些职业最有可能让他尊重自己之前，他首先必须对社会诱惑有所认识。作为男孩，他会在无意识的情况下面对这些社会诱惑的挑战，通过轻视自己的方式实现自我价值。他必须理解"英雄悖论"这种现象。

9. "英雄悖论"：通过轻视
自己的方式实现自我价值

千面英雄

"男人要走过多少路，才能被称为男人……就让答案随风而逝。"

—— **鲍勃·迪伦** /《随风而逝》

无论选择哪一条路——日本武士、欧洲骑士、意大利黑手党老大、海豹突击队队员、首席执行官、企业家，或者消防员，要想成为"真正的男人"，男孩就必须做好杀死有可能威胁到他的家人、村庄或者国家的那头"恶龙"的准备。要想从"真正的男人"进化为"英雄"，他就必须面对一头真正的龙，他也必须挺身而出，成为屠龙队伍中的一员。

英雄是什么？**英文中的英雄"hero"这个词的词根是 ser–，另外一个单词也有着同样的词根，这个词就是servant**（奴仆，想一想"公仆"这种说法），既是奴隶，又是保护者。[1] 在日本，"samurai"（武士）这个词来源于表示奴仆的"saburai"。古往今来，无数的男孩接受了效力于别人、保护别人的机会，因为他们希望自己被视作英雄或者武士。敌人越残暴，他们战死的机会越大，男孩们还是心甘情愿地用自己的生命换取这样的标签。

社会说服男孩们接受这种观念和说服女孩们冒着生命危险生孩子的原因是一样的：生存。借用神话学者坎贝尔·约瑟夫的话说，人类的生存面临着各种各样的危险，所以英雄有着形形色色的面孔。

是谁把这种观念兜售给了男孩？家长、祖父母、学校、教会……他们是如何做到的？通过一个我所说的"社会诱惑合唱团"的复杂体系，或者说是宣扬着社会诱惑的"海妖赛壬"。人类的生存取决于年轻男性和女性的相互吸引，所以我们就从这个问题开始讲起吧……

社会诱惑

社会诱惑：女性

我的弟弟韦恩和犹他大学的一位女性朋友去了大提顿山玩起野滑雪。当时是四月份，天气已经暖和了起来，山上的雪也开始松动了。有一段路看上去很有可能会发生雪崩。韦恩接受过生存训练，他做出了很有把握的判断：如果两个人一起朝前走的话，他们的确有营救对方的可能，但同时两个人都被置于了危险的境地。

于是韦恩独自上路了。雪崩发生了，大量冰冻的雪块压在了我弟弟的身上。几天后，营救人员对那一片地区进行了爆破，韦恩的尸体被找到了，他被埋在 40 英尺（1 英尺 ≈ 30.48 厘米）的雪层下。

如果尚在人世的话，今年韦恩就 21 岁了。我不知道对于保护女性朋友——当她的"免费保镖"的决定他是否迟疑过。当然，当这个女孩在他的葬礼上向我讲述这件事情的时候，我们都没有用过这样的措辞。韦恩决定先走，他的朋友决定让他先走，他们的决定无疑都是下意识的选择。

保护别人、奖赏保护行为，这些选择在我们的潜意识里有多么强烈？

雄性黑长尾猴会为了保护领地或者争夺食物和另一群猴子开战，雌性黑长尾猴会对幸存者中的佼佼者给予奖赏——让他们当上"新郎官"。这些成为勇士的猴子在群体中的地位上升了，因此就会有更多的雌性黑长尾猴想跟它们交配。相反，雌性猴子会无视或者"呵斥"逃避战争的雄性个体。[2]

雌性猴子动用的社会诱惑工具起到作用了吗？答案是肯定的。在下一场战斗中，表现最积极的猴子就是之前得到异性奖赏最多的那些猴子，逃避战争的都是受过雌性猴子无视或者呵斥"惩罚"的个体，[3] 就像利西翠妲① 的反面。

同战争一样，为了说服男性冒着生命危险换取她们的爱，女性针对男性采用的社会诱惑因素在人类社会中是一种根深蒂固的现象，这种做法在一定程度上已经融入了我们的遗传基因中。

让历史快进到今天。在下文中，通过对当代影片《星球大战》和《饥饿的游戏》的分析，你会看到你的儿子依然会认为女人只会爱上"军官与绅士"，不会爱上"列兵与和平主义者"。我们的男孩和女孩都听过威尔士歌坛天后邦妮·泰勒的那首《等待英雄》，这首歌之所以那么经典就在于歌词所反映的情感诉求依然在社会中存在着：

他要强壮，

他要身手矫健，

打完仗他依然精神抖擞！

我们之所以能够说服男孩把"英雄"的身份当作自己的目标，愿意用自己的生命换取其他人生存的机会是因为男孩和女孩一样，也是社会动物，因此容易受到社会诱惑因素的影响。正如人类学家玛格丽特·米德指出的那样，女性角色更接近本性，男性角色更具有社会属性。因此，男孩比女孩更容易将社会诱惑当作自己的目标。

在尚未对女孩产生兴趣的时候或者根本就对女孩没有兴趣的情况下，男孩已经很容易受到社会诱惑因素的影响了。

社会诱惑：父亲

杰克记得：

在我最早的记忆中，有一次是父亲和他的朋友为大学里的一名（橄榄球）四分卫欢呼，那名球员刚刚在肩膀脱臼的情况下完成了一次传球。当解说员对这名四分卫的"勇气"表示称赞的时候，我看到我父亲和他的朋友都点着头，说："没错"，他们几个人就像是"崇拜者合唱团"似的。

---

① 《利西翠妲》是一部古希腊喜剧，作者是亚里斯多芬尼兹。作品以雅典和斯巴达的战争为背景，讲述了女主人公利西翠妲率领女性同胞发动了针对男人的战争。

我记得最清楚的就是当时我心想我能做些什么事情让父亲也对我如此欣赏呢。

大概是一两年后——当时我上了小学一年级，父亲跟我说我有资格加入"华纳老爸"橄榄球联盟[①]了。父亲说要是我参加，他就给我当教练。我急不可耐地接受了这个机会。我打得很好。作为教练，父亲很骄傲。

在读到高中的时候，父亲的母校圣母大学在那一个赛季里打得非常好，大概就是在2012年前后。父亲一心只惦记着下一场比赛，"我们"会打败"密歇根"，或者别的对手。父亲心目中的英雄是布莱恩·凯利。我希望成为布莱恩那样的人，我的胳膊抛球抛得很不错，但算不上杰出。就像父亲说的那样，"你是一个万金油式的选手"。

父亲对布莱恩夸得越厉害——就好像布莱恩属于他似的，我就越是觉得父亲希望我成为布莱恩。我觉得自己令父亲很失望，尽管我知道他并没有这种想法。

将儿子培养成橄榄球场上的英雄，杰克的父亲就是在不知不觉中通过这样的方式将儿子培养成一个成熟的男人，以换取赞扬和尊重。对"父亲能够牺牲儿子"的期望在希伯来人的圣经中根深蒂固，上帝要求亚伯拉罕献出自己的儿子以撒。就像希伯来圣经里记述的故事那样，天下每一位父亲其实都希望自己的儿子最终还是得救了。

问题是，你的儿子为什么要为了得到爱或者赞扬而冒着牺牲生命的危险呢？或者说，尽管他知道每一次接到球的时候自己遭受脑震荡的风险就会有所提高，他为什么还那么喜欢橄榄球呢？

男孩的大脑里有一块核心枢纽区域（喙部扣带区），对社会的评判做出反应的正是这个区域，尤其是男孩在十几岁的时候。[4]这块枢纽区域会对激励男孩牺牲生命的各种社会诱惑做出反应：欢呼、赞扬、尊敬、认可、祈祷和音乐（例如，鼓号队）。每一种社会诱惑都能够刺激大脑分泌出多巴胺，促使男孩做出更多有可能博得赞扬的事情。

---

① "华纳老爸橄榄球联盟"是全世界规模最大的青少年橄榄球及啦啦队联盟，全称为"华纳老爸小学者"，创立于1929年，名称来自于美国著名的橄榄球教练格伦·华纳，由于在康奈尔大学上学的时候他是全校年龄最大的学生，因此得到了"华纳老爸"这个绰号。

在社会诱惑和喀部扣带区的共同作用下，男孩们能够慷慨赴死，好让我们有机会逃脱希特勒的屠戮；能够冒着生命危险当伐木工和建筑工，好让我们有房子住；能够冒着生命危险下矿井、上石油钻台，好让我们在家里享受到温暖。许许多多的年轻男性也因此早早结束了生命，以便我们能过上我们此时此刻正在享受的舒适生活。

社会诱惑：母亲，成年男性，媒体，军队

"9·11"之后，急救人员得到了全社会的崇拜。[5] 在所有失去生命的急救人员中，99% 都是男性。如果你的儿子当时看新闻的话，从不认为男性值得推崇的他或许就会改变看法。

这个数据意味着什么？幸存者曾经面临的危险越大，牺牲生命救助他们的男孩得到的尊崇就越多。**你的儿子会了解到"英雄悖论"的存在：通过轻视自己的方式实现自我价值。**

直到不久前，报效国家的号召一直受到高度重视，就像我的同班同学阿尔·齐莫曼在 1960 年那样。在新泽西州的米德兰帕克高中读书期间，在春季的每一天阿尔和我都要比试一场。十分之一秒的差距就能决定谁胜谁负。通过竞争，我们培养起了感情。阿尔是学校荣誉社团的学生，举手投足之间透着青年艾森豪威尔的气质。他原本可以轻而易举地进入大学，凭着针对学生的延缓服役政策躲过去越南打仗的命运。可是，他觉得自己必须为国家效力——保护自己的国家。

在大学一年级的那年圣诞节假期里，我给阿尔打去了电话。接电话的是他的母亲，她哽咽得无法开口说话，于是她把听筒交给了阿尔的父亲，后者对我说："沃伦，阿尔在越南阵亡了。"

按照法律，阿尔没有为国捐躯的义务。我的弟弟韦恩也是一样，他没有义务牺牲自己的生命、保护他的朋友。然而，他们两个人殊途同归，都将成为男子汉的社会诱惑内化为了自己的价值观。

他们两个人我都很想念。

我尤其想念韦恩。

今天，军队依然是一个吸引人的目标，是学习纪律、实现个人目标的途径，对于不喜欢学习的男孩们来说尤其如此。就像瑞安……

瑞安的父亲是一名海军军人，对他来说一生中最开心的一天就是瑞安降临人世的那一天，瑞安宣布自己也想加入海军的那一天是他最骄傲的一天。在瑞安第一次出发执行任务的那一天，他的父亲流下了自豪的眼泪，他的母亲流下了担忧的泪水。然而，在表面之下他父亲的泪水中其实也掺杂着忧虑，母亲的泪水也带有自豪的意味。

成千上万的父母都体会过这种纠结的心理：既希望儿子平平安安，又为儿子能够舍生忘死而骄傲。下面这张一战时期的海报对这种复杂情绪表达了敬意：

图 4 《美国，这是我儿子！》的乐谱封面

战争时期看起来很明显的事情，到了和平时期就不容易被注意到了。我们在前文中已经提到过建造房屋的危险性排在很多"死亡职业"的前面。我们欣赏自己的家，也希望因为拥有这个家而受到外界的赞美，但是我们很少会意识到为了建造你的家，伐木工、屋顶工、长途货运卡车司机都在从事着需要冒生命危险的工作。

在 14 岁那一年，埃里克第一次注意到了这个问题。那是埃里克第一次邀请朋友萨姆来家里吃饭，每道菜萨姆都吃得很多，但是他客气地拒绝了鱼肉。埃里克的父亲罗伯特问他："你吃素？"萨姆说是的，罗伯特就让他跟大家说说是什么原因促使他做出了吃素的决定。萨姆解释说他个人觉得杀鱼或者杀死其他动物是不道德的事情，但是他也知道不是所有人都会这么想。罗伯特称赞萨姆关心道德问题，而且有勇气坚守自己的信念。接下来，大家就围绕着杀死鱼和其他动物供人类食用这种做法是否符合道德标准进行了一场热烈的讨论。

问题是，所有人压根没有意识到一个事实，萨姆也不例外：我们对鱼和螃蟹的需求导致每一年都有很多男人在捕捞这些食材的过程中身亡或者瘫痪。**在影片《致命捕捞》里，对男性来说面对死亡成了找乐子的一种手段，没有人对此感到担忧**。令我们感到担忧的是鱼。我们听过人们呼吁"救救鲸鱼"，但是从来没有听过有人呼吁"救救男人"。因此，萨姆和埃里克一家人都没有想到要说一句"我不吃螃蟹是因为我不想掏钱让男人们去送死。"

在倒掉垃圾的时候，埃里克一家人和萨姆也都没有想到所有的垃圾清洁工都是男性这个事实是否存在道德上的问题—— 这些男人的闹钟每天凌晨 3 点钟就会响起，然后他们就被打发到夜色中去了。他们得面对威斯康星州寒冬里冰冻的雪层下掩埋的黑漆漆的暗冰，他们得利用自己的脊背扛起一桶桶垃圾，得让自己的肺吸收有毒的气体。

能够赚到足够的钱、让孩子过得比自己好，这样的社会诱惑因素会成为你儿子的目标吗？

会的。但是，制造了英雄悖论、促使你的儿子通过轻视自己的方式实现自我价值的社会诱惑在他的心里根深蒂固，因此在毫无回报的情况下他都可以付出自己的生命。美国的消防员中有 76% 的人拿不到奖金，也没有收入，他们完全是志愿者。几乎清一色都是男性。

志愿消防员能得到什么回报？赞扬、尊重、人生目标。如果能杀死喷火的巨龙、拯救别人的生命，他就能升级为英雄。他知道在屠龙的过程中如果自己丢掉性命，那么他作为英雄的地位就更加崇高了。

如果你的儿子在年龄和阅历上都还不够成熟，还找不到自己的目标的时候就接受了这些社会诱惑，那么这些因素就会让你的儿子只想着别人的安全，对自己的安全几乎毫不在乎。全社会在潜意识里都知道我们的男孩对这些社会诱惑因素越是"买账"，一个个家庭和我们的国土就能得到越强大的保护。我们一直在不知不觉地对这些将男孩置于险境，以便我们能活下来或者活得更好的社会诱惑进行着投资。

仅针对男性的征兵制：社会诱惑成了法律命令

仅针对男性的征兵制似乎是一件很容易理解的事情，其实不然。社会要求男孩敢于接受身体受伤的可能，以证明自己的男性身份，这样的社会压力不会因为社会诱惑因素的存在而消失。通过法律命令，这种压力已经变得很稳固了。

在学校里，你的儿子了解了美国《宪法第14修正案》对男女两性提供了同等的保障，可是等他年满18岁的时候，法律只会要求他和其他男孩报名参军。

就连遁术大师胡迪尼都无法逃脱仅对男性有要求的美国征兵法。如果你的儿子没有报名，他就将面临最高长达5年的牢狱生活以及25万美元的罚款。[6] 更糟糕的是，他的名字还会被提交给司法部，以便后者对他进行调查和进一步的起诉。[7]

即使他服了5年刑，你们也缴纳了25万美元的罚金，他也不会再受到进一步的起诉，他没有报名参军的事情很快还是会断送了他的很多出路。首先是在联邦政府的层面上：他将没有机会申请到联邦助学金或者贷款（例如，佩尔助学金就没有他的份儿），联邦政府甚至有可能禁止他参加政府开设的职业培训项目，也不会允许他在美国邮政局或者政府里的其他分支机构里就业。[8]

在州政府这个层面上：美国有40个州会对他做进一步的处罚，例如**取消他获得驾照的权利**。[9] 其他的州也不会允许他在州政府里上班，也不会允许他就读于得到州政府高等教育补贴的大学。

男孩必须当英雄的第 22 条军规

所谓当英雄的第 22 条军规就是：他作为杀手成为英雄的事迹越辉煌，他作为丈夫成为英雄的可能性就越小。正如我们将在有关英雄智商和健康智商的一章里看到的那样，你儿子培养出的很多品质能够保证他在战场上勇于杀戮，或者说在工作中成为英雄，但是这些品质都会破坏他在家里给予爱的能力。简言之，他为了赢得爱所做的事情往往会让他远离爱。

就像鲍勃·迪伦的歌里唱的那样，这些社会诱惑都会"随风而逝"。但是，"随风而逝"也具有一种隐形的力量，正是这股力量摧毁了伊森父母的婚姻、危及了伊森的未来……

10. 为什么在成功的国家
失败的婚姻更为普遍

伊森的故事

我已经没有了榜样，谁会成为我的榜样？

—— **保罗·西蒙** /《就叫我艾尔吧》

　　伊森年仅 8 岁。他的母亲和父亲刚刚离了婚。他渴望见到父亲，跟父亲在家里打打闹闹、接球抛球、追来追去、去宿营、划划船。可是，他的母亲在另一个州找到了一份比较好的工作，带着他和妹妹搬到了一个她觉得更好的学区。伊森的父亲住在一套小公寓里，经济条件所限，每个月他只能飞到伊森所在的地方跟他见几天的面。当伊森追问父亲为什么会这样的时候，父亲总算向他透露了实情——他也想去法院问问法官能不能增加自己跟儿子见面的时间，可是他请不起好律师。

　　在学校里，当伊森出现了一些不良行为的时候，学校指派了一名心理治疗师对他进行辅导。治疗师叫伊森针对自己的家庭画几幅画，结果伊森在一张纸的左侧画了一个小盒子，在盒子里只画了他父亲一个人。在纸的右侧，他画了一座房子，他母亲的目光避开了他父亲所在的小盒子，可是他和妹妹都看着窗外，望着父亲的那个方向。在他的家和父亲的小盒子之间，他画了一道高过了房子的篱笆。

治疗师让伊森解释一下这幅画的含义，伊森说："小盒子就像父亲住的公寓。我知道我爸爸想跟我们住在一起——他正透过窗户看着我们呢。我们也望着窗外，可是大篱笆隔在中间，我们看不到他。"

当被问到是否有一天他自己也想当爸爸的时候，伊森迟疑了。他的眼睛在说"也许不想当"，眼睛里透着一股悲伤。治疗师问他为什么这么难过，他说："我也想有孩子，可是我想见到他们，但是他们很可能在很远很远的地方，他们没法翻过大篱笆来跟我见面。"

伊森在父亲的身上看到了自己的未来，他不想要这样的未来。他越是认为成为父亲就是自己的目标，他就变得越发悲伤了。他担心自己到头来也会变成父亲的模样，这种担忧让他失去了人生的目标。

是什么力量催生出了那么多的伊森？

婚姻：打破"成功—自由—离婚—父亲缺失"的循环

在诱发离婚的原因中最常被提到的是外遇、钱、酗酒、孩子和虐待，这些诱因从古至今一直存在，但是为什么近些年来在成功的国家宣告破裂的婚姻越来越多？[1]为什么美国 69% 的离婚案都是女性提出的，尤其是具有大学学历的女性？

正如我们将在前文中看到的那样，拥有充分选择权的女性往往都是事业有成的女性，大多数人选择的丈夫也都比她们更成功。因此，她们有条件接受心理医生的治疗，有条件对自己的婚姻进行反思，并且提高对婚姻的期望值。

事业有成的丈夫早就懂得赚钱能获得爱情的道理。为什么？因为事实的确如此。但是，赚钱却无法维持爱情。女性之间的接触越来越多，她们也越来越多地会将自己的痛苦告诉别人，而她们的丈夫大多还继续将脑袋埋在沙地里，幻想着子弹只会飞向别处、不会落在自己的身上。事业越成功，他们就越会压抑自己的感情，不把自己的感受说出来。因此，很多在精神和心理方面最具有成长潜力的女性选择的伴侣都是在这些方面最缺乏成长潜力的男性，这种情况不禁令人感到颇有讽刺意味。

卡玛拉见识到了肯尼思在家庭之外多么有权有势，但是她根本不知道他觉得自己在家里有多么无力，尤其是当她批评他或者向他抱怨的时候。卡玛拉也没有意识到对肯尼思来说，他的梦想并不是成为一家声誉卓著的会计公司的合伙人，实际上这个成就反而和他的梦想背道而驰，他真正渴望的是成为一名小说家。肯尼思提到过这件事情，不过他说这只是自己的幻想而已——他没有说出的心里话，卡玛拉是听不到的。[2]

成为公司的合伙人之后，肯尼思出差的时间就更多了，卡玛拉觉得自己和丈夫离得越来越远了。她在心理医生那里接受治疗，和女性朋友进行交流，这些交流沟通帮助她从婚姻期望值的"第一阶段"走向了"第二阶段"，也就是说原先她只想成为丈夫的角色伴侣，现在她对自己的期望是灵魂伴侣。肯尼思没有跟上她的脚步。在一次集体咨询会上，卡玛拉遇到了一个男人，她和后者的婚外情充分暴露了她的婚姻已经没有了实际意义。一年后，她递交了离婚申请。

家庭聚餐之夜
角色伴侣还是灵魂伴侣

利用下面这份适用于家庭聚餐之夜的讨论表，和你的儿子探讨一下第一阶段的角色和第二阶段的目标之间的差距，从而帮助他明确自己的目标、根据目标选择伴侣、和伴侣协商如何以最好的方式成为彼此的灵魂伴侣。

表 2 从角色伴侣到灵魂伴侣

第一阶段：角色	第二阶段①：目标
婚姻	**婚姻（或者长期关系）**
生存	*自我实现*
角色伴侣： 婚姻让女人和男人成为一个整体	**灵魂伴侣：** 两个完整的人成为伙伴，实现步调一致
角色固定	角色灵活
女人抚养孩子；男人赚钱养家	双双抚养孩子；双双赚钱养家
生养孩子是责任	生养孩子是一种选择
母亲应该冒着生命危险生孩子；父亲应该冒着生命危险参加战争或者保护家人	生孩子不太应该给女性造成生命威胁；参战是一种选择；两性都有责任防范窃贼
性生活是为了生殖，并且 / 或者满足丈夫的需要	性爱是为了相互满足
夫妻双方都没有权利终止婚姻契约	任何一方都有权利终止婚姻契约
女性是财产；一旦"财产"受到损害，男性就应该死掉	两性对自己和对方都承担着同等的责任
两性都必须绝对服从家庭的需要	两性都应当在家庭需要和自我需要之间找到平衡
爱源自于对彼此的需要	爱源自于相匹配的灵魂和价值观
爱的条件比较低（直到死亡将我们分开）	**爱的条件比较高**（例如，不得虐待；期望获得幸福；相互尊重）
伴侣的选择	**伴侣的选择**
家长的意见是最重要的	家长的意见是次要的
女人嫁人就等于找到了收入来源（"上嫁"）	男女两性顶多拿出自己收入的一半
婚前条件	**婚前条件**
男人贪恋女人的美貌和性爱，但是在向后者提供安全保障之前，他只能看、不能摸	面对对方的容貌和性爱，男女两性都不比对方更贪恋，受到的限制也不比对方更多

来源：沃伦·法雷尔博士所著的《男权神话》的升级版

---

① "第二阶段：目标"中的"目标"一词意味着很多人——即使说不上是大多数人都尚未达到这些状态。

在 20 世纪 70 年代年代初期，随着一大批女性嫁给了成功人士，人类历史上第一次出现了一大批婚姻状况处于"第一阶段"，但是对婚姻的期望值达到了"第二阶段"，并且有财力承担离婚成本的女性。

但是，一旦有了孩子，实现第二阶段"灵魂伴侣"的过程很有可能就会被两股不受意识控制的力量所打断：第一，父亲的第 22 条军规；第二，个性调整。尼克与布列塔妮就是例子……

父亲的第 22 条军规

怀孕之后布列塔妮想减少工作量，以便把注意力更多地集中在即将出世的女儿身上，尼克对她的想法表示了赞同。但是，他们都觉得优质学区的大房子更适合孩子的成长，而且他们希望能生养两三个孩子。因此，他们一致认为原本从事教师工作的尼克在房地产行业会赚得比现在多得多。他们的判断没有错。

实际上，他们的判断太正确了。尼克很快就成了科威国际不动产公司美国西部地区的负责人，他因此经常出门在外，每次一走就是三四天。尼克与布列塔妮住在加利福尼亚州的圣拉斐尔，不用出差的日子里，尼克也必须一大早就出门，因为开车一个多小时他才能赶到位于旧金山的办公室。他经常很晚才能回到家，即使身体回来了，心也还是扑在工作上。

尼克很想要孩子，他的孩子和布列塔妮对他来说就是一切。**可是，尼克遭遇了父亲的第 22 条军规：爱家人，就只能远离家人的爱。**

尼克远离家人就给他们的家庭带来了另外一个问题。布列塔妮的世界里只有他们的女儿沙琳，因此她对沙琳的保护欲越来越强，尼克日渐感觉到自己的育儿方式招致了越来越多的批评和夫妻矛盾。布列塔妮担心尼克本来完全是出于好意，可是自己只能小心翼翼地提醒他，他的做法是错误的。就这样，尼克与布列塔妮在不知不觉中对自己的个性进行了调整，这种调整到头来会让他们都不太认得出当初跟自己结婚的那个人了。

个性调整

尼克与布列塔妮为什么不谈一谈他们对彼此的感觉呢？现在他们已经有了三个孩子，尼克认为布列塔妮欣赏他取得的成功，认为他们都一样喜欢目前的学校在教育方面的优势。从事教育工作能让尼克眼睛发亮，现在他觉得自己已经失去了这样的光亮，但是他对妻子闭口不谈自己的感受，只是一味地靠着酒精缓解压力。他的压力既来自工作，同时也是由于他缺少了实现抱负的满足感。

尼克在不知不觉中对自己的个性进行了调整，他的新个性有助于他在工作中取得成功，但是却会导致他在家庭生活中遭遇失败。布列塔妮感到自己和尼克之间越来越缺少沟通，她越来越多地专注于孩子、朋友、锻炼、自己的精神世界和独处的时光。当初促使她爱上尼克的是尼克对她的关注，现在她渴望获得同样的关注。在健身房遇到一位老师后，她和对方开始了一段激情四射的婚外情。在外奔波的日子里，尼克度过了一个又一个孤独的夜晚，他感到自己和布列塔妮已经没有了有孩子之前的那种激情，自己不像布列塔妮那样经常守在孩子的身边或者和好朋友见见面，他还发现自己的性生活也很匮乏。他偶尔为之的出轨行为都只是为了一时的满足，这样的经历反而让他更加强烈地渴望自己正在不断错过的和布列塔妮的性生活。

尼克对自己的个性调整感到了憎恨。布列塔妮感到尼克变成了一个她不认识的人。

在尼克与布列塔妮相互作用的过程中，最值得注意的就是尼克对自己进行的个性调整。如果男人必须取得成功、供养五口人的话，就像尼克的情况一样，那么保证他在工作中取得成功的特质就会和保证他成功获得爱的特质产生冲突。尼克变得越来越不可爱了，即使他对爱的渴望越来越强烈。

布列塔妮感到自己已经"失去"了尼克，在主动提出离婚的女性中，有69%的人都受到了这种感觉的驱使。从女性的角度看，布列塔妮希望摆脱的并不是当初跟她结婚的那个男人，而是另外一个男人。

尼克与布列塔妮的故事应当令你的儿子感到警觉，在有孩子的家庭里充当家里唯一的经济支柱，那么他的婚姻有可能就会遭遇到同样的结果。即使一开始他觉得自己找到了灵魂伴侣，养活五口人的生活最终还是会让他和妻子变成彼此的角色伴侣。他也会经历身为人父的第 22 条军规和个性调整的过程。

拥有多种选择的母亲时代和没有选择的父亲时代

尼克与布列塔妮选择了传统的角色分配模式：母亲，抚养孩子；父亲，赚钱养家。不难想见，这样的选择削弱了他们的激情，加深了他们之间的疏远，即使这样的模式能够促使他们继续待在一起。从法律的角度而言，他们的婚姻尚未解体；从心理角度而言，他们已经离婚了。他们生活在安全级别最低的婚姻监牢里。

尼克与布列塔妮都感到布列塔妮还有很多选择，尼克却别无选择。布列塔妮选择的是婚姻，尼克选择了工作，所以在布列塔妮看来自己有三种目标可以选择：

- 全职照顾孩子。
- 全职工作。
- 二者兼具。

布列塔妮属于"拥有多种选择的母亲时代"。然而，无论是她还是尼克都没有看到父亲也有可能拥有多种目标。尼克看到的只有三种"略微"不同的选择：

- 全职工作。
- 全职工作。
- 全职工作。

尼克与布列塔妮完全可以互换角色，但是尼克具有很强的赚钱潜力，驻家父亲的角色更像是不得已而为之的结果——失业的父亲，或者妻子赚得远比他们多的父亲。在父亲承担大部分养育孩子的工作时，孩子的表现通常都非常令人满意；但是，如果完全看不到丈夫结束失业状态的希望时，孩子的母亲就会失去对他的尊重。此外，父亲也会感觉到自己已经失去了妻子的尊重，同时也失去了自己对自己的尊重。这种状况导致他在妻子的眼中更加缺少吸引了，这样一来他就变得越发没有安全感了，他们的婚姻也就摇摇欲坠了。

即便如此，父亲选择全职父亲的角色还是有可能给所有人都带来益处（正如我们将在本书的第三部分——"有关父爱缺失的男孩和父爱充足的男孩"

中看到的那样），同时又不会危及自己的婚姻。要想实现这种情况，就需要满足五个条件。

全职父亲婚姻美满的五个前提条件

（1）父亲有安全感。

（2）父亲理解并且能清楚地向母亲说明自己对孩子所具有的价值。

（3）母亲十分重视父亲作为居家父亲的角色，绝对不会因为他赚钱比自己少而感到耻辱。

（4）母亲在自己的事业中获得了强烈的目标感，同时渴望抽空陪陪孩子。

（5）母亲不会因为孩子跟父亲之间的感情日渐增强而心怀不满。

　　如果父亲待在家里也能赚到比较满意的收入或者开展夫妻双方都觉得最终会取得成功的工作，那么母亲就更有可能保持对父亲的尊重了。

　　满足这五个前提条件的情况并不普遍，只有少数家庭才能做到这一步，因此拥有美满婚姻的居家父亲也更属于例外情况，而不是普遍现象。跟你的儿子一起对这五个前提条件进行探讨将有助于他和他的伴侣成为"例外"。

　　你的儿子或许不会认为妻子去上班就会让他得到解放，能够从事收入比较低但是更令他感到满足的工作，为什么？因为他或许不会认为妻子会喜欢收入比较少的丈夫，他或许会担心更令自己感到满足但是收入比较少的工作会让他失去爱。**没有了爱，你的儿子的人生目标就没有了意义。**

　　与此同时，其他各种传统目标，例如成为勇士也都化为乌有了。在勇士群体中，出身贫寒和学历不高的人所占的比重高得惊人，因此古往今来参军始终能填补三种空白：经济安全空白、教育空白、目标空白。所幸的是，战死疆场的男孩越来越少了；不幸的是，如果你的儿子也存在这些缺憾，他或许会觉得自己毫无弥补这些缺憾的希望。

　　如果你的儿子感到自己缺少了目标但是又无法向你解释清楚自己的感受，同时却在学校里或者通过新闻节目听说自己本来拥有各种权力和特权、应该令女性望而却步，那么在各种矛盾信息的共同作用下，他有可能就会躲进电子游戏和色情影片的世界里，好让忘掉自己的挫败感和疏离感。他看到有的女性主动选择或者由于离婚成为了单身母亲，有的女性根本不结婚，这时他就会本能地感觉到自己生活在一个女性拥有多种选择、男性毫无选择的时代，但是他却没有能力把自己的发现告诉你。

没有了目标，男孩往往会觉得自己成了多余的人，如果他羞于承认自己的这种感觉，或者都不清楚自己有着什么样的感觉，他或许就会感到外界对他不理不睬，根本无视他的存在。在支持特朗普的美国工人阶层的男性和支持英国脱欧的英国男性中，这种情绪非常普遍。针对特朗普竞选总统和英国脱欧公投开展的民意调查都没能预测出最终的结果，这个事实令我们感到社会对这些男性的忽视有多么严重，而这些男性又多么害怕说出自己的感受。

幸运的是，在你儿子的时代无论男女性别角色都有可能会大幅度地摆脱死板的传统角色的限制。不幸的是，你的儿子恰好要经历这种性别解放所需要的社会过渡时期。你可以先鼓励他主动参与这样的过渡，承认他下意识做出的判断是正确的。

女孩如何避免了目标缺失的问题

面对目标缺失的问题，女孩们也不能幸免。当社会明确规定女性的首要目标是照顾家庭和孩子，没有孩子需要照顾也不存在生存问题的女性就会产生目标缺失的问题。法国小说家福楼拜就在《包法利夫人》中对 19 世纪 30 年代里缺失目标的女性进行了描述。爱玛·包法利是一个聪明、漂亮的女人，也属于最自由的那一类女性。**她拥有一切，因此也一无所有**。没有了目标，她发现自己的生活走向了歧途，在彻底失去自尊的时候她做出了悲剧性的选择——自杀。

目前，男孩们的选择落后了女孩们半个世纪的水平，对女性在过去 50 年里的经历快速回顾一下的话，我们或许会受到启发，知道如何才能为男孩们的未来提供最大的支持。

在妇女运动的催化下，现在我们进入了一个女性拥有多种选择的时代，受到这个时代的感召，家长、教师和咨询人员都开始积极主动地鼓励年轻女性进入传统上女性不太愿意选择的行业，例如所谓的 STEM 行业（科学、技术、工程和数学），帮助她们了解从事这些行业的益处。如果其中的某种职业刚好"匹配"自己，年轻女性接下来就有可能获得许多公司和政府专门为女性提供的补助金和奖学金。在一些行业中女性从业者的数量十分稀少，甚至会有单枪匹马面对一大群男性的情况，为了消除女性在这种环境里遇到的障碍，各行业都建立了专门针对女性的团体，所有的公司和人力资源部门都会关注女性的特殊需要，从灵活的工作时间和产假到性骚扰的问题、反歧视政策无所不包。社会上还出现了大量聚焦女性的会议，通过女性的视角对女性问题进行探讨。

对女性的关注已经形成了社会共识，这些共识还被写进了法律。随着支持、鼓励聘用女性、少数族裔等受歧视者的反歧视政策的出台，在律师事务所里只能独自一人面对所有男同事的女性越来越少了。美国《教育法修正案第九条》保障了女性参与体育运动的权利并提到了女性关心的一些问题，例如性骚扰。实际上，所有学校都对教师进行了专门培训，让他们了解女孩的认知方式；学校里还会举办教学会议，帮助教师对教学方法做出相应的改变。联邦政府也针对女性健康的问题建立了一些部门，专门了解并解决女性特有的健康问题。白宫妇女和女童事务委员的行动会也得到了各种白宫会议和白宫针对女性问题发起的活动（例如 "女孩崛起""6 200 万女孩"运动）的支持。作为总部设在纽约市的美国妇女组织的理事和《被解放的男人》一书的作者，我也全身心投入了其中的很多工作中。

有什么问题吗？没错，我们一直没有花费同样的心血帮助男孩在长大成人的过程中建立起多种多样的人生目标。为了促进女孩进入 STEM 行业，我们设立了各种女性专项奖学金项目，并出台了反歧视政策，但是我们却没有为男性专设类似的奖学金项目和反歧视政策，以帮助我们的男孩从事"照顾人的行业"——小学教师、社会工作者、护士、牙科保健员、婚姻及家庭治疗师，以及全职父亲。致力于对教育行业从业者、家长和社区利益相关群体开展在线培训的古里安研究所，在帮助教师了解男孩和女孩的学习方式存在着多么大的差异方面取得了不俗的成绩，但是全美国只有 5% 的中小学会为教师提供这种或者类似的培训。迄今为止，没有多少企业和公司会专门针对男孩以及成年男性问题举办主题会议。白宫也没有组建"男性和男童事务委员会"，联邦政府也没有开设处理男童或者成年男性健康问题的部门。此外，对于你的儿子有可能会碰到的一些问题，例如一旦离婚就被剥夺了跟妻子同等的接触孩子的权利、如果受到性骚扰或者约会强奸的虚假指控他就会被剥夺了享受正当程序的权利，目前也几乎没有专门的法律保护他们在这方面的权益。[4] 没有针对小学教师或者护理行业劳务雇用的反歧视法，没有……没错，你总算明白了。

女性拥有多种选择和男性没有目标的社会状况在 50 年的发展过程中对我们造成了很大的负面影响：文化转变遭遇到了文化漠然。这种影响无处不在，但是很少有人意识到。为什么？"超级碗"（美国职业橄榄球大联盟的年度冠军赛）的这条广告为我们做出了有力的回答……

"抱歉，是个男孩"

在 2015 年的"超级碗"期间，德国电信下属的跨国移动电话运营商 T-Mobile 的一条广告将画面集中在三个正在互相通话的女人身上：一个女人在自己的豪宅里，一个女人在自己家里的宠物动物园里（没错，你理解的没错！），第三个女人在自己家里的地下产房里，她正在帮一位女性接生，她在广告里说了一句："抱歉，是个男孩。"[5]

出现在 T-Mobile 这条广告里的女性都非常富有，而且有权有势，这个细节并非偶然。她们不会操心饥饿、贫困或者在外面遭到袭击的问题，拥有一座私家宠物动物园是值得吹嘘的事情，拥有一个男孩是令人遗憾的事情。

生存的风险越高，我们就越有可能说出"抱歉，是个女孩"这样的话。我们越是觉得生活奢侈，就越有可能说出"抱歉，是个男孩"。在今天，产科医生表示有 80% 即将成为父母的夫妻更希望孩子是女儿。[6] 养父母更是身体力行，他们养育女儿的花费比养育男儿的花费平均多了 1.6 万美元（仅指正式收养后的费用，不包括前期申请过程中的支出）。[7]

除了非洲裔美国人的婴儿，男孩的收养率也很低。[8] 在准备收养孩子的单身女性和同性夫妇中间，这种排斥男孩的情况更为突出。[9]

随着科技的发展，选择婴儿性别的费用已经从大约每年 5 000 美元降低到大多数希望选择孩子性别的夫妇有能力承受的价格水平了。[10] 谷歌的一项搜索统计预言了我们的未来："有助于怀上女孩的食物"的搜索量是"有助于怀上男孩的食物"的 4 倍。

工业化的完成和科学技术的发展将男女两性都解放了出来，让我们有了充分的条件不再像过去那样重视男孩，颇有讽刺意味的是，促成工业化和科技发展的主力正是男性自己。事实上，对任何一种性别的轻视都是错误的。因此，我们接下来需要应对的难题就是如何在享受科技馈赠的同时指导我们的男孩建立起新的目标，从而让他们通过其他方式，而不是牺牲自己的生命成为英雄的方式实现自己的价值。

11. 养育男孩的成功标准改变了

传统的家庭之舟和新的家庭之舟

想象一下，一家人搭乘着一条"家庭之舟"的情景。在妇女运动出现之前，孩子会看到母亲只是在右舷划着桨（照顾孩子），父亲永远在左舷划着桨（赚钱）。在妇女运动的帮助下，年轻女性成长为能够左右开弓的成熟女性，但是当年的男孩们却没有培养起相同的能力，他们长大成人了，但是依然只学会了在左舷划船的技能。

有什么问题吗？如果母亲想练习自己新获得的技能，也就是在船的左侧划桨，但是父亲只能在左侧划桨，两个人都集中在左侧的话，家庭这艘小船就只能在原地打转了。

在原地转圈的家庭之舟更容易撞上经济衰退这块锐利的石头，尤其是在父亲失业的时候。如果父亲失去了工作，但是又没有做好全职照顾孩子的准备，那么母亲就得兼顾两侧的船桨，而父亲却无所事事。结果呢？家庭之舟就出现了三个窟窿：首先，遭到忽视的孩子；第二，目标缺失的父亲；第三，承受重压、不知所措的母亲。这种状况对母亲来说很糟糕，对父亲、儿子，甚至是这条"破船"也同样不好。

修补这条"破船"需要女性继续完善发展过程中被遗漏掉的一个方面。在过去的半个世纪里，全社会已经比较成功地对男性进行了引导，让他们为全职的妻子和女儿感到自豪，但是我们始终不曾花费太大的精力对女性开展同样的社会化工作，没有让她们形成丈夫和儿子成为全职父亲也值得骄傲的意识。这就是我们的问题。

为什么？正如知名夫妻关系咨询专家约翰·戈特曼的研究所显示的那样，对于婚姻生活是否会幸福，最能说明问题的一个因素就是妻子是否幸福。[1]老话说得好，"妻子开心，生活就幸福。"认为丈夫成了全职父亲就意味着"丈夫失业了"的女人是不幸福的，这种妻子会让丈夫产生最根本性的羞耻感，他会认为自己连赢得最终的最基本的要求都没能满足。这样的妻子相当于能说出"我妻子没有什么魅力"的丈夫。

为自己是一个失败者而感到羞耻的父亲如何才能获得幸福？向母亲解释清楚全心全意照顾孩子的父亲对孩子产生的帮助作用将有助于孩子在未来成为"赢家"。从而也让父亲自身和母亲都成为"赢家"。（本书第三部分"父爱缺失的男孩和父爱充足的男孩"将对父亲独一无二的作用进行探讨。）

现在，再回到男孩们的身上……

未来不是角色伴侣和灵魂伴侣的角逐，而是……

未来的希望不在于角色伴侣和灵魂伴侣之间的角逐，而在于角色伴侣和灵魂伴侣的并存。有条件在经济上独立的女性将越来越希望自己的儿子拥有情绪智商和爱情智商。面对和妻子激烈的争执所造成的创伤，情绪智商和爱情智商并不是你儿子能从如同乱糟糟的车库似的脑袋里找到的维修工具，而是如同系鞋带一样自然而然的本能反应。

正如本书第四部分"英雄智商和健康智商"所阐释的那样，男孩们出于本能学会的很多技能都会挫伤他们的情绪智商和爱情智商，而这些方面的智力正是他们潜在的灵魂伴侣希望他们具有的能力，也是自立的伴侣所必需的能力。最重要的是，这些方面的智商能够保证男孩们在应对危机的时候不会变成一个充满戒备心的人。没有多少中小学会处理这方面的问题，因此家庭聚餐之夜就成了你们帮助儿子消化吸收情商能力的最重要的机会。

对于你的儿子来说，在工作中取得成功所需的特质往往会削弱他在情感方面取得成功的特质。不过，这对他来说才是挑战的开始。

你的儿子或许会或许不会在学校里学到赚钱的技能，但是他无疑会接受他这一代人受到的鼓励——"做出改变"。大部分学校没能帮助男孩们理解为什么赚钱往往会和"做出改变"产生冲突——让他理解为什么在这个新世界里，如果他听从了自己对幸福的理解，他很有可能就会错过赚钱的机会。学校也不会教孩子们如何填补这两个目标之间的鸿沟。

赚钱和做出改变

通过我和约翰·列侬的交谈，我们已经看到了"做出改变"需要一定的代价——如果约翰曾经打算全职照顾第一个儿子朱利安，我们有可能就没有机会听到他的故事了。为全世界做出巨大的贡献往往意味着对家庭的贡献不够多。为世界做出贡献有可能会和拥有幸福的伴侣和孩子的目标产生冲突，最终在你儿子的心里留下一处空白。

我曾经用整整一本书《为什么男人赚得多：薪酬差异背后的惊人事实——对于这种情况，女人能做些什么》的篇幅论述了一个现象：随着薪酬的提高，男女两性会遇到各种需要权衡的情况。在书中，我列出了下面这些基础问题，根据这些问题，你和你的儿子可以探讨一下幸福生活和人生目标的层级结构，从而帮助你的儿子在赚钱和做出改变这两个目标之间找到平衡。

- **有工作，或者当第一家长**。如果你的儿子和他的伴侣都认为后一种情况也属于就业状态。（见第十章里"全职父亲婚姻美满的五个前提条件"。失业和较高的患病率[2]、自杀[3]和离婚[4]的概率都有着高度的相关性。）
- **赚足够的钱，以满足家庭的必要开支。**
- **有明确的目标**。认为赚钱的高级目标是为家人创造更好的生活（例如，住上好学区里的好房子），或者因为工作本身就很有意义、能给人带来满足感（例如，艺术工作，或者撰写《男孩危机》这样的书）。
- **具有使命感**。（例如，当一名发明家，创造出独一无二的东西；或者企业家，开创一种能够拯救他人生命的独一无二的行业；或者社会活动的先锋，率先参加能够帮助某些人的社会运动。）

你的儿子或许属于例外情况，但是相关的研究发现对于你的儿子来说，幸福生活的基础取决于他能够做好就业的准备。使命可以极大地提高目标感，但是如果你的儿子在生儿育女之前没能将使命转换成具体的工作，那么使命或许就会对他和伴侣的感情生活造成毁灭性的伤害。如何保持二者的平衡取决于你儿子的个性和能力。

如何因材施教：不同的男孩建立不同的目标

你的儿子是否喜欢学习有可能会受两个问题的影响：你会鼓励他通过什么样的途径建立目标，他最终会选择什么样的目标。

喜欢学习的男孩

我们已经看到了导致男孩危机产生的一个因素就是肌肉型的社会已经变成了脑力型的社会，也就是说社会生产的核心要素从体力变成了电脑芯片，这种变化导致很多传统上男性所主导的职业（例如，制造业工人、矿工、农民）逐渐衰落了，与此同时女性所主导的职业（例如，牙科保健员、医生助理、护士、药剂师）不仅越来越发达，而且对经济衰退的免疫力也更强。尽管如此，迄今为止依然没有多少父母会想到建议儿子选择这些"女性行业"。

如果你的儿子喜欢学习，选择教育、护士、配药这些专业的话他就有可能找到收入比较高的工作。例如，麻醉护士的平均年收入是 17.5 万美元，药剂师的是 12 万美元。如果你的儿子对教育专业感兴趣，有些特许高中给校长的年薪甚至高达 20 万美元（例如，新奥尔良和奥兰多）。[5]

但是，你的目标并不是鼓励男孩进入目前依然为女性所主导的行业。你的目标在于拓宽他的视野范围，选择适合自己个性的职业，这才是最重要的事情。就像艾登和特里西那样……

在距离感恩节还有几天的时候，艾登和妻子特里西开心地得知特里西怀孕了。在跟我讲述这件事情的时候，艾登有些困惑："特里西在感恩节聚餐的时候向全家人宣布自己怀孕了，那天晚上我们花了很长时间聊了聊特里西想继续全职做会计，还是兼职，或者专心带孩子。"说到这里，艾登笑了笑，

"就有点像你写的那种情况。"

我觉得艾登之所以这么说是希望我能说出他没有说出的心里话，于是我问他："艾登，你想当全职的牙医，还是兼职，或者集中精力带孩子？"

艾登哈哈大笑了起来。"哈哈……实际上，我从来没想过自己还需要面对这样的选择！"

"那你想想看，是你在小时候知道了些什么导致你压根不会想到自己也拥有这些选择？"我追问道。

"我不清楚，我就是从没想过……让我想想。"

这天晚上，艾登主动回答了我的问题：

> 我一直在考虑你提的问题。我首先想到的就是大约15岁时的情形，那会儿我还在明尼阿波利斯。我记得我特别喜欢小孩子，以至于我妈都夸我对小孩子特别好。当时，我们的邻居需要找一位保姆，他们向我母亲打听了我的姐姐和妹妹的情况——就连我妹妹都问道了——可是他们始终没有问过我是否愿意。显然，我母亲绝对没有跟他们说过"艾登很会跟小孩子玩，我可以问问他。"
>
> 读高中的时候，我的自然科学成绩非常好，所以当我的牙医夸奖我科学课成绩好而且还建议我当牙医的时候，我的父母表示了强烈的支持，之前我提到自己想当自然科学教师的时候，他们可没有这么支持我。因此，我就成了一名牙医。结果我发现，呃……很无聊。

颇有讽刺意味的是，艾登的家人在他的心里播下的种子最终变成了艾登的职业，收入是自然科学教师的2倍，导致全家人更加难以设想特里西继续做全职会计、艾登成为全职父亲的可能。

那么，特里西与艾登怎样做才能让对方以及日后的孩子表达出经过慎重考虑的想法，而不是出于条件反射的本能反应？一开始……

- **探索各种可能性**。特里西询问艾登的想法，或者艾登主动淡起这个问题，这样就可以将特里西成为母亲后面对的三种选择拓宽为六种，甚至更多。例如，特里西与艾登都可以选择兼职，或者一个人选择全职，另一个人选择兼职。

- **轮换角色**。孩子出生后的第一年，特里西当全职妈妈；第二年，艾登当全职爸爸。
- **怀着不同的期望养育孩子**。如果特里西与艾登生的是儿子，他们可以积极地培养他对年龄比自己小的孩子的责任心，推荐他帮别人照看孩子；如果生的是女儿，他们可以帮助她做好准备，以便日后和配偶一起承担养家糊口的责任，例如开办一个赚钱的网站。6
- **运用情商养育孩子**。如果特里西与艾登生的是儿子，他们可以帮助他培养情商，让他不要觉得花钱才能买到女性的陪伴。
- **跟孩子讨论取舍的问题**。特里西与艾登可以利用家庭聚餐之夜的机会创造一些选择，他们需要解决的既有实际问题，也有假设性的问题，他们要做的并不是构想出非左即右的解决方案，而是要对各种条件进行权衡。

这些工作的目的是什么？作用就是在人生的舞台上正式穿上某种服装之前，先在镜子前试穿一下各种不同的服装。

不喜欢学习的男孩

如果你的儿子不喜欢学习，那么他更容易碰到被外包的工作。健康护理领域里有很多种职业都不容易被外包给海外市场，也不需要太高的学历，同时也比较适合男性从事，例如急救医学技师和放射线技师。

有很多传统是由女性所主导的健康职业也无法被外包给海外市场，也不需要太高的学历，而且薪酬丰厚。有三种职业我推荐你和你的儿子不妨了解一下：牙科保健员、按摩师、医师助理。需要说明的是：对于男性牙科保健员，社会上存在一定的偏见，因为有些病人——无论男性还是女性都更希望是女人而不是男人把手指塞进他们的嘴巴里。男性按摩师也面对着类似的偏见，但是你的儿子身强力壮，顾客对深度肌肉按摩的需求为他提供了优势。按摩师的平均年薪是 4.8 万美元，许多独立执业的按摩师能够拿到 80 美元 1 小时的薪水标准，而且工作时间也比较灵活。如果你的儿子选择了一个比较富裕的社区，他的顾客就能够为他支付更高的酬劳。男性医师助理不会碰到同样的偏见，而且平均年薪高达 10 万美元。

如果兴趣不在学业上，而是在其他地方，通过实际操作，男孩还是有机会通过自己的兴趣找到未来的职业。例如，亚当就和学校水火不容，但是亚当的父母注意到儿子热衷于照顾一位身体有残疾的邻居。当他们得知家庭健康护理产业正以每年40%的速度增长的消息后，他们觉得这个行业目前偏低的薪酬标准很快就会有所增长。[7] 于是，他们带着亚当去看望了一位朋友，后者住在附近一个老年人集中的社区。由于亚当温柔的态度，一些老年人对他产生了好感，在感觉到老年人的好感时亚当觉得他们需要他。他的眼睛里迸射出了很久没有出现过的火花。

对于不喜欢学习的男孩来说，对他们伤害最大的事情莫过于全社会对职业教育的严重忽视。缩减职业教育导致很多家庭认为这些男孩的需要可有可无，从而这些男孩自身也产生了同样的想法。在前文中，我们已经看到了日本在给学生提供职业教育方面取得了巨大的成功，99.6%的职校毕业生一走出校门就找到了工作。

学校没能做到的，教师个人有可能会起到作用。找到机会的教师可以帮助男孩们发现机会、填补他们的目标空白。布兰登就记得："我不太喜欢上学，但是大家都说我很会跟人相处。有一天，我的老师卡普兰女士碰巧在课堂上提到小学教师和社会工作者非常需要男性。走出教室的时候，她单独叫住了我，告诉我她说出那句话的时候心里想到了我。她单独叫住了我，这个举动给我打足了气，走过了一条很长的路，我最终还是上了大学，拿到了小学教师资格证。"

这正是我们为什么需要反歧视政策、助学金和奖学金促进亚当和布兰登这样的男孩进入传统上女性从事的行业。反歧视政策不只给男孩们提供了机会，奖学金也不只是钱的问题。这样的反歧视政策和奖学金是一种社会暗示，说白了就是，"男孩和成年男性，我们需要你们参加社会工作。我们需要你们加入小学教育事业。"面对这样的社会暗示，你的儿子听到的是"我们的孩子、我们的社会需要你的头脑"，而不是"山姆大叔需要你的身体"。

引导你的儿子在日常生活中寻找目标

默克尔夫妇（安德里亚斯与安娜）通过全家人在驾车旅行的过程中最喜欢玩的一个游戏引导孩子卢卡斯与玛丽安娜发现自己的人生目标。

游戏要求家里的每个人都轮流说出自己看到了什么，例如摩天大楼，或者自己看到了别人在做什么，例如给汽车加油。然后，针对自己看到的事情他们要说出一种相关的工作或者职业。例如，跟摩天大楼相关的有可能是在摩天大楼里办公的总经理或者在建筑工地上工作的焊接工。

一旦想到令自己感兴趣的事情，卢卡斯和玛丽安娜就要描述出如果从事了这种职业，自己的生活会是什么样子。

安德里亚斯还记得：

在幻想从事不同的工作和职业就会过着怎样的生活时，卢卡斯先是说他想当玻璃清洁工："爬上每一座摩天大楼的楼顶。"结果，我们对摩天大楼里的工作做了一番想象，卢卡斯又告诉我们："我想当总经理，飞遍全世界……做大生意，免费环游世界。"

我问卢卡斯当上父亲后他是否还想过着出门在外的生活。这个问题打断了他的思路。不过只是一分钟的时间。"我会带着妻子和孩子一起出门。"还没等我们反应过来，我们已经聊起了他想过单身的生活，还是结婚，如果结婚的话，他希望伴侣外出上班，还是当全职家长、能够跟他和孩子一起到处旅行。就这样，我们自然而然地引导他们了解了权衡利弊问题。

"你和安娜也参加了游戏？"我问道。

"是的。例如，我们说一旦孩子出生，我们就不想当总是需要出差的总经理了，这个答案让他们意识到他们对我们来说有多么重要，也让他们明白了我们的价值观，在这个过程中我们没有让他们产生说教的印象。"

我问安娜与安德里亚斯这个游戏给他们带来的最大的影响是什么，安娜评价道："它极大地增强了卢卡斯和玛丽安娜的好奇心。上一周，卢卡斯问我交通信号灯是怎么工作的，是什么人控制的……相比他们的朋友，他们俩对自己的未来考虑得非常多。"

男孩们的新目标：英雄如何培养情商

在本书的第四部分中，我将帮助你们了解到我们下意识地通过各种方法传达给男孩们大量混杂信息：支持健康智商（身心健康）的信息，例如帮助他们接受长寿的观念；支持英雄智商的信息，这种信息通常会让他们接受早死的命运。如果我们传达给男孩的信息指给他不同的方向，那么帮助他们寻找人生目标的过程就只会令他们感到困惑。

传统上成为英雄的道路跟平衡无关，这是一条失去平衡的道路。例如，它要求一个人在勇敢和无所畏惧之间做出选择。如果男孩穿上带有"无所畏惧"字样的 T 恤衫，大多数父亲都不会提出质疑；如果儿子在学校的冰球、橄榄球、摔跤或者拳击比赛中成了明星，大多数父亲以及很多母亲都为他欢呼，从而进一步增强他无所畏惧的勇气。

然而，无所畏惧其实和情商存在着冲突。**测量情商的一个关键性指标就是知道所有的优点一旦走向极端都将变成缺点**。无所畏惧就是勇敢的极致表现。

同样，我们希望男孩们正直，但是如果他当警察是因为这样一来自己就能在限速 55 英里的地段把车速开到 59 英里，那么……我们希望他充满自信，但是不希望他充满侵略性；希望他对别人有同情心，但是不要太天真；希望他成为"一名实干家"，但同时也知道反思；希望他坚忍不拔，但是不要食古不化；希望他能做好准备，但是不要过于沉迷；希望他能帮助别人，但是不要被别人利用……

在帮助你的儿子明确人生目标的过程中，你应当问一问他在什么样的情况下他的理想或者说野心有可能会让某种美德走向极端。这个问题很关键。如果你经常向他追问这个问题，寻找平衡就会逐渐得到内化，成为他的习惯。需要注意的是，这个过程指的并不是在他还没有机会验证自己的想法是否能够获得成功的时候就将其否定。

如果你的儿子几乎每天都能接触到"梦想不可能的梦想"这种幻想的话，你有可能会发现自己很容易就能和儿子找到机会，开始练习寻找平衡的技巧。一旦喜欢上沃尔特·迪士尼，你的儿子就会认可他的那句名言，"只要敢想，就能成功。"

亚伦将这句话记在了心里。他梦想着成为一名宇航员，可是他的数学成绩不太好，他也不喜欢工程课和自然科学课程。放弃梦想的时候，他觉得自己成了一个失败者。研究表明，怀有强烈目标感的人一旦没能实现目标，他有可能一辈子都会陷入目标缺失的状态。[8]

巴里也有着不可能实现的梦想——成为职业篮球运动员。促使他产生这个梦想的因素是两个潜在的社会诱惑。巴里是高中篮球队里排名第三的最不堪一击的球员：

> 高一的时候，我的各门功课几乎都能拿到 A。可是我的爸爸妈妈离婚了，只有每次打比赛的时候我才能看到他们双双在场的情景。他们那么骄傲。
>
> 与此同时，我又盯上了那个迷人的啦啦队队员。只有我在队伍里的时候，她才会注意到我——直到我告诉她我的目标是 NBA。她又告诉了啦啦队里的其他女孩，一下子她就开始为了我跟她们争风吃醋起来了！我不想失败，所以一整年的时间我都在练球。我的成绩下滑得很厉害。结果，我只拿到了一所大学的一笔小额篮球奖学金，可是那所大学很贵，最后我就进了一所社区大学，直到我又把成绩追了上来。
>
> 如果能重来一次的话，我会把精力都花在学习成绩上。

如果你儿子的梦想和他的实际能力差距悬殊，解决这个问题的最佳方式是什么？无疑，你可以利用他的梦想教导他突破自己，强加给自己的限制，同时你还需要鼓励他对自己的才能和目标进行审视，让他意识到在追求和自己的才能不匹配的目标时必须做出取舍。

即使如此，你还是应该继续为他欢呼。看到你为他欢呼，你的儿子就会接收到三个非常积极的信息："妈妈爸爸关心你""我很重要""不放弃，就会有收获"。对成功表示赞美会产生积极的效果，即使这样做会给对方带来一定的压力。

在你的儿子没能实现目标的时候，你怎样做才能让他不会过于灰心丧气？解决这个问题的办法就是身为父亲的你明确告诉他，爸爸爱的是他这个人，而不是他能做什么。（男孩很少会担心母亲对他们的爱取决于他们是否能够取得成功。）

在有些家庭里，父亲或者母亲对儿子的爱的确建立在后者是否取得成功或者实现了某个目标的基础上，不过这种情况比较罕见。尽管如此，你的儿子还是有可能会产生这种印象。身为父亲的你，用下列两项标准检测一下你对儿子的爱：

- 你儿子从事的体育运动或者追求的目标是不是最能让你感到兴奋的因素，就像圣母大学橄榄球队对杰克的父亲产生的效果一样？
- 你是否有夸耀儿子的行为就像凯尔的父亲一样？

夸耀儿子

凯尔还记得：

在我头两次努力把球传出去的时候，我知道父亲正在看着我；我太紧张了，结果没成功，每次都接空了。但是，第三次我接到了，接着又躲过了两名阻挡球员。

比赛结束后，父亲说的第一句话就是"我真为你感到骄傲。我跟周围的所有人都说了'那个是我儿子——刚刚接到球的那个'"。他用不着跟我说在我接到球的时候他告诉大家他是我的父亲，在我没接到球的时候他什么也没说！但是，直到这一天，我接到球时他产生的自豪感才真正地铭刻在了我的心里。

我的弟弟当时也在场，成为他的光辉榜样令我感到飘飘然。多年后，弟弟才告诉我他觉得自己有多么不起眼。我表现得越是优秀，他就越是觉得自己"令父亲感到失望了"。我俩有生以来第一次交心地谈了一次，我抱住了他，他失声痛哭了起来，一边哭一边说："你把脊背搞伤后，我觉得特别内疚，可是我一度想过：'没准爸爸终于能注意到我了。'"

凯尔的父亲夸耀儿子、让外人知道儿子刚刚获得的光荣也意味着他对儿子的栽培有多么成功，这种做法本身并没有问题，但是……

- 注意：这种做法所具有的力量，以及它能为你的儿子赋予的力量。对凯尔来说，父亲用他自抬身价的做法促使他增强了自律性、自信心，并且提高了球技……同时也提高了他出现脑震荡以及"搞伤脊背"的概率。

- 注意：这种做法在最理想的情况下会让你儿子的兄弟姊妹感到自己很不起眼，在最糟糕的情况下会让他们感到你对他们的爱不如能让你抬高身价的孩子。你会对他的兄弟姐妹的优点给予同样多的关注吗？尤其是他们在性格方面的优点，例如善良，或者他们的情商。

凯尔和弟弟现在已经当上了父亲，凯尔有了儿子欧文。他说：

当欧文和朋友在我们家的地下室里打乒乓球的时候，他的朋友接到了一个有可能落不到桌子上的球，欧文说这个球算朋友的，就这样他的朋友赢了这场球。欧文花了好长时间才做到这一点！我当着他朋友的面表扬了他，在吃晚饭的时候，又当着他母亲的面表扬了一次。后来，在感恩节上带领家人进行祷告的时候，我说："主，感谢你赐予了我一个能够在比赛难分胜负的时候把分数算给了朋友的儿子。"全家人都接受了这种观点，他们会告诉别人欧文比实际年龄要成熟很多，直到现在大家还会提起这件事情！他的叔叔还说："你输掉了比赛，赢得了朋友。"欧文就会自豪地笑了起来。

之前，凯尔已经知道如何利用夸耀儿子的方法提高儿子的情商。现在，当欧文的弟弟妹妹也坐在餐桌旁的时候，凯尔公开赞扬欧文的做法毫无问题，因为他赞扬的是欧文的弟弟妹妹也能够做到的事情——面对决定胜负的一个球，宣布对手得分。

12. 在失控的世界培养心态平衡的男孩

我们会采访极其成功的人士，因此他们是引人注目的。我们无视创造了平衡生活的人，因此他们是不起眼的。也就是说，我们很少会采访花很多时间独处、提高精神修养、陪伴家人、和朋友在一起、承担家务劳动的人，让外界注意到他们的存在。这些事情减少了人们在工作中取得成功的机会，但是让人们在家里获得了更多的爱。

这是一个靠着名气就能畅行无阻的世界，在这样的世界里你儿子成为英雄的最佳方式就是让内心获得足够的安全感，创造出充满爱的生活，让自己在给予爱的同时也成为值得爱的人，而不是越来越依赖于通过社会诱惑获得的认可，无论这样的认可来自父亲、高中的"小团体"，还是陌生人的奉承。"成为值得爱的人"正是约翰·列侬跟我提到的他通过"这辈子做过的最棒的一个决定"——花了五年的时间专心照顾小儿子西恩所产生的体会。

相反，沉迷于外界的谄媚奉承会给一个人的内心留下黑洞，这个黑洞会驱使他做出他的内心需要逃避的事情，甚至做出自杀这种完全违背内心需求的举动（例如，作家欧内斯特·米勒尔·海明威和喜剧明星罗宾·麦罗林·威廉姆斯），或者通过吸毒间接地对抗内心的真正需求（例如，玛丽莲·梦露、迈克尔·杰克逊、吉姆·莫里森、詹尼斯·乔普林、吉米·亨德里克斯、"王子"罗杰斯·纳尔逊和惠特尼·休斯顿）。

如果父母能够双双参与照顾儿子的工作，男孩很有可能就会增强内心的安全感。不过，只要有着清醒的认识，即使只有一位家长也能够给儿子提供很好的引导。

即兴组队运动怎么了

最有希望帮助你的儿子获得内心安全感的单一工具或许就是体育运动。美国疾病控制和预防中心发现**体育锻炼甚至比学习更有助于增强儿童的大脑肌肉**。[1] 有组织的团队运动项目还能够帮助你的儿子锻炼社交技能、团队合作技能和领导技能，这些都是日后在工作中所需要的能力；个体运动则会帮助你的儿子培养独立应对工作的能力；交替参与团队运动和个体运动能够提高他的灵活性。但是，在体育运动成为对你儿子（或者你的女儿）有效的一种人文教育之前，你还需要完成以下两项工作。

首先，尽管所有的孩子都需要体育运动，但是大学和中小学的校队却只能为极少一部分孩子提供参与竞争的机会。学校让校队变得引人注目，让其他孩子参加的体育运动队显得很不起眼，因此你的儿子在参加各种校内运动队的活动或者个体运动项目时有可能得不到任何人的支持。你或许需要挺身而出，说服儿子所在的学校增加对儿子有益处的运动项目，而不是只对学校有益处的校内运动项目。如果你打算这么做，说服你的儿子跟你一起去跟学校谈判。改变现状的经历和改变的结果一样重要。

其次，在体育运动方面，你的儿子有可能漏掉了一种重要的形式，这就是即兴组队运动①。**即兴组队运动是培养企业家素质的绝佳方法**。例如，即兴组队运动能够在以下几个方面对你的儿子产生激励作用，从而帮助他培养经营管理企业的能力：

- 白手起家。
- 招募和组织队员。
- 制定自己的规则，而不仅仅是遵守别人的规则。
- 将朋友和陌生人组织起来，但是不会偏袒朋友（或者由于偏袒朋友而失去团队）。
- 和队友探讨出保证所有人机会均等的基本规则，或者是允许每个人发挥自己的优势，从而让整个团队具有竞争力的基本规则。
- 针对破坏规则的人制定惩罚办法，确定在什么样的情况下对这些人动用强制手段。

① 即兴组队运动，指临时组队进行的游戏或运动，例如打乒乓球、跳绳的那种临时性的集体运动，在美国通常指的是最不正规的街头篮球运动，没有裁判、规则很少，任何人都能参加。

　　如果你的儿子既从事个体运动，又参加了有组织的团队运动或者即兴组队运动，他会发现体育运动是一种适合男孩的人文教育。体育运动不是只会让校队变得引人注目的"成人礼"，它能帮助你的儿子培养出很多技能，并且在团队运动或者个体运动中学以致用。

　　然而，利用体育运动培养心态平衡的男孩，需要的不仅仅是平衡的体育课程，实现这样的目标还需要你在运动过程中对他进行引导。你的儿子有可能会听到"艰难之路，唯勇者行"这种充满诱惑的论调，但是他真正需要的是在自己的内心建立起一套雷达系统，让自己认清何时应该咬紧牙关，何时应该知难而退。

帮助男孩发现自己的优势

　　为什么刚一说出"小心点"，我们就会立即说一句"咬紧牙关"？因为在战场上，我们需要男孩们无视伤痛、继续跟敌人战斗下去。无视伤痛意味着男孩们越是觉得自己在对敌作战的过程中出了一份力，他们体内的睾酮分泌水平就越高。[2]但是，睾酮的分泌量增加就会削弱男孩们的免疫系统，提高肾上腺素的分泌水平，从而导致他的血液容易凝固，因此也就容易出现心脏衰竭的问题。[3]

　　如果我们更希望将男孩培养成勇士，即使会让他们为此付出生命，"咬紧牙关"这样的鼓励就会起到作用。但是，如果你更在乎儿子的生命，这种鼓励就会起到相反的作用。如果你的儿子只是希望证明自己有能力"咬紧牙关"、无视伤痛，那么他的身体本身对疼痛的感知力就会进入休眠状态。

　　相反，如果在参加体育运动的时候他得到的教育只有"知难而退"，那么他原本能够帮助他发现自己的优势、从而让自己的潜能得到最大限度开发的身体就会进入休眠状态。

　　因此，你所面对的更深层的挑战就是帮助你的儿子认识到他的大脑和身体具有强大的潜能，只要他能够充分发挥人体在数百万年里进化出的各种潜能。与其说男孩们应当把"艰难之路，唯勇者行"这句话奉为自己的座右铭，不如说**对于进化而成的人体，真正的至理名言是"艰难之路，当知何时咬紧牙关"**。

　　你应当教会儿子如何充分开发通过基因继承到的天赋。这样一来，你就有可能帮助儿子在面对人类社会进化曲线时取得几步的领先优势。

马斯洛的需求层次和你儿子的需求层次

听到"自我实现"这种说法，你或许会想到马斯洛的需求层次金字塔，我们很多人都在上学的时候听到过这套理论。位于金字塔塔尖位置的就是自我实现的需要。

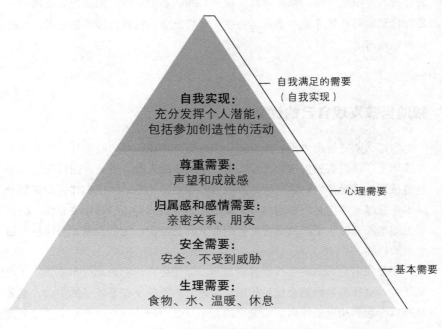

图5　马斯洛的需求层次图

来源：索尔·麦克劳德《简明心理学》[4]

看一看图表中人类最基本、最主要的需求：食物、水和安全。

我为传统男性英雄价值观也画了一个"金字塔"，你和你的儿子肯定从未见过这样的"金字塔"。现在，将马斯洛对人类需求的排列顺序同我这份"金字塔"上的排列顺序比较一下。

图 6 沃伦·法雷尔的传统男性英雄价值观层次图

注意两个"金字塔"的不同：

- 对于传统的男性英雄来说，自我实现是不存在的。**传统上的男性英雄强调的是自我牺牲，不是自我实现。**

- 被马斯洛列为最基本的需求——食物、水、安全，对男性英雄来说只是实现目标的工具：拥有屠龙的力量。无论他是一名海军战士、海豹突击队队员，还是消防员，作为英雄他只允许自己在完成使命之后才满足自己在安全、温暖和休息这些方面的需求。因此，英雄的金字塔底部没有安全、温暖和休息这些因素，这些因素只存在于他的塔尖位置。如果说生命是一块蛋糕，这些因素就只是蛋糕上的糖霜而已。

- **在传统男性英雄的需求层次中不存在自我实现这一项，因为越看重自己，就越不愿意牺牲自己。**

我们应当用自我实现的需求模式彻底取代传统男性英雄的需求模式吗？不。这么做只会在倒掉洗澡水的同时将我们的男孩也一起倒掉了，也就是说，这种做法只会消除最能帮助他们建立起人生目标的途径，从而将他们毁灭。传统上，男孩实现自我牺牲的途径包括为其他人效劳，这就要求他们具有责任感、忠诚、荣誉感、为人可靠。对自我牺牲的追求为他们创造了使命，使命又塑造了他的性格。

如果我们让男孩们抛弃"我在，故我劳"的传统观念，接受"我在，故我得"的观念，我们就会重现新自由带来新问题这样的恶性循环。用简单的自我满足价值观取代英雄主义会给我们的男孩带来一些危害，为了说明这些危害，我构建了一个"自我满足型非传统男性价值观层次图"。

得到
尊重、爱和敬畏，
无论获得了什么成就
以及取得了怎样的结果

得到朋友和家人的尊敬，
从而获得即刻的满足

从朋友那里获得即刻的满足

通过任何途径获得即刻的满足

不费力气获得的温暖和休息

生存：不费力气获得的食物、水、安全

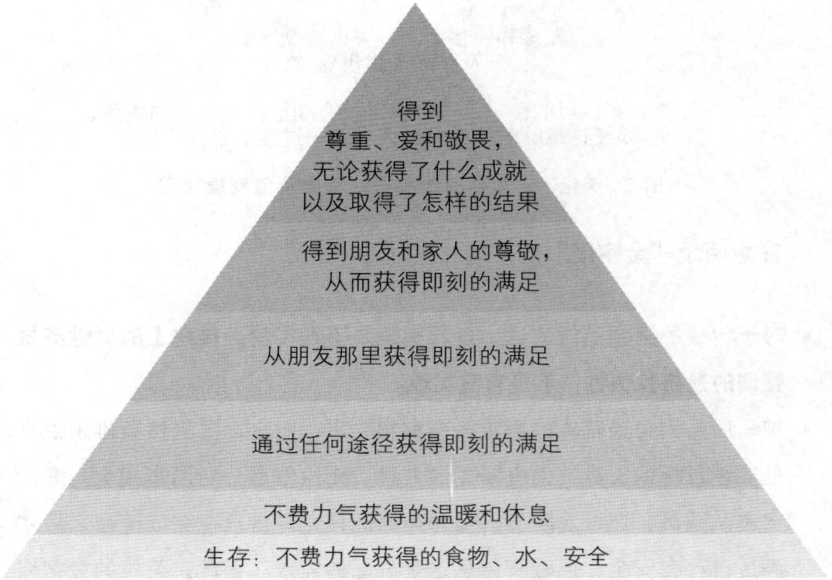

图 7 沃伦·法雷尔的自我满足型非传统男性价值观层次图

"我在，故我得"的思维模式让男孩只会盯着能够立即实现的事情（例如，先吃甜品），从而强化了他即刻需满足的心理需求，这样的孩子绝对无法培养出延迟满足的能力（例如，先吃豌豆，然后再吃冰淇淋）。结果就导致孩子在需要集中注意力的时候缺少足够的注意力，这样一来就为注意力缺乏症状和多动症的产生埋下了隐患。

你的儿子需要的最重要的一项训练就是提高延迟满足能力的训练。要想让孩子有能力更多地着眼于今天可以拥有的梦想而不是明天可能遭遇的失望，他的精神肌肉就需要得到锻炼，延迟满足就能做到这一点。如果你的儿子没能培养起延迟满足的能力，一而再再而三地遭遇失望就会让他在梦想面前踟蹰不前，他就会变成一个没有目标的孩子。这样一来，他便走上了失败的道路。相比于他内心的羞耻感和失望，你对他的失望不算什么。

解决这个问题、培养出一个心态平衡的男人需要将二者——传统男性和自我实现型男性的精华部分结合起来。这样一来，我们就得到了一个新的需求层次结构：

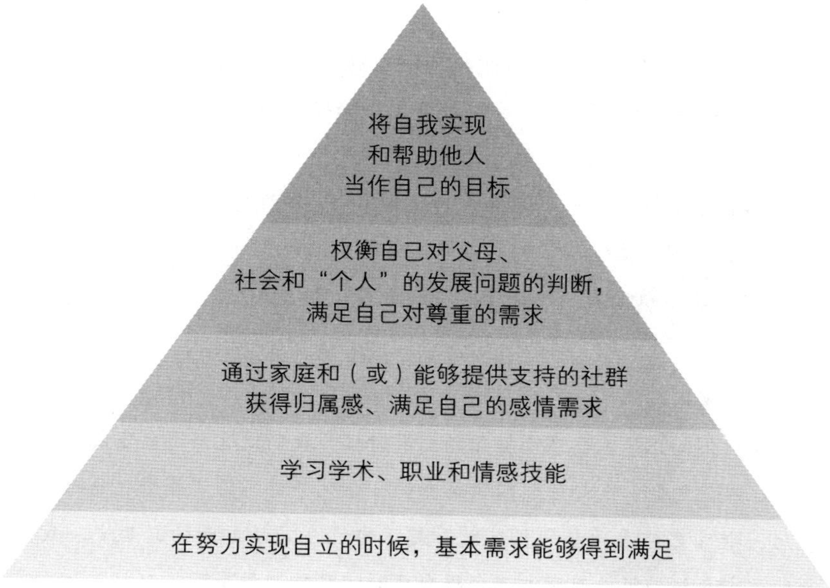

将自我实现
和帮助他人
当作自己的目标

权衡自己对父母、
社会和"个人"的发展问题的判断，
满足自己对尊重的需求

通过家庭和（或）能够提供支持的社群
获得归属感、满足自己的感情需求

学习学术、职业和情感技能

在努力实现自立的时候，基本需求能够得到满足

图8 沃伦·法雷尔的自我实现型非传统男性价值观层次图

支持你的儿子成为自我实现型非传统男性价值观：

- 你爱的是儿子的本质——实际上就是帮助他找到自己"独特的节奏"或者说"独一无二的自己"[5]，以及他的本质对他建立人生目标起到的作用。

- 帮助他认识到倾听他人的意见和完全屈从于自己对得到他人认可的需求之间存在着怎样的价值观区别。
- 根据他的才能、兴趣和个性，让他接触一下最后可能同时满足他的经济需求和情感需求的职业。
- 帮助他理解为什么男女两性有可能爱上最不可能跟自己天长地久的异性，告诉他对于这种状况自己能做些什么。

除了帮助他认清这些问题，全家人还可以一起针对这些问题进行讨论。我们看到默克尔夫妇利用外出旅行的机会帮助孩子想象未来可能选择的职业。例如，摩天大楼促使孩子们联想到公司总经理或者窗户清洁工，然后这样的想象就激发了全家人的大讨论——如果从事这些职业，自己会过上什么样的生活。

约翰逊夫妇（汤姆与莉迪亚）利用家庭聚餐之夜开展了自己的家庭游戏——"现在谁'在学校里'最受欢迎？"等孩子们说出心目中最受欢迎的那个人之后，汤姆与莉迪亚就会让孩子们说出自己觉得这个人为什么会最受欢迎，接着还会问他们："你希望自己跟那个人更接近一些，还是差异更大一些？"这个问题很受孩子们的欢迎。接下来的一个问题是："你觉得再过20年你还会喜欢这个人，还是会讨厌这个人？"

汤姆说：

在我们的儿子斯宾塞刚开始约会的时候，我们把这个游戏变成了"现在你在跟谁约会，或者你想跟谁约会？"在玩了好几年"最受欢迎的人"之后，斯宾塞似乎比较轻松地就聊起了自己在爱情方面的兴趣——我知道他这个年纪的很多男孩都不会跟自己的父母聊这种事情。

针对接下来"为什么"的问题，孩子们最先给出的答案大多都比较简单，"她是学校里最漂亮的女孩，至少是还没被人'挑走'的女孩里最漂亮的一个！"我们只能按照这个思路继续追问下去："她身上还有哪些地方让你喜欢？"

接着就出现了一个重要的问题：我们让斯宾塞说出他觉得学校里哪

一个女生会成为最能胜任妻子和母亲的角色。他首先会说出跟他约会的那个"她"，在我们要求他认真考虑一下的时候，他通常都会说出另一个女孩的名字。接下来，我们就会开始一场最有益的谈话——我们爱上了谁，我们跟谁才有可能会拥有最幸福的生活。

莉迪亚和我了解到了很多情况，斯宾塞的妹妹詹妮对这个游戏也非常投入。斯宾塞喜欢的女孩不太可能是他的生活伴侣的最佳人选，对于这种情况两个孩子都充满了好奇，也都有些难过。这个游戏促使他们意识到了这种"偏差"，我注意到斯宾塞的选择随后就出现了一些细微的改变。

到了詹妮也开始谈论自己对异性的兴趣时，她从一开始就给自己提出了要爱情还是要生活的问题。詹妮对橄榄球队的边锋产生了兴趣，但是考虑了一下这个男孩有可能会成为什么样的长期伴侣后，她就把目光转向了篮球队的前锋。啊哈，做家长的要的就是这个！

改变男孩目标缺失的状况：你的儿子是英雄

帮助我们的男孩树立起对未来的目标——不是建立在他们应当做出牺牲的社会要求基础上的目标，需要家长的育儿方式和学校的教育方式都发生革命性的改变。我们需要勇士，我们需要年轻女性生儿育女，因此我们的孩子需要以这两种传统形象为榜样。但是，我们已经有了足够的条件引导孩子们在人生的舞台上选择适合自己的角色。

你可以利用外出旅行或者家庭聚餐之夜的机会帮助自己的儿子认识自己、找到自己的目标，在这个过程中他将认识到应当如何理解他在你的指导下学到的知识，如何在独立生活之后对这些知识进行调整、将其应用到不同的生活阶段中。但是，对于所有的生活阶段有一点是不变的，这就是你送给他的礼物——鼓励他首先成为一个人，然后成为一个更优秀的人。你对他的馈赠就是让他在无须付出生命代价的前提下就能让自己完善起来。

要想帮助男孩们尽可能地实现自我，让他有条件自主选择传统型或者非传统型的男性角色，身为家长的我们能够给予他们的最大的帮助就是努力提高共同育儿技巧和知识，即使为此两个人不得不分开生活（但是相距不太远）。通过前文我们已经看到了，一旦四口之家的收入达到了保证必要开支的水平——通常为5万至8万美元，剩下的工作就只需要付出时间而不是金钱了。没有多少孩子会告诉心理医生"要是爸爸能得到更多的升职机会，我应该就会觉得他很爱很爱我了"。

我们将在本书的第三部分看到为什么父母相互制约的家庭最有可能给男孩带来必要的安全感：让他有能力尊重自己，有能力吸收他人优点，有能力理解他人的痛苦，即使这样的痛苦导致对方做出很恶劣的事情。只有具备了这样的安全感，他们才有可能在50多个方面取得成功。

不解决发达国家里存在的最重要的一种危机现象，男孩危机就不可能得到解决。这个危机就是父亲缺失的儿童，尤其是父亲缺失的男孩。

第三部分注释

8. 寻找目标的代沟

1. Kozo Tanno et al., "Associations of Ikigai as a Positive Psychological Factor with All-Cause Mortality and Cause-Specific Mortality Among Middle-Aged and Elderly Japanese People," *Journal of Psychosomatic Research* 67. no.1, 2009: 67-75, doi:10.1016/j.jpsychores.2008.10.18.

2. See Warren Farrell, *Why Men Earn More:The Startling Truth Behind the Pay Gap—and What Women Can Do About It.* (New York: AMACOM, 2005); see also Warren Farrell, "Why Men Earn More," presentation, MP3 audio file, WarrenFarrell.com, 2006, http://warrenfarrell.com/?product=why-men-earn-more.

3. Warren Farrell, "Your Dad's Sense of Purpose? You," YouTube Video, 6:31, posted by Warren Farrell, May 1, 2017, https://youtu.be/JOelM9ulgDQ.

4. Duncan McCargo. *Contemporary Japan*, 3rd ed. (New York: Palgrave Macmillan, 2012), 80.

5. McCargo, *Contemporary Japan*, 80.

6. See Warren Farrell. *The Myth of Male Power*. (New York: Simon & Schuster, 1993; Kindle ed., New York: Berkley, 2001.)

7. Dave Philipps, "In Unit Stalked by Suicide, Veterans Try to Save One Another," *New York Times*, September 19, 2015, http://www.nytimes.com/2015/09/20/us/marine-battalion-vet-erans-scarred-by-suicides-turn-to-one-another-for-help.html.

9. "英雄悖论"：通过轻视自己的方式实现自我价值

1. The word hero derives from the Proto-Indo-European root *ser-. In Ancient Greek, hērōs has the connotation of "protector." The Latin in nitive for "to protect" is servare. From the same root family comes the word servus, meaning "slave," from which we get our verb "to serve." See Julius Pokorny, Indogermanisches Etymologisches Wörterbuch (Bern: Francke, 1959); or, for slightly easier reading, *The American Heritage Dictionary of the English Language* (New York: American Heritage and Houghton Mi in, 1969), 1538.

2. T. Jean Marie Arseneau-Robar et al, "Female Monkeys Use Both the Carrot and the Stic to Promote Male Participation in Intergroup Fights," *Proceedings of the Royal Society B* 283, no. 1843 (2016): doi:10.1098/rspb.2016.1817.

3. Arseneau-Robar et al., "Female Monkeys."

4. Louann Brizendine, *The Male Brain*, (New York: Three Rivers Press, 2010), xvi and 43.

5. Three female first responders (out of 411) also died: Kathy Mazza; Yamel Merino, and Moira Smith.

6. Selective Service System, "Benefits and Penalties," https://www.sss.gov/Registration/ Why-Register/Benefits-and-Penalties.

7. Selective Service System, "Benefits and Penalties," https://www.sss.gov/Registration/ Why-Register/

Benefits-and-Penalties.

8. Selective Service, "Benefits and Penalties."

9. Selective Service, "State-Commonwealth Legislation," https://www.sss.gov/Registration/State-Commonwealth-Legislation.

10. 为什么在成功的国家失败的婚姻更为普遍

1. "Women More Likely to Initiate Divorce: Study," *Divorce Magazine.com*, January 29, 2016. Based on a study by the American Sociological Association of divorces in heterosexual relationships.

2. See Warren Farrell, *Women Can't Hear What Men Don't Say,* (New York: Putnam / Penguin, 1999).

3. Interview with Michael Gurian, June 25, 2017.

4. Emily Yoffe, "The Uncomfortable Truth About Campus Rape Policy," *The Atlan-tic,* September 6, 2017, https://www.theatlantic.com/education/archive/2017/09/the-uncomfortable-truth-about-campus-rape-policy/538974/.

5. "Superbowl Ad 2015: T-Mobile," *Wall Street Journal*, http://www.wsj.com/video/super-bowl-2015-t-mobile-ad/F40DB477-4DE7-4656-8811-DB96275C91C5.html.

6. Jasmeet Sidhu, "How to Buy a Daughter," Medical Examiner, *Slate,* September 14, 2012, http:// www.slate.com/articles/health_and_science/medical_examiner/2012/09/sex_selection_in_ babies_through_pgd_americans_are_paying_to_have_daughters_rather_than_sons_.html.

7. Lori Oliwenstein, "African-American Babies and Boys Least Likely to Be Adopted, Study Shows," *Caltech,* April 20, 2010, https://www.caltech.edu/news/african-american-babies-and-boys-least-likely-be-adopted-study-shows-1610.

8. Lori Oliwenstein, "African-American Babies."

9. Lori Oliwenstein, "African-American Babies."

10. Jasmeet Sidhu, "How to Buy a Daughter."

11. 养育男孩的成功标准改变了

1. John Gottman et al., "Predicting Marital Happiness and Stability from Newlywed Interactions," *Journal of Marriage and the Family* 60, no. 1 (February 1998): 5 - 22, doi:10.2307/353438.

2. E. Lynge, "Unemployment and Cancer: A Literature Review," *IARC Scientific Publications* (138) (1997): 343 - 351.

3. T. A. Blakely, S. C. D. Collings, and J. Atkinson, "Unemployment and Suicide. Evidence for a causal association?" *Journal of Epidemiology and Community Health* 57, no. 8 (2003): 594-600, doi:10.1136/jech.57.8.594.

4. Kerwin Ko Charles and Melvin Stephens Jr., "Job Displacement, Disability, and Divorce," *Journal of Labor Economics* 22, no. 2 (April 2004): 489 - 522, doi:10.1086/381258.

5. Andrew Rosen, "5 Highest Paid High School Principals in America," Jobacle, January 28, 2013, http://www.jobacle.com/blog/5-highest-paid-high-school-principals-in-america.html.

6. "Girls Who Started Their Own Businesses!" Seventeen, September 4, 2012, http://www.seventeen.com/life/school/advice/g1808/girls-who-started-businesses/?slide=6.

7. Vicki Salemi, "Women Dominated Professions," Monster, March 8, 2017, https://www.monster.com/career-advice/article/professions-women.

8. Michael F. Steger, Bryan J. Dik, and Ryan D. Duffy, "Measuring Meaningful Work: The Work and Meaning Inventory (WAMI)", *Journal of Career Assessment* 20, no. 3 (August 2012): 322 - 337.

12. 在失控的世界培养心态平衡的男孩

1. Centers for Disease Control and Prevention and SHAPE America—Society of Health and Physical Educators, *Strategies for Recess in Schools* (Atlanta, GA: Centers for Disease Control and Prevention, US Dept. of Health and Human Services, 2017), https://www.cdc.gov/healthyschools/physicalactivity/pdf/2016_12_16_schoolrecessstrategies_508.pdf.

2. Gonzalez-Bono, E., et al., "Testosterone, cortisol, and mood in a sports team competition," *Hormones and Behavior 1999; 35 (1): 55-62.*

3. *Howard LeWine*, M.D., "FDA warns about blood clot risk with testosterone products," *Harvard Health Publishing*, June 24, 2014.

4. Saul McLeod, "Maslow's Hierarchy of Needs," *Simply Psychology*, 2017, https://www.simply-psychology.org/maslow.html.

5. Marc Gafni, *Your Unique Self* (Tucson, AZ: Integral Publishers, 2011).

父爱缺失的男孩
和父爱充足的男孩

造成男孩危机的首要因素就是父亲缺失的男孩。父亲缺失的主要原因是父亲在照顾孩子的工作方面参与度不够，其次就是父亲即使参与了这项工作，他所做的贡献还是会遭到贬低。我们的孩子在经济上富有还是贫穷、在感情上富有还是贫穷都越来越取决于他们生活在父爱缺失还是父爱充足的环境中。

每当发现一种新疾病后，在征服疾病的道路上医学界采取的第一步措施就是为其命名。我们完全有理由说我们的孩子现在就在一个"父爱缺失的时代"，尤其是"父爱缺失的男孩时代"里长大成人。

我们必须结束这个父爱缺失的时代，这种需要并不是两性分化的危机。在接受调查的时候，93%的母亲都一致认为父亲的缺席已经给今天的美国社会带来了一场危机。[1] 我们的父亲和我们的孩子也都同意这种说法。

父亲的缺失会在很早的阶段就对孩子造成危害，甚至在孩子的基因里……

13. 父爱缺失的男孩

　　无论是男孩还是女孩，失去父亲就失去了一部分的生活。发表在2017年《儿科杂志》上的一份研究报告提出了一个论断："在九岁的时候，失去父亲的孩子端粒明显短于其他孩子。"[1]人体细胞里的端粒是真核细胞线状染色体末端的一小段DNA-蛋白质复合体，在细胞分裂的过程中端粒能够保证我们的基因不被删除。细胞每分裂一次，每条染色体的端粒就会缩短一些，因此严重缩短的端粒是细胞老化的信号。正如美国国家科学院的报告所指出的那样，"幼年阶段的端粒长度能够预测出个体的寿命长短"。[2]

　　父亲缺失能够对人的寿命造成多么严重的危害？失去父亲的孩子到了九岁的时候端粒就已经缩短了14%。[3]同失去父亲的女孩相比，失去父亲的男孩的端粒更是缩短了40%。[4]

　　父亲就像母亲、空气和水一样，是我们的生命所必需的要素。但是，我们一直在努力忍受着没有父亲的生活。我们不会以同样的忍耐力面对没有母亲、空气或者水的生活。

　　就在已经涌现出了一批杰出年轻男性的这一代人中间，无论是深陷危机的男孩还是带领我们走出危机的男孩都受到父爱或者缺失，或者充足这个因素的强烈影响，为什么会出现这种情况？拥有充足父爱的男孩往往会用积极的新目标填补目标缺失造成的空白，缺少了父爱的男孩更有可能任由自己沉沦在目标缺失的状态中，或者用破坏性的新目标填补这种空白。

　　除了寿命因素，在很多方面失去父亲也同样会对我们的女孩造成伤害，[5]受到父亲照顾的女孩则会具备很多能力。[6]但是，事实证明父亲的存在与否对男孩造成的影响远远超过了对女孩的影响，不只他们的童年和青少年时期，甚至一生都会受到影响。男孩们在经济方面的前景会受到影响，在情商和婚姻的前景上也是如此，这些因素都有着密不可分的联系。[7]无论是因为大脑成熟得比较晚，[8]还是因为学习社交技能的能力比较差，总而言之，在父亲缺失的情况下男孩比女儿更容易受到伤害。

一旦男孩们受了伤，他们就会伤害我们，无论是身体上、心理上还是经济上。

父亲缺失的男孩——失去父亲，成了神父的猎物

电影《聚焦》①主要讲述了神职人员在失去父亲的男孩中间寻找猥亵对象。[9]这些神父就好像觉察得到这些男孩极度渴望得到父亲的关注、爱和指引。

这部影片暴露了教会掩盖这些丑恶行径的行为，但是影片没有告诉观众导致神父们如此不顾一切的因素是什么：独身主义？自身也缺少父爱？还是其他原因？

如果我们希望受到伤害的男孩不再伤害我们，那么我们首先应当追问一个问题：伤害孩子的成年人自己受到过什么样的伤害，这样这个恶性循环才有可能被打破。伤害孩子的成年人有男性，同时也不乏女性。

父亲缺失的男孩——女性康复工作者的猎物

少年犯管教所里满是失去父亲的孩子。美国司法部的一份报告指出在美国各地的少年犯管教所里有 7.7% 的男孩都表示自己受到过成年管教人员的性侵犯。[10]不过，管教所工作人员实施的性侵和电影《聚焦》中的神职人员实施的性剥削之间存在着两个显著的区别：

---

① 《聚焦》是根据《波士顿环球报》刊登的一篇报道改编而成的，以美国神职人员奸污和猥亵儿童的丑闻为背景，讲述了几位记者寻找事实真相的艰难过程。影片于 2015 年 11 月 6 日在美国上映，获得了第 88 届奥斯卡金像奖最佳原创剧本奖、最佳影片奖。

- 少年犯管教所里实施性侵的工作人员有 89% 都是女性。
- 一旦被揭发，男性神职人员实施的系统化的性侵行为会演化成世界性的丑闻；管教所的女性工作人员实施的系统化的性侵行为尽管得到了司法部的曝光，但是却受到了全社会的忽视。

面对侵犯未成年人的女性，我们集体选择了视而不见，这种态度带来了双重危害：首先，我们让受到侵害的男孩感到自己孤立无援，当他们终于鼓足勇气举报施虐者的时候，我们却会要求他们努力证明自己的可信度，女性受害者也面对着同样的问题；其次，同男性神职人员的情况一样，要想阻断少年犯管教所女性工作人员实施的性侵所造成的恶性循环，我们就必须让社会注意到这些施虐者自身也是弱者。如果对她们的虐待行为视而不见，我们就无法正视她们受到的伤害，这样一来就为恶性循环的产生创造了方便的条件——无论是在少年犯管教所还是我们尚未发现的地方。

简言之，无论我们聚焦于帮派组织、希特勒青年团、新纳粹团体、邪教组织，还是帮助男孩恢复生活能力的各种机构，对男孩来说，今天失去父亲，明天就有可能成为别人的猎物。

幸运的是，父亲照顾孩子的观念其实很容易就会在社会中生根发芽。人类已经在探索外太空了，但是直到不久前我们才开始探索自己的内在空间——父亲大脑。

亲生父亲：发现父亲大脑

你的儿子有可能会觉得一夫一妻的生活有些单调，更换伴侣比换尿布更有趣。要想让你的儿子改变思维，或许你就应该让他知道做一个专注于孩子的父亲能够让他拥有"父亲大脑"，这样的大脑能够消除他作为单身汉的很多欲望。面对一个需要他的小婴儿，之前被用来帮助他追求性爱、在遭到拒绝后帮助他疗伤止痛的睾丸酮的分泌量会有所减少；他和小宝宝对彼此的爱带给他的喜悦促使他的大脑里分泌出了更多的后叶催产素。"父亲大脑"的工作原理是这样的：

一旦参与照顾孩子的工作，男性就激活了自己的"父亲大脑"——一套原本处于休眠状态的神经元。"父亲大脑"和即将成为母亲的女性的大脑中被激活的反应十分相似，尽管并不完全相同。[11]

参与照顾孩子的工作还能让男性的荷尔蒙分泌出现根本性的变化。[12]首先，身体会分泌出更多的后叶催产素，这是一种会促进哺育、信任和爱的激素，因此会对感情纽带产生强化巩固的作用。其次，雌激素和催乳素的分泌也会增加，这种激素可以促进女性分泌乳汁。最后，当你儿子接受了比较稳定的感情后，他的睾丸酮分泌水平就会有所下降。同样地，积极投身于照顾孩子的工作后，他的睾丸酮分泌水平会出现更大幅度的下降。

在父亲大脑中，后叶催产素的增加会激发出男性对孩子更强烈的爱。这种结果的产生是由于大脑中的社会认知中枢得到了增强，也就是人们所说的"家长和孩子的同步性"。[13]

父亲大脑中发生的变化和母亲的大脑变化相类似，但是前者还能催生出不同于母亲的行为。母亲的表现是和宝宝说话、盯着宝宝的眼睛，而父亲倾向的行为则是嬉闹式的触摸和举动，移动宝宝的身体，让宝宝接触陌生的物品。[14]

什么时候父亲大脑的开发和荷尔蒙的变化会达到最充分的程度？答案是没有母亲在场的时候。在男性同性恋家庭中，如果双方共同承担照顾孩子的工作，他们的荷尔蒙分泌水平就不会出现太大的差异，他们的神经活动都再现了正常的母亲大脑的神经活动。[15]

如果父亲亲力亲为地照顾孩子，他的神经系统和荷尔蒙系统就会根据自己的新角色做出调整。我们早已经提出在女性的大脑、荷尔蒙，尤其是怀孕期间的自我调整的共同作用下，女性产生了母性本能。现在，我们发现照顾孩子的父亲也能在很短的时间里形成"父亲大脑"，产生父亲特有的荷尔蒙，或者说是父性本能。

我们都知道拥有一位照顾孩子的父亲对孩子来说是一种福音。但是，你能告诉儿子这些变化对他来说究竟是好事还是坏事吗？耶鲁大学的精神病专家及育儿专家凯尔·普鲁厄特做过的一项研究发现，积极照顾孩子的父亲会变得更健康，他的感情关系、热情程度，甚至是对工作的满意度都会有所改善或提高。[16]正如一位父亲曾经说过的那样，"一旦你一夜接着一夜地抱着熟睡的宝宝、一年又一年地牵着他的手走路，你就彻底变成了另外一个人。"[17]

玛格丽特·米德说过，女性的职能更多是由生物因素决定的，男性的职能更多是由社会因素决定的，这么说基本符合事实。但是，米德忽略了一点——社会性的决定能够促进生物方面的适应。

"结婚的时候，女人希望改变男人，男人希望女人保持不变。结果，双方的希望都落空了。"这个玩笑常常被人们挂在嘴边，但是你儿子未来的配偶可以不必再经历这种失望了，因为你的儿子其实有能力做出改变。

至于养儿育女，这就像是所有人在出生的时候都得到了一部苹果手机，但是刚刚成为父亲的男性需要得到授权才能启动他们的"手机"。身为父亲的男性真的愿意启动他们的"父亲大脑"吗？

父亲们真的愿意启动他们的"父亲大脑"吗

直到不久前，这个问题始终无人问及。在接受调查的时候，有 70% 的父亲表示自己愿意花更多的时间跟家人待在一起，即使收入会因此有所减少。[18]总部设在华盛顿特区的独立民意调查机构皮尤研究中心在不久前进行了一次问卷调查，结果令人惊讶，就连不少有着全职工作的父亲都表示相比远离孩子在单位上班，他们更愿意待在家里陪陪孩子。也就是说，在就业的父亲中有一半的人都在说："我愿意在家陪我的孩子，可是我得赚钱，所以我只能去上班。"[19]

如果你的儿子打算在孩子的幼年阶段承担起第一家长的责任，他会觉得自己的选择怪异吗？这完全取决于他自己对各种问题的看法。一方面，自1960 年以来，单亲父亲抚养未成年孩子的家庭在所有家庭中所占的比率已经增长了 8 倍。[20] 此外，还有一部分父亲需要外出上班，但是他们还是在家里承担着大部分照顾孩子的工作，如果把这部分家庭也计算在内的话，这类父亲的人数就将多达 700 万。[21] 然而，如果你的儿子希望彻底待在家里、不外出上班的话，他这种男性的数量在 1960 年是极少的少数群体，增长 8 倍之后也不算多。

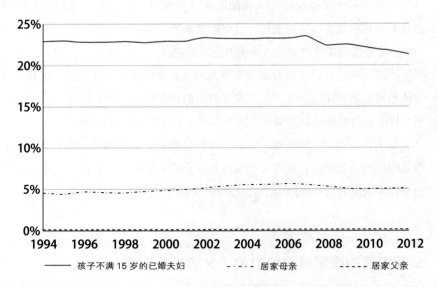

图 9　美国的居家家长：1994—2012 家庭和居住情况的历史时期序列表（单位：百万）

来源：美国人口普查数据[22]

　　面对这种情况，你该怎么办？如果你的儿子天性就喜欢抚育孩子，同时又敢于尝试，那么你不妨鼓励他权衡一下成为全职父亲的利弊。但是，如果外出工作是他的一个目标，你就应该指导他如何以其他的方式为孩子付出心血。在过去，父亲们对孩子们的付出往往是通过投资股市体现出来的；今天，越来越多的父亲意识到对孩子最好的付出是时间。在艾派克斯实验室（华盛顿特区附近）为员工提供的各项福利中，灵活机动的工作时间或者说是"父亲时间"，已经跟职工优先认股权一样成为最重要的待遇。

　　父亲们渴望参与照顾孩子的工作不只是态度上的改变，他们的行为也发生了变化，自 1965 年以来父亲陪伴孩子的时间几乎增加了 2 倍。

　　而且，他们渴望能有更多的时间陪伴孩子。皮尤研究中心的调查发现在父亲中间觉得陪伴孩子的时间太少的人占了 46%，母亲中间的这个数字是 23%，也就是说前者的比例是后者的 2 倍。一旦得到机会，父亲们就会付诸行动，真的把时间花在孩子的身上：在加利福尼亚州施行"带薪家庭事假"

制度①的最初十年里，请假的男性比例几乎翻了 1 倍，从 2004 年的 17% 增长到 2014 年的 30%。

在瑞典和加拿大这样的国家，针对父亲的带薪产假政策保证了父亲们在照顾孩子的情感需求时不会遇到太大的经济困难。在瑞典，有 85% 的父亲会休产假。[23] 为什么？在一定程度上是因为如果不休产假，他们就会受到处罚，同时也是因为瑞典社会接受甚至是期待父亲承担照顾婴儿的工作。我们是社会动物：态度的转变会改变行为，行为的转变反过来又会改变态度。

工作是一时的，孩子是永远的

在过去，男孩们通过工作实现人生目标、完成自己的使命，对他们来说工作应该是一辈子的事情。在未来，没有多少工作是终生不变的，因此帮助你的儿子做好当父亲的准备就很有可能会帮助他建立起一个持续终生的目标。

在男性中，只有一小部分人觉得工作能够滋养自己的灵魂。对大多数男人来说，要想获得高薪就必须付出代价。[24] 远离家人的时间就是其中一项代价。正是这些代价造成了"父亲的第 22 条军规"：爱家人，就只能远离家人的爱。

没有多少男人在临终之际会说"要是我把更多的时间花在工作上就好了"。照顾孩子、让孩子不缺少父爱的男人会收获一个受到精心照料的灵魂。他的儿子会感到自己的存在为父亲带来了幸福，因此对自己成为父亲的前景产生积极的期待。

男孩们在照顾孩子方面具有生物适应性，他们也渴望更加深入地参与照顾孩子的工作，并且将照顾孩子当作一项终身目标，这两点是解决男孩危机的核心要素。

---

① 按照规定，雇员有权以照顾病人、老人、儿童向公司请假，在休假期间仍然可以拿到一定的薪水。

父亲的缺席带来了政府的干预

在"9·11"事件发生之后，我们试图重建我们在情感上的安全感，为此美国政府（例如，国家安全局、联邦运输安全管理局、国土安全部、《爱国者法案》、极端审查、边境墙和移民禁令）扩大了财政支出，同时我们也付出了精神成本。而且，在付出精神成本的同时我们还失去了自由。

反恐战争给美国 2018 年年度财政增加了 20 000 亿美元的债务。[25] 如果恐怖组织无法源源不断地从美国社会招募到父亲缺失的男孩，这笔财政支出中有多大一部分是可以节省下来的？

除了这些成本，学者们还做过一项计算：因为破裂家庭的家庭支出成本每减少 1%，每一年就可以为纳税人节省 11 亿美元的支出。[26] 例如，我们将会在下文中看到父亲的缺失提高了未成年母亲出现的概率，80% 未婚先孕的未成年女性都得到了社会福利的支持，这笔费用每一年都要消耗超过 90 亿美元的税收收入。[27]

我们已经通过媒体看到了犯罪、监禁、校园枪击事件、家庭暴力、强奸、毒品、精神和生理健康问题、贫困、失业、辍学率等多种社会问题的恶化都和父爱缺失存在着一定的关联，需要记住的是，我们为了请政府消除父亲缺失造成的悲剧而花掉的每一元钱折射出的是好几代人的精神创伤，无论用多少钱都无法治愈的创伤。

父亲缺失的男孩情况各异

相比由于离婚或者父母不曾结婚而缺少父亲的男孩，父亲去世或者在战场上牺牲的男孩的状况会好一些。[28] 虽然他们的状况不如在亲生父母俱全的家庭里长大的孩子，但是受到伤害的可能性还是比较小的。

为什么？当父亲牺牲在战场上或者由于疾病或意外事故死在工作岗位上，父亲的缺失不会令孩子感到自己被故意抛弃了。我在创办数百个男性团体和女性团体的过程中碰到的各种情况、利用周末的时间对 50 位离异的父亲和孩子相处时的情况进行的观察，为《男孩危机》和《父子重聚》进行的研究工作，再加上在全国各地主持的夫妻沟通学习班都证实了这一点。战死疆场的父亲被社会描绘为英雄，在这样的家庭里，有时候年龄最大的男孩会被告知他现在成了新的"一家之主"，需要承担起特殊的责任。在这种情况下，男孩往往会接受这个新目标。无论如何，父亲在孩子的心中都会留下一个正面，甚至超越现实生活的高大形象，孩子也会产生一种特殊的责任感，以免辜负自己对父亲的记忆。

在父亲过世的家庭里，孩子会感受到母亲因为失去丈夫而产生的悲伤。母亲往往会显示出对丈夫的敬意，讲述他的正面事迹会增强家人对他的怀念之情。孩子会"继承"母亲对他的敬意，从而对自己的一半产生敬意，因为这一半就来源于父亲。

相反，来自离异家庭的孩子表示他们很少会听到家人对父亲充满敬意的言论，他们常常听到的是有关父亲的坏话，他们"继承"到的是对自己身上来源于父亲的一半比较消极的情绪，而且往往是针对男性的消极情绪。

相比被离异母亲带大的孩子，被自主选择成为单亲母亲的女性抚养长大的孩子碰到的问题比较少，但是这一类孩子面对少年犯罪、药物滥用和抑郁症这些问题的可能性依然比较高（即使在社会经济变量得到控制的情况下）。例如，在 25 岁之前，他们中间碰到法律问题的人数比双亲俱全的家庭里长大的孩子多了 1 倍，[29] 需要对抗药物滥用问题的人数比后者多了 1.5 倍不止，[30] 出现抑郁和精神疾病的概率也略微高于后者。[31]

父母离异造成的父亲缺失现象是一个严重的问题，因为在这种情况下很多孩子都会听到有关父亲的负面说法，有些孩子会认为父亲明明在世，只是故意不跟自己见面，有些孩子会认为父亲很不称职、很不可靠或者很自恋，因此他的存在对自己来说弊大于利。

为什么说身为家长男性和女性都没有绝对的优势

我需要澄清一点：父亲的重要性并不意味着父亲就比母亲更重要。为什么？在当今社会，为了争取到和妻子同等的抚养权甚至第一抚养权而挑战传统观念——在离婚的情况下，他们所挑战的对象就是法庭——的男性在很大程度上都是出于自愿的。我们认为自愿承担抚养责任的父亲和正常的母亲是不相上下的。

此外，父亲更有可能获得母亲的帮助，而母亲不太可能得到父亲的帮助。当父亲是第一家长的时候，他很有可能会邀请母亲同他一起分担照顾孩子工作，母亲也极有可能接受邀请。当母亲是第一家长的时候，尽管大多数母亲都希望父亲能参与照顾孩子的工作，但是更多的时候母亲是否会向父亲发出邀请取决于父亲是否有能力以母亲期望的方式照顾孩子。而且，"看门人"的角色也会导致父亲不太参与照顾孩子的工作。（在下一章里我将对这个问题进行更充分的论述。）

除了上述原因，父爱充足的家庭很有可能也不缺乏母爱。尤其是在父母共同照顾孩子的家庭里，孩子在成年后拥有丰富的感情资质、娴熟的社交能力、健康的身体和宽裕的经济条件的可能性也比较高。

即使如此，还是有数百万男孩在缺少了亲生父亲的家庭里茁壮成长了起来，无论这些家庭里的家长是单亲母亲、女性同性恋伴侣，还是继父，他们的健康成长在很大程度上都得益于他们非传统型的家长为他们付出的努力、给予他们的爱，以及这些家长所具有的智慧。相反，有许多跟着父亲一起长大但是遭到父亲虐待的孩子会用一生的时间拼命清洗自己在早年受到的毒害。任何一个因素都不是万灵丹。对孩子来说，每一个全心全意抚养他们或者指引他们的人做出的努力都是对他们的馈赠。

长期以来，女性的参与始终得不到工作单位的充分利用。请记住：父亲的参与在家庭生活中也同样没有得到充分的利用。

最后需要提醒你们的是：我在下文中提供的数据反映的只是统计结果，对于任何人的实际情况来说都不是必然的。在你帮助儿子做好准备应对下一场革命性变化的过程中，这些数据能够为你提供一些参考依据。你可以利用这些数据深化自己已有的常识和判断，但是绝不要将其取而代之。

14. 为什么父亲如此重要

对于男性来说，成为父亲的渴望早在儿时就萌芽了，他们在父亲的身上看到了自己成为父亲的前景，从伊森的身上我们就看到了这一点。伊森告诉自己的心理治疗师他不想成为父亲，因为他和他的父亲无法见到彼此，他不希望自己在有了孩子之后也过着这种父子无法相见的生活。

我试图用这一章的篇幅对父亲的重要性进行阐述，但是有一个重要的方面无法被记录下来。这个方面属于精神领域，具有一些难以解释的神秘色彩，在许多收养的孩子身上我们就会看到这种现象——强烈渴望与自己和自身缺失的某种东西之间建立联系。看到哥伦比亚广播公司新闻网对贾斯廷·罗齐尔的报道时，我凭着直觉"搞懂"了这种现象。[1] 在贾斯廷九个月大的时候，他的父亲在伊拉克牺牲了，贾斯廷极度渴望接触到父亲在一段重要的生命时光里拥有过的某样东西，并且和它融为一体。贾斯廷的母亲让儿子的梦想化为了现实，经过一番努力她找回了丈夫逝世时驾驶的那辆汽车，等到儿子有能力开车的时候她把这辆车送给了他。面对这样的惊喜，贾斯廷完全说不出话来，这件礼物在他的心里激起了一种说不清、道不明的感觉。

接下来，我们来看一看在比较直观、可以测量的方面父亲具有多么举足轻重的价值。

方方面面的影响

附录 B 列出了父亲承担大量育儿工作能够给孩子带来的 70 多种好处，也可以说是父亲缺失的孩子很有可能会碰到的 70 多种问题。在前文中，我们已经对其中一些问题有所了解了（更容易遭受性虐待、受到恐怖组织或者帮派组织的诱惑），在针对父亲何时具有重要作用（见下一章里的"重新发现父亲"）和父亲的表现差异（见第 16 章 "父亲有什么不同"）展开的论述中，其他一些问题也会得到描述。我们首先来看一看男孩在生活中比较容易碰到的 15 个问题。

（1）**学习成绩**。一项对家庭背景接近的男孩所做的研究显示，到了三年级，由父亲陪伴的男孩们各门课程的考试成绩都比其他男孩高，老师的评分也更高。[2]

（2）**阅读、写作、算术能力**。父亲参与度越高，男孩的语言智力的进步就比较大，[3] 无论是男孩还是女孩，数学成绩和数字分析能力也就更出色。[4]

（3）**辍学**。没有父亲陪伴或者陪伴很少的年数越多，他们读完的年级就越少；[5] 71% 的高中辍学生都存在极度缺乏父亲的陪伴或者完全没有父亲陪伴的问题。父亲缺失的孩子逃学和被"赶走"（开除）的概率也更高。[6]

（4）**就业**。在双亲俱全的家庭里，在青年阶段男孩的就业率高于自己的姐妹，失去父亲的男孩的就业率低于自己的姐妹。[7] 即使就业，失去父亲的男孩在工作中取得成功的可能性也低于自己的姐妹。[8]

（5）**自杀**。在儿童及青少年群体中，生活在没有父亲的家庭里和自杀的相关性高于其他因素。[9]

（6）**毒品**。在预防吸毒方面，父亲照顾孩子起到的作用比亲近父母、家长制订的纪律、家长的信任、家长的严格约束起到的作用至少高出 4 倍，比孩子的性别、民族和社会阶层这些决定性的因素起到的作用也更大。[10]

（7）**无家可归**。大约有 90% 离家出走和无家可归的青年来自没有父亲的家庭。[11]

（8）**霸凌**。美国心理学会在回顾 153 项研究的过程中发现，父亲缺席家庭生活预示着欺凌者和受欺者的性格：缺乏自尊，成绩差，社交能力差。[12]

（9）成为受害者。年龄在 10~17 岁、生活中缺少了亲生父亲的孩子更容易成为儿童虐待、严重暴力行为、性侵害、家庭暴力的受害者。[13]

（10）暴力犯罪。在一个社区里，没有父亲的家庭所占的比例每提高 1%，该社区出现青少年暴力犯罪的概率就会提高 3%。[14]

（11）强奸。在强奸犯中，尤其是被判定为出于愤怒实施强奸的犯罪者，有 80% 的人都来自缺少父亲的家庭。[15]

（12）贫困和流动性。在出生于贫困家庭但是由保持婚姻状态的父母共同抚养长大的孩子中，进入中产阶层或者更高阶层的概率高达 80%；相反，出生在中产家庭但是得不到婚内父亲照顾的孩子最终过着经济水平大幅度下滑的生活的概率高了将近 3 倍。[16]

（13）高血压。在黑人男孩中，得到父亲大量照顾的男孩出现高血压的概率减少了 46%。[17]

（14）信任。和父亲的接触越多，孩子就越容易敞开心扉、接纳外界，在面对生活中出现的陌生人时也更容易对对方产生信任。[18]

（15）同理心。父亲陪伴孩子的时间对孩子在成年后的同理心的强弱具有很强的预测效果。[19]

上述任何一种状况都很有可能成为你儿子的未来。请设身处地地为他想一想。

对于和我合作过的许许多多的夫妇而言，对增进感情最有效的能力莫过于同理心。[20]我从未听人说过"我想离婚，我的爱人理解我"这种话。

想一想共和党人和民主党人、以色列人和巴勒斯坦人。再想一想恐怖组织中的战士中缺少父亲和缺少同理心的状况。

现在，再想一想诉讼问题。你可曾起诉过能够跟你产生共鸣的人？我们的医院就逐渐认识到在避免医疗事故诉讼的过程中，同理心和道歉所能起到的作用远远超过了医生竭力证明自己没有失职的做法。[21]

这样一来，你就会明白减弱同理心将会给婚姻、战争、法律诉讼以及男孩们的生活质量（即使你的儿子打算当律师！）造成什么样的负面影响。

同理心对你儿子未来的就业状况所具有的重要意义正在逐步增强，而且丝毫没有下降的趋势。有越来越多的工作单位从体力型转变为了智力型，机械死板的工作越来越多地被机器人和电脑承担了，在这种发展趋势下，人类对情商和同理心的需求就越来越高。[22] 由于各种各样的原因，男孩们已经在这个方面落后了，我们将在第五部分"英雄智商和健康智商"中对这个问题进行探讨。如果父亲缺失的问题令他们的同理心、自信心和情商有所减弱的话，那么在未来的就业机会方面，他们和其他人之间的差距将进一步扩大。

如果一个男人没有多少同理心，依然有女人会嫁给他，只要他有钱；但是如果你的儿子比较欠缺同理心，同时又没有工作，他在爱情面前遭到拒绝的可能性就会增加，如果他遇到的是一个渴望有孩子的女人，情况就更是如此了（"我不需要再多养一个孩子"）。

可悲的是，我们针对父亲缺失问题提出的"解决方案"其实一直在强化这个问题。联邦政府设立的贫困家庭临时资助计划只为已经失去了父亲的家庭提供救助，从而导致很多家庭陷入了更贫困的状态、监狱也变得更加拥挤了。

牢狱生活

前文介绍了父亲缺失问题在方方面面造成的影响，其中很多问题——暴力犯罪、吸毒、缺乏同理心、强奸——都会提高缺失父亲的孩子在青少年阶段就锒铛入狱的概率，男孩的情况更是如此。

美国的监狱是男性集中地（93%的在押犯都是男性）。真正令人震惊的是，在服刑的青年人中有85%的人都来自于缺少父亲的家庭。[23] **也就是说，监狱是父亲缺失的男性的集中地**[24]**——这些男性都是永远没有成年的男孩。**

如果你的儿子犯了轻罪，他被关入监狱的可能性要高于你的女儿。在没有犯罪历史的情况下，如果你的儿子和你的女儿犯了完全一样的罪：首先，你儿子受到指控的概率会高于后者；其次，他被定罪的概率也会高于后者；最后，**在被定罪后，通常他被判罚的刑期要比后者长 63%。**[25]

在法律法规对种族主义有着清醒认识的今天，我们对性别主义的忽视仍旧比较严重，在前文中我已经论述过这个问题了。性别主义能够加剧种族主义，**在量刑方面，男性和女性之间的差距比黑人和白人的差距高出 5 倍。**[26]当然，黑人男孩承受着种族主义和性别主义的双重歧视。然而，你的儿子不太可能在学校里了解到这个事实。

简言之，如果你的儿子失去了父亲，他在未成年阶段犯下轻罪，在各方面遭到歧视后犯下重罪的可能性都会大幅度地提高。

为了让更多的人认识到父亲缺失问题造成的连锁反应，我在2003年参加了加利福尼亚州州长的竞选。在一所监狱发表讲话的时候，我震惊地发现其中很多人都是有儿有女的人，知道了父亲的重要作用后，他们告诉我自己有了活下去、离开监狱的理由——"这样我就能告诉我的儿子不要跟我犯一样的错误"。

我针对父亲的重要性所做的研究帮助监狱里的很多人树立了目标，同时也加剧了他们的痛苦——他们从来没有意识到自己的缺席竟然给孩子带来了这么多的问题。

在丹尼尔·比蒂很小的时候，他的父亲就突然在家里消失了——进了监狱。丹尼尔在一段录像里讲述了自己和父亲通过"敲敲门"的游戏培养起来的感情，清楚地流露出了内心的痛苦。[27] 和很多父子游戏一样，丹尼尔和父亲的感情也通过父子之间的"秘密"得到了强化，在父亲敲门的时候他假装睡着了，但是他知道父亲清楚他没有睡着。丹尼尔非常渴望经常和父亲做这个游戏，因为以前通过和父亲经常做这个游戏，他得到了安全感、爱和快乐。在父亲入狱的多年后，丹尼尔已经长大成人了，他殷切地恳求父亲："爸爸，回家吧。我就想跟你一样，可是我已经不记得你是什么样的人了。"

15. 重新发现父亲

父爱充足和父爱贫瘠的一代人[1]

在美国，每三个孩子中就有一个孩子生活在没有父亲的家庭里。[2] 我在《父子重聚》一书中阐述了父亲在家庭生活中的缺席给男孩和女孩造成的伤害。[3] 但是，近来我们发现随着时间的变化，男孩比女孩受到的伤害更大。

例如，由未婚家长抚养长大、没有父亲或者无父无母的男孩在高中毕业后就不再继续接受教育的可能性高于同等情况的女孩。这个群体中男女两性之间在教育方面的差距远远大于来自双亲俱在的家庭的男孩和女孩之间的差距，因此研究人员认为教育方面之所以存在这样的性别差距有可能真的是由于父亲缺失问题对男孩造成的影响大于对女孩造成的影响。[4]

问题在于父亲缺失、家庭贫困，还是学校太差

在听到没有父亲的孩子在很多方面表现低劣的消息时，我们都会不自禁地问一问这种现象究竟是父亲缺失问题所造成的，还是比较恶劣的经济条件、单身母亲、得不到多少资助的学区等因素综合作用的结果。

幸运的是，早在 20 年前哈佛大学的两位研究人员就试图对这个问题做出回答，他们对四项研究方法最为严谨的全国性研究进行了回顾，结果发现这四项研究都揭示了同一个问题：**在种族、学历、收入和其他社会经济因素**

同等的情况下，没有父亲的生活导致孩子在高中阶段辍学的概率增加了 1 倍。[5]

为了判断导致没有父亲的孩子出现各种负面表现的原因究竟是父亲缺失的问题还是家庭贫困之类的其他因素，近些年来普林斯顿大学、辰奈尔大学和加州大学伯克利分校的一流研究人员联合对一批复杂的研究进行了仔细的分析。通过分析，他们断定**父亲缺失的问题不仅和孩子们的负面表现存在关联，而且还是造成这些负面表现的原因**。如果你不是一个从事学术研究工作的人，你或许就不会知道一流学者做出这种单一因素决定论的可能性微乎其微。这些研究人员对大量不同的变量，例如来自贫困家庭、由父亲抚养的孩子进行了仔细研究，结果发现这类孩子的精神健康状况比来自贫困家庭但是没有父亲的孩子理想很多，社交和情感适应力也都远比后者更出色，因此他们能够断定父亲的陪伴的确带来了比较积极的结果。[6]

另一项研究发现**即使在学术成绩比较差的学校里，来自有父亲的家庭的学生在数学和自然科学课程上的成绩还是比较高的**。[7]美国学生在数学和自然科学课程上的表现总体上呈现下滑的趋势，对于这种状况的产生，父亲陪伴孩子的时间在逐渐减少比学校教育质量逐渐滑坡起到的作用更大吗？果真如此的话，我们的面前就摆着一套切实可行的解决方案：和学校一起鼓励父亲参与照顾孩子的工作。

同样地，我们往往会在暴力犯罪和贫困的市中心平民区之间建立联系，仿佛贫困是造成暴力犯罪的头号元凶。然而，通过对居住在城市地区的 1.1 万名儿童所做的一项调查，研究人员发现父亲缺失的问题对暴力犯罪现象的产生起到的推动作用和缺少收入是一样的大的。[8]也就是说，**将来自家庭收入比较少、父亲陪伴比较多的孩子和家庭收入比较多、父亲陪伴比较少的孩子作比较的话，我们就会发现二者在发生暴力犯罪方面的概率没有差异**。需要注意的是，受到影响的犯罪类型是暴力犯罪，也就是绝大部分都由男孩实施的犯罪。

当然，父亲缺失也同样对女孩们造成了伤害。例如，一项针对巴尔的摩市中心平民区的女性居民所做的研究显示在未成年母亲抚养长大的女孩中，有 1/3 的人也在未成年的时候就成了母亲。**但是，在和亲生父亲保持良好关系的女孩中，在 19 岁之前生孩子的人数为零**。[9]注意，这并不是一种简单的关联：这项研究对地理（巴尔的摩市）、经济变量（市中心平民区）、社会行为（家长有未成年怀孕的历史）和母亲的年龄这几个因素都进行了控制。尽管如此，研究人员还是发现未成年怀孕的女性比例从 1/3 降低到了 0。面对这个结果，如果我们依然不会思考一下应当如何确保父亲和子女建立起相亲相爱的感情，那我们就太愚蠢了。

简言之，无论是对男孩还是女孩，父亲的存在都会提高孩子的生活质量。尽管如此，男孩还是比自己的姊妹更有可能受到任何不利因素——贫困、失去父亲的伤害。芝加哥大学在全国范围内做过的一项纵向研究发现，在所有这些不利因素中，"家庭破裂的男孩的表现尤其糟糕"。[10]

婚姻就意味着男性会更专注于孩子

绝大多数男孩都不喜欢听别人跟他们唠叨有了孩子还过着同居生活而不是结婚是一件多么"不道德"的事情。但是，你应该让你的儿子知道，**如果在孩子出生后未婚伴侣还只是保持着同居关系的话，等到孩子年满 3 岁的时候，有 40% 的孩子在接下来的两年里，即 4 ~ 5 岁这个阶段，都无法跟父亲保持频繁的接触。**[11]这一点极其重要。问一问你的儿子，如果缺少和父亲的大量接触不仅有可能会缩短孩子的寿命（正如端粒缩短所预示的那样），而且还有可能导致孩子在其他 70 多个方面降低生活质量，那么他是否还愿意让自己的孩子面临这 40% 的风险、让孩子在 9 岁之前无法和他保持频繁的接触？[12]

在不满 30 岁的女性所生育的孩子中，有超过半数的孩子都是非婚生子女，美国有史以来第一次出现这种状况。[13]

这个数据意味着什么？如果我们知道未婚夫妇生育的孩子失去父亲的概率更高，那么我们应该也能想到未婚夫妇生育的孩子在教育、情感和经济状况方面获得成功的可能性都会低于其他孩子。[14]由此就产生了影响数代人的恶性循环：教育水平比较低的父母结婚的可能性也比较低。例如，只有高中文凭或者学历更低的女性结婚的概率比拥有大学文凭的女性低了一半（分别为

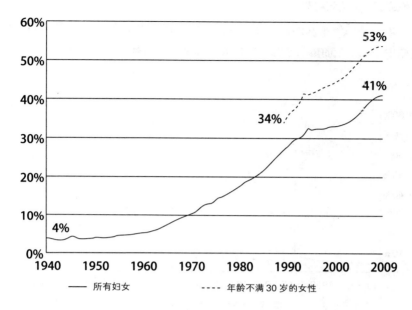

图 10 所有妇女中非婚生育人口所占的比例：1940—2009

来源：美国人口普查数据 [15]

43% 和 92%）。[16]

　　对于父母不结婚给孩子造成的影响，社会学家丹尼尔·莫伊尼汉在半个世纪前主持发布的《莫伊尼汉报告》（1965）[①]已经向我们提供了初步的数据。莫伊尼汉先后在肯尼迪政府、约翰逊政府和尼克松政府就过职，他提交的**这份报告断言在以黑人为主要人口的社区里，对孩子长大后是否会陷入贫困的最有效的预测指标并不是种族成分，而是父母的婚姻状况。为什么？不结婚造成的结果不难想见——父亲不参与照顾孩子的工作。**[17]

---

① 参议员丹尼尔·帕特里克·莫伊尼汉在 1965 年 11 月提交的这份《莫伊尼汉报告》中指出，解决黑人社会内部问题的最现实的做法就是首先消灭奴隶制度遗留下来的最大毒瘤：黑人严重依赖福利救济，离婚率比白人高 40%，非婚生子女数量占黑人婴儿总比的 1/4，等等。这份报告谈到的事实无可争辩，而且报告本身数据充分、事实翔实，但黑人社会不能正视现实，黑人领袖们不仅给报告扣上"种族主义"的帽子，而且指责报告作者为"法西斯分子"。

非婚生子女呈上涨趋势

黑人非婚生子女的比例是白人的 2 倍，在过去的 50 年里，所有群体的非婚生子女数量的增长率都非常惊人，都呈上升趋势。

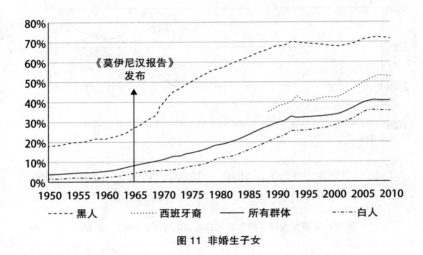

图 11 非婚生子女

说明：在 1969 年之前，"黑人"指的是非白人群体，包括亚裔和美国原住民。从 1969 年开始，"黑人"仅指黑人群体。数据不包括具有一种以上血统的被调查对象。接受调查的西班牙裔个体被计入了两个种族类别中，从 1989 年开始被单独列为一项。

来源：美国国家卫生统计中心，国家生命统计系统

莫伊尼汉在报告中已经提醒过我们失去父亲的孩子所面临的挑战，以及父亲缺失问题和未婚生育问题之间存在的关联，可是长期以来我们一直对他的警告视而不见。我们的盲目导致黑人人口中非婚生子女的数量翻了将近 2 倍（从 25% 增长到了 72%），[18]同时也扩大了白人和西班牙裔社会中存在的这个问题。在上面的图表中我们已经看到了相关的数据。[19]

在 1965 年，《莫伊尼汉报告》认为 1/4 的非婚生黑人儿童数量已经给社会造成了一场危机，同时报告也提出了解决方案。今天，非婚生白人儿童的比例已经达到了 36%，[20]比莫伊尼汉所说的"危机"水平——25%——高出了 1/3，然而我们却对这场危机视而不见，对解决方案也视而不见。

为什么在 1965 年我们没有发现父亲缺失给白人社会也带来了危机？造

成这种失误的原因或许在于那个时候非婚生白人孩子只占白人孩子的 3.1%。[21]今天这个数据高达 36%，这意味着非婚生白人孩子的数量已经增长了将近 11 倍。[22]

目前，不满 30 岁、没有接受过大学教育、未婚生子的白人女性在生育子女的白人女性中所占的比率为 51%，[23] 这个数字比《莫伊尼汉报告》提醒我们注意这种危机的时候黑人女性的比率高了 1 倍。不幸的是，西班牙裔母亲也出现了同样的增长趋势。

父亲何时具有重要作用

包括法官在内的很多人都认为在孩子年龄比较小的时候母亲对孩子的重要性超过了父亲，通常到孩子比较大的时候父亲才会对孩子起到重要作用。这种观念通过法律规定被固化为了"幼年原则"：在孩子出生后的"幼年"时期到小学一年级之间的这个阶段，母亲对孩子更重要。

理查德·沃沙克和全世界 110 位一流的育儿专家对相关数据进行了研究和分析，他们发现孩子出生后的最初几年的确属于"幼年"阶段，在这个阶段里孩子十分脆弱，无论是尚在襁褓中的婴儿，还是蹒跚学步的幼儿，他们既需要母亲，也需要父亲。在父母离异后，表现最好的婴儿和幼儿都是依然能得到父母双方陪伴照顾的孩子，而且父亲对孩子的照顾和母亲的几乎不相上下。这个数据不存在任何疑问，因此这 110 位世界级的专家以自己的名誉作担保，提交了一份罕见的共识报告。[24]

那么，父亲究竟从什么时候开始就产生了重要的作用？孩子出生时？不对。是怀孕之前。从母亲怀孕之前直到孩子升入小学一年级，父亲一直具有重要的作用，因为：

（1）**怀孕前——健康**：父亲在配偶怀孕之前的饮食习惯有可能和母亲的饮食习惯一样重要。例如，维生素 B_9 缺乏（叶酸，存在于绿叶蔬菜中）就会对精子造成损害，从而导致婴儿出现先天性缺陷（例如，脊神经畸形）的概率提高了 30%。[25]

（2）**出生时——适应力**：父亲到医院探望早产婴儿越频繁，婴儿出院的速度就越快，婴儿的社会性发展和个人发展水平都更高，适应能力也越强。[26]

（3）**出生后至小学一年级——智商**：在出生后的六个月内，和父亲的互动越多，男孩的心智能力就越健全。[27] 到了一年级，在有父亲的家庭里长大的男孩和女孩在智商测验中的得分远远高于缺少父亲的孩子。[28]

（4）**出生后的最初六个月——信任**：在出生后的六个月内，和父亲的接触越多，婴儿就越容易建立起对他人的信任。[29]

（5）**出生后的最初两年——积极行为**：在孩子出生后的最初两年里，如果父亲和孩子保持着积极的接触，孩子出现失控行为和令人反感的行为的概率就比较低[30]（父母和女儿的积极接触保持同等水平，父亲和儿子的积极接触超过母亲的水平）。

（6）**出生后 18～24 个月——控制侵略性**：对于蹒跚学步的幼儿来说，在家里打打闹闹——这种事情父亲参与的频率远远高于母亲——有助于帮助他们控制侵略性，男孩和女孩都是如此，"尤其能够通过对男性幼儿左脑回路①的影响，帮助他们控制睾丸酮的分泌催生出的侵略性"。[31]

（7）**学龄前阶段——心理健康**：新奥尔良的两所医院接收的学龄前精神病患者中，有 8% 的孩子都来自于没有父亲的家庭。[32] 在加拿大、[33]南非和芬兰，从学龄前的幼儿到十几岁的少年人群中，来自父亲缺失家庭的精神病患者的数量也达到了近似的比例。[34]

实际上，在孩子对父亲有所需求的所有阶段里，最重要的阶段反而是幼年阶段。

为什么在幼年阶段的抚育水平对你的儿子具有更重要的作用

孩子在幼年阶段受到的抚育水平对男孩的重要性超过了女孩。为什么？在幼年阶段，女孩的右脑和前额叶皮质的发育水平、应对机制、目光接触的

---

① 左脑具有语言功能，擅长逻辑推理，主要控制着知识、判断、思考等活动，和显意识有密切的关系。一般认为左脑发达的人处理问题比较有逻辑、条理，在社交场合比较活跃，善于判断各种关系。

能力和社交能力的发展水平都远远超过了男孩。[35]男孩的发育和发展水平远比女孩更依赖于保育工作的水平，[36] 以及父母产假的长短。

在保育水平和产假长度这两个因素中，更有助于培养出健康、高效的男孩的因素是更长的产假。没有产假，父母往往就会在孩子只有大约 6 周大的时候将孩子送进保育院，出生 6 周 "正是男性婴儿在出生后睾丸酮水平第一次出现大幅度上升的时候"。[37] 从来到人世的第一口喘息到 6 周大的阶段，男性婴儿在情绪方面需要调整的问题更多，因为他们比女孩的怒气更大、更喜欢吵闹和啼哭，也更需要抚慰。[38] 可悲的是，我们的文化范式和男孩在婴幼儿阶段的需求完全背道而驰，由此导致了男性婴儿得到的抚摸、拥抱和交谈都少于女性婴儿。

在 8 周到 5 岁这个阶段，高水平的育儿工作对男孩和女孩都很有帮助，但是育儿水平的高低对男孩的影响更大。[39]而且，这种影响不只在短期内有效。到了 30 岁的时候，得到了高质量养育的男性的年薪比其他男性多了 1.98 万美元；得到了高质量养育的女性的年薪只比其他女性多出 2 500 美元。[40] 育儿水平的高低对女孩吸毒、被捕或者健康问题的影响微乎其微，但是接受过高质量养育的男性吸食毒品的概率比其他男性低了 33%，被逮捕或者出现健康问题的概率也远远低于其他男性。

继父还是生父：有差异吗

男孩成为继父的概率比女孩成为继母的概率至少高了 5 倍。[41] 为什么？大约 86% 有继父的家庭都是由继父和生母组成的家庭。[42]

有继父和继母的家庭并不少见，据估算有 1/3 的孩子在年满 18 岁之前会生活在有继父或者继母的家庭里。[43] 所以，无论你的儿子会遇到一位继父，还是有一天他自己成了继父，你都应当教会他如何避免继父的 "雷区"，这方面的教导会让几代人都有所受益。

让我们首先来看一看有关继父的一些好消息以及对继父有利的一些消息。首先，你需要记住无论孩子是不是自己亲生的，参与育儿工作的父亲都能够激活自己的 "父亲大脑"。第二，刚刚成为继父的男性基本上都希望支持新配偶，并且期待着在继子或者继女的生活中扮演重要的角色。第三，大多数母亲都希望刚刚成为继父的配偶参与育儿的工作，尤其是照顾她们的儿子。第四，同继父亲近的青少年在未来遭遇离婚的可能性会有所降低。[44] 第五，如果再婚家庭比较长久、稳定，孩子适应新家庭的可能性就非常大。[45]

有关继父的坏消息首先就是大部分再婚家庭都不长久，也不稳定，这种家庭的离婚率高达 65% 至 70%。[46] 继父对孩子的照顾基本上仅限于参谋的作用，而且往往会变成"下级父亲"或者"有条件的父亲"，也就是说只有按照孩子的母亲对好父亲的标准照顾孩子的时候，他们才有同等的机会和母亲一起照顾孩子。接下来，我将对再婚家庭里的这种互动关系进行探讨，但是首先我们需要了解一下这样的互动可能造成的结果：再婚两年后，大多数继父对配偶的孩子都只有最低限度的照顾，跟后者也不太亲近，也不太约束和管教后者。[47] 一旦出现这种状况，上述五个方面的有利因素就都会受到削弱。

这个过程是可以预见的，明白这一点你就不会认为只有自己才会出现这些问题。但是，认识这个事实的真正目标在于促进再婚家庭的维系，这样你的儿子就更有可能获得继父对他的照顾，如果他成为继父的话，也能够尽心尽力地照顾配偶的孩子。接下来，我为你提供了一个"定位系统"，以帮助你躲过继父雷区最危险的地带：下级（或者"有条件的"）父亲的滑坡效应。

"下级"父亲的滑坡效应

（1） **放任的父爱和严厉的父爱**。继父认为生母对孩子过于纵容，生母担心继父对孩子比较严厉是因为他不够关心孩子。继父的严格约束会招致孩子的厌恶和怨恨，后者会直截了当地告诉继父："你不是我爸，我用不着听你的。"他们对继父的愤怒中夹杂了父母离异给他们带来的痛苦。

（2） **孩子利用内疚心理**。孩子的痛苦激发了母亲的内疚心理，内疚心理会激发出母亲更强烈的保护欲。孩子会对母亲和继父之间的裂隙加以利用。母亲感到自己必须保护孩子，同时也需要减少家庭里的摩擦，因此在继父出于关心而严厉管教孩子的时候、和孩子在家里打打闹闹开玩笑的时候、要求孩子做家务按时睡觉的时候……母亲都会对继父进行阻挠和打击，最终导致继父在家庭里日渐被边缘化。

（3）"钱包"型父亲。继父大多都比较能赚钱（男性赚得越多，结婚的机会就越大；相反，女性钱越多，离异后再婚的可能性就越低。[48]）他们有可能会放弃参与家庭生活，只是继续发挥唯一一项受到所有人重视的功能——当"钱包"。

（4）下级父亲。这样的互动就催生出了下级或者说有条件的父亲。也就是说，继父认为只有按照孩子的母亲对好父亲的标准照顾孩子并且得到孩子认可的情况下，自己才有权当父亲。母亲或许根本没有这种想法，但是一旦继父产生了这种想法，他就会回避参与家庭生活。

对继父滑坡效应的四个方面有所了解是预防滑坡的第一步。家庭聚餐之夜是第二步，你们可以利用这个机会向儿子阐明这四个方面的问题，并展开讨论。另外，你还可以利用外出旅行和野营的机会，自然环境非常有利于培养父亲和子女之间的感情。你还可以求助于在帮助继父融入再婚家庭方面经验丰富的家庭顾问，长期接受辅导，不要临时抱佛脚。千万不要使劲说服家庭顾问倒向你这一边，确保家庭顾问的工作是在促进每一位家庭成员的存在感，感到自己说话是有听众的。

在消除继父给孩子造成的更消极的影响方面，避免继父彻底退化成下级父亲具有至关重要的价值：

- 跟再婚的亲生父亲一起生活的孩子在学业上远远超过跟继父一起生活的孩子。[49] 这些孩子在纪律方面出现的问题少于后者，坚持完成学业、进入大学并且完成大学学业的概率也高于后者。[50]
- 在 10～17 岁这个年龄阶段的孩子中，跟亲生父亲或者养父母一起生活的孩子遭受性侵害或者虐待的概率远远低于生活在单亲家庭或者再婚家庭里的孩子，目睹到家庭暴力现象的概率也低于后者。[51]
- 在再婚家庭里长大的青少年所面临的监禁率甚至高于由单亲母亲抚养长大的青少年。[52]

当然，给继父带来这些难题的各种因素并非全都无法预防。妨碍继父真正发挥父亲职能的最大问题或许还在于大部分继子或者继女都十分渴望自己的亲生父母能够破镜重圆，很多人都感到自己被遗弃了、感到愤怒或者陷入抑郁。为什么会这样？每一个孩子都希望知道自己是谁，当他们凝视着镜子、看着自己的鼻子、肢体语言、头发和眼睛的时候，他们看到了自己的亲生父母，而不是继父或者继母。

这个障碍极其难以跨越，但是并非完全无法跨越。解决这个问题的最佳方法就是确保你的继子或继女能够放心踏实地表达自己、畅所欲言。这个方法分为五个步骤：第一步，说出你从继子或者继女那里听到的话；第二步，理解孩子的心声；第三步，问一问孩子你是否对他／她的想法有所误解或者遗漏；第四步，鼓励孩子说出更多的心里话；第五步，在听孩子这样说了几次之后，你可以对他／她说"假如你是一位继父，如果你真的非常爱孩子的话，你觉得自己能为他们做的最好的事情是什么"，诸如此类。对于这个请求，最常见的结果就是继父会惊讶地看到就在自己要求继子或者继女设想自己是家长的一刹那，后者一下子就抛开了眼前的需求。智慧的空白往往可以用智慧填补。

要想成为一位十分称职的继父或者父亲，你既需要和孩子沟通，同时也需要和孩子的母亲进行同样多的交流。父亲不吭声，母亲就无法知道他的心思。因此，无论你的儿子面对的是自己的亲生儿子还是继子，下面这三件事情他都可以尝试一下，不过决定权在他的手里（最理想的情况就是在他成为继父或者父亲之前，不过什么时候都不算晚）：

- 了解自己作为父亲能够为孩子做些什么。
- 确保未来的伴侣希望而不只是允许你对孩子做出贡献。
- 如果有可能成为继父，那么花一年左右的时间和未来的伴侣一起照顾伴侣的孩子，确保解决两个人之间的一切分歧。如果有可能成为父亲，和未来的伴侣一起试着照顾别人的孩子。

16. 父亲有什么不同

父亲和母亲都非常爱自己的孩子，但是爱的方式有所不同。在为孩子制定规则方面，他们有着强制和非强制的区别；此外，在探索孩子的天性、跟孩子在家里打打闹闹、创造教育孩子的机会、挑战孩子的极限、如何利用外出游玩的时间、跟孩子开玩笑的态度等方面都存在着差异。研究人员已经证明父亲在以下三个方面有着更强烈的倾向：

- 做事风格介乎安全和冒险之间。
- 在体育运动中身兼球员和教练的双重角色。
- 富有创意，善于即兴发挥，也比较"愚蠢"。[1]

但是，如果家长各自具有的优点得不到理解，矛盾就会出现：如果双方懂得如何促进彼此互补的优点，孩子几乎可以说必然会有所受益，家长之间的矛盾也会被自豪情绪所取代。家长也就会"搞明白"大自然既创造了母亲又创造了父亲是有理由的。

当然，很多母亲在本质上更接近父亲的角色，很多父亲也更像是母亲，无论是哪一种情况，家长之间都存在更深层的问题。不少母亲在刚刚成年的时候就开始从书本中了解有关育儿的问题，父亲不太会这么做，因此母亲大多都会更清楚地说出自己的育儿方式所具有的价值。

研究人员已经观察到父亲们的育儿方式存在的一些差异，但是对于观察家长和孩子之间的互动，通常的做法存在严重的缺陷：将家长和孩子带到治疗专家的办公室，观察他们利用专家提供的玩具一起玩耍大约一个小时的情况。然而，母亲和父亲的大部分养育方式都无法在这个过程中得到体现。

在我对大约 50 位父亲照顾孩子的过程进行观察的过程中（为了以专家证人的身份出庭为他们作证），我采用的方法包括将观察时间延长到一整天，甚至整个周末，地点不是我的办公室里，而是公园、游乐场、商场、餐馆和他们的家里。我观察到在家里的时候孩子不只会玩耍，而且还在帮父亲做事，无论是打扫卫生还是做饭。这么长的观察时间让我有机会看到更多的情况，而不只是快乐的时光。我看到父亲们出去办事、在孩子就寝前帮助孩子洗洗漱漱、第二天早上帮助他们做好去上学的准备。这些父亲并不来自同一个社区，而是来自美国和加拿大各地大约 50 个社区。

我发现家长和孩子去治疗专家的办公室接受观察让父亲在照顾孩子方面的偏好无法得到体现，例如他们更喜欢带孩子去公园或者游乐场，或者在实际生活中教育孩子——在厨房里让孩子当父亲的"副厨师长"。在治疗专家的办公室里也不会看到父亲们往往会发明出来的一些在别人看来有些无聊的小游戏，例如，将超市手推车改造成篮球筐，用卫生纸做一个篮球。没有多少治疗专家的办公室能够提供符合实际的全面的观察结果。

走出治疗专家的办公室，父亲们在现实世界中随时随地都能找到即兴发明小游戏的机会：有的游戏甚至很无聊，例如，通过查看包装盒背面的营养标签——选"家乐氏"糖霜麦片，还是"家乐氏"可可麦片，选择麦片的过程就可以变成"谁是最佳营养顾问？"的游戏。（但是，结果会令你感到惊讶！）

除了将日常生活变成游戏，我还看到父亲在照顾子女的过程中大多会采用的另外七种方式，如果这些方式对孩子所具有的价值得不到理解，它们往往就会导致父亲和母亲之间产生矛盾。

Ⅰ. 强制规则（相对于有弹性的规则）

经常有母亲问我："我说话根本不管用；父亲一开口，孩子们就放下手头的事情，乖乖照办了。为什么会这样？是因为他的声音更低沉吗？"这种状况令母亲们觉得孩子不尊重她们、感到自己受到了怠慢。其实，造成这种状况的并不是父亲的嗓音更低沉。不能强制孩子接受规则的父亲也同样会受到忽视。

针对单亲父亲和单亲母亲进行的研究发现，母亲们会宣称自己的压力远比父亲的大，尽管单亲母亲得到资助的概率远远大于单亲父亲。[2]

或许最重要的原因还在于母亲制定的规则是有弹性的，父亲制定的规则是没有商量余地的。例如，母亲往往会要求孩子们早早就寝并且规定一个时间，但是看到年幼的孩子迟迟不睡或者不按时睡觉，放任孩子的单亲母亲人数是单亲父亲的 3 倍多。[3] 一个男孩曾经就半开玩笑地说过：**"我妈只会一遍又一遍地警告我们，就像是'狼来了'；我爸只会警告一次，然后他就变成狼了。"**

迟迟不睡显然会给孩子的健康造成危害。只跟母亲一起生活的幼儿出现头痛和腹痛现象的频率是其他同龄孩子的两三倍（参照对象是只跟父亲一起生活的孩子），[4] 这种状况或许就是孩子迟迟不睡造成的。

严重缺乏强制规则的训练，男孩就会难以控制自己的冲动。芝加哥大学的犯罪实验室针对在最近一年半的时间里芝加哥公立学校里有 610 名学生遭到同学枪杀的现象进行了仔细研究，结果他们发现参与这些枪杀事件的男孩都有着共同的特征：缺乏克制冲动的能力，缺乏解决矛盾的能力，缺乏社交能力。[5] 但是，这项研究忽视了一个问题：克制冲动的能力和社交能力的培养都需要父亲参与照顾孩子的工作。实施枪击案的这些男孩大多都没有父亲。

通过前文我们已经了解了父亲陪伴孩子在一起的时间"对孩子在成年后的同理心的强弱具有很强的预测效果"。[6] **教导孩子认真对待家长制定的规则就是在教导他们尊重他人的需要。**尊重他人的需要则有助于同理心的培养，同理心是不会促使一个人开枪行凶的。

父亲参与育儿的工作在下述几个方面有助于培养孩子遵守规则、克制冲动的能力：

- 跟父亲一起生活的孩子出现纪律问题的概率比较低。[7] 尽管父亲采用体罚的可能性低于母亲。[8]
- 在 5 岁至 11 岁这个年龄阶段的孩子中，跟母亲一起生活的孩子进医院的概率是其他孩子的 2.59 倍。[9]

父母在制定规则方面的差异——前者没有商量的余地，后者有商量的余地，在日常生活中有着怎样的表现？我们再来回顾一下只停留在理论层面的就寝时间和得到落实的就寝时间……

治疗专家问哈里为什么跟母亲在一起的时候睡觉时间晚于跟父亲在一起的时候，哈里说："跟母亲在一起，睡晚了也没事。"

"为什么？"

"我会跟母亲说'我得喝水'或者'我肚子疼'之类的话。"

"也就是说你在操纵她？"

哈里咧嘴笑了笑。

"这些借口太老套了吧？"

哈里的笑容更灿烂了，就好像他为自己的小聪明感到开心。"我还有一大堆理由呢。比如，'我还得做作业'或者'再讲一个故事吧'。我还会跟她说'我可喜欢听你给我读《野兽家园》了'。"

说到这里，哈里停顿了片刻，然后又继续洋洋得意地说了起来："我很清楚什么样的理由才管用。妈妈迟早会投降的。"

"你会对父亲采取这样的手段吗？"

"不会。这些理由在他那里不管用。"

"为什么？"

"除非我做完了家庭作业或者干完了家务活，否则他是不会让我吃甜点的，也不会让我看电视。"

"也就是说，他比较较真？"

"嗯，差不多。他会宣布晚上9:30必须睡觉。不过，我知道只要做完作业、洗漱完，剩下的时间我就能跟爸爸打闹一会儿，或者听他讲一个故事，或者想干什么就干什么——只不过不能吃甜点。所以，我会抓紧时间把所有的事情做完。"

"这样不就会促使你对作业敷衍了事？"

"没错，常常都是这样的。不过，一旦在艾赫恩小姐的课上拿到C——她特别严格——爸爸就会在我准备上床睡觉的时候检查我的作业。要是作业写得还不错，他就会陪我打闹一会儿，或者给我讲讲故事。要是作业写得不好，我就得继续写作业了。不过，一到晚上9:30，他就会使劲儿地抱抱我、亲亲我，就这样。"

同大多数孩子一样，哈里也像是一名随时等待着看守放松警惕的囚犯，等待着牢房的门能裂开一道小缝隙，这样他就能重新获得自由了。一旦意识到自己能够摆布母亲、尝到甜头，谁胜谁负就完全看谁的精力更充沛了。所以，获胜的往往都是哈里。其实哈里也"输"了——他的免疫系统因此受到了损害。

比较弱的免疫系统也会造成一种恶性循环：哈里会出现缺课的情况，有可能还会进几次诊室，因此他的母亲（有时候还有父亲）的保护欲和内疚感会变得更加强烈，从而也就变得更加容易受到摆布，恶性循环就这样继续了下去。这一切的源头正是规则执行不力。

在全家人一起吃饭的时候，母亲往往会怀着一种根深蒂固的认识，认为孩子需要得到理解（所有人都需要），父亲的态度就比较违背本能的直觉：**首先，同理心是一种美德，但是只要求父母理解孩子却不要求孩子理解父母，美德就会变成恶习**；其次，理解孩子的欲望并不等于受制于孩子的欲望。

需要指出的是，有一些父亲基本无视孩子对理解的需要。那么，在什么时候孩子的欲望才算数？答案是在家长尚未制定规则的时候。事实上，在制定出规则之前，认真对待孩子的想法，如果他们的要求合情合理，就允许他们的想法发挥效力，如果他们的想法不合理，就在对他们做出解释的同时表达对他们的理解，这种做法对孩子能否培养起有效的谈判能力具有至关重要的作用。将有效的谈判能力和操纵性的谈判能力加以比较，我们就会充分认识到前者的优点。

在制定了规则之后，如果孩子意识到规则是有变通余地的，他们就会培养出操纵性的谈判能力，很快他们就会发现即使不能立即取得"胜利"，只要坚持下去，最终还是会耗尽家长的斗志，"胜利"终将属于自己。后一种做法通常都会导致精疲力竭的母亲沮丧地冲孩子嚷嚷着："我说了'不行'！"面对母亲的表现，孩子会继续施加压力，母亲会失去理智，对孩子施加过于严重的惩罚，然后又感到内疚，于是她无法将愤怒催生出的惩罚措施执行下去，为了得到孩子的原谅，她又会走向另一个极端，开始讨好孩子。孩子随即就会充分觉察到怎样做就能成功地摆布母亲，迫使其走向另一个极端，满足他们的要求，甚至超过他们最初的要求。就这样，孩子磨练了自己的操纵性谈判技巧，为下一轮"有令不止的恶性循环"做好了准备。

结果呢？孩子不会遵守规则，也不会尊重父母。当这种有令不止的恶性循环成为常态后，孩子和家长之间就会形成一种胁迫关系，孩子对家长的不尊重也会演变成鄙视。同样重要的是，孩子会"摆脱"强制他们执行规则的家长，紧紧地依附着易于操纵的家长。孩子获胜了，同时也失败了。在接下来的一章里，我们会更深入地分析这种有令不止的恶性循环，但是首先我们需要回答一个问题。

父亲怎样做才能在强制执行规则的同时，让孩子不想"摆脱"他们？首先，父亲应当和孩子一起玩耍。游戏能够培养感情。通过哈里的经历我们发现父亲往往会在不知不觉中利用这样的感情推动规则的执行："只要能把作业做完、把家务活干完、洗漱完毕，睡觉之前你想干什么都行。"

母亲也有能力强制孩子遵守规则

没错，父亲喜欢发明小游戏、强迫孩子遵守规则。但是，这并不是父亲的专利。

曾经做过助理工作的凯西一边上班，一边抚养两个十几岁的男孩，这就意味着一到学校放假的时候，两个男孩就只能待在家里。退伍军人完全有条件让家里出现"老虎不在家，猴子称大王"的局面。但是，凯西是一名退伍军人，她对这一天另有打算。

两个男孩希望出去吃午饭。妈妈会掏钱吗？当然会。但是，他们的母亲把钱藏在了公寓的各个角落里，每完成一项家务活，他们就能获得一条线索——能够指名钱所在位置的谜语。结果，两个男孩得到了午餐费，他们的母亲也拥有了一个干净的家。

实际上，男孩们得到的不仅仅是一顿大餐。他们得到的并不是自己有资格拥有这笔午餐费的感觉，而是极其美好的"三合一"礼物：游戏、强制规则、延迟满足。整整一天，他们一直觉得有人在关心自己。在这一天结束的时候，凯西也得到了回报。我已经说过了她得到了什么样的回报。

父亲和规则之于男孩，就如同花朵和花粉之于蜜蜂。

我记得最清楚的事情就包括我父亲站在门口、盯着表，看我是否回来晚了。有人关心我、关心到会做出这种举动令我产生了安全感。

——《父子重聚》的读者发来的电子邮件[10]

曾经主持过电视脱口秀节目的珍妮·琼斯做过一档名为"幼童训练营"的节目,[11]受邀参加节目的都是单亲母亲抚养、尚未到青春期的男孩,这些孩子给自己的母亲都带来了很多麻烦。琼斯邀请了海军陆战队的一名中士向孩子们讲解一些纪律。在将一个 10 岁的男孩严厉斥责了一番之后,中士问他想得到哪一种结果:做一个品行端正的人,不然,"小子,你希望接下来的八年我给你当爸爸吗?"他对男孩威胁道。

那个叛逆的男孩殷切地回答道:"是的,先生。"

中士吃了一惊,同时也有些动容,他说:"为什么你希望我给你当爸爸?"

男孩悲伤地看着中士:"我没有爸爸。"

男孩需要能够为他们制定强制规则的父亲,就如同蜜蜂需要带有花粉的花朵一样。

孩子会意识到什么时候规则没有商量的余地吗?

出现在电视节目《今日秀·罗森报告》[12] 中的一段节目简洁明了地向我们展示了孩子们是如何领悟到非强制规则和强制规则之间的差异的。

节目设置:几名演员扮演了一群还不到合法饮酒年龄的少年,请求毫无戒备心的成年人帮他们购买烈酒(这种行为又被称作"拍肩膀"),整个过程被一架隐藏起来的摄像机跟踪拍摄了下来。

发现:男性都没有给这群少年买酒,女性中只有一个人没有给他们买酒,其他人都满足了他们的要求。这些女性都表达了自己的保留意见,一对夫妇一开始还说不行,到最后还是给孩子们买了酒。在给她们播放了刚刚拍到的画面后,杰夫·罗森对她们进行了采访,这些女性都承认讨好孩子的欲望压倒了自己对是非的判断。

结论:孩子们知道了自己可以利用大人抚育他们的欲望来对付大人,他们能够"感觉到"大人是否有讨好他们的需求。很多小孩子会将大人视作"软柿子",因此不再尊重他们。男性的情况往往是"不说教,不买酒,到此为止"。

家里只有母亲的男孩会比较难伺候,知道如何胁迫母亲。[13、14] 面对孩子的要挟,成千上万全心全意照顾孩子的母亲都变得筋疲力尽,感到自己失控了、不知道该怎么办了。[15]

除了家庭内部,外部世界也受到了影响:每一年,全美国有 4 700 个未满合法饮酒年龄的未成年人死于饮酒引发的事故。其中很多人都是通过"拍肩膀"的方式得到了烈酒。

强制规则还有助于培养孩子延迟满足的能力,这项能力对日后参加工作来说具有极其重要的价值,对于在家办公的职业来说尤其重要。

在家办公首先就需要在家里建立强制规则

如果你的儿子既想成为家里的经济支柱,同时又能够充分参与照顾孩子的工作,那么对他来说最好的一种选择就是在家办公。但是,在家办公看上去简单,实际上并非如此——IBM公司已经发现了这个问题。

IBM长期以来一直是推动在家办公政策的先锋企业,但是在出现了连续20个季度收入持续下滑的情况后,公司终于在2017年改变了政策,向员工宣布或者回单位办公,或者另谋高就。[16] 美国银行、雅虎公司、安泰保险公司和其他一些倡导在家办公的先锋企业也都纷纷彻底转变了政策。

从理论上说,在家办公的选择对你的儿子和未来的工作单位都非常有价值。以前,和办公室保持紧密接触有助于促进员工一起交流思想;现在,通过聊天群组软件"Slack"、文件同步及共享存入软件"Dropbox"(多宝箱)、在线办公软件"Google Docs"和即时通讯软件"Skype"这些技术手段就能够实现这样的交流。在家办公还可以减少给人带来压力、避开浪费时间的上下班高峰期,而且也不会产生燃油成本和汽车损耗成本,更不用说省去了办公空间节省下来的巨额成本。

那么,为什么在家办公常常会无法完成在单位里能够完成的工作?在一定程度上,造成这种状况的原因在于**在家办公需要自行启动能力。要想具备自行启动能力,首先就需要具备延迟满足的能力。在严重缺乏强制规则约束的孩子中,很少有人具备延迟满足的能力**。男孩尤其如此。

强制规则能够强化延迟满足能力、提高社交能力,无论你的儿子选择去单位上班,还是在家办公,强制规则都能够对你的儿子起到帮助作用。如果他希望在家办公,无论是自己创业,还是打算证明自己在家办公能让自己和公司双双获益,只要具备了较高的自行启动能力,他都会觉得比较自在。

IBM这些彻底取消在家办公政策的公司呢?不用担心。它们还会重新施行这种政策,但是下一次它们就会有一定的选择性了——选择接受过自行启动训练、素质完善的员工。

Ⅱ. 探索自然，敢于冒险

父亲往往会带着孩子去国家公园露营，在那种环境下孩子自然而然地就会开始探索大自然。这种活动往往会伴随着母亲们的担忧，她们唯恐孩子会受伤或者迷路，这种心情不难理解。父亲必须提出一些能够帮助母亲打消恐惧的意见：跟着爸爸一起探索大自然具有怎样的价值，而且如果有需要，爸爸就会充当全球定位系统，这样他们就不会彻底迷路了。

跟爸爸一起探索大自然所具有的价值在孩子的幼年时期就会发挥效力。尚在蹒跚学步的时候就受到父亲的鼓励、开始探索大自然的孩子在 12 个月至 18 个月之后就会显示出更出色的社交能力和情感能力。[17]

Ⅲ. 在家里打打闹闹：粗暴强硬的"懦夫"父亲

在家里打打闹闹的过程中，父亲和孩子通常都会充分调动精力，会开怀大笑、即兴发挥，没错，还傻乎乎的。几乎所有的父亲都能够在孩子表现出恐惧的时候分辨出孩子究竟是兴奋所致，还是真的感到恐惧。一旦发现孩子真的感到恐惧，他们往往就会住手。如果孩子兴奋到了失控的地步——这种情况很常见——或者对兄弟姊妹或朋友做出了危险、恶毒、残酷的举动，或者忽视了后者，父亲就会停下来，告诉孩子应当调整自己的行为："比利，你应该怎么对待妹妹？"没错，比利往往会为自己进行辩解，对妹妹抱怨一番，但是孩子会明白父亲的沉默意味着"想个办法，对妹妹好一点，不然就不玩了"。比利要么找到解决办法，不然父亲就会结束跟他的游戏。

除了父亲往往喜欢开玩笑，在父亲和母亲之间最容易激起矛盾的因素就是父亲远比母亲更喜欢跟孩子在家里打打闹闹。母亲往往会对这样的活动感到害怕，因为在这种时候父亲表现得就像一个孩子，在母亲看来这种景象就意味着"现在没有一个懂道理的人"，原本就容易为孩子的安全感到担忧的母亲因此更是感到担心了。

要想解决这个问题，父亲就要采取主动，向母亲解释清楚：

- 在家里打打闹闹的同时他还是会注意孩子的安全问题。

- 父亲或许会装成一个小孩子，但是孩子知道在必要的时候他还是会恢复父亲的身份。
- 貌似对等的感情永远都不是对等的。

几乎所有的父亲都能够本能地认识到自己的力量具有两个功能：刺激，保护。**跟父亲一起玩耍就像是坐过山车，孩子之所以感到兴奋是因为他们知道自己是安全的。**他们之所以可以冒险是因为他们知道正在跟自己一起玩耍的"克拉克·肯特"能够变成超人，甚至都不需要电话亭，超人就能出现。

父亲的个性有点像是"粗暴强硬的懦夫"，他们会把孩子丢进水里，扔到树上，让他们坐在自己的肩膀上，再将他们从肩头取下，"踉踉跄跄"把他们放到床上。孩子们会感到父亲在表面上或许显得有些"粗暴、强硬"，其实他的内心是一个"胆小鬼"。噢，不完全正确——在有必要的时候他立即就会恢复硬汉的形象。

Ⅳ."教训时刻"：付出少许，收获多多

在对父亲和孩子进行观察的过程中，我从未听到过父亲说过这种话，但是大部分父亲看起来都本能地知道在跟孩子玩耍的过程中一定要留有余地，以防出现"教训时刻"的各种隐患。面对大大小小的问题，他们好像有一本和孩子不一样的剧本。我曾经在加拿大渥太华看到一位父亲把雪球朝儿子扔了过去，主动挑起了一场雪仗，看到他们玩了起来，女儿也加入了战斗。两个孩子都很喜欢这个游戏，但是很快男孩就在雪球里掺进了经过日照凝结起来的冰块。雪球硬得就像石头一样。

父亲汤姆开玩笑说："把那个雪球给我……我就用这个雪球打你，怎么样？我应该这么干吗？"儿子明白了父亲的言外之意。这种做法存在着很大的隐患。接着，汤姆又指了指比较虚软的一片雪地，"只准用虚一些的雪。要是你团出硬邦邦的雪球，轮不到你扔球，球就会落在你身上，明白了吗？"

儿子明白了父亲的意思。几分钟后，住在附近的一些孩子也加入了游戏。汤姆的两个孩子主动向新来的孩子讲了一通什么样的做法符合"公平竞争"

原则，什么样的做法不符合这个原则。很快，一场多人参加的"离线"雪球大战就爆发了。经过了大约半个小时的激战后，汤姆提出了建议，但是他的措辞很含蓄："你们玩够了吗？"他的女儿认为父亲这么说就表示游戏结束了，但是其他人都不这么认为。汤姆也没有多说什么。这是小问题。又过了大约20分钟后，汤姆的儿子被雪球击中了眼睛，他哭喊了起来，指责吉米太粗暴了。这时，汤姆宣布："好了，该去洗热水澡了。"

后来，汤姆告诉了我当时他为什么那么含蓄。"我想暗示他们，但是我觉得让他们自行控制、自己找到做事情的那个'度'，这样会对他们更有好处。"这就类似于"付出少许，收获多多"的原则。说到这里，汤姆眨了眨眼睛，接着说道："等下一次我提出建议的时候，没准他们就会留心了！"

简言之，父亲往往会自视为安全网，这样孩子就能在生命的钢丝上探索自己的极限了。很多父亲几乎都本能地对没有太大隐患的情况听之任之，从而创造出能够带来"教训时刻"的大问题。

如果父亲的良苦用心得不到理解，社会上就会出现亚历克斯这样的男孩——被母亲和父亲分别在两个世界里抚养长大……

有关在家里打打闹闹的进一步探讨：母亲的世界、父亲的世界

父亲和亚历克斯在玩摔跤的游戏。父亲通常都会在最后一刻让亚历克斯"获胜"，但是这一次他觉得儿子没有拼尽全力，因此他没有让他获胜。亚历克斯哭了起来，父亲开玩笑说他是一个输不起的人。任由儿子生了大约一分钟的闷气后，他又逗弄起了儿子，将他上下颠倒地抱了起来。亚历克斯又重整旗鼓了。

但是，就在亚历克斯生闷气的那一分钟里，他的母亲心想："我就知道亚历克斯会被弄哭的！"母亲在生自己的气，为自己没能挺身而出履行保护儿子的职责感到内疚。

还没等内疚感消失，母亲又看到在儿子刚刚哭过之后丈夫继续跟他打闹了起来——孩子的父亲"应该得到教训了啊"。不仅如此，父子俩继续打打闹闹的模样就好像一切都没有发生过似的，这种状况令母亲感到惊恐——孩子的父亲几乎无视孩子的泪水，不是在呵护孩子，而是一副满不在乎的表情。

这些念头激起了母亲的另一种情绪：打定主意，决不允许自己再犯之前

犯下的错误，任由孩子受到伤害。但是，她知道亚历克斯爱自己的父亲，也需要父亲，因此她克制着立即打断打闹游戏的冲动，克制的结果就是她的情绪走向了另一个极端，她决定还是再给孩子的父亲一次机会。她告诉丈夫自己觉得在打闹的过程中怎么做才不会给孩子造成伤害、怎样做才不会太过火。

母亲自豪地看到自己能够支持丈夫的育儿方法，甚至帮助后者改进方法，而父亲却产生了不同的感觉。

父亲很少会把这种想法说出来，他不说，母亲也就无从得知他埋在心里的想法。亚历克斯的父亲觉得儿子偶尔哭一哭是一件有益的事情，是"三段式循环"的重要组成部分：**失败、哭泣、继续前进**。

亚历克斯的父亲觉得有时候哭泣是一件有益的事情，只要自己能够利用这个机会让亚历克斯知道要想在生活获得胜利就得有能力接受失败、继续前进，哪怕是流着眼泪继续前进（也有可能是倒下、再爬起来继续前进，或者不再任性、继续前进）。对大部分父亲来说，这个三段式循环都是下意识的选择，因此母亲始终没有机会听到他们说出自己的这种想法。

母亲认为"我在走向另一个极端"，父亲认为"我这个当父亲的受到了压制"，二者的思维差异还受到了其他因素的强化。在跟母亲交谈的时候，父亲总是试图淡化亚历克斯的哭泣，他不希望妻子注意到这一点。然而，这种举动只会增强妻子对他的误解，将他视为一个漠不关心、感觉迟钝的父亲。

颇有讽刺意味的是，如果母亲不在场，父亲对亚历克斯反而更加呵护了。为什么会出现这样的差异？当母亲不在场的时候，父亲就会觉得安抚亚历克斯就是单纯地安抚亚历克斯，不用因为"伤害"了儿子而继续接受妻子的审判。

最终，如果亚历克斯觉得再多哭一会儿就能促使父母争抢着给他一些"甜头"——甜点或者更多的关注——那么他就会经常对父母之间的矛盾加以利用，就像水渗入屋顶的裂缝一样。如果父母之间的差异进一步扩大，亚历克斯就会在不知不觉中掌握了"受害者的力量"。

如果父母发生了争夺监护权的斗争，父亲往往会"自动出局"，因为他担心孩子会告诉别人父亲在身边的时候他们哭了，这种情况会被转告给心理学家，接着又被报告给了法院，这样一来他们跟孩子相处的时间就有可能会被缩减。其实，很多孩子之所以会告诉别人他们哭了有可能是因为以前他们哭的时候，妈妈给予了他们过多的同情和"甜头"。

如果父亲告诉孩子什么都不要对别人说，情况只会变得更加糟糕。孩子可能会保密一段时间，但是早晚还是会告诉别人自己哭了的事情，这样母亲就会觉得孩子的父亲在向她隐瞒情况。她原本就觉得父亲不值得信赖，现在这种想法更加坚定了。

通过不同的方式，母亲、孩子和父亲都在不经意间"扼杀"着父亲。造成这种状况的一个原因就在于在家里打打闹闹的危险性一目了然，益处却比较隐蔽。

粗暴、强硬、懦弱综合式打闹游戏的益处

研究人员不断发现花时间陪伴孩子的父亲能够帮助孩子培养自控力和社交能力。[18] 跟孩子在家里打打闹闹也起到了作用吗？研究人员对幼鼠做过一些实验，让它们在幼年阶段就参与打斗活动，结果发现在成年后它们的侵略性偏低，社交能力较强。[19]

对于人类，我们通过前文已经看到了在打打闹闹的过程中父亲往往会对孩子的暗示做出反应，从而让孩子认识到制定规则保护自己必须遵循两个原则：符合自己的需求，表明自己的想法，即使在打打闹闹或者做游戏的过程中兴奋得"昏了头"，这两个原则还是会让自己受益。有时候，这种情况被称为"炮火下的情商"。[20]

Ⅴ. 挑战孩子的极限

"够了就是够了。这才是玛西第四次来滑雪，你就带着她上了中间的滑道，能在那里滑的孩子都是已经滑了好几年的。她摔倒的时候，你什么都不明白，你就知道让她待在那儿。万一滑得快得人撞到她呢？你没看见她有多累、多害怕吗？"贝蒂对玛西的父亲阿诺德说。

阿诺德反驳道："她不是今天一大早就爬起来、那么激动地想要再上那去吗？"

"是的，没错，可她才只有十几岁。你可是个成年人啊！"贝蒂说。

阿琳也跟我讲过她和丈夫马丁碰到的类似的情况，因为马丁喜欢挑战两

个孩子在语言方面的极限。"马丁会使用一些小马蒂和玛吉不理解的词汇，他知道他俩不明白这些词语的意思。他知道的，可是我向他指出这一点的时候，他却对我很不屑。"

"我不是不屑。我向阿琳解释过通过这样的方式他俩就能学到新的词汇。"

"这样只会打击他俩，挫伤他俩的积极性。"

"好吧，每次你不在的时候我都会这么做，他俩总是要求我说出更多的词汇。"阿琳与马丁都将目光投向了我。

我告诉阿琳，研究发现使用超出孩子理解范围的词汇能够给孩子的自我表达能力带来一些积极的影响。[21] 我还告诉她在第一次听到一个词的时候，你不可能知道它的含义，所有的词语都是如此，构建语言的过程就包括不断接触新的词汇和概念，到最后孩子会结合语境彻底掌握词汇。听完这些话，阿琳显得比较自在了。她是家里的拼字冠军，因此她愿意亲自在孩子的身上验证一下这个结论。

无论是在体育活动中还是在学习方面，父亲往往都会鼓励孩子挑战自己的极限。[22] 在看到孩子的确会付出努力的时候，父亲通常都会让孩子"获胜"；如果孩子没有拼尽全力，父亲有可能就会让孩子"输"掉比赛。在和同龄人竞争的时候，男性有可能比较自负，但是在和自己的孩子比赛的时候，他们通常又很无私。打败孩子不会令他感到有所收获，对他来说真正的胜利是教会孩子赢得起、输得起。

父亲喜欢把各种事情都转变成游戏，通过这种方式他们让挑战孩子极限的过程变得比较容易让人接受了。父亲和孩子之间的比赛往往是"上一次你用了 15 秒就跑完了 100 米，现在咱们看一看你能不能打破这个纪录"。很多女性在谈到丈夫时都会提到他们的压力和挫败感，而友好的比赛带来的笑声和活力有可能会缓解父亲存在的这些问题。

对很多母亲来说，"搞懂"在家里打打闹闹的意义、"搞懂"父亲会在多大程度上挑战孩子的极限都不是一件容易的事情，更没有多少母亲能够意识到父亲对挑战孩子极限的喜好需要一定的时间才能见到成效，因此孩子需要更多的时间同父亲待在一起。

Ⅵ. 父子时间

除非相处一段时间，否则男孩就不可能把自己的感情宣泄出来。在母亲面前，孩子未必如此，但是面对父亲，肯定会是这样的。

里克踢完足球后，父亲来接他了。父亲问他踢得怎么样，里克说："还行吧。"父亲无法从他的嘴里再多挤出一个字了。

这天晚上，里克趴在餐桌上做作业，父亲在打扫厨房。里克进了厨房，他一边用目光在冰箱里搜寻着，一边大声地问了一句："嘿，要是有一周你当守门员当得很不错，可是到了下一周教练却让别人当守门员，你会怎么想？"

这个问题促使父子俩聊了半个小时。被另一名守门员取而代之令里克感到失望，面对儿子的苦恼，父亲做出了坦诚的回答，这令里克感到如释重负，因此也产生了足够的安全感，结果他的话匣子一下子就打开了。他把其他一些令自己失望的事情也一股脑地告诉了父亲，这些事情一直埋在他的心理，悄无声息地毒害着他的心灵，让他在不知不觉中滑向抑郁的深渊。如果在里克踢完球之后，父亲只是接到他，然后将他送到了母亲那里，父子之间的这场交谈就不会发生。

里克难道不能和母亲进行这场谈话吗？或许可以，或许在一起没多久母子俩就能聊起来。为什么？有可能里克认为母亲会安慰他，父亲只会为难他。面对挑战，你需要一定的心理准备时间；面对安慰，你不需要那么长的时间。所以跟父亲在一起的时间非常重要——保证父母分别灌输给孩子的想法能够保持平衡。

和父母相处的时间保持均等或者大部分时间都跟父亲住在一起的孩子往往在心理方面很健康。两名研究人员对这种现象的很多潜在成因进行了仔细的研究，结果发现对男孩来说排在前列的原因里就包括跟父亲相处的时间。[23]对女孩来说，跟父亲待在一起的时间甚至是排在首位的原因。女孩更容易表达自己的情绪，但是她们从同行朋友和母亲那里得到的往往都是安慰。男孩常常会面对来自朋友们的挑战（在下文中我们将看到有关这方面的内容），女孩的情况不一样。除了父亲，她们不太可能在身边再找到一个既有可能挑战她们，同时又十分为她们着想的人。[24]

父亲对孩子的挑战五花八门。导致父母之间分歧最大的挑战形式或许就是调侃。

Ⅶ. 调侃：父亲式的情商训练

父亲会按照自己独有的方式和孩子在家里打打闹闹，在调侃孩子的方面他们也同样有着自己的风格。父亲式的强制规则让孩子们认识到红灯的含义，父亲式的打闹和调侃能够帮助孩子学会理解黄灯所代表的微妙含义。

阿琳还跟我抱怨说："孩子太喜欢跟他们的爸爸玩了，可是马丁经常拿他们开涮，有时候都会害得玛吉和小马蒂哭起来，尤其是玛吉。真不敢相信，看着孩子都哭了，马丁却毫无意识，根本不会住嘴。我都不敢让孩子单独跟马丁待在一起了，尤其是玛吉。"

对于妻子的抱怨，马丁说："被你说得好像他俩一直在哭似的。哭的时候很少见，而且眨眼就没事了，又接着跟我玩了。况且，世上总会有人拿你逗乐，你得学会如何接受这种事情。"

阿琳不买账。"世上还有人会欺负你；咱们的任务是保护孩子，不是欺负他们。"

谁的观点是正确的？阿琳和马丁都正确。阿琳的出发点比较容易理解，称职的父母都不愿意欺负孩子，所以我们首先来看一看调侃所具有的积极功能。

父亲调侃孩子就像是医生给孩子打防疫针：疫苗就是用真病毒的变体"戏弄"孩子，帮助孩子增强免疫系统，以抵御来自现实世界的病毒。调侃是一件好事，但是任何好事发展到极端都会变成坏事。

等一等。为什么我要说"父亲调侃孩子就像是医生给孩子打防疫针？"因为孩子们习惯了父亲的调侃，在他们看来这是和父亲玩的一种游戏。有一次，阿琳试图跟孩子开开玩笑，结果玛吉几乎顿时就哭了起来。玛吉已经习惯了母亲是一个有同情心、比较严肃的人——玛吉认为从母亲嘴里说出的玩笑话就是一种严肃的批评。

玛吉的眼泪让阿琳相信自己的想法没有错——"调侃近乎欺负"。马丁认为在调侃孩子的时候自己实际上在教给孩子一些东西，但是阿琳理解不了这种观点。

在调侃孩子的时候，马丁教会了玛吉和小马蒂如何理解他眼睛里一闪而过的亮光、声音细微的变化、面部表情的改变所隐含的意义。 调侃是培养情商的关键手段——当然是父亲式的手段。

阿琳坚持认为在孩子受到外力冲击的时候他们应当给孩子提供保护，马丁觉得自己在武装孩子，帮助他们做好在未来面对冲击的准备。这两种保护都是孩子们需要的。

阿琳仍旧表示调侃不会让孩子感到父母对他们的爱。当然，如果是一个日常不习惯调侃的人开起了玩笑，他的话的确会被误解为批评。但是，孩子们整天跟马丁待在一起，他们了解父亲的语言风格，他们明白马丁之所以调侃他们是因为他爱他们。

通过调侃和机智的奚落培养感情

适度的调侃不仅能够培养我们对批评的免疫力，而且它还是男性之间培养感情的一种方式。用俏皮话奚落彼此就是男人和男人的交往方式。一进入高中，你的儿子有可能就会对这句话有所体会。如果他加入了联谊会，他的体会就更强烈了。

尽管外界对联谊会存在着一些成见，但是联谊会成员之间的感情往往会持续终生，对于有些人来说，不多的几位终生好友中或许就有在联谊会结识的同学。相比大学校友聚会，联谊会的成员对联谊会的聚会更为期待。但是，没有人会为了欺负别人而组织聚会。所以，调侃和欺负之间的区别显然比阿琳理解的要显著一些。与其一直争执不休，我们不如试着理解另外一种"语言"——男人的语言。现在，我们就来更深入地了解一下这个问题吧。

联谊会的成员为什么喜欢相互调侃或者其他形式的相互奚落？**要想取得成功，就必须承受得起批评。用打趣的方式相互奚落其实是男孩和成年男性在不自觉地训练彼此应对批评的能力。** 如果你没有能力应付别人的奚落，不妨参加一下总统竞选。

对男性来说，职业风险越高，从业者相互调侃、奚落的现象就越普遍。在"死亡职业"中，例如在军人、矿工、建筑工人、警察和阿拉斯加的捕蟹工人中间，这种交流方式就更是无处不在。奚落不会令他们感到尴尬，因为奚落是他们的家常便饭。能够和他们打成一片的女性都理解他们的这种语言方式。

这种语言方式有什么意义？举例来说，当一名消防员进入燃烧中的建筑物的时候，他必须知道自己的伙伴会冒着牺牲或者致残的危险营救他。他不相信开不起玩笑的伙伴会在天花板砸下来之后还能冒着生命危险把他从碎砖烂瓦中拖出来，这种人之所以开不起玩笑是因为他们自视甚高、过于敏感、脆弱或者自恋。

在所有的武装部队中，目前风险最高的军种就是海军陆战队。海军陆战队的队员知道一旦自己受伤，生性敏感自恋的人是不可能冒着敌人的火力营救他的。相互调侃就是一种试探彼此的方法，通过这种方法可以判断出谁不仅敢于献出生命，而且还有能力将战友带出危险地带，就这样相互调侃让海军陆战队的队员们建立起了持续终生的感情："一入陆战队，终生都是陆战队的人。"

其次，男性之间的调侃有一个共同点：调侃的内容针对的都是被调侃对象所独有的缺点，或者令其他人感到担心的优点——担心他会因为这个优点而觉得自己高人一等。没有人会相信这种人能够冒着生命危险去拯救"低等"生物。

例如，彼得是消防队里资历最浅的人，但是父亲的职位——消防队长——所赋予他的优势让他沾沾自喜。消防队里的其他人都担心身边多了一个"大明星"，担心在烈火中的屋顶砸下来的时候，彼得会向其他人求救，而不是立即冒着生命危险冲进去营救队友。因此，他们开始调侃他，在卫生间里，他们说自己应该闪到洗手池的旁边去，以免妨碍了"大明星"彼得照镜子。

有一次，彼得正在消防站里吃饭，一名消防员递给他一根撬杆（一端有钩子的杆子），对他说彼得·派柏得用这个东西捏泡菜。彼得漫不经心地假装用撬杆挖了挖自己的鼻子，队友们一下子就明白了他是一个开得起玩笑的人。彼得平心静气地向这场恶作剧的"主谋"弗兰克问道："你想来一份腌过的还是原味的？"[1]队友们一下子就明白了彼得还会反击，也就是说，他完全开得起玩笑。

---

① 这个玩笑借用了英语世界耳熟能详的绕口令《彼得·派柏》，原文为："彼得·派柏捏起一撮泡菜，彼得·派柏捏起的是一撮泡菜。如果彼得·派柏捏起一撮泡菜，那么彼得·派柏捏起的泡菜在哪儿？"

- 通过调侃的腔调，彼得显示出自己领会了游戏的含义。如果他采用了侵略性的腔调，"你想来一份腌过的、原味的，还是在你那个扁平屁股的屁眼里捅一捅？"他就通不过这场考验了。侵略性的态度显示出的是失控、戒备心、没有能力应对批评。

- 如果把撬杆还给弗兰克，就表示彼得想跟弗兰克斗一斗，在消防队的同事们中间纠集起一伙人跟自己一起对抗弗兰克，从而导致了消防队的分裂。这种举动也同样会显示出一个人的侵略性。

- 当着其他人的面用调侃的方式回应弗兰克，彼得让其他人看到自己知道如何做到充满自信，但是又没有侵略性，这就意味着他不需要父亲的保护，他不会利用自己的"优势"跟他们作对。

彼得之所以会有这样的反应是因为他的父亲乔已经为他做好了心理建设，让他知道一定程度的戏弄是为了得到接纳——而不是拒绝——必须付出的代价。**用俏皮话相互奚落是男孩和成年男性训练彼此应对批评的过程，他们在下意识里都清楚应对批评的能力是取得成功的先决条件。**

在儿子遭到戏弄的时候，乔小心翼翼地选择了置身事外。消防员们担心彼得会受到他的庇护，所以无法指望他会在危急时刻保护他们，乔知道自己的干预只会增强消防员们的这种担心。

乔还让彼得知道了自己的底线是什么——如果受到的戏弄太过火，就要有勇气说不。但是，调侃和戏弄都是测试可靠性的老办法：稍有一点不对劲，我们就会向你亮黄灯，然后我们再来看一看你究竟是一个有担当的人，还是戒备心很强的人。

让女性理解男性的语言方式：男性的调侃是接纳，女性的调侃是拒绝

经过最初的考验，彼得被消防队的队员们接纳了。但是，当一位女性申请加入了这只清一色男性组成的队伍后，戏弄的把戏又出现了。男消防员们有些犹豫，他们担心这名女队员会以歧视的罪名起诉他们。他们同时也知道，如果不戏弄这名新成员，那也同样意味着他们对她有所歧视——她得不到跟他们建立感情、得到队友接纳的平等机会。乔断言："做了的话，我们成了恶人；不做的话，我们还是恶人。"

消防员们没有意识到他们应该问一问自己：我们能不能征求一下她或者其他女消防员的意见，问问她们除了这样的戏弄，她们有没有其他的方法考验新手是否愿意冒着生命危险营救他们？

（在帮助儿子培养领导素质的过程中，你需要让他学会倾听各种意见，同时还要鼓励他主动寻找尚未听到的富有创意的想法。）

在通过人身危险（例如，高危职业）、重大责任（例如，公司管理层）、竞争（例如，团体运动）等因素凝聚起来的男性团体中，奚落不代表不尊重，而是建立感情的前提条件。在一个男性团体中，受到调侃的对象的确是令其他人感到有问题的人，但是团体中的男性成员往往只会调侃他们打算接纳的人。受到戏弄的人如果能在回应的过程中表现出比较高的情商——就像彼得那样，多亏了父亲帮助他培养起了良好的情商，他就会赢得调侃者的信任，这对进入最核心的集团来说具有至关重要的作用。

简言之，**在男性中间，接受不了调侃的人，就没有资格受到别人的信任。**

婚姻中的调侃

在调侃自己的孩子时，马丁不只是帮助他们做好准备，以应对从高中一直到参加工作后和同龄人或者同事之间的互动，而且还帮助他们做好了促进婚姻幸福的准备。**对于已婚的夫妇，如果在发生矛盾的时候能够互相调侃，在矛盾得到解决后他们的感情会比直言不讳相互批评的夫妇更深，幸福感也更高。**[25]

可以说人类的"阿喀琉斯之踵"就是我们缺乏应对批评的能力，尤其来自爱人的批评，多少带有一些游戏性质的调侃往往会让人觉得批评不那么难以接受。以前，人们会花钱雇人戏弄自己，表现卓越的调侃者享有很高的声望。有能力应付调侃的国王会让宫廷很放心，王公大臣都相信自己可以直言不讳，不必提心吊胆地过日子。

如果不知道如何解读讽刺性的笑容、声音的转换、翻眼睛或者眨眼、扬眉毛、多瞪一秒钟眼睛之类的信号，我们就不可能体会到喜剧现场秀《周六夜现场》、史蒂芬·科拜尔主持的《晚间秀》或者播客节目《乔·罗根》这类节目的妙趣。这些信号在向我们暗示舞台上的人说得有些道理，或者有些夸张，尤其是告诉我们放下评判心理和分歧、享受片刻的欢笑、和其他人团结一致的时候到了。

这些分析对阿琳起到了一定的帮助作用。但是，她依然难以说服自己调侃别人，不过她记住了一点——对男人来说，"接受不了调侃的人，就没有资格受到别人的信任"。她希望小马蒂和玛吉都拥有足够的情商、赢得男孩和成年男性的信任。认识到调侃所具有的价值，阿琳至少能够理解马丁了，现在她知道马丁的做法对孩子们是有益的，而不是感觉迟钝的表现。

尽管如此，阿琳还是担心调侃和戏弄很容易就演变成骚扰和欺负。她本能地认为受到戏弄的人遭到了贬低。阿琳的担心不无道理。

调侃：应对戏弄和骚扰的父亲式训练？

在"死亡职业"中，随时都看得到戏弄的情景，因为要想让一个人愿意为他人付出生命就需要让他做好心理准备，即使在家受到尊敬，在单位和战场上也要承受得起贬低。**尤其是在军队里，戏弄这种行为有助于新兵剔除自己的个性，因为能让战争机器的效能达到最高值的是标准化的零件，不是爱说"老子独一无二"的人。**

在相对和平的时期里，教会儿子如何应对男女混杂的工作环境是一项极其艰巨的任务。这样的工作环境存在着两难选择，男孩们被告知女性和他们是平等的，同时又被告知如果他们用戏弄骚扰男性的方式戏弄骚扰女性，那么他们就等于在自毁前程，甚至有可能毁灭家庭。这种观点强化了男性对女性既有的偏见，在他们看来女性就是希望"鱼和熊掌兼得"。在遭到戏弄的时候，女性更加强烈地感到自己受到了贬低，同时也更坚定地认为"男女平等"对于男性来说只是一句空话。

对于乔和马丁来说，要想有效地帮助彼得和小马蒂培养起应对调侃和戏弄的情商，仅仅理解盛行于男性中间的调侃戏弄文化是不够的，他们还必须认识到男性调侃文化和女性调侃文化之间存在的差异。背景和文化相同的女性会相互调侃，但是当强势者调侃弱势者的时候，调侃者就会好好地斟酌一下，例如，父亲调侃孩子。或者，在几乎清一色男性组成的工作单位里，女性由于担心得不到男同事的尊重而甘愿接受调侃。即使在女性中间，调侃或许也有着不同的不成文的规定。

很多女性都能理解赛迪的经历：

跟几个女朋友吃午饭的时候，我们会聊聊天，甚至其他人说话的时候自己的嘴都不闲着，我们会倾听彼此的事情，相互支持。这样的时光特别愉快。

可是，如果某个人去了卫生间，其他人就很有可能会说她的闲话，可能是为她担心，也可能是对她的批评。等那个朋友回来后，我们全都笑容满面，装得就好像什么也没发生过似的。嗯……也许就是因为这一点，只要跟女朋友们在一起，每次想去卫生间的时候我都会等别人先站起来，我才会跟她一起去卫生间。

"所以，女人总是一起去卫生间！"我哈哈大笑了起来。接着，我问赛迪："你直接批评过别人或者向别人表达过自己的关心吗？"

"如果是关心，肯定会的。就是在聚餐的时候，跟大家一起表示过关心。不过，要是批评的话，可能就不会了。要是那个人太差劲，下一次我们就不叫她一起来了。"

这个过程在很多女性看来或许都不太算得上是戏弄和调侃。**如果女性之间不存在调侃和戏弄，就像电影《贱女孩》里展现的那样，那就意味着受到调侃和戏弄的对象和小团体闹掰了，而不是她通过了考验、被团体接纳了。**在受到调侃和戏弄的时候，女性往往已经以其他方式（例如，告诉彼此自己的弱点、相互表示支持）通过了对友谊的考验，所以调侃和戏弄并不是一种考验友谊的方式。

男性和女性在对戏弄行为的理解上存在着差异，男性在戏弄别人的事情上奉行的一项首要原则——"无差别打击"，进一步扩大了两性之间的这种差异。刚刚加入海军陆战队的拉赫利·西迪基是一位穆斯林，因此被战友们打上了"间谍"的标签，被迫模仿传说中穆斯林间谍的做法，攻击其他新兵的脖子。[26] 让女性和男性有所不同的是外界对女性的普遍看法，认为女性就希望得到保护，而不是遭受骚扰和戏弄。

工作单位的任务越是接近冒着生命危险拯救别人，男性就越是在单位里占据主导地位。在这样的工作环境里，女性也就越是需要面对彼得所面对的那种考验——其他消防员唯恐他会受到父亲的庇护。女性往往会把这种考验视作对女性的歧视，男性往往会将其视作对性别歧视的斗争，在他们看来保护女性免于和男性受到一样的考验本身就是一种性别歧视，他们唯恐这种性别歧视会削弱女性同事保卫国家的决心。

当马丁戏弄孩子的时候，阿琳最担心的问题就是马丁会戏弄过头，给孩子留下终生的创伤，就像拉赫利·西迪基那样。拉赫利后来自杀了。不过，阿琳觉得拉赫利的经历对玛吉和小马蒂没有什么启示性，这两个孩子都不太可能从事"死亡职业"，所以她一开始只意识到了留下创伤的潜在可能，没有意识到他们需要培养孩子解读生活中出现"黄灯"的能力、提高孩子的情商。

就在马丁和阿琳一直为调侃还是保护孩子的事情争执不下的时候，他们之间的相互牵制给玛吉和小马蒂带来了好处：当夫妇俩都认识到这种相互牵制所具有的价值后，他们之间的紧张气氛得到了缓和，玛吉和小马蒂也非常开心地感到家里的气氛变得更令人感到踏实安心了。

下级父亲（有条件的父亲）

很多工作单位的管理层权力等级结构或许会令女性产生了被排斥的感觉，家里的权力等级结构或许也会令很多父亲觉得自己遭到了排斥，这种现象和社会对父亲式育儿方式的益处缺乏认识是相伴而生的。大部分人都会通过亲身经历认识到一个问题：现在，在家里做主的依然是女性，提供经济保障的依然是男性。皮尤研究中心的发现对这种认识提供了支持，而且还补充了一点：即使在"双薪夫妇中，更有发言权的还是女性，无论她们的收入是否高于伴侣的收入"。[27]

你的儿子会听到很多有关女性在工作单位受到排斥的说法，但是很少有人告诉他作为父亲他有可能会遭到"扼杀"。他所具有的独特价值不会受到重视，反而有可能成了他父亲角色遭到"扼杀"的理由。迄今为止，这个问题很少得到严肃的讨论，但是偶尔还是会通过幽默的方式被人提及，例如老早以前的漫画《淘气包丹尼斯》，在书中丹尼斯告诉一位女性朋友："面对他们你不可能大获全胜，只有我妈在跟我爸吵架的时候能做到大获全胜。"[28]

等级差异就在于期望值：在工作中，所有人都知道自己处在权力等级结构的某一个位置，甚至是当上向股东负责的首席执行官。首席执行官知道自己得到这个职位是有条件的。但是，你的儿子不会认为自己和妻子之间也会出现权力等级结构。结婚时，他许下的誓言是"无论未来是好是坏"，可不是"只要得到她的允许"。如果你是一位下级父亲，那么等你的儿子也成了父亲之后，他的这种下级父亲的感觉往往会更加突出。那么，你应该如何提醒他趁着还来得及的时候把自己的想法说出来？

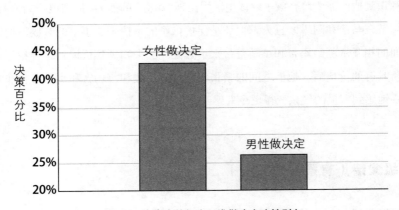

图 12　家庭中的权力：谁做决定（性别）

说明：31% 的夫妇做决定的机会均等，4 项决定内容：周末活动；购买大件家庭用品；家庭财务；看什么电视节目。

来源：皮尤研究中心[29]

下级父亲（有条件的父亲）判断方法

你儿子可以通过两个便捷的方法判断出自己的父亲是否受到了重视，从而预测出自己成为父亲后是否有可能受到重视。

第一种判断方法：母亲总是说"我的儿子／女儿"，而不是"咱们的儿子／女儿"。在更严重的情况下，她会在为孩子感到骄傲的时候说"我的儿子"，在讨厌孩子的时候会说"咱们的儿子"。

第二种判断方法是：如果你的儿子注意到母亲不在场的时候，父亲在玩耍时的状态会有不同，那么他有可能就会下意识地担心自己日后也会变成一个"有条件的父亲"——觉得自己必须"美化"自己的养育方式，以满足母亲的条件。换句话说就是，一个觉得自己是"下级"的父亲，只有符合了母亲心目中对合格父亲的判断标准才会有得到照顾孩子的机会。

如果你的儿子是一个聪明、敏感的人，他或许就会凭直觉意识到自己的家里有一个"玻璃天花板"，母亲是家里的总裁，父亲最多只能当上副总裁。妇女运动已经让社会注意到了一块玻璃天花板的存在，而你的儿子感觉到的那块玻璃天花板依然是隐形的，他能够感觉到它的存在，但是却看不见。

如何增强你儿子的"视力"、让他看到这块玻璃天花板？实现这个目标的最佳手段就是鼓励他参加能够互相交流，但是发言会受到保密的男性团体。迄今为止，我和男性同胞们已经创办了 300 个左右这样的团体，参加者的年龄下至 17 岁，上至 90 岁，我发现除了其他手段，这样的男性团体也能非常有效地帮助你的儿子做到畅所欲言，尽情说出自己的弱点，无须担心自己是否会失去他人的尊重。参加这样的团体不会让你失去什么。甚至高中生都会参加这种纯男性的团体，不过通常团体中都会为他们配备一名导师或者教师，对活动进行监督。等你的儿子到了 20 多岁的时候，他也可以参加男同胞们的这种活动了。

要是你考虑过偷偷观察男性团体的活动，从而深入了解儿子的话，你的机会来了。别指望男性团体永远能保持政治正确。你可以指望的是这些团体让你有机会了解到通常男孩通过父母之间的互动究竟学到了什么，让你有能力利用团体的反馈了解他们究竟想效仿哪些做法、希望改变哪些做法。

唐的父亲，唐的儿子

在每一个男性团体创办之初，我们都会简单地登记一下每个人的个人的情况。唐告诉我们他的父亲刚刚发作了一场心脏病，在登记完个人信息后，我们请唐更深入地讲述一下他父亲的情况，比以往任何时候都更深入……唐首先讲起了自己最美好的记忆：

"我最美好的记忆就是跟我父亲去他的乡村音乐演唱会。他不是什么大明星，不过还是有一些崇拜者，尤其是在纳什维尔一带，就是我们住的地方。

遇到我的母亲之前他是全职歌手，到了我三四岁的时候，他会在各地办一些小型的巡回演唱会。

"我最开心的记忆？那绝对就是在我妹妹出生之前我跟着他去参加演唱会的经历。他会把母亲和我送到后台，跟他待在一起，我们会见到每一位制作人，还会见到一些歌迷。天哪，歌迷简直把他当上帝了。这让我觉得我拥有世上最好的父亲。

"不过，我最喜欢的事情还是他把我和母亲介绍给观众的时候。每场演唱会上他都会这么做，但是时间不一样。所以，每唱一首歌，我都会想'唱完这首他就会介绍我和妈妈了吗？'终于到了介绍我们的时候，他会把我抱到舞台上，抱在他的怀里。他把我抱得可紧了。他还会说'这是我生命中最开心的事情'，眼神里充满了爱。

"在他来来回回看着我和妈妈、妈妈笑呵呵地看着我俩的时候，我感觉得到他的自豪。这令我觉得我们的关系那么亲密。我觉得特别踏实。我记得，有一次他强忍着眼泪，我问他：'爸爸，你哭了吗？'他对我说那是爱的泪水。"

讲到这里，唐停了下来，他的眼眶里似乎已经泛起了泪光。"我猜这些都不只是我童年里最美好的记忆了。这些大概可以说是我这一辈子最美好的记忆了。"

沉浸在回忆中，唐的脸上泛起了亮光。但是，几秒钟后小组里的一个人注意到他的态度有了细微的变化。"唐，再跟我们讲讲你的伤心事吧。"

"父亲发作心脏病时最令我感到不安的就是他到了死的时候很有可能已经彻底垮了，甚至有可能是因为他已经彻底垮了。多少年了，他的脚步再也没有轻快过了，或者说，似乎他的内心已经没有多少开心事了。这样的他和当初把我抱到舞台上的那个他差距太大了。

"出什么事了？"

"我记得大概是在我五六岁的时候，他俩告诉我妈妈怀孕了，我要有一个弟弟或者妹妹了。我非常开心，可是后来我无意中听到他俩一致同意妈妈推迟回学校教书的时间，他俩还说他们需要大一点的房子，还说到父亲得放弃全职搞音乐的生活了，或许只能在周末搞搞音乐。我听到他们说这么做他们有多么难过，可是他们觉得也没有别的选择了。

　　"那次之后，父亲找了好长一段时间的工作，去一家又一家公司求职。那是我有生以来第一次看到他发怒。以前我从来没有考虑过这个问题，我想现在想明白了。"

　　"没错，我完全明白，"小组里的一个人小声嘀咕了一句，随即他就想起了小组里的规则——注意力集中在发言者的身上，于是他向唐问道："你想明白了什么？"

　　"我想象得出他日复一日遭到拒绝的样子，他的求职申请遭到拒绝，可是他申请的那些工作他根本不想干。要是找到了工作，他就会迷茫；找不到工作，他还是会迷茫。天哪，太沮丧了。"

　　"他最终找到工作了吗？"

　　"找到了。他最终找了一个卖保险的工作……在 CAN（保险公司）。"

　　"在你妹妹出生后，你父亲的心情好一些了吗？"

　　"算是吧。他爱死她了，跟她在一起的时候绝对是他最开心的时候。可是，一切都围着妹妹转了。对于这种状况，我自然跟很多人一样矛盾。"这时，唐有些跑题了。

　　"唐，怎么了？"

　　"我在想——我记得大概就是这个时候我觉察到妈妈和爸爸之间有距离了。哦，天哪。戴维出生后，我和芭芭拉（唐当时的妻子）也出现了同样的情况。"

　　"儿子出生后，你和芭芭拉变得更疏远了？"

　　"没错。"

　　小组里的一个人打断了唐。"我和我老婆也出现了这种情况——就在大女儿出生后。"小组里所有有儿有女的人都点了点头，表示了理解。

　　"唐，你当时是怎么想的？"

　　唐沉默了许久，似乎是在艰难地抉择着，究竟是无视这个问题，还是继续追问下去，仿佛他处在了一个很不自在的位置上。"真是难以启齿，我觉得我在更加卖力地工作，好让我的妻子拥有一个新'情人'，而且这个'情人'还得由我花钱养着。"

　　"哇，真形象……太生动了。你把自己的想法告诉芭芭拉了吗？"一个男人问道。

　　"这可不是多好的主意！"另一个人有些痛苦、有些调侃地帮唐出着主意。

"没有，我决不能说出这种话。这种话我只能在这里说。要不是在这里的话，我大概都不会允许自己有这种想法。"

小组里的人都点了点头。一个人把话题转向了唐："你为什么会觉得这种话难以启齿？"

唐又停顿了一下。"我觉得羞愧，我应该为儿子着想，而不是为我自己。"

大家热火朝天地聊了十分钟，对唐的这种感觉表示了认同，大家都觉得我们绝对不会有勇气跟自己的妻子说出这种话，在其他情况下也不可能，甚至不会允许自己这么想。

"你是说你父亲发作心脏病有可能是由于他觉得自己彻底垮了？"一个人又把话题转向了唐。

"没错，我就是这么认为的，但我也不确定。似乎我父亲在 CAN 干得越出色，他出门在外的时间就越长，他也就变得越沮丧。很多时候，他晚上都不在家，去喝酒了。每次发完火，他又变得很伤心，等过上一两个星期后，他又会发作了。

"到了父亲退休的时候，他和我的母亲之间已经很久都没有这种爱的感觉了，就是以前他经常抱着我上台的时候我感受到的那种爱。现在，跟戴维（唐的儿子）玩的时候他俩似乎还更开心一些，比我俩待在一起时要开心。"

"唐，这可真不幸。发作了心脏病，一切就都很难了。不过，至少他还活着，你还是有机会增进和他的感情。"

"你自己怎么样啊，唐？你似乎更热爱你的音乐，而不是脊椎推拿练习，是吧？"

"现在我最喜欢的当然是跟戴维一起练习音乐、看着他举办一两场音乐会的时候，虽然我也担心他才 15 岁，要是太成功的话，他的屁股后面就会跟上一大群崇拜他的女孩！他自己倒是不担心这种事情！"

"为了你和戴维，你打算做出怎样的改变——以免你变成你父亲那样？"

"哦，除了离婚——"大家哄堂大笑了起来。唐继续说着："好的一面是，首先我会跟戴维开诚布公地谈一谈他需要权衡的情况：做自己热爱的事情，这会让他成为一个'吃不饱肚子的艺术家'，还是做自己应该要做但是并不热爱的事情，也就是支付账单。"

"你给他做了什么样的榜样？"

"努力二者兼顾呗。"唐自谦地笑了笑。"不过，我还得再掏几年的抚养费，然后还有六年的大学学费。与此同时，我正在为上个月让你们看过的那张唱片做宣传，试着让戴维了解一下如何制作、宣传唱片，这样一来，他躺着也能赚钱了。

戴维十分喜欢这种想法！我还在帮他发展备选职业，一个不会让他陷入抑郁的职业，就像我父亲后来那样，或者我自己有时候也会出现的那种状态。

"我同时还在努力说服戴维考虑一下养儿育女意味着什么。这个话题很难，每次一说到这个问题，他就会问：'生了我你开心吗？'"

"哎呀。你是怎么说的？"

"我说这是他妈妈和我碰到的最美好的事情。我觉得他知道我在说什么。然后我还跟他说他会成为一个了不起的父亲，但是所有人迟早都得回答这个问题。"

"除非你妻子想要孩子，那样一来你就有现成的答案了！"小组里的一个人半开玩笑地说道，甚至会心地笑了起来。

"唔，唐，你说得太对了。现如今你已经离了婚，你跟戴维说过如何避免这种事情吗？"

"没有直接说起过。不过，我告诉他把目光放在会为别人着想的女人身上……看看她怎么对待服务员、自己的父母之类的人。"

"可是，这一套显然对你自己不管用啊……"一个人调侃了起来。

"我以前对芭芭拉的美貌和魅力着了迷，结果就碰上了这么一个难伺候的女人。我不可能跟戴维这么说，我不想鹦鹉学舌式地给他说一大堆'专注于内在美'之类的漂亮话，所以我在努力说服戴维注重另一种女人，比如自立、有事业心的……这种类型的女人。"

"让女人自掏腰包？你这是在教育他如何遭到拒绝吗？"

"我可不担心这个问题，是的。你是这么认为的？可是我猜我只是想给他灌输一种观念，让他知道要想找一个不会想着把他当'钱包'的女朋友，最好的方法就是不要给她当'钱包'。"

布拉德说："真希望我父亲跟我说过这种话。"小组里的几个人翻了翻眼睛，似乎是在说"那就祝你好运吧！"

"布拉德，我觉得基本上你说的没错，我也希望当初我跟父亲也能聊一聊这种事情。"

我笑了笑。"你和戴维在'超级碗'期间的聚会上表演二重唱的时候，你似乎从里到外都透着喜悦，还有爱。我从戴维的身上也能看出来。我想你已经打破那种循环了。"

担忧者和勇士：育儿工作的制约机制

在邀请唐讲述了自己对父亲最美好的记忆之后，我们这个男性团体随即就进行了一场热烈的讨论，大家都说了说各自最美好的记忆。

格伦先发了言："我最美好的记忆就是在跟父亲玩捉迷藏的时候我试图打败他时的情景。一开始，我会藏在床单下面，等我大了一些的时候，爸爸就知道我藏在哪里了，然后我又藏到了卧室柜子里的衣服后面。等他又能找到我了，我就把枕头塞在床单下面，让他以为那就是我，其实我藏在别的地方。等他又能找到我了，我就在枕头旁边放一个警报器，等他来了就会响起来。最让我激动的事情莫过于父亲被我给'糊弄'住的时候。被糊弄得越久，他把我抛到半空中的时间就越久，这是他给我的奖励，有时候他会接住我，有时候他就不接我了，让我自己落到床上。看到我被抛得那么高，我母亲被吓坏了。我想或许正是这种做法让一切变得更有趣了——就好像我们之间建立了一种亲密的关系。"

吉姆也说了起来："我最美好的记忆就是假装骑马的游戏。"

"我在爸爸的身体一侧踢一脚，他就蹦跶得更欢实了——就像马一样。我总是想看一看我能在他的背上坚持多久才会被摔下去。"

"你的母亲有什么想法？"

"哈。我会说'蹦跶得再狠一些'，妈妈会说'不要蹦得那么使劲'。可怜的爸爸。"吉姆笑了起来。"有一次，我摔下来了，然后就哭了起来，因为我特别喜欢在我哭的时候爸爸抱着我的感觉。可是，我妈却冲我爸吼了起来，埋怨他把我惹哭了。有好一阵子我们都没有再玩过这个游戏了。后来，要是再摔下来，我绝对就不哭了。"

在一个父爱充足的家庭里，和孩子在家里打打闹闹、指导孩子做运动、在临睡前给孩子讲故事，这些事情都能让父亲的爱和支持融入孩子体内，就像糖浆和煎饼合为一体一样。得到父亲的爱和支持的孩子就如同加上了糖浆的煎饼，他将不再是从前的那个他了。

等你的儿子再大一些后，他应当懂得在欢笑、打闹、智斗父亲的综合作用下，父子之间会建立起一种矛盾的感情——双方属于不同的阵营，但也在同一阵营。男孩应当知道自己在成为父亲后应当如何利用这种矛盾的感情督促孩子完成家庭作业、按时睡觉，或者鼓励孩子重新振作起来，再尝试一下之前没能取得成功的事情。

作为勇士，父亲承担的义务也包括倾听母亲的担忧，这样就能为母亲创造条件，帮助她开发自己内心的那个勇士。无论在婚姻中，还是在离婚后，你都可以做到这一点。如果你已经离婚了，只要能够遵循四项"基本原则"，你就会成功的。

17. 离婚后的四项 "基本原则"

如果离婚是对你最有利的选择，那么离婚后对孩子最有利的四项"基本原则"是什么？

要想让离异家庭的孩子有可能和完整家庭（亲生父母保持婚姻状态，和孩子共同生活在一个家庭里）的孩子取得同样良好的表现，你就必须同时遵循下面这四项"基本原则"，而且要始终如一地坚持下去。

（1）时间均等。孩子和父母双方接触的时间基本均等，包括跟双方过夜的时间。

（2）不说坏话。父母双方都不以孩子能觉察出来的方式说对方的坏话，无论是通过语言还是非语言的方式（例如，翻白眼、情感上回避对方）。

（3）相距不远。父母居住的地方相距不太远，以保证孩子不会为了跟父母见面而失去朋友或者错过各种参加活动的机会。

（4）咨询专家。在没有出现紧急情况的时候也坚持咨询婚姻家庭问题专家。

下面，我将逐一对各项原则的重要性进行分析。

原则一：时间

时间胜过金钱。发表在《婚姻与家庭期刊》上的一篇文章对 63 项研究进行了分析，从而得出了一个结论：和父亲一起度过的美好时光给孩子带来的有益影响超过了父亲给孩子提供的金钱。[1]

时间越均等越好。通过对一流研究进行的综合分析，研究人员发现如果孩子没有条件和父母同时一起生活，那么孩子和任何一方家长单独相处的时间最少也需要占到全部时间的 1/3，"随着时间的增多，包括和父母相处时间均等的情况（即双方各 50%），孩子还能得到更多的益处。"[2] 另一项综合分析提出在离异家庭的孩子中，能够"和父母保持婚姻状态的孩子状态差不多一样良好"[3] 的只有和父母相处时间基本均等的孩子。[4]

过夜很重要。不久前，美国 110 位一流研究人员和从业人员联合发表了一份共识报告，在报告中强调了增加和父亲相处的时间的重要性，尤其是和父亲过夜的重要性。[5] 和父亲过夜让孩子有机会充分获得父母不同的养育方式所能带来的益处。

养育计划应当保持连贯。"包含睡觉和起床时的活动、送孩子上学、接孩子回家、课外活动和娱乐活动在内"[6] 的养育计划能够提高孩子建立友谊的能力。[7]

简言之，跟父母相处和过夜的时间基本保持均等会给孩子带来很多有益的影响。

上面提到的研究基本上关注的都是美国家长的情况。同大部分发达国家一样，在美国立法工作滞后于科研工作。

在切实贯彻家长共享养育时间的国家中，没有几个国家真正地看到了孩子和家长因此受到的有益影响，从而将时间均等的原则转变成强制规定。例如，在 1984 年，瑞典离异家庭中仅有 1% 的孩子跟父母相处的时间能够保持均等，当这种做法的积极影响越来越清晰地体现出来后，到了 2011 年原本的 1% 变成了 37%。

瑞典最近的一项研究发现孩子尚处在"幼年阶段"不满四岁的父母认为跟父母相处的时间保持均等会给孩子带来有益的影响。即使矛盾比较多的父母也普遍持有这种观点。[8]

父母的这种感觉准确地反映出了孩子的现实吗？是的。瑞典的一项研究对 17.2 万名儿童的健康状况进行了测量，结果发现跟父母相处时间均等的孩子的表现远远超过了生活在单亲家庭和存在第一家长的家庭里的孩子，和生活在完整家庭里的孩子状况相差无几。[9] 这项研究测量的范围包括孩子的心理状态、社交能力和生理健康。

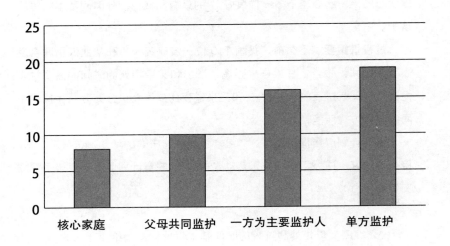

图 13　和生活质量相关的健康衰减状况：生理状况、心理状况和社交能力

来源：《公共卫生期刊》（英国医学委员会）[10]

这项研究对七个方面的状况进行了分析：孩子的社交网络、家庭的居住情况、工作安排、总体经济健康状况、生理健康、家庭类型、家长对孩子产生积极影响的能力，结果发现在育儿问题上拥有均等的发言权的父母在七项指标上全都超过了单方拥有决定权的父母。[11]

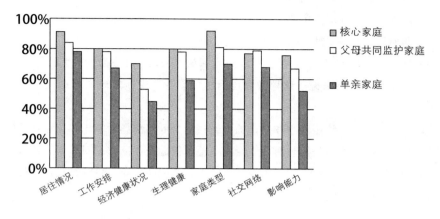

图 14 育儿结构对瑞典父母在满足感方面的影响

来源：《公共卫生期刊》（英国医学委员会）[12]

从孩子的角度而言，离婚造成的最大悲剧就是失去了和父亲或者母亲的接触机会。[13] 按照传统的规定，**孩子和失去监护权的家长每两个星期只能相聚一个周末的时间，对于这种规定孩子们表示了强烈的不满**。[14] 无论是男孩还是女孩，他们都认为这种规定很糟糕，但是失去感最强烈、表现最消沉的还是一些男孩。[15]

和父母相处时间均等的孩子在跟任何一方相处时都感到开心，因为他们不会产生某一方家长更像是阿姨或者叔叔的陌生感。[16] 对这种安排最欢迎的是不满十岁的孩子。[17]

在父母和孩子的相处时间均等的情况下，男孩的总体状况都接近于生活在幸福完整的家庭里的孩子。[18] 孩子和父母，尤其是和父亲的关系也是如此。[19] 他们和继父或者继母也能建立起更良好的关系。[20] 甚至在夫妻离婚的最初几个月里，让孩子和双方保持均等的接触有助于弱化几个孩子之间的竞争以及他们对父母的消极态度。[21]

从父母的角度看，和孩子均等接触的做法能够让双方的压力感都有所减轻。[22] 在离婚后，如果母亲拥有了主要监护权或者唯一监护权，她们普遍抱怨的一个问题就是自己被压垮了。如果父母共享和孩子的相处时间，母亲们留给自己的时间就增加了，也就有了更多的时间通过社会力量获得情感上的支持。[23]

如果单亲母亲必须在儿子面前扮演"厉害的角色",那么她就得同时扮演女性角色和男性角色。这样一来,她很有可能就会遭遇到"单亲母亲悖论":即使扮演着最女性化的角色,也还是会觉得自己身上的女性特征在逐渐流失。父母均等接触孩子的做法能够将母亲解放出来,不必成为"家里的男主人"。对于有些母亲来说,这种做法还为她们创造了重新发现自己的女性特质的机会。[24]

但是,在说服法官和孩子的母亲接受夫妻在离异后能均等接触孩子的做法之前,我们首先需要对两个令人头疼的问题作出回答:对于矛盾比较激烈的夫妇,难道不应当由一方说了算吗?轮流跟两位家长生活会让孩子的生活变得动荡不安吗?

对于矛盾比较激烈的夫妇,难道不应当由一方说了算吗?

我经常在家事法庭上听到法官表示如果父母之间的矛盾发展到了不得不闹上法庭的地步,那么他们大概只能指定一方家长为第一家长。但是,一项对 43 项研究进行的分析提出"由父母双方共同抚养的孩子在情感、行为和心理健康方面都有着更好的表现,他们的生理健康状况、与父母的关系也都更为良好;即使父母之间的矛盾比较激化,共同抚养的有益影响在孩子的身上依然有所体现。"[25]

轮换住在父亲家和母亲家会让孩子的生活变得动荡不安吗?

和父母均等接触的做法要求孩子轮流居住在父亲家和母亲家,法官和孩子的父母往往都会担心这种轮换居住的做法会加剧离婚造成的不稳定状况。面对还不到青春期的孩子以及青春期的孩子,这种担心是最强烈的。为了发现真相,研究人员针对这两个年龄阶段的孩子进行了一项大规模的研究。研究证实均等接受父母养育的孩子在心身健康①(情绪和精神压力给生理健康造成的影响)方面的表现超过了生活在一方家长主导的家庭或者单亲家庭的孩子。但是,他们在心身健康方面的表现不如生活在完整的核心家庭的孩子。[26]简言之,父母之间的稳定胜过地理上的稳定。换句话说就是,两个家庭、两位家长的环境胜过只有一个家庭但是只有一位家长的环境。

---

① 从狭义的角度而言,心身医学的研究范围主要是心身疾病,即"心理生理疾患"的病因、病理、临床表现、诊治和预防,属于一门新兴学科。

原则二：坏话

我在多伦多大学针对男孩危机的问题发表了讲话后不久，有人就在视频网站 YouTube 上发布了演讲的录像，[27] 下面这封节选的信似乎就是受到了这场演讲的启发：

法雷尔博士，你好：

我叫奈德，29 岁，目前处在失业中……我之所以给你写这封信是因为我觉得身边没有人愿意听我说一说我究竟出了什么问题。

在我两岁左右的时候，我的父母就离婚了，自那以后关于父亲我听到的就只是他有多么多么恶劣……父母离婚后，我失去了父亲，我的世界就只剩下电子游戏了。

对于你谈到的那些问题，我就有些典型，比如难以跟别人交流、注意力缺乏、没有动力、和外界脱离了。我的感情生活也总是会破裂，我能感觉到家人对我的怨恨，因为我"没有男人的样子"。我还注意到每次一受到批评，我就只会当缩头乌龟，躲到远处咒骂批评我的人。

在过去的五年里，我终于和父亲有了一定的交流……他总是跟我说小时候的我跟现在有多么不一样：自信，心里有爱，好奇，生活条件很好。在我听来，这些优点好像都属于别人。

说真的，我真恨我自己……我必须做出改变。继续这样的话，我只会毁掉自己，毁掉为我付出过心血的人。要是您能提供一些建议，我会感激不尽的。

奈德[28]

奈德这封信里有两句话反映出导致很多离异家庭的孩子，尤其是男孩出现各种问题的两个原因："关于父亲我听到的就只是他有多么多么恶劣""我真恨我自己"。

听到自己的父亲是一个混蛋、不负责任或者是一个骗子，孩子迟早会在照镜子的时候在自己的身上看到父亲的鼻子、头发或者眼睛。知道自己的基因有 50% 来自父亲，再回想起自己撒过的一两个谎之后，他们就会开始担心自己也是一个混蛋、骗子、不负责任的失败者，就像他们听别人描述的父亲那样。

当然，这种感觉对男孩造成的困扰更严重，通过前文我们已经了解到面对父亲时，男孩们就萌生了成为父亲的渴望，他们会在父亲的身上看到自己未来的模样。

"你爸就是一头蠢驴。"

说过对方的坏话（包括负面的肢体语言）之后，母亲和父亲都有可能产生内疚感，但是通过对离异家庭的孩子进行的调查访问，格莱尼斯·沃克发现母亲说父亲坏话的概率几乎是父亲说母亲坏话的 5 倍。[29] 这个现象无疑在一定程度上催生出了离异家庭的孩子存在的另外三个问题：

- 跟父亲一起生活的孩子对母亲有着积极的看法；跟母亲一起生活的孩子对父亲产生消极看法的可能性比较大。[30]
- 在孩子只跟母亲一起生活的情况下，父母之间发生冲突的概率是孩子只跟父亲一起生活时的 9 倍。[31]
- 跟母亲一起生活的孩子只有不到一半的人有接触父亲的机会。[32]

在照顾孩子方面，亲生父亲或者亲生母亲的参与度越低，说对方坏话的危害就越大，因为孩子会感觉到对自己的照顾比较少的家长无足轻重，同时也会认为自己身上继承自这一方家长的一半也同样无足轻重。称另一方是骗子、不负责任的人或者喜欢摆布别人的人，对孩子造成的伤害尤其严重。"断定"对方人格失常的情况就更糟糕了（例如，"你爸就是一个自恋狂""你妈有边缘性人格障碍"）。

一方说坏话并不意味着另一方就无法为自己辩护、驳斥错误的指控，但是自我辩护的目的必须仅限于澄清自己的想法，而不是贬低对方的人格。[33]例如，如果孩子说，"妈妈说：'爸爸还是老样子，不够关心我，都不来看我踢球赛。'"你尽可以解释说："我上周出差了，这样就能赚够钱，有希望送你去参加决赛了。"但是，不要说"这些你妈都是知道的"这种话。停止辩解、不要反击，这样能让你的孩子认识到什么才是成熟的做法，也会为自己赢得孩子长久的尊重。

当然，的确一部分家长在尽量减少孩子和另一方家长接触的时候有着充分的理由。但是，为人父母的本能包括努力争取另一方对孩子的照顾，就好像这是孩子的生存所依赖的基础一样。这是养育孩子的一项基本原则。

受到抨击、对孩子的照顾不够多这些问题发生在父亲身上的概率比较高，所以我们来看一看为什么说坏话这个问题和孩子的最大利益存在着冲突：

- 孩子在长大成人的过程中会产生"我真恨我自己"的念头。
- 孩子会担心"爱爸爸就等于背叛了妈妈"。
- 父亲原本可能为了爱愿意付出金钱和时间、怀着对爱的憧憬努力成为一个有责任的人，说坏话会打击他们在这方面的主动性。

原则三：住所接近

研究发现如果家长分居两处住所、孩子住在其中一处住所的话，两处住所相距不太远是保证孩子顺利成长的最重要的一个决定性因素。[34]

多近才是比较理想的距离？根据我用一整天或者整个周末对 50 个家庭

的孩子进行的观察，父母住所的理想距离似乎是开车5分钟至20分钟的距离。

如果家长的住所相距太远，害得他们无法坚持参加足球或者体操训练，导致他们无法享受到团队或者个人运动的益处，那么去另外一位家长的住所就会令他们感到反感。同样地，在父母离婚之后，稳定的生活对孩子来说也很重要，错过朋友的生日聚会或者睡衣聚会有可能会动摇他们和朋友之间的友谊，有时候甚至会促使孩子变得孤僻或者陷入抑郁。家长的住所相距超过20分钟车程，稳定性的问题就出现了；距离短于5分钟车程，也就是步行都很容易到达的距离往往会诱使孩子利用这种条件削弱家长的约束力——"你太差劲了，我要去爸爸家／妈妈家。"

原则四：咨询专家

研究人员做过一项重要的研究，对孩子在父母离异后十年内的表现进行了跟踪调查。[35] 在接受调查的孩子中，一部分人的家长被随机分配到了定期接受夫妻或感情咨询的实验组，另一部分人的家长被随机分配到了不接受咨询的对照组，结果研究人员发现实验组的孩子的表现远远超过了对照组的孩子。这项研究选择的调查对象并不是条件优越、配备了高价心理专家的社区，而是只有社区活动中心咨询人员的低收入社区。

有的家长在离婚之后只在出现紧急状况的时候才会接受咨询，这种做法意味着家长能够接触彼此的时候往往已经是矛盾最激化、万不得已的时候了，因此也是两个人的情绪到了最崩溃的时候。这样的接触会令当初导致两个人离婚的误解得到进一步的加深。

你有必要将专家咨询列入自己的日常计划中，而且间隔时间不要太久（例如，每周一次或者两次）。如果能做到这一点，夫妻往往就会把各自的苦恼留到比较平静、焦点比较集中的时候再宣泄出来，而不是一受到强烈刺激就会和对方发生争执。在会面时，他们也往往会怀着比较强烈的同情心对深层问题进行比较深入的探讨，也更愿意寻找能够带来双赢局面的解决方案，解决问题的态度也更为积极。

如果父母无法实现和孩子的均等接触，孩子最好是跟母亲还是父亲一起生活

离婚后，父母均等地照顾孩子会最大限度地提高孩子顺利成长的可能性，但是如果只能选择下下策——第一家长家庭或者单亲家庭，那么对孩子来说究竟是跟母亲一起生活还是跟父亲一起生活更好一些呢？

大多数研究都表示如果必须做选择的话，主要跟父亲一起生活的孩子表现得会好一些，男孩和女孩都是如此（需要记住的是，在成为第一家长的父亲中主动承担这一责任的比率高于成为第一家长的母亲）。但是，在失去父亲的情况下，男孩却比女孩受到的伤害更大，"破裂家庭的男孩的表现尤其糟糕"，[36] 离婚后由单亲母亲抚养的男孩的状况就更糟糕了。

在由学历不高的未婚母亲抚养长大、就读于教育质量低劣的公立学校的孩子中的男孩比自己的姊妹更容易受到伤害。男孩有可能出现的行为和认知问题远远多于女孩，完成高中学业的概率低于女孩，犯下重罪的概率也高于女孩。[37] 但是，也有一些研究发现主要跟母亲一起生活的孩子表现更好一些，例如瑞典曾做过的一项研究就说明了这点。[38]稍后我们会对这个问题进行探讨，面对有关父亲照顾孩子的讨论，你首先需要了解一个违反直觉的细节问题。

生活在贫困线或者贫困线以下的父亲中有超过 1/3（36%）的人是单亲父亲。[39] 父亲的钱越多、学历越高，就越有可能被当作赚钱的工具，而不是抚养孩子的工具。在拥有学士学位的父亲中只有 7% 的人是单亲父亲（在没有高中文凭的父亲中这个数字是 26%）。[40] 因此，对于跟单亲母亲或者单亲父亲一起生活的孩子的表现差异，请记住单亲母亲和单亲父亲往往都比普通的父母更贫穷，学历也更低。了解了这一点，我们就会意识到在对跟单亲母亲或者单亲父亲一起生活的孩子的表现进行比较时，我们采用的是具有一定可比性的人群。

父亲，自尊和热情

在父母离异后跟父亲一起生活的男孩往往比跟父亲分离的男孩更热情、成熟、独立，自尊心也更强。[41]

父亲和多动症

在完全或者基本上跟母亲一起生活的孩子中有 30% 的人存在注意力方面的问题，跟父亲生活的孩子中这个比率为 15%。[42]

父亲和受到伤害的概率

完全跟父亲一起生活的孩子出现受害者症状的概率也比较低。[43] 例如，在他们中间：

- 有 1/3 的人会感到自己受到了其他孩子的伤害。
- 有 1/2 的人经常做噩梦。
- 有 1/4 的人经常感到恐惧。
- 有 1/2 的人自尊心比较低、感到孤独。

这些孩子对批评也不太敏感，突然发火的概率也比较低。

或许是上述各种因素综合作用的结果，跟父亲一起生活的孩子拥有的伙伴也比较多，[44] 因此他们出现抑郁问题或者感到自己受到其他孩子伤害的概率自然也就比较低了，这样一来他们也就更有可能躲开受害者的恶性循环。

幼年阶段只跟父亲一起生活

耶鲁大学的凯尔·普鲁厄特对只跟父亲一起生活的婴儿进行了研究（参照对象为只跟母亲一起生活的婴儿），他发现在个人能力和社交能力方面，这一类孩子的表现超前了 2 ～ 6 个月的正常水平。针对年龄大一些的孩子进行的研究也得出了同样的结果，[45] 此外，这些婴儿在解决问题方面的表现也达到了 4 ～ 8 个月大的婴儿的水平。[46]

在危险年龄阶段只跟父亲一起生活

看到自己的儿子用电子游戏、酒精、毒品或者色情产品取代了朋友、取代了寻找爱情时，无数离异家长都会感到担心。

在青春期的最后几年里，这些危险都会达到最高值（例如，校园枪击、自杀）。幸好，我们还有一些解决方案。

在一项针对 12 000 多名父母离异的青少年进行的研究中，跟单亲父亲一起生活的孩子的发展状况好于跟单亲母亲一起生活的孩子。（需要说明的是，这项研究同时也发现在父母离异后，跟父母生活的时间保持均等的青少年甚至比家庭完整的孩子更容易交到朋友。[47]）

男孩跟父亲一起生活、女孩跟母亲一起生活，这样的孩子表现更好

人们通常都认为如果孩子只能选择一位家长的话，那么男孩应该选择父亲，女孩应该选择母亲。正如我们在前文中看到的那样，这种"常识"并不符合现实。实际上，无论是哪个年龄阶段的孩子，无论是男孩，还是女孩，表现更好的孩子都是跟父亲一起生活的孩子，即使父亲在收入上没有优势。[48]但是，我们也看到了只有父亲的生活同样也不是理想的状态。

离异父亲的抑郁问题以及自杀问题

让孩子失去父亲对孩子来说是一种悲剧；同时，失去孩子带来的目标缺失问题有可能会让父亲陷入抑郁状态。[49]

离异男性自杀的概率几乎接近离异女性的 10 倍。[50]

显然，父亲的自杀对所有的孩子都会产生毁灭性的影响。甚至当父亲只是亮起了自杀的危险信号——抑郁，孩子在情感和行为方面出现问题的概率都达到了 72%。[51]

无论导致父亲在孩子生活中彻底消失的是自杀还是抑郁，一旦父亲消失了，儿子也就消失了。

更偏重于孩子在学校的表现的研究人员就发现跟父亲一起生活的孩子表现都比较好，但是男女之间没有差距。[52]跟父亲一起生活的男孩在心理方面的表现远远超过了跟母亲一起生活的男孩；基本上跟父亲一起生活的女孩的表现也优于跟母亲一起生活的女孩，只是女孩们的差距不太大。[53]

跟父亲一起生活的孩子之所以表现得这么出色是因为父亲只会选择容易养育的孩子吗

实际上，有证据表明实际情况刚好相反。

美国的人口普查数据显示，当发育迟缓的孩子在不满一岁的时候，父亲承担照顾孩子的责任的概率是母亲的 15 倍。[54] 而且，在最终完全跟父亲一起生活的孩子中，有将近一半的孩子最初都是跟母亲一起生活的。这些孩子为什么会转移？因为不少母亲会出现崩溃、失控的问题，[55] 导致她们崩溃或者失控的原因大多都是孩子出现了吸毒、酗酒、不法行为、抑郁和不服从管教（包括用脏话咒骂母亲）这些问题。

简言之，无论是婴儿还是青少年，无论是发育迟缓的孩子还是有不法行为的孩子，父亲都更有可能接受有缺陷的孩子和难以管教的孩子。而且，在他们的照顾下孩子可以达到非常理想的状态，从而就会有更多的年轻男性将"父亲勇士"当作未来的奋斗目标。

"勇士"这个词并不是随便添加的。勇士会认清实现目标的障碍在哪里，他不会一味地盯着阻挡自己前进的障碍物，而是集中精力考虑如何跨越这些障碍的问题。这也正是勇士所能教授给孩子的宝贵财富。

18. 父亲勇士：为什么养儿育女将成为男性的一个新目标

还记得我和约翰·列侬的谈话吗——在他考虑暂停事业、用五年的时间专心养育西恩的时候，我创办的男性团体对他产生了怎样的影响？还记得他跟我说养育西恩是他这一辈子做过的最棒的决定吗？他所说的自己从"赢得爱"的状态转变成了"成为值得爱的人"令我感动。那会儿我还不知道他究竟是谁！

等一等。想一想最后这句话——"那会儿我还不知道他究竟是谁！"也就是说，我知道了约翰也是一个活生生的人。你我都非常清楚"那会儿我还不知道他究竟是谁！"这句话有着怎样的含义。但是，我的这句话有些令人啼笑皆非，因为约翰其实是在告诉我他的身份其实是西恩的父亲约翰·列侬——是大活人约翰，而不是大歌星约翰；是身为父亲的约翰，不是作为成功者的约翰。

驱使我们，尤其是男孩和成年男性，成为成功者的社会诱惑因素无处不在。由于签错名的意外事件，我才知道了约翰是一个大明星，也才意识到聚会上我们周围的人都在窃窃私语——都在说"看，快看那边，是约翰·列侬"。

如果一个男人具有在家庭之外取得成功的素质，但是却抵亢住了各种社会诱惑的共同作用，成了全职父亲，促使他做出这种选择的勇气就为他赢得了"父亲勇士"这个称号。

实际上，如果一位父亲拥有成为明星的才能，甘愿成为"值得爱的人"而不是"通过努力赢得爱的人"真的是一种现实的选择吗？嗯，你大概没有听说过爱尔兰音乐家迈克尔·拉凡，因为他在和妻子里安农·吉登斯有了孩子之后就放弃了音乐事业，专心带孩子了。现在，他专注于自己在摇篮曲方面的音乐才华了。

像迈克尔·拉凡这样开心地照顾孩子、支持妻子谋求事业的男人——有的人会在家赚钱，有的人不会——还有很多吗？即使当第一家长已经成了男性流行的选择，最终能做出这种选择的男性还是首先具备了成为勇士的素质吗？

如果没有认识到"父亲勇士"所具有的两点价值：第一，目标；第二，自己的贡献具有至关重要的作用，你的儿子就不太可能选择成为一位"父亲勇士"。因此，他就需要更深入地了解一下自己在养育孩子的问题上受到的制衡。

对母亲和父亲之间的相互制衡的进一步探讨

母亲和父亲在养育孩子方面的本能往往是互补的。打个比方，面对饿着肚子的母亲往往会给对方一条鱼，即使这样一来她就只能少吃一些；父亲的育儿本能更倾向于那句至理名言，"授人以鱼，不如授人以渔"。

面对饿着肚子的人，很多父亲都不会直接给对方鱼，他们认为饥饿可以刺激饿着肚子的人学会打鱼的技能——在还没有吃饱肚子、失去动力的时候可以充分利用的一个机会。

哪一种养育本能更胜一筹？或者说在育儿的过程中能够双管齐下吗？如果能做到，应该怎样做？通过杰克的经历我们大概就会有一些思路了。

杰克升入小学一年级已经有三个星期了。在杰克临睡前，母亲杰西卡和父亲乔舒亚为他读完了最后一个故事，这时杰克哭了起来："老师不喜欢我。"

"杰克，你怎么会这么说？"父亲问道。

"她就会给我挑毛病，她很可恶。"

母亲和父亲都听着他的哭诉，还搂着他。母亲安慰他说："宝贝，真难过，你不喜欢你的老师。可是，我不希望你这么发愁。我知道一年级有两位老师。

我会给罗宾斯女士（校长）打电话，看一看咱们能不能把你转到贝蒂女士的班上。你觉得怎么样？"

杰克看上去平静了一些。乔舒亚另有想法，但是他决定还是等到第二天早上再说。在吃早饭的时候，父亲向杰克问道："杰克，还记得罗比刚刚搬到马路对面的时候你跟他有多么合不来吗？……结果现在你俩成了最要好的朋友。"

杰克有些抵触："莫耶尔斯女士不一样。别的孩子也觉得她很可恶。"

杰西卡知道父子俩的谈话会顺着"学会和别人相处"的方向发展下去，她不喜欢这种态度。"乔舒亚，这才是杰克的第一年。糟糕的经历会影响到他接下来几年的学习态度。"争执了一会儿之后，乔舒亚和杰西卡告诉杰克他们会继续谈一谈，明天会让他知道他们的决定。

第二天早上，父亲先开了口："杰克，我和你妈妈打算这么办。我们会先跟莫耶尔斯女士见一面，然后我们会把她的说法告诉你，然后咱们再一起商量接下来该怎么办。"

杰克犹犹豫豫地表示了同意。他固然有些犹豫，但是他更希望父亲亲眼看到莫耶尔斯女士对他很反感。"她讨厌我跟罗比说话，就算她在黑板上写字的时候我俩都没有说话，也没有传小纸条。她叫我搬到了别的座位上，把我和罗比分开了，其实当时我只是在回复罗比的小纸条。她怎么不叫他搬到别处去？"

"所以，你就没有再给罗比传小纸条了？"

"是的。嗯，其实是莫耶尔斯女士让杰瑞搬到了我原先的座位上。现在我就把小纸条传给杰瑞……然后他再传给罗比。现在，杰瑞跟我俩也成朋友了，所以现在就是杰瑞、罗比和我，我们三个人一起传小纸条了。"杰克咧开嘴笑了笑，随即又清醒了。"就是从这时候开始，莫耶尔斯女士变得可恶起来了，她当着全班同学的面把我给杰瑞的一张小纸条读了一遍。你明白吗，先是叫我搬到了别处，然后读的又是我的小纸条……"

杰克得出了结论："我猜莫耶尔斯女士很有可能会跟你说这件事情——小纸条的事情。"

"如果莫耶尔斯女士答应不再那么可恶，不再挑你的毛病，你愿意做出一些改变吗？"父亲问杰克。

　　杰克想了想，然后勉勉强强地回答道："我想也许我可以不再说话、不再传小纸条。不过，我还是坚信莫耶尔斯女士就是不喜欢我。"

　　杰西卡和乔舒亚同莫耶尔斯女士见过面之后，他们三个人一致认为莫耶尔斯女士应该和杰克直接谈一谈，她会让杰克知道自己为什么认为他是一个非常优秀的孩子，同时也会告诉他如果小声交谈和传小纸条的行为分散了其他同学的注意力，她就很难让大家专心听讲了。听到莫耶尔斯女士的夸奖，杰克的态度软化了，似乎明白了传小纸条的行为分散了其他同学的注意力，但是他还是说了一句："我就是坐不住。"

　　莫耶尔斯女士提出了一个建议："杰克，要是每天能短暂地休息几次，你觉得会有用吗？根据咱们读过的故事编一些短剧，还有类似的一些事情，你觉得会有用吗？"杰克一下子就兴奋了起来。

　　莫耶尔斯女士夸奖杰克能把自己的苦恼告诉父母，接着她又提出了建议："我希望你继续留在我的班上，但是咱们得做一个特殊的约定，要是你和我对彼此有意见，你或者我就要求对方给自己一些'特殊时间'，而且咱们都知道这代表着什么，然后咱们再像你之前那样敞开心扉地谈一谈，可以吗？"

　　杰克接受了老师的提议。他的态度改变了，他觉得莫耶尔斯女士现在喜欢他了。

　　杰西卡和乔舒亚体现出了父母之间的制衡机制所具有的功效。杰西卡原本打算自己出手替杰克解决问题，乔舒亚原本打算让杰克自己解决问题。

　　由于他们两个人作为家长的地位是平等的，因此杰克就有机会经历实现双赢结果所必须经历的过程：和所有的相关人员谈一谈，倾听对方的想法，做出让步，创造继续沟通的安全方法。

　　就像大多数孩子一样，杰克也有着自相矛盾的需求：他本能地需要父母关系和睦所带来的安全感；但是，如果发现父母之间存在裂痕，为了得到"站在自己这一边"的家长更多的支持，他又会自然而然地想要扩大父母之间的裂痕。一旦成功地利用家庭风暴带来的混乱局面扩大了这种裂痕，他就会产生一种复杂的情绪：表面上，他为自己的成功感到开心；实际上，他越是对父母之间的裂痕加以利用，在下一场风暴到来的时候他就越会感到自己缺少保护。

角色扮演游戏：父亲勇士遇到拥有一切的女性

很多女性都会觉得现实是不公平的——男人能够"拥有一切"：成功的事业，美满的婚姻，健康成长的孩子。

如果"健康成长的孩子"是女性事业有成的同时全职抚养的，那么她出现这种不公平感就是合情合理的。然而，鱼和熊掌不可兼得。男人也不可能。但是，如果"健康成长的孩子"意味着她愿意让丈夫照顾孩子，就像很多男人愿意把孩子交给妻子照顾一样，那么对她来说"拥有一切"的机会可能就近在眼前：一个没有工作但是有着出色的社交能力、育儿能力，同时又渴望成为父亲勇士的男人。

对你的儿子来说，赚钱这个传统角色或许就是人生目标的一部分。但是，如果这个目标促使你的儿子产生"父亲就是钱包"的想法、照顾孩子有可能会让他觉得自己更接近父亲勇士的角色，那么你们不妨利用家庭聚餐之夜的机会帮助他培养一种表达自己的能力，让他敢于告诉一位满怀抱负、拥有一切的女性自己正是她所需要的男人：可以尽量不去上班、有大量时间照顾孩子的男人。

有一些女性满怀抱负，拥有一切，但是对自己日后有可能会"忽视孩子"的问题感到负疚。你们应该利用家庭聚餐之夜的机会讨论一些能够帮助你的儿子做好心理准备面对这种女性的话题。在角色扮演的游戏中，让你的儿子问对方是否总是能挤出时间陪伴孩子。对方的回答几乎永远都是"可以"，那么她就用不着感到愧疚。接下来，鼓励你的儿子了解一些事实：主要由父亲照顾的孩子往往在心理健康、社交技能、学习能力和生理健康等方面表现十分出色，然后把这些信息告知对方。

简言之，教会你的儿子如何帮助对方摆脱内疚感——而不是摆脱他！

内疚感的问题或许是解决了，那么钱的问题呢？

如果男性收入更高，父亲当第一家长就没有问题吗

即使你的儿子能够帮助一位满怀抱负、"拥有一切"的女性弱化她的内

疚感，他有可能还会遇到另一道障碍：担心自己收入低于对方，再加上女方在薪水和升职方面面临的歧视，全家人的经济状况会受到损害。他们或许会认为他当家里的第一经济支柱会才符合家庭的经济需要，因为一切条件都对他更为有利。

可喜的是，在花了七年的时间对薪酬的性别差异进行了研究之后（研究结果记录在《为什么男人赚得多：薪酬差异背后的惊人事实》一书中），我发现其中存在的一些惊人的事实或许能够帮助你儿子未来的伴侣消除这种恐惧，如果她正是适合他的伴侣。

薪酬的性别差异这个问题具有很多层面，因此我需要用一本书的篇幅对其进行阐述，不过在这里我可以告诉你们最重要的一点是：男女两性在薪酬方面的差异并不是男性和女性的差异，而是母亲和父亲之间的差异。更确切地说，这个差异其实是在成为父母后，男女两性在有关工作和生活的决定方面的差异。稍后我们会对这个问题进行进一步的阐述。

第二个重要的事实是：在从未结过婚或者没有孩子的人群中，女性的收入是男性的117%（即使将工作年份和时间、学历因素都考虑在内，结果依然如此）。[1] 这个结果说明男女两性在薪酬上的差异并不是对女性的轻视所造成的。

再多说几句，在撰写《为什么男人赚得多：薪酬差异背后的惊人事实》这本书的过程中，我估算了男性和女性在有关工作和生活的决定方面的25个典型差异，每一个差异都导致男性得到了更高的报酬，但是女性因此拥有了更平衡、时间更灵活、更满足的生活。例如，女性往往不太可能选择危险职业（例如，消防员），时间不方便、环境肮脏的工作（例如，垃圾清洁工），满足感比较低的工作（例如，女性更倾向于图书馆馆员，而不是工程师）、需要大量专业技术培训的职业（例如，女性更倾向于普通从业者，而不是外科医生），或者经济风险比较高的职业（例如，女性更倾向于教师，而不是风险投资人）。

一旦有了孩子，这些差异就更是突出了，同时另外三个普遍存在的差异也变得十分突出了：母亲会减少工作时间，父亲会增加工作时间，尤其是晚上和周末的加班时间；母亲外出时间减少，父亲外出时间增加；母亲会接受报酬比较低但是单位离家比较近的工作，父亲会接受报酬比较高但是单位离家比较远的工作……这种状况可以在家庭聚餐之夜引发非常有趣的讨论（见附录B）。

家庭聚餐之夜

高薪不是免费的午餐

你对哪些职业感兴趣？在有了孩子之后这些职业需要你权衡哪些因素？（例如，担任"亚马逊"公司的总经理但是陪伴孩子的时间比较少，当老师但是有更多的时间在家陪伴孩子）面对危险（屋顶工）、工作环境肮脏（下水道清洁工）、满足感比较低的职业，你对工作和报酬会做出怎样的权衡？你会考虑不要孩子、不结婚吗？如果结婚，会选择支持你但是不如你认识的某某人更迷人的伴侣吗？

问题：得到高薪必须付出代价吗？更深入的问题：优厚的报酬必然跟"权力"或者说"特权"挂钩吗？是否存在所谓的"薪酬悖论"——为了有掏钱的能力，我们就放弃了自己的权力吗？[①]

关于如何在未来的伴侣面前采取主动的问题，如果你的儿子已经能够比较坦然地面对了，那么我通过为《为什么男人赚得多：薪酬差异背后的惊人事实》一书所做的研究得出的两个核心结论或许能为他提供很大的帮助：

- 在决定是否能得到高薪的 25 个关键决定中，如果女性和男性做出了同样的决定，女性的薪酬会略微高于男性。[2]

- 在大公司里，专注于事业的女性升职到经理层所需的时间短于专注于事业的男性。[3]

尽管如此，如果你儿子未来的妻子不是传统型的女性，他就得承认一个现实问题，也就是说对方在工作中背负着一种特殊的包袱：对于她在生了孩子之后会做出怎样的选择，公司会有想当然的想法。那么，你的儿子如何才能让对方知道自己希望帮助她卸下这种包袱？你的儿子可以采用以下这两种办法：

[①] 作者沃伦·法雷尔在《男权神话》（1993）中为"权力"一词重新下了定义：对个人生活的控制力。也是在这本书中，他提出了"薪酬悖论"的概念，并且在《为什么男人赚得多：薪酬差异背后的惊人事实》一书中进行了深入的探讨。他提出我们在赚钱的过程中放弃了权力，赚钱更多的在于权衡，而不是权力，"高薪是一条收费公路，要想赚得多，你就得缴纳 25 种"费用"，例如延长工作时间、减少满足感、面对更高的职业风险……"

- 和她商量一下邀请单位里的同事来家里吃晚饭，做饭上菜的事情全包在他的身上。让几位职位高于她的总经理亲眼看到男人也可以十分支持女人的事业，就像传统上女人支持男人的事业那样。相比于理论上的辩论，这么做会给总经理们带来更强烈的影响。而且，在享用了晚餐之后，人们往往会变得更有同情心、思想也更为开明。[4]

- 鼓励她向晚宴的客人说明公司面对的两难选择：如果她是一个年轻、已婚、打算要孩子的女性，公司就得衡量一下花钱培训她只是竹篮打水一场空的可能性有多大，因为她有可能会请假几个月、几年，甚至再也不会来上班了。在她感同身受地做出这样的设想后，总经理们就会意识到她在为尽心尽力地为公司着想。他们就会感到她是站在他们一边的。

如果你的儿子希望拥有一份美满的婚姻并且成为第一家长的话，他就需要进行更深入的讨论。但是，主动和自己心仪的女性聊起这些话题有可能会催生出 5 个连锁反应：

第一步，她不清楚你的儿子究竟是一个思想新颖的人，还是一个疯子。

第二步，如果你的儿子向她阐明了一些事实，同时又倾听了她的想法，她就会发现答案是"思想新颖的人"，而且还是一个颇有社交能力的人。

第三步，有了这种判断后，她就能够意识到你的儿子有多么勇敢，从而也就对他产生了敬意。

第四步，如果她对你的儿子产生了兴趣，吸引力和敬意就有可能会消除这三种偏见：赚得少的男人内心太缺乏安全感了，应付不了赚得多的女人；赚得少的丈夫只是"又一个孩子"——一份负担；不为她掏饭钱的男人并不真心想和她在一起。

第五步，她会摆脱心理负担，开始设想两个人的孩子主要由你儿子照顾的生活。

你的儿子需要知道这种连锁反应并不会对所有的女性都奏效，但是，他要寻找的也不是随随便便的任何一位女性。但是，跟贝比·鲁斯（美国战前最著名的全垒打王）不一样，你的儿子只需要打出一个全垒打。不过，对于你的儿子来说，帮助未来的伴侣设想日后由自己承担第一育儿者责任的可能只完成了一项工作，他还需要做很多工作，未来的伴侣有可能还得面对亲朋好友的偏见。**如果你的儿子不是一个因循守旧的人，他就需要知道自己一生中最重要的工作就是找到一个不太受社会传统束缚，从而让他也能摆脱社会传统束缚的女人。**

如果你的儿子是一位父亲勇士，会有公司雇用他吗

布兰登住在加利福尼亚州圣迭戈市北部的恩西尼塔斯，他喜欢冲浪、打高尔夫球，对于这两项运动恩西尼塔斯都有着得天独厚的条件。一天，布兰登注意到自己的公司需要一名常驻明尼阿波利斯的分公司经理：

大幅度加薪的待遇令我动心了，但是片刻之后我就想到了明尼阿波利斯的寒冬，随即我就打消了调职的念头！

一个星期后，我的妻子劳伦告诉我她怀孕了。我非常开心，可是劳伦不想把孩子送到托儿所，她希望自己全职照顾孩子，而且至少要两个孩子。第二天，我就去打听明尼阿波利斯的那个职位还有没有了——薪水高，生活成本低，这样我们就有能力在一个条件好的社区里买一座带四个卧室的房子了。

那个职位还空缺着，我又在圣迭戈找了几个星期的工作，想看一看在当地有没有薪水差不多的工作，然后我就接受了明尼阿波利斯的工作。我们就搬家了。

这件事情发生在18年前。布兰登选择了传统的做法，只是有一点是个例外：在搬家之前，他试图找到可替代的机会，以便继续维持自己原有的生活方式。

通常，公司都知道男性职工的孩子越多，他就越觉得有必要延长工作时间、承担更多的责任，以便赚到更多的钱。因此，公司不仅不会施行产假制度，而且还要施行"远离家庭"的制度。**身为父亲的男性对公司来说非常好用，因为他们是最容易受到操控的职员。**

在布兰登和家人搬到明尼阿波利斯以来的这些年里，公司企业的管理环境越来越艰难。在妇女运动的推动下，公司企业都不得不纷纷采用了更灵活的工作时间；很多女性职员在生完孩子后有可能会彻底离职的，这一点也令公司企业感到头疼。不仅如此，现在公司企业还多了一种担忧，在有儿有女的全职男性职员中有 49% 的人都表示自己更希望全职照顾孩子。而且，具有这种倾向的往往还是最优秀、最聪明的年轻男性，因此公司现在都开始进行相应的调整了。我们见过适宜女性和母亲的最佳公司企业排行榜，现在，社会上已经出现了针对男性的类似排行榜，例如面向父亲们的网络杂志《父亲杂志》列出的"最适合新手爸爸的 50 个工作单位"排行榜，这还是历史上首次出现这样的排行榜。[5]

如果你的儿子有可能接受第一家长的角色，而且他对电脑游戏和科技感兴趣，那么他已经有了一个很好的起点。出现在这种排行榜上的公司主要都集中在科技行业，例如，在线影片租赁提供商 Netflix、网络商店平台 Etsy、正版流媒体音乐服务平台 Spotify、社交网站 Facebook 和 Twitter。榜上有名的金融公司也为新手爸爸们提供了很大的自由空间，例如美国运通公司和美国银行。

通过 Netflix 和 Etsy 这两家公司我们可以看到现如今各大公司对吸引最优秀、最聪明的父亲加入企业的愿望有多么强烈。Netflix 不仅会为男职员提供一年的带薪产假，而且还会根据个人的需求和愿望提供个性化的选择。Etsy 在公司里专设了"爱心家长室"，房间里装饰了 Etsy 店家设计的艺术品，楼顶还有一个俯视曼哈顿的"空中花园"。

这是一个新世界，如果你的儿子是一位父亲勇士，如果他能够像换尿布一样改变自己的观念，那么对他来说这个世界就变得越来越有利于他了。

这是一个好消息。但是，如果不存在潜伏的"敌人"需要你的儿子去战胜，我肯定不会将他这样的男性称为父亲"勇士"。截至目前，很多公司都尚未具备这么灵的观念。如果你以为只有女性受到了歧视，那么你就做好准备，见识一下一个全新的世界吧——父亲歧视。（谁说养儿育女不是下等工作！）

19. 父亲：父亲歧视

"看到他们在一起，我就是觉得不对劲"

　　想象一下你在暑假期间带着儿子去了弗吉尼亚州的蒙蒂塞洛（美国第三任总统托马斯·杰斐逊的老家）。接下来，再设想一下他凝视着下面这块广告牌时的情景。在画面中，一个男人的手牵着一个小孩子的手，配文写着："看到他们在一起，我就是觉得不对劲。"

图 15　弗吉尼亚卫生部公益广告

　　图注："看到他们在一起，我就是觉得不对劲。"
　　　　请拨打 1.888. 防范儿童性虐待免费电话　www.stopitnow.org
　　　（右下角两个标志）VDH　Stop It Now

来源：弗吉尼亚州卫生部

这条广告暗示成年男性牵着小孩子的手这种行为有些不合适，有些"不对劲"。当你的儿子想象着有一天自己当了"保姆"、导师、私人教师、保育员或者小学教师的时候，甚至只是成了父亲，在工作日中午的时候牵着自己的孩子去公园的时候，这种暗示会让他产生什么样的感觉？

为了淡化这种歧视带给儿子的印象，你就试图证明这块广告牌来自比较偏激的人群。结果，你注意到了 VDH 这几个字母，眯着眼睛看了看，你又看到了"弗尼吉亚州卫生局"这几个字。

你的新发现暴露出了另外一层深意：在这块广告牌被竖起之前，上面的内容应该经过了政府部门的层层审批，对于花费纳税人的钱暗示父亲拉着孩子的手或许"不对劲"的做法，没有一个部门提出异议。

在一个"发现可疑，立即报警"①的时代，今天的偏见到了明天就会招来报警电话。全美居家爸爸网（弗吉尼亚州）的联合创始人迈克·史迪威曾向《华盛顿邮报》讲述了自己作为居家父亲的经历。当时，史迪威带着孩子在公园里，一些母亲走了过来，询问他为什么不去上班。史迪威向对方说明了自己的情况，结果后者还是报了警。[1] 今天的偏见，明天的报警。报警记录不仅有可能对史迪威养育孩子的能力造成损害，而且还有可能会影响到他为孩子筹措资金的能力。

提到在工作时间照顾孩子的父亲时，我们不得不面对"有罪推定"式的性别歧视，这种歧视都和数百万黑人所遭遇的"有罪推定"式的种族歧视"黑人驾车罪"②存在着不少相似之处。如果你的儿子成了一名父亲勇士，他就会加入一场对抗"男性育儿罪"这种性别歧视的运动。如果他考虑当幼儿园教师或者小学教师，他有可能会担心"男性教师罪"这样的性别歧视。

一丝疑心就会导致有人报警，一次报警就会让学校认为有必要赶走你的儿子，以免其他家长不敢将孩子送到学校来。这样一来，你儿子的教师生涯可能就被彻底断送了，甚至有可能出现更糟糕的情况。校方觉得为了自保只能无视你的儿子遭受到的性别歧视，这种做法充分体现了系统性的性别歧视

---

① "发现可疑，立即报警"是美国国土安全局发起的警示活动，现在美国很多城市都能看到这样的警示语，号召民众主动报告一切可疑情况，尤其是跟恐怖活动有关的可疑情况。

② "黑人驾车罪"是美国特有的习惯用语，指的是对非洲裔美国人在驾驶汽车的时候遭遇到的种族歧视现象，即驾车人员被警察拦下并不是因为他违反了交通规则，而是因为警察的种族偏见。这个词来源于"酒醉驾车罪"。

主义。

为了保护儿童不受到男性的掠夺，一部分男性就得面临着被牺牲掉的风险，正是由于这种风险的存在，你的儿子才有机会赢得"父亲勇士"的称号（如果他是教师或者导师的话，他的称号就是"长者勇士"）。

母亲有权得到孩子，父亲必须苦苦争取孩子

如果你的儿子面临着离婚的问题，那么社会对男性承担育儿工作的偏见也会对他产生影响。他同孩子见面的频率——也就是你同孙儿见面的频率往往取决于一名专业人员的建议。对于你儿子日后跟孩子的接触，法官通常都会听从专业人员的建议。

这其中存在着什么问题？在 2016 年针对社会工作者进行的一项研究显示世界各地的父亲在争取监护权方面都存在着一个共同的障碍："**社会工作者往往认为孩子都希望尽可能地得到母亲的监护。当孩子表示更希望得到父亲的监护时，他们的愿望往往无足轻重。**"[2]

专业人士对父亲们持有的偏见是有根源的。

女权运动最初支持父亲参与照顾孩子的工作，直到 20 世纪 70 年代初才开始反对父亲在离婚时的平等权利。在我加入美国妇女组织的最初一两年里（1972—1973），格洛丽亚·斯泰纳姆（作家及女权活动家）经常跟我说："世界需要更多的女性参加工作、更多的父亲待在家里。"

贝蒂·弗里丹（美国当代著名的女权运动家和社会改革家）对父亲的看法更为积极。在她的思想发展过程中，"第一阶段"《女性的奥秘》阐述的是女性解放的需要，《第二阶段》阐述的则是实现女性的解放就需要解放男性。**在《第二阶段》这本书里弗里丹做出了预言：如果不让男性承担养育责任，女性就无法实现在事业上的目标。**弗里丹的第一本著作为我们的女孩催生出更灵活变通的角色，这是一件幸事；不幸的是，她的第二本著作没能为我们的儿子催生出多少灵活变通的角色。

尽管如此，在 1972～1973 年，情况还是出现了一些变化。美国妇女组织感受到了来自正在办理离婚和已经离婚的母亲们的压力，她们的态度大致

就是，"我知道怎样做才是对我的孩子最有利的。我希望有权按照我自己的方式抚养孩子"，或者"我新碰到的这个男人当父亲会当得更好，为了照顾他的工作，我们需要搬家的自由，搬到学校更好的地方，开始我的新生活"，或者"我觉得'妇女组织'需要扩大妇女的权利。要是'妇女组织'游说政府对妇女权利进行限制，我就不会继续参加'妇女组织'了"。

针对这样的观点，我们进行过辩论。我指出首要考虑的因素不是女人，也不是男人，而是孩子，就连我们当时刚刚掌握到的证据都表明跟父母双方一起生活的孩子状况最为良好。美国妇女组织理事会的很多成员都认同这个观点，但同时又认为该组织最重要的使命是支持女性，如果动摇了自己的政治根基，肯定就削弱了自己支持女性的能力。因此，自 20 世纪 70 年代中期以来，美国妇女组织在全国各地的宪章在决定离婚后谁抚养孩子的问题上几乎都倒向了母亲一方。母亲的权利压倒了平等权利。[3] 政治正确压倒了平等原则。

这种女权主义政治立场滋生出职场对父亲们的偏见，一场场官司又培养出了一个很赚钱的家事法庭系统，在这两个因素的共同作用下，世界各地对离异父亲产生了一种共识：**母亲有权得到孩子，父亲必须苦苦争取孩子**。美国妇女组织的决定进一步推动了"父亲权利"组织的出现，将男女两性原本有可能实现的同盟变成了目前两性之间的战争。

我们将在下文中看到这种状况对男孩们产生了怎样的影响。不过，我们的女孩也同样受到了伤害。就在撰写这一章的时候，我收到了布里安娜·尼斯的来信，她同意我在书中引述信中的部分段落。布里安娜 24 岁，刚刚从史密斯学院毕业，她所学的专业是生物学和神经科学，她告诉我：

> 我是由父亲抚养长大的，他独自一人费尽千辛万苦把我拉扯大，没有得到过社会的任何支持，这样的经历让我有了比较正确的判断。我的态度就是活下来、勇敢反抗虐待我的母亲、反抗极端不公的家事法庭系统，母亲的目标就是将父亲和孩子分开。我见过十分难缠的监护权评估员、心理学家、紧急状况审查人员和法官，我亲眼看见了这个系统是如何一而再再而三地对我父亲施加影响的。现在，我已经结束了史密斯学院的学业，我对格洛丽亚·斯泰纳姆的女权主义多了一些理解，在我看来我在史密斯学院接触到的女权观点可以说就是她的女权观点……

很多女性在长大成人的过程中都产生了对男性的鄙视，由于将自己视作永恒的受害者，她们最终限制了自身的发展。我很难跟同龄的女性交朋友，我在学校里遇到的大部分年轻女性都有着很严重的情感问题，我觉得对于这些问题她们缺乏正确的引导。我都不知道该如何跟男性结成伴侣……

您的文字和语言为我的父亲提供了有力的工具，让他能够用适合我的年龄的各种方式跟我探讨这些复杂的话题。他因此形成了自己的信念和道德准则，这些信念和道德准则让他在面对令人难以置信的监督、批评和排斥时能够毫不动摇，为了让我拥有更好的未来，在一场长达七年、形势对他极其不利的诉讼中坚持了下来，从而也帮助我明白了应该如何尽自己最大的努力成为一名优秀的女性。[4]

为什么"父亲什么都懂"变成了"父亲懂得不多"

在男性难以胜任父职、有可能进行性侵害的观念还不太普遍的时代，男人就在照顾孩子。在工业革命之前，男孩们会协助父亲干活，成为学徒（农民、铁匠、鞋匠、煤矿工人，等等）。在鲜有离婚的环境中，在富裕的家庭里父亲往往都是第一监护人。他们有可能会将日常工作分派给保姆，但是最终的责任还是落在了他们的身上。直到今天，在一些社会中父亲还是会在照顾孩子的工作上花费大量时间，例如非洲阿卡部落的男性会把 47% 的时间用来抱着尚在襁褓中的孩子、紧紧地守着孩子。[5]

那么，为什么我们的社会从"父亲什么都懂"变成了"父亲懂得不多"，甚至"父亲成了骚扰者"①？随着一个个家庭由于离婚而破裂，20 世纪 50 年代那种"父亲什么都懂"的时代力量已经变成了"父亲懂得不多"。正是笨手笨脚、经常出错的霍默·辛普森催生了美国电视史上最长寿的黄金档系列剧《辛普森一家》，这部卡通喜剧迄今已经播出了 600 多集，从里根时代一

---

① 这个标题引申自美国流行一时的广播剧和电视系列剧《爸爸什么都懂》，内容就是四个孩子一碰到问题，爸爸就能给予指导，是一位无所不知的灵魂导师。

直延续到了现在的特朗普时代。在"父亲懂得不多"的竞赛中，屈居亚军的可能就是《人人都爱雷蒙德》里那群什么都不懂的父亲了。

我们已经为女性参加工作创造了越来越多的机会，但是在社会形象、政治、职场和法律各方面偏见的影响下，我们没能为男性待在家里创造更多的机会。在日常生活中，我们随时都会听到具有歧视性的表达方式。在以前，如果医生是女性，我们就会用到限定词，"女医生"；现在，我们通常都将女医生称为"医生"。然而，如果一个男人是全职父亲，我们还是会采用限定词，将其称为"全职父亲"，甚至是"家庭主夫"。在未来，如果你的儿子选择当一名全职父亲，当别人问他从事什么工作的时候，如果他能自然而然地说出"我是一名父亲"，就像我们的女儿会脱口而出"我是一名医生"，我们就会知道我们推动了社会的发展。

二流子父亲形象

如果你的儿子没有结婚就当上了父亲，他就成了所谓的"二流子父亲"："性？没问题，来吧。责任？不用了，多谢你了。"不会有多少人同情二流子。法律对他们的态度也是如此。显然，你的儿子其实完全有可能成为一个二流子。不过，他的未来更有可能是这样的……

在同意要孩子的时候，绝大多数男性都有意愿参与孩子的生活。我们已经在前文中看到，在全职工作的父亲中有 49% 的人都倾向于全职照顾孩子。[6] 在全世界范围内，各种父亲团体正在努力争取陪伴孩子的权利。据我所知，没有一个父亲团体在努力争取摆脱孩子的机会。

离异的父亲不仅得不到均等的时间，而且还要给孩子支付法律规定的抚养费，还要和孩子的母亲分担日常开销，即使他们跟后者的收入差不多，只有在满足这些条件的情况下，他们才有可能获得和孩子的母亲均等的接触孩子的机会。

在一定程度上，社会上之所以一直存在着对"二流子父亲"偏见是因为全社会都无视一个事实：在迟迟没有支付抚养费的家长中有 70% 都来自年收入不到 1 万美元的家长（"家长"基本上指的都是"父亲"）。[7] 由于拖欠子女的抚养费，这些父亲中有很多人都被关入了监狱，这种做法加剧了抚养费的拖欠情况，同时也削弱了他们出狱后找到工作、支付抚养费的能力！

如果你的儿子失业了，他拿到的失业保险金已经扣除了给孩子的抚养费，退税款也是如此。由于种种克扣，到最后他有可能都租不起一套能让孩子居住的像样的公寓。政府会动用纳税人的钱救济生活困难的母亲（例如，"妇女，婴儿及儿童专项营养补充计划"），而生活困难的父亲们也必须为政府的这笔支出买单。

实际上，我们并非别无选择。在第17章里我们已经看到了"时间胜过金钱"。我们需要对孩子的抚养问题重新定义：用孩子最需要的两种资源抚养孩子——时间和爱。在下文中我们将针对这个问题进行进一步的阐述。

家庭聚餐之夜
躲不过的性问题

利用家庭聚餐之夜，跟你的儿子讨论一下如果他成了一个多余的父亲，"二流子父亲"的形象会如何催生出加剧现状的法律。这样的讨论能够帮助他做出正确的判断：**一旦跟一个女人发生性关系，他就把自己的一生交由她处置了。**

有什么好处吗？这个判断能够促使他在和女性发生性关系之前先深入了解对方，最终对女性形成非常积极的认识。没有多少因素能够压倒青春期少年的性欲望，因此你就需要采用最具有说服力的方法教会儿子采取保护措施。

昨天有"二流子父亲"，今天有无心顾及
孩子的"多力多滋"父亲

如果你的儿子打算成为更专注于孩子的父亲，并不一定要跟孩子的母亲承担均等的责任或者成为全职父亲，他的愿望将会遭遇到"父亲懂得不多"这种刻板成见持续不断的轰炸。他会注意到实际上所有将某种性别刻画成蠢货的电视广告所刻画的对象都是男性。没错，就连超过80%的美国男性以及将近70%的美国女性观看的一档节目都会嘲笑他们，而且当着他们的面，这就是"超级碗"（美国职业橄榄球大联盟的年度冠军赛）。

例如，墨西哥的"多力多滋"玉米片公司[8]在2016年"超级碗"期间打出的一条广告展现了一名母亲和一名女医生出神地看着胎儿的B超图像，与此同时父亲也同样投入，只是他盯着的是"多力多滋"。

母亲对医生悲叹道："这是真的吗？我在做B超，他却在吃'多力多滋'？瞧瞧，我过的是什么日子？"医生充满同情地说道："我明白的。"就好像她在说："没错，好姐妹，这种情况我已经见过无数次了。当爹的都无可救药。"

当然，B超检查显示了子宫里的胎儿正在模仿父亲对"多力多滋"的专注。令人惊讶的是，由于过于痴迷于父亲，婴儿竟然冲出了子宫，跟父亲争夺起"多力多滋"。你的儿子会接收到这样的信息：父亲不仅百无一用，而且他的百无一用还具有传染性。

当然，这条广告产生了令人捧腹的效果。为什么？因为它强化了我们既有的偏见。你不相信？反过来设想一下：一位父亲和男医生专注于B超图像，母亲却只盯着自己手中的"多力多滋"。这种情节跟我们的偏见无法产生共鸣。

类似于"多力多滋"这样的广告能够在积极刻画父亲形象的同时引起同样热烈的欢笑吗？当然可以。我们要做的就只是略微摆脱思维定势，或者你还需要一些锦囊妙计。

试想一下，母亲、医生和父亲全都专注地盯着B超图像，医生拿出了"自己最有效的药物"——"多力多滋"给母亲、父亲和自己一人一袋，每一个人都越吃越出神。莫里斯·拉威尔（法国作曲家）的《波莱罗舞曲》配合着

喜悦的升级。就在三个人的喜悦达到高潮的时候，突然间母亲的"配乐"时而是分娩的阵痛，在拿到一片"多力多滋"后，又变成了"当哈利遇到莎莉"①式的高潮，就在一瞬间婴儿从子宫里钻了出来，一把抓过了三袋"多刀多滋"。父亲尖叫了起来："加油，女儿！"

这种巧妙的广告实现了五个效果：逗笑了观众；为"多力多滋"带来了利润；启动了父亲大脑；为女儿加油；不含有"父亲不太懂得"和"父亲不太关心"之类的信息。

现实世界有希望出现这种广告吗？有。一位真正的广告人（相对于我虚构的这条广告）的确已经为"潘婷"洗发水设计了一系列激励父亲的广告。9这批广告只是在 2016 年的"超级碗"期间在部分地区播出了，但是广告展示了 3 名职业橄榄球大联盟的球员——德安杰洛·威廉姆斯（前匹兹堡钢人队的跑卫）、本杰明·沃森（新英格兰爱国者队的近端锋）和杰森·威腾（达拉斯牛仔队的近端锋），都按照"潘婷"倡导的方式为女儿履行着父亲的职责。每一段故事都清楚地展现了父女之情，通过一段短短的广告你都可以看出父女之间的感情得到了深化。每一条广告在结尾时都提出了充满爱又颇有智慧的观点："跟父亲拥有美好时光的女孩长大后会变得更加强大。"

过不了多久，社交媒体 Instagram（图片墙）上的热点关键词"父亲做的蠢事"就会被"父亲做的事"所取代。触地得分！

指引儿子"做出改变"

无论何时，只要你的儿子目睹到不公平的现象，你就可以趁机教导他通过另一种形式触地得分。如果他对二流子式的父亲形象感到厌恶，你就可以帮助他以实际行动改变我们在媒体上看到的男孩和成年男性的形象。

例如，高乐氏清洁用品公司在 2013 年推出的一条广告中提出："新手爸爸就像狗和其他家养宠物一样，满怀好意，但是缺乏判断力和良好的运动机能。"在听到类似这样的广告时，你的儿子是不会受到激励、努力开发父亲大脑的。

---

① 1989 年出品的电影《当哈利遇到莎莉》提出了一个经典的问题：排除了"性"，男人和女人竟可以成为真正的朋友吗？作者在这里指的是没有性的"高潮"。

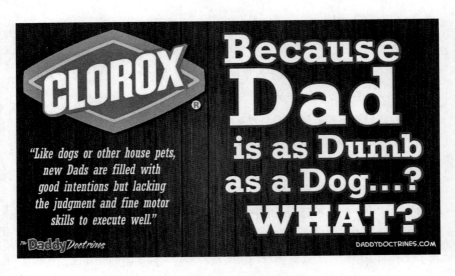

图 16　高乐氏清洁用品公司广告

图注：（左侧）高乐氏；"新手爸爸就像狗和其他家养宠物一样，满怀好意，但是缺乏判断力
　　　和良好的运动机能。"；DaddyDoctrines。
　　　（右侧）"因为爸爸像狗一样蠢？""什么？"DADDYDOCTRINES.COM

来源：www.daddydoctrines.com

　　你没有看过这条广告？那是因为一些观众已经组织起来进行了抗议。广告最终被撤回了。

　　上图就是针对这条广告发布的一幅抗议图片。

　　你有自己的优势。公司企业都不希望自身具有不好的形象。在利用自己的优势时，你就是在教育儿子如何在这个世界上发挥自己的作用。就算是为了增强他对你的敬意，你也不能只是在口头上反对父亲歧视观念，而是要身体力行地帮助全社会为歧视现象关闭大门，为父亲们打开大门。

20. 最好的家长就是双亲俱全，
但是……

父亲对孩子的照顾不足这个问题固然给社会带来了一场危机，所幸的是，这场危机有现成的解决方案——父亲参与照顾孩子的工作。

吃糖的问题也有现成的解决方案——不吃糖。而有时候，正确的做法就近在咫尺，有时候又遥不可及。

现在我们就来看一看对于支持父亲照顾孩子的工作，当解决之道近在眼前的时候我们应当做些什么，当解决知道遥不可及的时候我们又应当做些什么。

最好的"家长"需要态度的改变

为了帮助女性加入职场，我们需要继续改变对女性和工作的态度，为了让男性加入育儿的队伍，我们就需要从现在开始改变对父亲和婚姻的态度。

远离"精神离异"陷阱

婚姻是确保男孩有父亲照顾的最佳方法，但是如果你的儿子感到父母还维持着法律意义上的婚姻，但是在精神上已经离婚了，那么你的婚姻就不可能对他产生积极的鼓励作用，让他未来坦然接受婚姻关系。

如果他日后离了婚，他也不会通过你的婚姻受到启发，毕竟自己的父母

"之所以还在一起只是为了熬到孩子再大一些的时候"。

心理离异的家长会继续守在一起过日子，直到孩子结束了学业，这种夫妻会觉得自己的婚姻就如同"最低安全级别的监狱"。这种状况令身为家长的夫妻双方感到沮丧，同时也令孩子产生了焦虑情绪。

很多夫妻都将婚姻的失败归咎为钱、孩子或者性生活不和谐等因素。其实，**对于幸福的婚姻来说，钱、孩子或者性生活的状况并不是最重要的因素，最重要的是对于这些因素我们如何跟配偶进行沟通。**

那么，我们为什么无法提高沟通的质量？最根本的原因还在于人类的"阿喀琉斯之踵"——在听到爱人批评我们的时候，我们无法放下防御的姿态，尤其是在批评十分激烈的情况下。（对于大多数人而言，爱人的批评都很"激烈"！）

为什么爱无法战胜防御心理？因为爱得越深，配偶的批评对我们造成的伤害就越大，我们的内心也越脆弱。因此，当爱人的批评让我们变得愈加脆弱的时候，我们做出的回应有可能就是一副防御姿态和满腔的愤怒。可是，配偶并不知道愤怒只是我们人类用来掩饰脆弱内心的面具，平时常常会被对方的脆弱所打动的他／她现在只会对此视而不见，同时又对对方的愤怒感到恐惧。因此，配偶就会表现出一副"如履薄冰"的姿态。渐渐地，我们的激情之花就凋零了。抚养孩子以及赚钱抚养孩子的事情让我们疲惫不堪，无法跟对方沟通，即使缺乏沟通的问题削弱了两颗心之间的亲密关系，抚养孩子和赚钱的事情还是在不断强化着我们对彼此的依赖。就这样，心理离异和"最低安全级别监狱"式的婚姻就出现了。

要想解决这种问题，首先我们就需要学会积极倾听——向配偶复述对方说过的话。不过，除了在治疗师的诊疗室里，很少有人会采用这个办法。为什么？能够做到积极倾听的人不仅应当抛开防御心理，而且还必须在复述对方的批评的同时不进行自我辩解。这种做法有什么问题吗？如果我们感到自己受到了心爱之人的批评，我们都会觉得自我辩解十分重要。

我创造了一套解开这个"戈尔迪之结"①的方法，通过这种方法我们就能

---

① "戈尔迪之结"出自古希腊神话，按照神谕，能解开戈尔迪之结的人会成为亚细亚国王，后来亚历山大大帝解开了这个结。现在，这种说法被用来比喻棘手的问题。

学会在受到批评的时候内心不会失去安全感，因为在感情上我们为配偶的感受创造了一种安全的氛围，同时又抓住了难得的机会，进一步增进彼此之间的感情。[1] 要想让爱人更爱我们，我们就不能摆出自我防御的姿态。我将在第27章中阐述如何治愈受到伤害的人，其中我会对我创造的这套"无自我防御心理沟通法"的一些基础做法加以讲解。

即使夫妻已经能够在绝大部分时间里不带有自我防御心理地进行沟通，我还是经常向他们提出一个问题——当着孩子的面吵架是否有益于孩子？

当着孩子的面吵架

以利亚：

我记得在我17岁的时候，我问父母能不能让我在周五的晚上开车出去，他们俩都对我的那群朋友没有什么好感。我母亲说我可以把车开出去，但是晚上11点必须回来；我父亲说"不能开车，直到"——直到我的学习成绩提高了，而且我还交到好一些的朋友。一开始，我还会插嘴支持母亲，等他俩越吵越凶的时候，我就开始劝架了。

后来，我跟一个女人交往了，她成了我的未婚妻。可是，就在我们第一次大动干戈地吵了一架之后，她崩溃了，解除了婚约。后来我才知道她的父母从来没有吵过架——至少没有当着她的面吵过，可是他们却离婚了。所以，她觉得如果我俩的情况比她的父母"更糟糕"，竟然会吵这么一架的话，那么我们的感情肯定会完蛋的。不过，我们把一切都说清楚了，在这个过程中我意识到我的父母吵得很厉害的时候我受到了深深的伤害，而她之所以受到深深的伤害是因为在两个人出现分歧的时候她不知道该怎么处理。

我把这些事情告诉您是因为现在我们就要有孩子了，法雷尔博士，我想问一问您，您觉得当着孩子的面吵架是正确的做法吗？

以利亚，判断的方法很简单。对于你的问题，如果……如果你们希望孩子日后在跟自己的伴侣发生争执时也采用你们的方式，那么答案就是肯定的。

你能赋予孩子的最重要的财富就是将分歧转化为爱而不是憎恨的能力。

如果根据上述方法你做出了肯定的回答，接下来你就应当：

- 关起门来解决问题。
- 夫妻进行交流训练——不是为了解决某个问题，而是要学会如何解决问题。
- 学会互相欣赏和理解的技巧。

欣赏和理解的技巧是一种宝贵的能力，在你的儿子学会如何欣赏理解自己的父亲时，这一技巧将会产生意想不到的特殊作用。

欣赏父亲，激励儿子

> 谁都不欣赏当爹的……谁都不会说一句"嘿，老爸，谢谢你交了房租！""嘿，老爸，我爱死这热水了！""嘿，老爸，有了这些灯，看书不费力了！"
>
> ——克里斯·洛克，喜剧演员

你的儿子更有可能说出"谢谢你做了饭"，而不是"谢谢你赚了钱，没有钱就做不了这顿饭"。

在满是职业母亲的世界里，家庭里有可能依然存在着两性之间传统的角色分配吗——母亲照顾孩子，父亲负责赚钱？是的。《哈佛商业评论》指出父亲每周外出工作超过 50 小时的概率是母亲的 3 倍（分别为 29% 和 9%）。[2]这就意味着对家庭做出贡献但是却受到忽视的往往还是父亲。

母亲们常常会感到打扫卫生、洗衣服、做饭这些工作受到家人的忽视，同样地，父亲们也常常会感到自己的付出得不到重视：为了支付汽车的账单，汽车、家庭和健康保险，房租或者房屋贷款，房地产税，水电费等而花在工作上的时间。被家人指责回来太晚或者"把工作带回家"的时候，父亲们往往感到自己里外不是人——做了也不对，不做也不对。

问题：**配偶为了维持现状所付出的劳动——家里被打扫干净了，账单被支付了，都是无形的，因为一切都维持着现状**。回家太晚之类的问题是权衡的结果，最容易耗尽夫妻感情的莫过于这样的选择受到指责。内心充满压力，自然就没有空间容纳爱情。

解决方案：最容易增进父亲感情的办法就是看到无形的付出。幸运的是，要想看到无形的付出，我们只需要接受一些训练，学会如何发现无形的付出，既要看到为了准备今天的晚餐有人昨天去买菜了，也要看到有人出去接参加朋友聚会的儿子回家。

最隐蔽的压力来源或者被包裹在对权力的错觉中，或者会导致"踢狗效应"①，因而我们只会对"狗"产生同理心。这两种状况都在《广告狂人》里的那些男性身上得到了体现。

没有人问一问男人为何会酗酒

《广告狂人》充分展现了20世纪70～80年代里女性的才智、人际沟通能力以及对工作单位的潜在贡献受到怎样的忽视。在剧中，男性不停地在喝酒，永远是一副自我膨胀、公然歧视女性、不忠于婚姻、玩弄女性、占山为王、极度渴望权力、沉迷于金钱的形象，而且还拖欠孩子的抚养费，对男性的这种描述增强了我们对那个年代的印象——我们曾经生活在一个男性是压迫者、女性是受压迫者的时代。我们不太会同情被逼成"狂人"的男性，我们更有可能的反应是对这些男性义愤填膺。

女性的生活遭受着传统的束缚，在牺牲女性的前提下男性永远维持着这副德行，《广告狂人》进一步增强了我们对这些现象的愤慨。

设想一下，通过这部电视剧你的儿子对于自己在社会中的角色会产生怎样的理解。他的父亲或者祖父被描绘成他不希望成为的那种人——压迫者。**如果你的儿子感到自己的未来就是成为一个压迫者，那么独立生活失败看起来反而就成了一种进步。**

摆在你儿子面前的是一个进退维谷的僵局：或者成为事业有成的压迫者，或者成为独立生活失败的窝囊废。你可以向你的儿子提出两个无人问及的问题，从而帮助他培养出打破这种僵局的能力。

---

① 译注：踢狗效应（又称作"踢猫效应"），是指对弱于自己或者等级低于自己的对象发泄不满情绪而产生的连锁反应。这一术语描述的是一种典型的坏情绪传染现象，人的不满情绪和糟糕的心情一般会沿着等级和强弱组成的社会关系链条依次传递，最弱小的会成为最终的受害者。

问题一：男人为什么要酗酒？

问题二：是什么让男人变成了"狂人"？

喝酒可以让人对压力变得无动于衷。回想一下，《广告狂人》里的广告经理人在被父母抚养长大的过程中是如何一步步接受压力的。他们的父母教过儿子问一问自己"什么事情会让你的眼睛放光"或者"你觉得什么事情最能让你获得满足感"吗？

在最令这些男性着迷的女性中——几乎无一例外地渴望生儿育女，同时也认为养孩子的费用就应当由男性承担，会有很多人对这些男性说"你的灵魂吸引了我，如果为了养活我和孩子去当律师或者为某种你自己都不相信的商品设计广告，结果让你的灵魂受到伤害的话，那咱们就别要孩子了，我也要承担至少一半的家用。在便宜的地区找一套小一些的房子，开着一辆旧车，如果这么做能让你的灵魂完好无损的话，那就太棒了"这种话吗？

当然，在20世纪60年代女性赚钱、和男性均等承担家庭费用的能力受到各种社会偏见的严重限制，这些社会偏见对女性的收入状况造成了影响。《广告狂人》展示了束缚女性的社会偏见，但是没有意识到束缚女性的这些偏见同时也束缚着男性。男性觉得赚钱养活别人是自己天经地义的责任，别人用不着为此感谢自己，这种传统观念就会让一个正常人变成"狂人"。

如果你的儿子接受了赚钱的压力，在赚钱的过程中不自问一下什么事情才最能让自己获得满足的话，他有可能就会像《广告狂人》里的那些男人一样在酒精中寻找自我。如果他选择了天伦之乐，结果发现自己失去了金钱，接着又看到自己爱的女人开始从别的地方寻找她渴望获得的金钱，那么他就会感到自己是一个失败者，没错，他也同样会养成酗酒的恶习。

借着家庭聚餐之夜的机会，和你的儿子聊一聊有关"权力"的问题：权力究竟意味着男性应当认为自己有责任赚钱养活别人而自己有可能过早死亡，还是认为自己有权找到能让自己获得满足感的事情以及通过这件事情谋生的方法，然后找到一位同样主张两个人的工作和生活都应当保持平衡的伴侣？

你的儿子或许渴望同时拥有高薪和崇高的目标，但是如果通往高薪的道路是一条"收费公路"的话，对他来说更明智的选择就是不会驱使他在支付各种"费用"的过程中养成酗酒习惯的那条路。在酒精的作用下才会产生的上进心往往意味着真正的驱动力来自社会诱惑。

如果你是朋友中间的"知心姐姐"，大家都愿意把自己在家庭生活中碰到的各种苦恼倾诉给你，甚至包括对离婚的考虑，那么你应当如何利用自己通过《男孩危机》一书学到的知识尽可能地为朋友们提供帮助？

如何帮助正在办理离婚的朋友？

面对这种情况，你会做出怎样的反应？

你的好朋友——暂且称她为阿曼达吧，幸福得冒了泡。她找到了全城最好的律师代表她和前夫在离婚后争夺对孩子的第一监护权，她认为这样一来自己就可以跟即将成为未婚夫、"远比前夫更适合当父亲"的那个男人搬到几百英里外的地方去了。在向你倾诉这些事情的时候，尤其令阿曼达兴奋的是"比尔太喜欢艾伦和辛迪了，他想收养他俩"。

花一些时间仔细斟酌一下你的回应。

认真思考 60 秒钟。

你默想的答案包括告诉阿曼达以下这些事实吗？如果得到亲生父亲和亲生母亲同等照顾的话，离异家庭的孩子的表现会出色得多；如果亲生父亲居住在距离只有 20 分钟车程以内的地方，孩子们的状况会更良好一些；即使搬到一个更好的社区，他们也还是会受到严重的困扰，婴儿尤其如此。

你会建议她与其在律师、评估员和专家证人的身上花掉 10 ～ 20 万美元，不如和孩子的父亲拿出这笔钱的几分之一接受夫妻咨询，或者努力挽救一下这场婚姻，或者双方不诉诸法律就达成分居协议？

大部分人都认为最好的家长就是双亲俱全。[3] 从理论上而言，的确如此。一旦离婚，我们就会出现矛盾的认知：一方面，我们相信"最好的家长就是双亲俱全"；另一方面，我们又感到最好的"家长"应该是母亲心中的最佳选择。也就是说，出于同理心我们想要无条件地支持身为母亲的好朋友争取到第一监护权，甚至搬到别处去生活，只要她能说服自己相信这对孩子来说也是最好的选择——因为她觉得这对自己来说是最好的选择。

离婚往往会导致孩子失去父亲，对于这个问题要想标本兼治，首先我们就需要在态度上做出改变。**"最好的家长就是双亲俱全"意味着妈妈无法取代爸爸，金钱也无法取代爸爸，另一个男人也无法取代爸爸**。就像爸爸也无法取代妈妈，金钱也无法取代妈妈，另一个女人也无法取代妈妈一样。离婚不会改变这个事实。最好的家长依然是父母两个人。

稳定性和灵活性：培养未来的父亲

在过去，培养儿子应对未来的能力意味着培养他维持稳定生活的能力——拥有一份终生事业的能力。今天，培养儿子应对未来的能力意味着培养他接受不太稳定、比较灵活的生活的能力。他和他的伴侣都必须有能力坦然接受在家庭之舟上轮流在两侧划船的能力：既能赚钱，又能抚育孩子。

男孩比女孩更容易在实践中掌握知识，[4] 因此要想帮助你的儿子将成为父亲当作未来的目标，你首先可以教会他给尚在襁褓或者蹒跚学步的弟弟妹妹喂饭、帮助他们穿衣服，带他一起去采购弟弟妹妹需要的物品，教会他做饭。等他有了一定的经验后，推荐他去帮别人带孩子。如果他担心"学校里会有人说我太娘娘腔。我娘娘腔吗？"你应该告诉他："你将来会成为父亲的。你将来会成为领导人的。"

对你的儿子来说，培养他抚育孩子的技能和赚钱的技能最大的意义就在于培养了他找到灵魂伴侣而不是角色伴侣的能力。也就是说，在寻找伴侣的时候，他会毫无思想负担地寻找自己最心仪的那种伴侣，而不是局限于只擅长于一种角色的伴侣——或者养育孩子，或者赚钱。

尽管如此，还是没有多少母亲愿意和一个赚不到钱的全职父亲厮守终生。幸运的是，正如我们在前文中看到的那样，**在未来，越来越多的家庭会变成办公场所**。因此，将儿子培养成能够积极参与育儿工作的父亲也包括帮助他尝试灵活多样的在家赚钱的方式，甚至在孩子还没有开始上学的时候，就开始尝试灵活的居家赚钱方式。

如果你的儿子擅长计算机，那么他或许就可以当一名自由设计师或者自由程序员；如果他擅长数字，也热爱大自然，那么他可以在报税季节从事报税工作，在春末和秋末从事园林工作；如果他很喜欢研究，同时也喜欢冒险（如果他的妻子能赚到足够的钱，或者他们继承了一些遗产的话），他或许可以做一些投资。

等他的孩子到了上学的年纪，他或许就可以出去上班了，例如在小学或者学龄前教育机构当老师，这种工作对时间的要求比较宽松灵活，因此他仍然可以继续担任第一家长，而且这些教育机构都非常需要男性的加入，尤其是有育儿经验的男性。

如果你的儿子希望拥有一番能给自己带来满足感的事业，比如成为音乐家，那么你就应当向他阐明两个相互作用的事实：

如果追求幸福，你可能就会失去金钱。在过去，像我这样的作家不得不前往全国甚至世界各地推销我们的作品，这样才能将我们的幸福变现成按揭贷款。因此，最成功的作家和其他领域的艺术家（还记得约翰·列侬吗？）都失去了照顾孩子的机会。

科技的进步允许你的儿子在追求幸福的同时在金钱方面不会遭受太大的损失。更确切地说，科技手段（例如，通过数码技术生产、发行和宣传）、坚持不懈地进行创作，再加上一位灵活变通，同时又支持他的伴侣，满足了这些条件，你的儿子就有机会追求自己的幸福，同时既可以赚钱又可以照顾孩子。

如果你的儿子对保持工作和家庭的平衡感兴趣，你可以让他了解一下美国家庭与工作协会，该机构能够帮助他应对比较灵活的工作和生活方式带来的各种挑战。[5]高薪之路为什么是一条收费公路？如何才能在提高收入的同时还能增进和家人之间的感情？如果他希望深入理解这些问题，你可以推荐他读一读我撰写的《为什么男人赚得多：薪酬差异背后的惊人事实》一书。[6]

科技为灵活变通的生活创造了条件，正如我们在前文中看到的那样，无论是男孩还是女孩，和父亲相处的时光都能够帮助他们培养起稳定的心理状态。以下是一些最基础同时也非常有效的方法。

不用花多少钱就能获得的父子快乐时光

男孩喜欢通过实践学习知识，父亲喜欢通过实践学习如何教育孩子，所以你可以看一下公共广播公司的网站。

这个网站介绍了一百多种教育孩子的游戏和活动，例如设计一样物品（门上的警报器或者滤水器）、做感官实验（有关盲点或者反应时间的实验）、如何利用能量（制作热气球或者柠檬汁火箭）、通过指纹或者雪花了解模式概念、用线绳制作电话或者吉他、用牛奶盒制作小鸟的投食器，或者用牙签建造一座桥。

激励父爱的影片

如果你希望和儿子度过一段愉快的时光，同时又能鼓励他彻底激活自己的父亲大脑，那么最好的选择就是让全家一起观看一部激励父爱的影片。但是，你应当化被动为主动，在观看完影片后组织全家人进行讨论。将这种活动变成全家人的固定活动，为此你可以利用分享冰淇淋之类的事情促进这一家庭传统的形成。

当最好的"家长"无法满足双亲俱全的条件时

最好的家长就是双亲俱全，但是为男孩树立一个充满关怀的男性榜样并不需要孩子的双亲同时在场，甚至连一位家长都不需要。我的岳父就在当地的一所学校里当志愿朗读者，我的一些好朋友也在"人类计划"和"青年男性的终极周末"之类的组织里担任着通过仪式①导师。近年来，我在有关男孩的问题上具有了一定的发言权，因此我也在一些机构男孩俱乐部担任过辅导员。在这些机构当辅导员不仅能让你有机会对男孩们的一生起到有益的影响，而且还能帮助你判断出自己是否适合收养孩子或者给别人的孩子当继父。

类似这样的项目对单亲母亲的帮助尤其大，因为让男孩同具有榜样作用的男性保持接触有着至关重要的作用。例如，通过前文我们已经了解到对孩子在未来的发展状况最具有预测性的一项技能就是阅读，但是在这个方面男孩普遍落后于女孩。到了三年级，在阅读成绩落后的孩子中只有 1/4 的人最终能完成高中学业。[7] 让男性志愿者参与这类男孩的生活、帮助他们提高阅读能力，这种做法可以为他们带来很多好处——生命中有了父亲的替代品，提高了阅读水平，增大了完成高中学业的机会，增强了自尊。此外，这样的辅导工作也会触动志愿者的心灵，令他们感到拥有奋斗目标是一件多么幸运的事情。

---

① 通过仪式（曾译作"过渡礼仪"）：人类学家阿诺德·范·根纳普在《通过仪礼》一书中首先提出通过仪式这一概念。他认为人的生命总是存在一个阶段向另一个阶段的转化，在转化的过程中需要一个通过仪式。他还提出通过仪式分为三个阶段：分离阶段（或前阈限阶段）、边缘阶段（或阈限阶段）、聚合阶段（或后阈限阶段）。

父亲的替代品不一定非要来自某个组织。哥伦比亚广播公司新闻网曾经报道过一个感人至深的故事，故事的主人公是 5 岁的男孩布莱恩·凯利的一位邻居。[8] 布莱恩最喜欢的事情就是打理花园、开着父亲的割草机修剪草坪。他的父亲是一名空军上尉，当时正在海外执行为期六个月的军事任务。一天，布莱恩叩响了邻居家的门，想问一问对方是否愿意陪他一起打理花园。这位邻居不仅答应了布莱恩的请求，而且一直坚持陪他做这件事情，在布莱恩的父亲外出的六个月里天天如此。我们每一个人都有能力发现这种可以尽情享受的机会，让某个男孩有机会得到男性式的照料。

好了，你已经买账了。可是，你还是担心自己的年纪有些大了，对不对？美国退休人员协会可不会认同你的想法。该协会下属的经验学生联合会对一批年龄在 50 岁以上的志愿者进行了全面的培训，让他们对幼儿园和小学三年级之间存在阅读困难的孩子进行辅导。研究显示，仅仅用了一学年的时间这些孩子在最关键的几项读书识字能力上的成绩就提高了 60%。[9]

对生活改变最大的一次营地经历

我在前 30 年的生命中拥有过的最充实的经历就包括担任童子军和男孩俱乐部的领队，以及在马萨诸塞州的小镇子罗尔创办了"解放营"。在解放营里，我们会进行角色互换的游戏，无论是年龄大一些的营员还是小营员、无论是男营员还是女营员，这个游戏都帮助他们培养出了设身处地为别人着想的能力。

我曾在新泽西的里奇伍德参加过活动，担任营地里的辅导员。在一期夏令营里，我见到了一个男孩，暂且就称他为"内森"吧。在我见过的营员中，他在参营期间的改变是最大的。内森是一个没有社交技能、智商低于平均值的孩子。不到一天的时间，他就让同宿舍的七名舍友全都疏远他了，这几个小营员恳求我"为他想想办法吧"。我答应了他们的请求，为他们七个人想了一个办法。

在开营的第二个晚上，我给内森布置了一项特殊的任务，实际上是找了一个借口，让内森每天晚上都离开营房大约半个小时。在内森外出执行任务的第一天晚上，我召集其他七名营员开了一次会。我首先重申了他们的不满，然后我让他们想一想内森是否开心。这个问题——内森是否开心令他们吃了一惊，不过他们都一致认为内森肯定过得很痛苦。

我问他们："你们愿意在这一周里一起做些事情，让他变得开心一点吗？"每一个男孩都回答道："愿意。"接着，我又问他们是否愿意接受一项集体任务给内森做出积极的反馈。

营员们首先就碰到了一个问题：谁都想不出适合用在内森身上的积极评价。我也想不出。但是，作为营地里的射击教练，我告诉他们我保证将内森训练成一名神枪手，只要他们同意将内森最有益的打靶成绩张贴在营房的墙上、夸赞他，即使他们的打靶成绩更适合张贴出来。男孩们都十分喜欢这套秘密计划……呃，这项使命！

第二天，内森将自己的第一个打靶成绩张贴了出来，舍友们开始称赞他了。在接下来的一天，一名舍友告诉我内森第一次露出了笑容。另一个男孩说他比以前友好了一些，还有一个男孩发现他走路的时候多了一点自信。男孩们都对内森的变化感到惊讶，他们开始争前恐后地报告自己对内森提出了怎样的赞扬，在他们看来这些赞扬对内森发生的变化起到了作用。男孩们的脸上都洋溢着一股"不辱使命"的喜悦。

这时，我问他们："你们觉得以前有人向内森征求过建议吗？"

一个男孩调侃道："你是说，'内森，怎样才能成为一个傻瓜'这样的问题？"

等男孩们稍微宣泄了一会儿幸灾乐祸的情绪后，我问他们当别人请他们帮忙出出主意的时候他们会做何感想，接着我又要求他们一起设想一下内森会做出怎样的反应，假如他们请内森帮助他们提高射击水平的话。

一个男孩对此表示反对："可我们都比他强啊。"另一个男孩自告奋勇地驳斥了这种观点："这不是问题的关键。"渐渐地，男孩们意识到我的提议是可行的。在第二天晚上，两个向内森征求了建议的男孩注意到内森走路的时候"腰板挺得更直了"，不再是一副没精打采的模样了，不再那么沮丧愤怒了，多了一些自信。一个男孩主动报告说："他真的教会我在扣动扳机的时候应该怎样呼吸了，他的方法很管用——我的打靶成绩真的提高了。"

在互道晚安之前，我们制订了接下来一天的行动计划——一个男孩用自己的床铺给内森示范一下如何将床单塞到床垫下，就像医院里那样，稍后另一个男孩再向内森请教如何整理床铺。

在一周结束的时候，这座营房里的八位营员都充分显示出了自己的才智。他们都说和内森共处一室是他们经历过的最美妙的事情。这一周的经历不光对内森来说很美妙，对他们来说也是如此。

在夏令营结束后，家长们都来接男孩们回家了。一个男孩的家长在临走之前特意找到了我，对我说："我不知道约翰究竟怎么了，我只知道他变得那么善良、那么体贴了——太令人开心了。究竟发生什么事情了？"

就在我向这位家长说明事情的原委时，一对夫妇分散了我的一些注意力。朝我走过来的时候，他们似乎都要哭了。他们含着眼泪结结巴巴地告诉我他们是内森的父母，还说自己的眼泪是幸福的眼泪。"内森从来没有这么开心过。他走起路来好像充满了自信和喜悦，跟其他孩子说话的那副模样就好像他真的交到了朋友。他以前还从来没有交到过朋友。"

对内森和其他几名营员而言，那个夏天的经历非常美好，而我也从未有过这样的经历——生活可以突然产生如此巨大的改变。在其他活动里担任领队的人也都有机会拥有这种经历。

就像内森和其他营员的经历一样，对他们来说提高各种能力固然重要，但是更重要的收获是他们的性格也得到了改善。通过在童子军身上看到的这些现象，我们就知道了为什么。

童子军和性格

孩子应当成为一个值得信赖、心地善良、乐观开朗的人，还是应当在经济方面取得成功？面对这个问题，大多数人都会选择积极的性格。当然，有关生活阅历的常识告诉我们具有这些良性性格特质的男孩也更有可能在事业和爱情方面取得成功，更有可能拥有健康的身体和幸福的精神世界。

研究人员针对童子军活动对男孩性格产生的影响做过一项研究，他们首先将男孩分成两组，两组成员在性格特征的六个方面——可靠、善良、开朗、服从性、助人为乐、乐观的测评分数都是一样的。三年后，积极参加过童子军活动的一组男孩在六项指标上的表现明显优于没有参加童子军的男孩。[10]

失去父亲的男孩更有可能产生沮丧、愤怒的情绪（开朗、乐观的反面），喜欢破坏东西、欺负别人（善良、乐于助人的反面）、不服从管教，童子军组织为失去父亲的男孩们提供了强大的希望源泉。

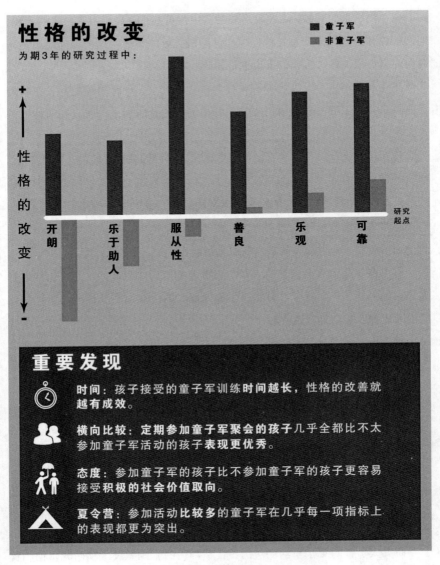

图 17　童子军性格

来源：美国童子军[11]

　　上述这项研究的结果并不适用于年龄比较大的童子军成员，但是根据我自己接触童子军的经历，我发现童子军通过七种方法引导男孩们发挥出自己的能量，这样的能量正是很多没有父亲的男孩所缺失的。

"七种方法"：童子军引导男孩发挥能量

（1）童子军的誓词、格言，以及"守则"都旨在强调童子军对自己以及对
他人的责任，为男孩成为男人奠定了基础。孩子们需要做的是：

a) 通过重复的方式消化这些理念；

b) 用和其他童子军齐声高喊的方式将其展现出来；

c) 在男性领队的引导下，让这些理念在现实生活中发挥积极作用。

（2）童子军勋章提供了能够促使男孩们做出反应的学习机会：通过实践、
竞争，以及帮助男孩们尊重彼此的一些具体办法。

（3）每周的例会可以增强这些方法的效果，进一步激发具有实际作用的男
子汉气魄。

（4）在你的儿子和童子军勋章之间建立联系。供你选择的童子军勋章大约
有 120 种，包括有关游戏设计、机器人技术、编程、数码技术、动
画和可持续发展项目等一些最新增加的项目。因此，找到令自己感兴
趣的积极的事情对任何一个男孩来说都不是一件困难的事情。

（5）为你的儿子找到一位导师。获得童子军勋章的具体活动往往会让男孩
们跟某位具有类似兴趣的成年男性保持长期接触，接受后者的指导。

（6）对新知识的掌握是可以量化的、有形的，并且会转化为外界的敬意。
每一枚童子军勋章都让男孩进一步接近更高的级别（例如，已经拿到
了通向"星级童子军勋章"的六枚勋章；已经拿到了通向"生活童子
军勋章"的 11 枚勋章），因此在获得勋章的同时他会认识到自己掌
握了新的知识、对未来有了新的期望，并且清楚地意识到这些进步会
令其他童子军、领队老师和家长更加尊敬他，这种掌控感会对他产生
激励作用。

（7）获得领导能力和社交技能的同时也被授予了从副小队长到初级助理团
长的各种头衔。

简言之，在一个多世纪的时间里，童子军组织一直在不断强化人类学家
玛格丽特·米德指出的现实——男性角色更具有社会属性。童子军组织里的
各种头衔为男孩们提供了赢得其他童子军和成年人尊敬的渠道，是驱动男孩

们发挥自己身上巨大的能量从事建设性的工作、以免目标缺失的问题诱使他们利用这股能量搞破坏的主要动力。

外界往往会耻笑童子军组织的各种头衔和级别"等级森严"，体现了男性对权力的痴迷。没错，头衔和级别的确属于"社会诱惑"，但是这些社会诱惑正是我们激励男孩们为他人奉献，甚至需要牺牲自己的工具，跟"权力"毫不相干。童子军组织利用社会诱惑引导男性发挥雄性荷尔蒙的功效，参与竞争、培养性格、提高领导能力、服务他人，成为传统意义上的最优秀的男子汉。顺便说一句，对很多男孩来说这一点都具有重要的意义，他们在女孩心目中的魅力也会因此得到增强！（当然，就如 2018 年的情况一样，当童子军组织向女孩们敞开大门后，女孩们也就获得了学习这些新知识的机会。）

男孩俱乐部

对"男孩的能量"进行的积极引导也得到了男孩女孩俱乐部的促进，只是这些组织在方法上略有改动。男孩女孩俱乐部的成员年龄最小的是小学一年级阶段的孩子，一些俱乐部开展了夺旗橄榄球运动，任何年龄、任何性别都可以参加；对于 11～14 岁的成员，俱乐部设计了"长大成人"项目；对于年满 13 岁的孩子，男孩和女孩都可以通过"聪明约会"的项目参加各种男女混合活动，通过各种方式和异性进行沟通和交流。

辅导和通过仪式项目

参加训导项目或者通过仪式新项目通常都能够让已经变得积极进取的男孩获得充实而激动人心的体验，让失去方向、愤怒或者沉迷于电子游戏世界的男孩发生翻天覆地的变化。

在各种通过仪式项目中，接受度最高并且久经考验的就是"人类计划"，[12]其标志性的活动就是旨在帮助年轻男性充分参加各种户外冒险活动的"新勇士培训冒险活动"。在活动的过程中，参加者建立了亲密的关系，产生了同甘共苦的情谊，在卸掉逞强的伪装（这往往是男性的弱点）之后体验到了传统男性价值观真正的精髓——奉献和勇敢。这项活动有助于促进男孩们的真诚和情商。

人类计划还组建了一些男人辅导男人式的小团体"整合团体"（目前世

界各地参加这种团体的男性大约有 10 000 人左右），青年男性通过这些团体掌握了沟通、培养感情和解决冲突等方面的技能。这些团体在成员之间培养起了说真话、相互理解并且坦诚以对的气氛，而不是通过欺凌或者划分圈里圈外小团体的方式将成员捆绑在一起。

此外社会上还有其他一些通过仪式项目，例如"青年男性的终极周末"[13] "青年男性的冒险周末"[14] 和"山地探险"[15]，这些项目的目标都集中在户外冒险、团队建设、社会技能、精神价值、亲近大自然，以及传播承担责任和服务他人这些价值观等方面。青年男性的终极周末还提供了亲子活动，让家长们有机会对孩子在参加项目的过程中取得的进步加以利用。

以西雅图为大本营的山地探险组织会带领六年级的女孩和男孩共同创造一个令人感到安全可靠的环境，参加者可以随时对自己的感受畅所欲言、及时解决自己碰到的感情问题。该组织开办的男性项目会通过典礼和入会仪式为活动赋予一种永恒而典型的精神面貌，同时又鼓励成员坦然"释放自己"、当一个活力四射的"傻瓜"。

在美国，生存环境最险恶的人群莫过于美国黑人和印第安人的青少年男性，为了解决这些群体的需求，奥巴马总统于2015年主持创办了"兄弟守护者"组织。奥巴马通过私人渠道为该组织筹集了资金，因此他应该会履行自己的誓言，将"兄弟守护者"当作自己的终生事业。

收养选择

按理说，收养就是一对充满爱心、积极进取、受过良好的教育、经济有保障的男女为某个孩子提供更好的生活条件，而孩子的亲生母亲（在有些情况下是亲生父亲）无力维持这样的生活条件，或者由于自己的年龄、健康状况、教育程度、经济状况等问题无意继续抚养孩子。这种理解似乎是正确的。

其实，对于很多被收养的孩子而言，这种说法并不全面。

我的继女伊琳刚一出生就被我的妻子丽兹和她的前夫收养了。有一次，一位在新西兰经营牧场的朋友来家里做客，跟我们一起吃了晚饭，我想就是在那一次伊琳对自己作为养女所面临的挑战——也是她的养父母所面临的挑战，作了最充分的总结。

当时，我们让朋友跟我们讲一讲牧场的生活。他提到有两只鸭子在孵化出小鸭子后不久就死掉了，说起这件事情的时候他的目光里透着一股浓浓的伤感：

"不过，我养的一只母鸡立即将小鸭子置于了自己的羽翼之下，开始养育照料它们。那一幕太感人了。可是，小鸭子终于长大了，可以自己去探索谷仓外的世界了。它们用鸭子的步伐摇摇摆摆地吃力地走下山坡、那么骄傲地朝山脚下的湖水走去了。我永远也忘不了那一幕。

"一来到湖边，一只鸭子就跳进了水里。当'妈妈'的那只母鸡被吓坏了——鸡是不会游泳的。接着，又有一只鸭子跳进了湖里，这时那只母鸡就崩溃了。接着——"

当时只有八岁的伊琳打断了客人："这就是我的感觉。就像一只被鸡抚养大的鸭子。"

震惊之下，我们都陷入了沉默。

这就是被收养的孩子会遭遇到的挑战，因此也是养父母们会遭遇到的挑战，无论养父母有多么关心被收养的孩子，被收养的孩子还是认为自己"就像一只被鸡抚养大的鸭子"。很多养子养女似乎都会产生一种"寻找自我"的渴望，失去亲生父亲的孩子同样也会产生这种渴望。

被收养的孩子或许有一天会产生自己就像是遭到了绑架，被迫同原本属于自己的世界分离、不得不适应一个陌生家庭的感觉。有时候，无论收养家庭给予养子或者养女多少爱都无法彻底治愈他们心里的这种伤口。不过，同情心至少有助于促进伤口的愈合。

无疑，收养孩子的问题不止于此。我在康涅狄格州的好朋友凯瑟琳·凯伊和丹·凯伊就收养了一个女孩，他们两个人对养女的照顾方式有着细微的差别。面对养育养女的过程中遭遇到的挑战，他们感到自己一次次经历着考验，很多时候都不知所措。

一天，他们20多岁的养女加入了一个聚焦于收养人群的团体，团体成员会一起学习南希·维里尔的著作《原伤》。她一下子就感到自己得到了理解，她还把这本书推荐给了养父母。凯伊夫妇在书中对收养家庭状态的描述中找到了同感，因而也得到了慰藉。就像维里尔所说的那样，他们也就有能力同情"被收养的孩子压抑在心底的恐惧、内心和精神上存在的巨大的窟窿，即使他们在呱呱坠地的第一天就被收养了，同亲生母亲分离的事实还是会给他们的心灵留下这样的创伤"。

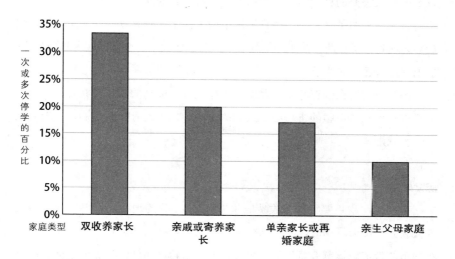

图18　来自不同类型家庭的八年级学生一次或多次校外停学的百分比

来源：家庭研究所[16]

对于孩子对亲生母亲的原始感情，维里尔从科学的角度解释了这种心理的成因，同时也阐述了自己对这种心理的看法，即子宫里的胎儿通过最原始的方式对母亲产生依赖的过程。收养就意味着强行让孩子和自己在原始水平上所依赖的环境彻底分离了，从而给孩子造成了一种"原伤"，即使刚一生下来就被收养的孩子也不例外。胎儿在生理上和心理上都已经对亲生母亲产生了依赖，因此母亲的抛弃就会给孩子造成创伤。从理论上而言，碰到一心一意疼爱自己的养父母会令被收养的孩子感到喜悦，但是这样的喜悦也无法压倒由于被亲生母亲抛弃而产生的创伤。

很多被收养的孩子和养父母所面临的挑战究竟是什么因素造成的？对于这个问题，没有人能够提供确切的答案。但是，很多或绝大多数被收养的孩子的发展状况都很不错，如果没有被收养他们就不可能达到这样的水平。伊琳非常清楚这一点，她也清楚有时候自己甚至会为享受到特殊待遇感到内疚，养父母的亲生儿女得到的机会远远少于她得到的机会。

但是，我们也同样清楚无论出于何种原因，被收养的孩子所经历的挣扎都是显而易见的。

那么，为什么还会有人收养孩子？因为我们的目标感、我们对关心他人以及被他人关心的精神需求都被激活了，硬汉式的匹兹堡侦探杰克·穆克的经历就充分说明了这一点。杰克发现了两个孩子在寄养家庭受到了虐待，他最终合法收养了这两个孩子，并且成了一名全职父亲。就像约翰·列侬那样，他说这是自己"这辈子做过的最棒的一件事情"。[17]

杰克也有着在抚育养子或养女的工作上取得成功的家长所共有的特征：高标准严要求、很强的责任心、极大的爱心、几乎没有什么疾病、有能力制定强制规则。[18]

祖父时光

有一次，我正要往停车收费表里塞几枚 25 分的硬币，正要拿起一枚已经失去光泽的旧硬币时，我突然想起了一个收藏钱币的朋友，让他看一看这枚硬币的价值应该挺有意思的。事实证明，这枚硬币黯淡无光的表面说明它的确有些年头了，它的价值已经是面值的 8 倍了。在很多印第安文化中，社会是一切生命——祖父母、孙子孙女、父母、亲戚、男人、女人、大自然和宇宙的统一体。相互倾听、聆听包围在万事万物周围的世界就会让爱在彼此之间得到传递。[19]

在外来文化中，祖父母"失去光泽"的外表往往会让我们忽视他们的价值。祖父母中有一半的人尤其容易像旧硬币一样遭到无视，这一半就是祖父。但是，当男孩需要榜样的时候，祖父就会产生非常特殊的价值，尤其是在这些情况下：

- 男孩的父亲由于工作的缘故受到"父亲的第 22 条军规"的束缚——通过远离心爱之人的方式赢得后者的爱。
- 男孩的父母离异了，父亲没能争取到母亲均等的照顾孩子的权利，或者由于是现役军人、正在服刑的犯人等原因而无法陪伴孩子。
- 祖父在自己的儿子长大成人的过程中受到"父亲的第 22 条军规"的束缚，对此一直耿耿于怀，而且现在时间非常自由。

- 花费时间抚养孙儿能够唤起祖父的目标感和内心的童真。

- 祖父感到自己的"父亲大脑"又苏醒了，并且十分珍视自己的这个发现。

- 祖父热爱大自然，喜欢开玩笑、调侃、玩抛球的游戏，在孙儿赢了（或者输了）比赛之后会和孙儿谈一谈，并且因此感到看孙儿打球比全力支持那些专业运动员更有意义。专业运动员们绝对不会接受他的建议，他也绝对得不到他们的爱。

21. 创造父爱充足的家庭

    要想让男人成为负责的父亲，我们首先需要对父亲负起责任。当男孩和成年男性知道有人需要他们，他们就会做出回应，变成有担当的人。

    母亲可以告诉自己的儿子他的存在不是多余的，尽管如此，男孩会在父亲的身上直观地看到自己的未来。如果父亲参与了家庭生活，他就会受到鼓舞；如果父亲缺席家庭生活，他就会感到自己被抛弃了。这样的男孩就会比较容易受到帮派的诱惑，加入这些组织。如果一个男孩极度渴望生活中拥有父亲式的人物，他在性的方面也很容易受到别人的利用，例如男性天主教神父和管教中心的女性工作人员。

    美国在 20 世纪里对人类社会最大的贡献或许就是我们意识到对女孩的某种定义会导致她们感到自己受到了局限。现在，我们也同样能够帮助大众意识到对男孩的某种定义也会导致他们感到自己受到了局限，这将成为我们在 21 世纪里对人类社会的最大贡献。

    我们再也不能说生物特性决定命运这种话了，对于男女两性来说都是如此。生物特性不是命运，生物特性只代表着潜在的适应力。男性的"父亲大脑"会一直处于蛰伏状态，直到他们做出了具有社会属性的决定——参与照顾孩子的工作。这时，神经元就被激活了，荷尔蒙受到了刺激，父亲大脑苏醒了。

    我们的祖母在那个年代需要知道自己在职场上也能发挥重要作用；现在，我们的儿子需要知道自己在家里也能发挥重要作用。从他们尚未贡献出精子时的日常饮食和他们对早产儿的智力开发开始，无论孩子到了哪个年龄阶段，无论孩子经历着什么样的生活，他们的付出都非常重要。

在稳定完整的家庭里，父亲发挥着重要作用，在不稳定的离异家庭中他们的作用似乎就更加重要了。幸运的是，离异家庭的"四个基本原则"——时间均等、不说坏话、相距不远、咨询专家，能够确保家长的利益不会抹消孩子的最大利益。

未来的父亲勇士必须有能力避免自己在"有条件的父亲"这个斜坡上不断下滑下去。这就意味着你的儿子应当让配偶知道自己如何利用父子感情督促孩子按时睡觉、完成作业、做家务或者对妹妹友善一些，在这个过程中逐渐领悟到通过强制规则，或者通过在家里打打闹闹和参加体育运动建立起的父子感情，自己为孩子做出了怎样的贡献。

父亲必须完成自己的"家庭作业"，但是不应当仅限于此。他还必须把自己的发现告诉给孩子的母亲。他不说，孩子的母亲就听不到。

成为父亲勇士还意味着在家里要勇敢面对"有条件的父亲"滑坡效应，在外面要勇敢面对社会对"二流子"父亲的成见。这二者会互相作用。

成为父亲勇士还需要你鼓励儿子参加童子军、有辅导员负责的冒险周末之类的活动，如果孩子的母亲再婚了，你还需要确保他们也参与进孩子的生活，在照顾和教导孩子的事情上对你构成一股牵制力量。无论是政府执政，还是养儿育女，相互制衡都是一项必要原则。

除了战争，没有什么问题能比父亲缺失的问题更需要政府的干预。也没有什么事情能比促进父亲参与育儿工作的事情更需要我们限制政府的干预。

但是，确保父亲参与育儿工作就意味着我们必须结束男性没有选择的时代，创造一个男性拥有多种选择的时代。在男性没有选择的时代里，只有在拥有全职工作的时候男性才会得到我们的重视；在男性拥有多种选择的时代里，无论拥有全职工作还是当了全职父亲，或者兼而有之，我们都会显示出我们对他们的尊重。

没有多少男孩会向心理专家抱怨说"我爸给我的钱不够多"。父亲参与育儿工作会让孩子有机会对自己的人生蓝图有初步的认识，会让遭遇中年危机的男性越来越少，让天长地久的婚姻越来越多，让嗜酒如命的男性越来越少，专心照料孩子的父亲越来越多。

要想让你的儿子拥有对个人生活的掌控力，你首先需要支持他根据自己的性格特点找到工作和生活之间的平衡，帮助他认识到在做出每一个决定之前必须先权衡一番利弊，教导他努力兑现自己在从男孩成长为男人的过程中做出的每一个承诺，支持他找到属于自己的英雄品质——英雄智商和健康智商并存的英雄主义，一种前所未有的英雄主义……

第四部分注释

1. N. Glenn and B. D. Whitehead (2009), *MAMA SAYS: A National Survey of Mothers' Attitudes on Fathering*, conducted by the University of Texas Office of Survey Research, of 1,533 mothers. Retrieved June 29, 2017, from National Fatherhood Initiative: http://www.fatherhood.org/ mama-says-survey.

13. 父爱缺失的男孩

1. Colter Mitchell et. al., "Father Loss and Child Telomere Length," *Pediatrics* (July 2017): doi: 10.1542/peds.2016-3245.

2. Britt J. Heidinger et. al., "Telomere Length in Early Life Predicts Lifespan," *Proceedings of the National Academy of Sciences* 109, no. 5 (2012):1743 - 1748, doi: 10.1073/pnas.1113306109.

3. Mitchell et. al., "Father Loss."

4. Mitchell et. al., "Father Loss."

5. Warren Farrell, *Father and Child Reunion*, (New York: Putnam/Penguin, 2001).

6. In addition to my *Father and Child Reunion*, see, for inspiration how even a divorced dad's involvement can be crucial: "Diane Lane: A Life in the Spotlight," YouTube video, 7:47, CBS Sunday Morning, May 7, 2017, http://youtu.be/tygUK6aAjXA.

7. David Autor et al., "Family Disadvantage and the Gender Gap in Behavioral and Educational Outcomes" (working paper no. 22267, National Bureau of Economic Research, May 2016), doi:10.3386/ w22267. For many studies and reasons, see also Thomas B. Edsall, "The Increasing Significance of the Decline of Men," *New York Times*, March 16, 2017, https://www.nytimes.com/2017/03/16/opinion/the-increasing-signi cance-of-the-decline-of-men.html.

8. Allan N. Schore, "All Our Sons: The Developmental Neurobiology and Neuroendocrinology of Boys at Risk," *Infant Mental Health Journal* 38, no. 1 (2017): 15 - 52, doi:10.1002/imhj.21616.

9. Richard Sipe, *Secret World* (New York: Brunner-Routledge, 1990).

10. Allen J. Beck and David Cantor, "Sexual Victimization in Juvenile Facilities Reported by Youth, 2012," National Survey of Youth in Custody, 2012, US Department of Justice June 6, 2013, http://www.propublica.org/documents/item/709100-svjfry12-emb-052813.

11. The neural network includes circuits that link emotional importance to experience (the amygdala, the ventral anterior cingulate cortex, the inferior frontal gyrus, insular cortex, and the ventral tegmentum), as well as others that help us impute needs, intentions, or mental state to other people (the ventromedial prefrontal cortex, the superior temporal sulcus). See Eyal Abraham et al., "Father's Brain Is Sensitive to Childcare Experiences," *Proceedings of the National Academy of Sciences* 111, no. 27 (2014): 9792 - 9797, doi:10.1073/pnas.1402569111.

12. Research reported in Brigid Schulte, "Don't Call them Mr. Mom: More Dads at Home with Kids Because They Want to Be," *Washington Post*, June 5, 2014, https://www.washingtonpost.com/news/parenting/wp/2014/06/05/dads-who-stay-home-because-they-want-to-has-increased-four-fold.

13. Abraham et al., "Father's Brain."

14. "Do Mothers Really Have Stronger Bonds with Their Children Than Fathers Do?" *The Conversation*, April 20, 2016, https://theconversation.com/do-mothers-really-have-stronger-bonds-with-their-children-than-fathers-do-57590.

15. Abraham et al., "Father's Brain."

16. Kyle Pruett is with the Yale School of Medicine's Child Study Center.

17. Mark Greene, "The Lack of Gentle Platonic Touch in Men's Lives Is a Killer," *Good Men Project*, November 4, 2013, http://goodmenproject.com/featured-content/megasahd-the-lack-of-gentle-platonic-touch-in-mens-lives-is-a-killer.

18. Farrell, *Father and Child Reunion*.

19. Kim Parker and Wendy Wang, "Modern Parenthood: Roles of Moms and Dads Converge as They Balance Work and Family" (report, Pew Research Social and Demographic Trends, Washington, DC, 2013), q. 44; based on fathers with children under eighteen.

20. Pew Research analysis of decennial census and American community survey, cited in Gretchen Livingston, "The Rise of Single Fathers: A Ninefold Increase Since 1960," Pew Research Center, July 2, 2013, http://www.pewsocialtrends.org/2013/07/02/the-rise-of-single-fathers.

21. Brigid Schulte, "Don't Call Them Mr. Mom: More Dads at Home with Kids Because They Want to Be," June 5, 2014. See reader feedback.

22. Credit for chart from Jordan Weissmann, "The Overhyped Rise of Stay-at-Home Dads," *The Atlantic*, September 3, 2013, https://www.theatlantic.com/business/archive/2013/09/the-overhyped-rise-of-stay-at-home-dads/279279/. His source was Census.gov, "Who's Minding the Kids? Child Care Arrangements," April 2013, https://www.census.gov/prod/2013pubs/ p70-135.pdf.

23. Katrin Bennhold, "The Female Factor: Paternity Leave Law Helps to Redefine Masculinity in Sweden," *New York Times*, June 15, 2010, http://query.nytimes.com/gst/fullpage.html?res=9F0CE5DD1338F936A25755C0A9669D8B63.

24. Warren Farrell, *Why Men Earn More*.

25. Kimberly Amadeo, "War on Terror Facts, Costs and Timeline," The Balance: U.S. *Economy*, October 9, 2017, https://www.thebalance.com/war-on-terror-facts-costs-timeline-3306300.

26. David Blankenhorn [president of the Institute of American Values], cited in "Taxpayer Costs of Divorce and Unwed Childbearing," *dads & things* (blog), June 28, 2008, http://blog.fathers-forlife.org/2008/06/28/us-taxpayer-costs-of-divorce-and-unwed-childbearing.

27. "Teen Pregnancy Statistics," TeenHelp.com, accessed October 25, 2017, https://www.teenhelp.com/teen-pregnancy/teen-pregnancy-statistics.

28. Sara McLanahan and Gary Sandefur, *Growing Up with a Single Parent*, (Cambridge: Harvard University Press, 1997).

29. Elizabeth Marquardt et al., "My Daddy's Name is Donor," (report, Institute for American Values, New York, 2010), http://americanvalues.org/catalog/pdfs/Donor_FINAL.pdf.

30. Marquardt et al., "Daddy's Name is Donor."

31. Marquardt et al., "Daddy's Name is Donor."

14. 为什么父亲如此重要

1. Steve Hartman, "Finding a Car to Connect a Son with His Father, a Fallen Soldier," CBS News, November 3, 2017, https://www.cbsnews.com/news/finding-a-car-to-connect-a-son-with-his-father-a-fallen-soldier.

2. Henry Biller, *Paternal Deprivation: Family, School, Sexuality, and Society* (Lexington, MA: Lexington Books, 1974).

3. N. Radin, "The Role of the Father in Cognitive, Academic, and Intellectual Development," in *The Role of the Father in Child Development*, ed. M. E. Lamb (New York: John Wiley & Sons, 1981), 379 - 427; N. Radin, "The Influence of Fathers on Their Sons and Daughters," *Social Work in Education* 8 (1986): 77 - 91; N. Radin and G. Russell, "Increased Paternal Participation and Childhood Outcomes," in *Fatherhood and Family Policy,* ed. M. E. Lamb and A. Sagi (Hillsdale, NJ: Lawrence Erlbaum, 1983), 191 - 218.

4. See H. S. Goldstein, "Fathers' Absence and Cognitive Development of 12-Year-Olds to 17-Year-Olds," *Psychological Reports* 51 (1982): 843 - 848. See also N. Radin, "Role of the Father"; N. Radin, "Influence of Fathers."

5. Sheila Fitzgerald Krein and A. Beller, "Educational Attainment of Children from Single-Parent Families: Differences by Exposure, Gender, and Race," *Demography* 25 (May 1988): 403 - 425.

6. Edward Kruk, "The Vital Importance of Paternal Presence in Children's Lives," *Psychology Today*, May 23, 2012, http://www.psychologytoday.com/blog/co-parenting-after-divorce/201205/ father-absence-father-deficit-father-hunger.

7. David Autor et al., "Family Disadvantage and the Gender Gap in Behavioral and Educational Outcomes," (working paper no. 22267, National Bureau of Economic Research, May 2016), doi:10.3386/w22267. Specifically, "For young adults from married households, employment is higher among men than women at all parental income quintiles; for young adults from non- married households, male employment at age 30 is everywhere lower than among women."

8. Kruk, "Vital Importance of Paternal Presence."

9. Carmen Noevi Velez and Patricia Cohen, "Suicidal Behavior and Ideation in a Community Sample of Children: Maternal and Youth Reports," *Journal of the American Academy of Child and Adolescent Psychiatry* 273 (1988): 349 - 356.

10. The only factor more important than father involvement was the child's age. Robert H. Coombs and John Landsverk, "Parenting Styles and Substance Use During Childhood and Adolescence," *Journal of Marriage and the Family* 50 (May 1988): 479, table 4. The factors considered were age, sex, ethnicity, social class, closeness to parent, parent trust, parental rules, parent strictness, etc. Age accounted for about 17 percent of the variation in drug use among the youth in their sample; positive father sentiment (closeness) accounted for another 10 percent, and no other factor accounted for more than 2 percent.

11. US Department of Justice, "What Can the Federal Government Do to Decrease Crime and Revitalize Communities?" Panel Papers, Office of Justice Programs, National Institute of Justice, 1998, 11 https://www.ncjrs.gov/pdffiles/172210.pdf.

12. APA, "Who Is Likely to Become a Bully, Victim or Both?" EurekaAlert! July 8, 2010, http://www.eurekalert.org/pub_releases/2010-07/apa-wil070810.php.

13. Heather A. Turner, "The Effect of Lifetime Victimization on the Mental Health of Children and Adolescents," *Social Science & Medicine* 62, no. 1 (January 2006): 13 - 27.

14. Study employed data from the National Longitudinal Study of Adolescent Health; see Chris Knoester and Dana L Haynie, "Community Context, Social Integration into Family, and Youth Violence," *Journal of Marriage and Family* 67, no. 3 (2005): 767 - 780, doi:10.1111/j.1741-3737.2005.00168.x.

15. Raymond A. Knight and Robert A. Prentky, "The Developmental Antecedents of Adult Adaptions of Rapist Sub-types," *Criminal Justice and Behavior* 14, no. 4 (1987): 413 - 414, doi:10. 1177/0093854887014004001. Knight and Prentky labeled this type of rapist as one with "displaced anger."

16. Richard V. Reeves, "Saving Horatio Alger: Equality, Opportunity, and the American Dream," Brookings Institution, Brookings Essay, August 20, 2014. See video: http://www.brookings. edu/research/essays/2014/saving-horatio-alger.

17. After adjustment for family history of hypertension, obesity, age, employment, smoking, diabetes, etc. See Todd Neale, "Two-Parent Homes Foster Lower BP in Black Males," *MedPage Today*, December 2, 2013, http://www.medpagetoday.com/Cardiology/ Hypertension/43212?xid=nl_mpt_DHE_2013-12-03.

18. Mary Main and Donna R. Weston, "The Quality of the Toddler's Relationship to Mother and to Father: Related to Conflict Behavior and the Readiness to Establish New Relationships," *Child Development* 52, no. 3 (1981): 932 - 940, doi:10.2307/1129097.

19. Richard Koestner, C.Franz, and J. Weinberger, "The Family Origins of Empathic Concern: A Twenty-Six-Year Longitudinal Study," *Journal of Personality and Social Psychology* 58, no. 4 (April 1990): 709 - 717.

20. See the discussion of empathy and its connection to fathers and life's happiness in Warren Farrell, *Father and Child Reunion* (New York: Putnam/Penguin, 2001), 30 - 31.

21. Samantha Nazione et al., "An Experimental Study of Medical Error Explanations," *Journal of Health Communication*, Vol 20, 2015, Issue 12, p.1422.

22. David J. Deming, "The Growing Importance of Social Skills in the Labor Market" (working paper no. 21473, National Bureau of Economic Research, August 2015), doi:10.3386/w21473.

23. US Department of Justice, "What Can the Federal Government Do?"

24. Cynthia C. Harper and Sara S. McLanahan, "Father Absence and Youth Incarceration," *Journal of Research on Adolescence* 14, no. 3 (September 2004): 369 - 397, doi:10.1111/j.1532-7795.2004.00079.x.

25. Sonja B. Starr, "Estimating Gender Disparities in Federal Criminal Cases," *American Law and Economics Review* 17, no. 1 (2014): 127 - 159, doi:10.1093/aler/ahu010.

26. Starr, "Estimating Gender Disparities."

27. Daniel Beaty, "Def Poetry: Knock Knock," YouTube video, 2:34, posted by Poetical TV, March 15, 2010, http://youtu.be/9eYHOAFx6yI.

15. 重新发现父亲

1. Ron L. Deal, "Marriage, Family, and Stepfamily Statistics," SmartStepfamilies, April 2014, http://www.smartstepfamilies.com/view/statistics. The document seeks to answer these questions: Why are so many statistics on divorce and remarriage dated to the 1980s and 1990s? Why don't we have more recent data? The US government (Vital Statistics) no longer tracks the trends of marriage, divorce, remarriage, and stepfamilies as they did in the past. Around 1996 they changed the marriage and family information they seek from individuals, so many statistics cannot be updated. For example, marriage licenses no longer ask if one or both partners have been previously married. It seems this data is no longer of interest to the US government.

2. US Census Bureau, "Living Arrangements of Children under 18 Years/1 and Marital Status of Parents by Age, Sex, Race, and Hispanic Origin/2 and Selected Characteristics of the Child for All Children 2010," Current Population Survey, table C3.

3. Warren Farrell, *Father and Child Reunion* (New York: Putnam/Penguin, 2001).

4. William J. Doherty, Brian J.Willoughby, and Jason L. Wilde, "Is the Gender Gap in College Enrollment Influenced by Nonmarital Birth Rates and Father Absence?" *Family Relations* 65, no. 2 (2015): 263 - 274,

doi:10.1111/fare.12157.

5. Sara McLanahan and Gary Sandefur, *Growing Up with a Single Parent* (Cambridge, MA: Harvard University Press, 1994), 41. The four national surveys are the National Longitudinal Survey of Youth, the Panel Study of Income Dynamics, the High School and Beyond Study, and the National Survey of Families and Households. The socioeconomic variables that were controlled included race, mother's education, father's education, income, number of siblings, place of residence, and other background differences (p. 12 and appendix B).

6. Sara McLanahan, Laura Tach, and Daniel Schneider, "The Causal Effects of Father Absence," *Annual Review of Sociology* 39 (2013): 399 - 427, doi:10.1146/annurev-soc-071312-145704. McLanahan is from Princeton's Office of Population Research; Tach is from Cornell's Department of Policy Analysis; and Schneider is from the Department of Sociology at UC Berkeley.

7. Bryce J. Christensen, "America's Academic Dilemma: The Family and the Schools," *Family in America* 2, no. 6, (June 1988); cited in Nicholas Davidson, "Life Without Father: America's Greatest Social Catastrophe," Policy Review (Winter 1990): 41.

8. Douglas A. Smith and G. Roger Jarjoura, "Social Structure and Criminal Victimization," *Journal of Research in Crime and Delinquency* 25, no.1 (February 1988): 27 - 52.

9. Frank F. Furstenberg Jr. and Kathleen Mullan Harris, "When and Why Fathers Matter: Impacts of Father Involvement on the Children of Adolescent Mothers," in Young Unwed Fathers: *Changing Roles and Emerging Policies*, ed. Robert I. Lerman and Theodora J. Ooms (Philadelphia: Temple University Press, 1993), 127 and 130. The sample size of all children in this portion of the study was 253. Among the sons of inner-city teenage mothers, 15 percent had had a baby by age nineteen; none who had a close relationship with their biological father did.

10. Marianne Bertrand and Jessica Pan, "The Trouble with Boys: Social Influences and the Gender Gap in Disruptive Behavior," *American Economic Journal: Applied Economics, American Economic Association* 5, no.1 (January 2013): 32 - 64.

11. J. Waldfogel, T. Craigie, and J. Brooks-Gunn, "Fragile Families and Child Wellbeing," *Future of Children* 20 (2010): 87 - 112. In the United States two-thirds of couples having children when they live together leave each other by the time the child reaches ten. See also Pamela Smock and Fiona Rose Greenland, "Diversity in Pathways to Parenthood: Patterns, Implications, and Emerging Research Directions," *Journal of Marriage and Family* 72, no. 3: 576 - 593.

12. Colter Mitchell et al., "Father Loss and Child Telomere Length," *Pediatrics* (July 2017): doi: 10.1542/peds.2016-3245.

13. Jason De Parle and Sabrina Vavernise, "For Women Under 30, Most Births Occur Outside Marriage," *New York Times*, February 17, 2012, http://www.nytimes.com/2012/02/18/us/for-women-under-30-most-births-occur-outside-marriage.html. Almost two-thirds of children in the United States are born to mothers under thirty.

14. Graph reconstructed from Jason De Parle and Sabrina Vavernise, "For Women Under 30, Most Births Occur Outside Marriage."

15. W. Bradford Wilcox, "Marriage Makes Our Children Richer—Here's Why," *Atlantic*, October 29, 2013, http://www.theatlantic.com/business/archive/2013/10/marriage-makes-our-children-richer-heres-why/280930.

16. See Child Trends, "New Brief Shows Nonmarital Childbearing Is Increasingly Common in United States," December 16, 2011, retrieved from http://archive.constantcontact.com/fs008/1101701160827/archive/1108965696926.html.

17. The Moynihan Report was published originally as *The Negro Family: The Case For National Action* in 1965.

18. See Sara McLanahan and Christopher Jecks, "Was Moynihan Right?" Education Next 15, no. 2 (Spring 2015): http://educationnext.org/was-moynihan-right.

19. Credit for chart from Sara McLanahan and Christopher Jecks, "Was Moynihan Right?" *Education Next* 15, no. 2 (Spring 2015). Their source is the National Center for Health Statistics, National Vital Statistics System, http://educationnext.org/was-moynihan-right.

20. Sara McLanahan and Christopher Jecks, "Was Moynihan Right?" *Education Next* 15, no. 2 (Spring 2015). Their source is the National Center for Health Statistics, National Vital Statistics System, http://educationnext.org/was-moynihan-right. See fig. 2.

21. George A. Akerlof and Janet L. Yellen, "An Analysis of Out-of-Wedlock Births in the U.S.", Brookings Institution, report, August 1, 1996, https://www.brookings.edu/research/ an-analysis-of-out-of-wedlock-births-in-the-united-states.

22. Akerlof and Yellen, "Analysis of Out-of-Wedlock Births."

23. De Parle and Vavernise, "Women Under 30."

24. Richard Warshak, "Social Science and Parenting Plans for Young Children: A Consensus Report," *Psychology, Public Policy, and Law* 20 (February 2014): doi:10.1037/law0000005. For a popular summary, http://www.warshak.com/store/cr53.html.

25. Folate consumption prevents miscarriages and birth defects among human mothers. McGill University epigenetic researchers tested folate consumption among fathers and found that the father's diet *before conception* may be as important as the mother's in the health of their offspring. The study was done on mice, which share all but ten of humans' four thousand genes. R. Lambrot et al., "Low Paternal Dietary Folate Alters the Mouse Sperm Epigenome and Is Associated with Negative Pregnancy Outcomes," *Nature Communications* 4 (2013): article no. 2889, doi:10.1038/ncomms3889.

26. Rachel Levy-Shi et al., "Fathers' Hospital Visits to their Preterm Infants as a Predictor of Father-Infant Relationship and Infant Development," *Pediatrics* 86, no. 2 (1990): 291-292. The authors are from Bar-Ilan University and Kaplan Hospital in Israel.

27. Frank A. Pedersen, Judith L. Rubenstein, and Leon J. Yarrow, "Infant Development in Father Absent Families," *Journal of Genetic Psychology* 135 (September 1979): 55 - 57, doi:10.1080/ 00221325. 1979. 10533416.

28. Martin Deutsch and Bert Brown, "Social Inuences in Negro-White Intelligence Differences," *Journal of Social Issues* 20, no.2 (1964): 29.

29. Pedersen, Rubenstein, and Yarrow, "Infant Development," 55 - 57.

30. Kristin Berg Nordahl, "Early Father-Child Interaction in a Father-Friendly Context," (PhD thesis, Faculty of Psychology, University of Bergen, Norway, 2014). Nordahl is from the Norwegian Centre for Child Behavioural Development, Oslo.

31. Allan N. Schore, "All Our Sons: The Developmental Neurobiology and Neuroendocrinology of Boys at Risk," *Infant Mental Health Journal* 38, no. 1 (January/February 2017): 15 - 52, doi:10.1002/imhj.21616.

32. R.Dalton et al., "Psychiatric Hospitalization of Pre-school Children: Admission Factors and Discharge Implications," *Journal of the American Academy of Child and Adolescent Psychiatry* 26, no. 3 (May 1987): 308 - 312.

33. H.S.Merskey and G.T.Swart, "Family Background and Physical Health of Adolescents Admitted to an InPatient Psychiatric Unit, I:Principal Caregivers," *Canadian Journal of Psychiatry* 34, no. 2 (1989): 79 - 83.

34. Nicholas Davidson, "Life Without Father: America's Greatest Social Catastrophe," *Policy Review* 51 (Winter, 1990): 42.

35. Zahn-Waxler, E. A. Shirtcli, and K. Marceau, "Disorders of Childhood and Adolescence:Gender and Psychopathology," *Annual Review of Clinical Psychology* 4 (2008): 275 - 303, doi:10.1146/annurev. clinpsy. 3. 022806. 091358.

36. Nobel laureate James Heckman, "Heckman Study: High Quality Early Childhood Education Provides Salient Bene ts to Low-Income Children and Mothers," University of Chicago, Department of Economics, April 24, 2017, https://economics. uchicago. edu/blog/heckman- study-high-quality-early-childhood-education-provides-salient-bene ts-low-income.

37. Schore, "All Our Sons."

38. Ed Tronick, *The Neurobehavioral and Social-Emotional Development of Infants and Children* (New York: W. W. Norton, 2007), 340 and 345.

39. Claire Cain Miller, "How Child Care Enriches Mothers, and Especially the Sons They Raise," New York Times, April 20, 2017, https://www. nytimes. com/2017/04/20/upshot/how-child- care-enriches-mothers-and-especially-the-sons-they-raise. html.

40. Heckman, "Heckman Study."

41. Credit to Chandler Arnold for gathering some of the research in this section, "Children of Stepfamilies: A Snapshot" (paper, Center for Law and Social Policy, November 1998), https:// www. clasp. org/sites/default/ les/public/resources-and-publications/archive/0028. pdf.

42. E. Mavis Hetherington and Kathleen M. Jodl, "Stepfamilies as Settings for Child Develo- ment," in *Stepfamilies: Who Bene Nots? Who Does Not?*, ed. Alan Booth and Judy Dunn, (Hill-sdale, N: Lawrence Erlbaum, 1994).

43. Mary Parke, "Are Married Parents Really Better for Children? What Research Says About the Effects of Family Structure on Child Well-Being" (brief, Couples and Married Research and Policy, Center for Law and Social Policy, Washington, DC, May 2003), http:// les. eric. ed. gov/fulltext/ED476114. df.

44. S. C. Risch, K. M. Jodi, and J. S. Eccles, "Role of the Father-Adolescent Relationship in Shaping Adolescents' Attitudes," *Journal of Marriage and the Family* 66, no. 1 (2004): 46-58.

45. Hetherington and Jodl, "Stepfamilies as Settings for Child Development."

46. Dr. E. Mavis Hetherington, principal researcher of the Virginia Longitudinal Study of Divorce and Remarriage and coauthor with *John Kelly of For Better or For Worse: Divorce Reconsidered* (New York, W. W. Norton, 2003). Dr. Hetherington gives the divorce rate for stepcouples as "50 percent higher in remarriages with stepchildren" (p. 178). Specifically, then, the divorce rate is 65 - 70 percent. The Virginia Longitudinal Study does not consist of a nationally representative sample but is a broader representation of stepfamilies in the United States than other previous research.

47. D. R. Morrison et al., eds., *Parent-Child Relations and Investments of Parental Time in Children* (Washington, DC: Child Trends, 1994).

48 Paul Glick, "Remarriage: Some Recent Changes and Variations," *Journal of Family Issues 1*, no. 4 (1980): 455 - 478.

49. Kathryn Harker Tillman, "Family Structure Pathways and Academic Disadvantage Among Adolescents in Stepfamilies," *Sociological Inquiry* 77, no. 3 (2007): 383 - 424, doi:10. 1111/j. 1475-682 . 2007. 00198. x.

50. Nan Marie Astone and Sara S. McLanahan, "Family Structure, Residential Mobility, and School Dropout: A Research Note," *Demography* 31, no. 4 (November 1994): 575 - 583.

51. Heather A. Turner, "The Effect of Lifetime Victimization on the Mental Health of Children and Adolescents," *Social Science & Medicine* 62, no. 1 (January 2006): 13 - 27.

52. Cynthia C. Harper and Sara S. McLanahan, "Father Absence and Youth Incarceration," *Journal of Research on Adolescence* 14, no. 3 (September 2004): 369 - 397, doi:10. 1111/j. 1532-7795. 2004. 00079. x.

16. 父亲有什么不同

1. Richard Fletcher, University of Newcastle, Australia, and others, as cited in Sue Shellenbarger, "Roughhousing Lessons from Dad: Fathers Teach Risk-Taking, Boundary-Setting; Learning From 'Sock Wrestling,'" *Wall Street Journal*, June 11, 2014, http://online.wsj.com/ news/article_email/ roughhousing-lessons-from-dad-1402444262-1MyQjAxMTAOMDEwM- TExNDEyW. j

2. Mogens Nygaard Christoffersen, "An Investigation of Fathers with 3-5-Year-Old Children" (paper presented at the Social Research-Institute, Ministerratskonferenz, Stockholm, Sweden, April 27 - 28, 1995), chart 2, "Parents Living Alone with 3- to 5-Year-Old Children."

3. Mary Jo Coiro, Nicholas Zill, and Barbara Bloom, "Health of Our Nation's Children," US Department of Health and Human Services, National Center for Health Statistics, Centers for Disease Control and Prevention, *Vital and Health Statistics*, series 10, no.191, December 1994. The National Health Interview Survey is based on a US Census Bureau sample of over 122,000 individuals, including over 17,000 children (table 16, p. 49). Nine percent of children with only biological fathers have late or irregular bedtimes; 33 percent of children with only biological mothers had late or irregular bedtimes.

4. Christoersen, "Investigation of Fathers," chart 3.

5. University of Chicago, "Becoming a Man," Crime Lab, 2012, https://crimelab.uchicago.edu/page/ becoming-man-bam-sports-edition- ndings.

6. Richard Koestner, C. Franz, and J. Weinberger, "The Family Origins of Empathic Concern: A Twenty-Six-Year Longitudinal Study," *Journal of Personality and Social Psychology* 58, no. 4 (April 1990):709 - 717.

7. D. A. Luepnitz, *Child Custody* (Lexington, MA: D. C. Heath, 1982); cited in Richard A.Warshak, "Father Custody and Child Development: A Review and Analysis of Psychological Research," Behavioral Sciences and the Law 4, no.2 (1986): 192.

8. Christoffersen, "Investigation of Fathers," chart 2.

9. Coiro, Zill, and Bloom, "Health of Our Nation's Children," table 13, p. 43.

10. Warren Farrell, *Father and Child Reunion* (NY: Putnam/Penguin, 2001).

11. "Saddest Boy Ever," excerpted from *The Jenny Jones Show*, "Boot Camp My Pre-teen" (1998), YouTube video, 0:38, posted by Patrick, December 10, 2011, http://youtu.be/gVXXDtWtHDY.

12. "Saddest Boy Ever."

13. D. A. Luepnitz, *Child Custody*, 112 - 125.

14. E.M.Hetherington, "Divorce: A Child's Perspective," *American Psychologist* 34, no. 10 (1979):831 - 858.

15. Richard A. Warshak, "Father Custody and Child Development: A Review and Analysis of Psychological Research," *Behavioral Sciences & the Law* 4, no. 2 (1986): 190.

16. John Simmons, "IBM Says No to Home Work," *Wall Street Journal*, May 19, 2017, p. A1.

17. Daniel Paquette, University of Montreal, cited in in Sue Shellenbarger, "Roughhousing Lessons from Dad."

18. Shellenbarger, "Roughhousing Lessons from Dad."

19. Shellenbarger, "Roughhousing Lessons from Dad."

20. Shellenbarger, "Roughhousing Lessons from Dad."

21. Nadya Pancsofar and Lynne Vernon-Feagans, "Mother and Father Language Input to Young Children: Contributions to Later Language Development," *Journal of Applied Developmental Psychology* 27, no. 6 (2006): 571 - 587, doi:10.1016/j.appdev.2006.08.003.

22. Fletcher, University of Newcastle, Australia, and others, as cited in Shellenbarger, "Rough housing Lessons from Dad."

23. K. Alison Clarke-Stewart and Craig Hayward, "Advantages of Father Custody and Contact for the Psychological Well-Being of School-Age Children," *Journal of Applied Developmental Psychology* 17, no. 2 (April - June 1996): 239 - 270, doi:10.1016/S0193-3973(96)90027-1.

24. For more on girls' safety with bio dads—and usually, but not as certainly, with stepdads—see Warren Farrell, *Father and Child Reunion.*

25. Dacher Keltner, "In Defense of Teasing," *New York Times Magazine,* December 5, 2008. See http://www.nytimes.com/2008/12/07/magazine/07teasing-t.html.

26. Janet Reitman, "How the Death of a Muslim Recruit Revealed a Culture of Brutality in the Marines," *New York Times Magazine,* July 6, 2017, https://www.nytimes.com/2017/07/06/ magazine/how-the-death-of-a-muslim-recruit-revealed-a-culture-of-brutality-in-the- marines.html.

27. Pew Research Center, "Women Call the Shots at Home; Public Mixed on Gender Roles in Jobs," Social & Demographic Trends, September 25, 2008, http://www.pewsocialtrends.org/2008/09/25/women-call-the-shots-at-home-public-mixed-on-gender-roles-in-jobs.

28. Marcus Hamilton, July 2014, copyright 2015 by North American Syndicate.

29. Pew Research Center, "Women Call the Shots at Home; Public Mixed on Gender Roles in Jobs."

17. 离婚后的四项"基本原则"

1. Paul Amato and Joan Gilbreth, "Nonresident Fathers and Children's Wellbeing: A Meta- analysis," *Journal of Marriage and the Family* 61, no. 3 (1999): 557 - 573, doi:10.2307/353560.

2. Michael E. Lamb, "Divorce and Parenting," in *Encyclopedia of Applied Developmental Science,* ed. C. B. Fisher and R. M. Lerner (New York: Sage, 2004), 794 - 796; as cited in William V. Fabricius et al., "Custody and Parenting Time: Links to Family Relationships and Well-Being After Divorce," in *The Role of the Father in Child Development,* 5th ed., ed. Michael E. Lamb (Hoboken, NJ: John Wiley & Sons, 2010).

3. Robert Bauserman, "Child Adjustment in Joint-Custody Versus Sole-Custody Arrange- ments: A Meta-analytic Review," *Journal of Family Psychology* 16, no. 1 (2002): 91 - 102; as cited in Fabricius, "Custody and Parenting Time."

4. Bauserman, "Child Adjustment."

5. Richard A. Warshak, "Social Science and Parenting Plans for Young Children: A Consensus Report," *Psychology, Public Policy, and Law* 20, no. 1 (2014): 46 - 67, doi:10.1037/law0000005.

6. Michael E. Lamb, K. J. Sternberg, and R. A. ompson, "The Effects of Divorce and Cus- tody Arrangements on Children's Behavior, Development, and Adjustment," *Family and Conciliation Courts Review* 35, no. 4 (1997): 393 - 404; as cited in Fabricius, "Custody andParenting Time."

7. B. Jablonska and L. Lindberg, "Risk Behaviours, Victimisation and Mental Distress Among Adolescents in Different Family Structures," *Social Psychiatry and Psychiatric Epidemiology* 42, no. 8 (August 2007): 656 - 663, doi:10.1007/s00127-007-0210-3. The study was of 12,582 fifteen year olds.

8. Emma Fransson et. al., "Why should they live more with one of us when they are children to us both?" *Children and Youth Services Review* 66 (July 2016): 154 - 160, doi:10.1016/j. childyouth.2016.05.011.

9. In the United States the term *joint custody* does not necessarily imply equal time, just a sharing of major decisions; in Sweden joint parental custody means an approximately 50-50 arrangement of time.

10. M. Bergström, B. Modin, et al., "Living in Two Homes: A Swedish National Survey of Wellbeing in 12 and 15 Year Olds with Joint Physical Custody," *BMC Public Health* 13 (September 2013): 868.

11. Malin Bergström, "Mental Health and Wellbeing in Children in Shared Parenting and Other Living Arrangements" (presentation, Center for Health Equity Studies, Sweden, October 2014), http://www.divorcecorp.com/wp-content/uploads/2014/11/Mental-Health-Wellbe- ing-in-Different-Living-

Arrangements_Malin-Bergstrom.pdf.

12. Bergström et al., "Living in Two Homes."

13. E. M. Hetherington, M. Cox, and R. Cox, "Effects of Divorce on Parents and Children," in *Nontraditional Families*, ed. M. Lamb (Hillsdale, NJ: Lawrence Erlbaum, 1982), 233 - 288; Judith Wallerstein and Joan B. Kelly, *Surviving the Breakup* (NY: Basic Books, 1980); and John W. Santrock and Richard A. Warshak, "The Impact of Divorce in Father-Custody and Mother-Custody Homes: The Child's Perspective," in *Children and Divorce*, ed. L. A. Kurdek (San Francisco: Jossey-Bass, 1983).

14. Hetherington, Cox, and Cox, "Effects of Divorce"; Wallerstein and Kelly, *Surviving the Breakup*; and Santrock and Warshak, "Impact of Divorce."

15. Hetherington, Cox, and Cox, "Effects of Divorce"; Wallerstein and Kelly, *Surviving the Breakup*; and Santrock and Warshak, "Impact of Divorce."

16. D. A. Luepnitz, "Maternal, Paternal, and Joint Custody: A Study of Families After Divorce" (PhD dissertation, State University of New York, Bu alo, 1980).

17. Paula M. Raines, "Joint Custody and the Right to Travel: Legal and Psychological Implications," *Journal of Family Law* 24 (June 1986): 625 - 656.

18. E. G. Pojman, "Emotional Adjustment of Boys in Sole Custody and Joint Custody Compared with Adjustment of Boys in Happy and Unhappy Marriages" (PhD dissertation, California Graduate Institute, Los Angeles, 1982).

19. Jablonska and Lindberg, "Risk Behaviours," 656 - 663.

20. Margaret Crosbie-Burnett, "Impact of Joint vs. Sole Custody and Quality of Co-parental Relationship on Adjustment of Adolescents in Remarried Families," *Behavioral Sciences & the Law* 9, no. 4 (Fall1991): 439 - 449, doi:10.1002/bsl.2370090407.

21. E. B. Karp, "Children's Adjustment in Joint and Single Custody: An Empirical Study" (PhD dissertation, California School of Professional Psychology, Berkeley, CA, 1982).

22. Luepnitz, "Joint Custody."

23. Shirley M. H. Hanson, "Healthy Single Parent Families," *Family Relations* 35, no. 1 (1986): 131, doi:10.2307/584291.

24. Based on responses from moms in parenting workshops designed to sustain the progress their sons had made in Young Men's Ultimate Weekend, 2010 - 2017. YMUW was founded by Mark Schillinger. Workshops conducted by Mark and his partner, Rochelle Newman.

25. Linda Nielsen, "Shared Physical Custody: Summary of 40 Studies on Outcomes for Children," *Journal of Divorce and Remarriage* 55, no. 8 (2014): 613 - 635, doi:10.1080/10502556.2014.965578.

26. Malin Bergström et al., "Fifty Moves a Year: Is ere an Association Between Joint Physical Custody and Psychosomatic Problems in Children?" *Journal of Epidemiology & Community Health* 69, no. 8 (April 2015): 769 - 774, doi:10.1136/jech-2014-205058.

27. "Warren Farrell Speaks in Toronto: Transforming the Boys Crisis," YouTube video, 2:30:36, Canadian Association for Equality, November, 23, 2012, https://www.youtube.com/watch?v=P6w1S8yrFz4.

28. Personal correspondence, January 11, 2013; the author's name has been changed and emphasis added.

29. Glynnis Walker, *Solomon's Children* (New York: Arbor House, 1986), 27 and 84 - 85.

30. K. Alison Clarke-Stewart and Craig Hayward, "Advantages of Father Custody and Contact for the Psychological Well-Being of School-Age Children," *Journal of Applied Developmental Psychology* 17, no. 2 (April - June 1996): 239 - 270, doi:10.1016/S0193-3973(96)90027-1.

31. Mogens Nygaard Christoffersen, "An Investigation of Fathers with 3-5-Year-Old Children" (paper presented at the Social Research-Institute, Ministerratskonferenz, Stockholm, Sweden, April 27 - 28,

1995), chart 2, "Parents Living Alone with 3- to 5-Year-Old Children," chart 4, "Psychosomatic Symptoms and Select Background Situations of the Parents."

32. Christoffersen, "Investigation of Fathers."

33. See Richard A. Warshak, Divorce Poison, rev. ed., (New York: Harper Collins, 2010).

34. Sara McLanahan and Gary Sandefur, *Growing Up with a Single Parent*, (Cambridge: Harvard University Press, 1997).

35. P. A. Cowan, C. P. Cowan, and J. Barry, "Couples' Groups for Parents of Preschoolers: Ten-Year Outcomes of a Randomized Trial," *Journal of Family Psychology* 25, no. 2 (2011): 240 - 250, doi:10.1037/a0023003.

36. Marianne Bertrand and Jessica Pan, "The Trouble with Boys: Social Influences and the Gender Gap in Disruptive Behavior," *American Economic Journal: Applied Economics*, 5(1) (2013): 32 - 64, doi: 10.1257/app. 5. 1. 32.

37. David Autor et al., "Family Disadvantage and the Gender Gap in Behavioral and Educational Outcomes" (working paper no. 22267, National Bureau of Economic Research, May 2016), doi:10.3386/w22267.

38. Jablonska and Lindberg, "Risk Behaviours," 656 - 663. The study involved 12,582 fifteen-year-olds.

39. Pew Research analysis of decennial census and American community survey, cited in Gretchen Livingston, "The Rise of Single Fathers: A Ninefold Increase Since 1960," Pew Research Center, July 2, 2013, http://www.pewsocialtrends.org/2013/07/02/the-rise-of-single-fathers.

40. Pew analysis of decennial census, cited in Livingston, "Rise of Single Fathers: A Ninefold Increase Since 1960."

41. John W. Santrock and Richard A. Warshak: "Father Custody and Social Development in Boys and Girls," *Journal of Social Issues* 35, no. 4 (Fall 1979): 112 - 125, doi:10. 1111/j. 1540-4560. 1979. tb00816. x.

42. Kyle D. Pruett, "The Nurturing Male: A Longitudinal Study of Primary Nurturing Fathers," in *Fathers and Their Families,* ed. Stanley H. Cath, Alan Gurwitt, and Linda Gunsberg (Hill- sdale, NJ: Analytic Press, 1989), 390. The study finding that 30 percent of children living with moms and 15 percent living with dads had concentration problems was of 1,200 children aged three to five.

43. Among children with their fathers, 3 percent felt victimized, compared to 10 percent of children with their mothers. Christoffersen, "Investigation of Fathers," chart 3. Translated by David Bedard. E-mail, March 12, 1997. Dr. Christoffersen is with the Social Research Institute in Denmark. The study is especially significant because it examined more than one-quarter of all the three- to five-year-old children in Denmark who lived with their biological fathers (600 out of 2,040). The study compared these children to a group of about 600 (out of 33,708) living with their biological mothers.

44. Pruett, "Nurturing Male," 390.

45. Pruett, "Nurturing Male," 390.

46. Pruett, "Nurturing Male," 390.

47. Jablonska and Lindberg, "Risk Behaviours," 656 - 663.

48. K. Alison Clarke-Stewart and Craig Hayward, "Advantages of Father Custody and Contact for the Psychological Well-Being of School-Age Children," *Journal of Applied Developmental* Psychology 17, no. 2 (April - June, 1996): 239 - 270, doi:10. 1016/S0193-3973(96)90027-1.

49. Douglas B. Downey and Brian Powell, "Do Children in Single-Parent Households Fare Better Living with Same-Sex Parent?" *Journal of Marriage and the Family* 55, no. 1 (February 1993):55 - 71, doi:10. 2307/352959.

50. Psychological well-being was determined by tests of self-esteem, adjustment, mood, and lack of depression. Clarke-Stewart and Hayward, "Advantages of Father," 257 - 258 (including table 4). Mary Jo Coiro, Nicholas Zill, and Barbara Bloom, "Health of Our Nation's Children," US Department

of Health and Human Services, National Center for Health Statistics, Centers for Disease Control and Prevention, *Vital and Health Statistics*, series 10, no. 191, December 1994.

52. Richard A. Warshak, "Father Custody and Child Development: A Review and Analysis of Psychological Research," Behavioral Sciences & the Law 4, no. 2 (1986): 190.

53. Betty Friedan, *The Feminine Mystique* (New York: W. W. Norton, 1963).

54. Augustine J. Kposowa, "Marital Status and Suicide in the National Longitudinal Mortality Study," *Journal of Epidemiology and Community Health* 54, no. 4 (2000): 254 - 261, doi:10.1136/jech.54.4.254.

55. Michael Weitzman, David G. Rosenthal, and Ying-Hua Liu, "Paternal Depressive Symptoms and Child Behavioral or Emotional Problems in the United States," *Pediatrics* 128, no. 6 (November 2011):1126 - 1134, doi:10.1016/j. yped. 2012.04.001.

18. 父亲勇士：为什么养儿育女将成为男性的一个新目标

1. See Warren Farrell, Why Men Earn More: *The Startling Truth Behind the Pay Gap—and What Women Can Do About It* (New York: AMACOM, 2005); and also the US Census Bureau's Survey of Income and Program Participation, 2001 Panel, Wave 2. The exact median earnings for the women are $46,896; for the men, $39,996. Latest available data as of 2004.

2. See Farrell, *Why Men Earn More.*

3. See Farrell, *Why Men Earn More.*

4. Robert M. Sapolsky, *Behave* (New York: Penguin Press, 2017). See discussion of study of parole officers who offered parole 60 percent of the time after lunch, versus 0 percent of the time before lunch.

5. Michael Alison Chandler, "On This List of the 50 Best Places to Work for New Dads, Netflix Leads the Pack," *Washington Post,* May 2, 2017, https://www.washingtonpost.com/news/ inspired-life wp/2017/05/02/theres-a-new-best-places-to-work-list-this-time-its-for-dads.

19. 父亲：父亲歧视

1. Brigid Schulte, "Don't Call them Mr. Mom: More Dads at Home with Kids Because They Want to Be," *Washington Post,* June 5, 2014, https://www.washingtonpost.com/news/parenting/ wp/2014/06/05/dads-who-stay-home-because-they-want-to-has-increased-four-fold.

2. Hani Nouman, Guy Enosh, and Pnina Niselbaum-Atzur, "The Role of Parental Communication, Child's Wishes and Child's Gender in Social Workers' Custody Recommenda- tions," *Children and Youth Services Review* 70 (November 2016): 302 - 308, doi:10.1016/j. childyouth. 2016.09.034.

3. See also Paul Raeburn, *Do Fathers Matter?: What Science is Telling Us About the Parent We've Overlooked* (New York: Scienti c American, 2014), p. 233, citing a National Organization for Women link to a website that lists as the number one *myth* that "a father's involvement is crucial for the well-being of a child."

4. Brianna Neese is open to developing ways of using *The Boy Crisis to* counter the boy crisis. You may contact her at chantebrie@gmail.com.

5. See Raeburn, Do Fathers Matter?

6. Kim Parker and Wendy Wang, "Modern Parenthood: Roles of Moms and Dads Converge as they Balance Work and Family" (report, Pew Research Social and Demographic Trends, Washington, DC, 2013), q. 44; based on fathers with children under eighteen.

7. Elaine Sorensen, Lilliana Sousa, and Simone G. Schaner, "Assessing Child Support Arrears in Nine Large States and the Nation," (report, Urban Institute, July 11, 2007), 11, https://www. urban. org/sites/default/files/publication/29736/1001242-Assessing-Child-Support-Arrears- in-Nine-Large-States-and-the-Nation. PDF.

8. Taylor Weatherby, "Woman's Ultrasound Goes Terribly Wrong in Hilarious Doritos Super Bowl Ad," Hollywood Life, February 7, 2016, http://hollywoodlife.com/2016/02/07/ doritos-super-bowl-commercial-2016-superbowl-ad-video-ultrasound.

9. Weatherby, "Doritos Super Bowl Ad."

20. 最好的家长就是双亲俱全，但是……

1. Warren Farrell, "Couples' Communication," http://warrenfarrell.com/couples- communication.

2. Joan C. Williams, "Why Men Work So Many Hours," *Harvard Business Review*, May 29, 2013, https://hbr.org/2013/05/why-men-work-so-many-hours. These statistics are from special tabulations of data from the US Census Bureau's 2011 American Community Survey. Since 2011 the trend for moms of young children to be working outside the home has been reversing.

3. "The Best Parent is Both Parents" was the motto of the Children's Rights Council, and also the title of a book by its late director, David Levy. is section title honors his memory.

4. Michael Gurian, *Saving Our Sons* (Spokane, WA: Gurian Institute Press, 2017).

5. Families and Work Institute, http://familiesandwork.fgmmedia.com/.

6. Warren Farrell, *Why Men Earn More: The Startling Truth Behind the Pay Gap and What Women Can Do About It* (New York: Putnam/Penguin, 2005).

7. Annie E. Casey Foundation, "Double Jeopardy: How Third Grade Reading Skills and Poverty Influence High School Graduation," 2011, http://www.aecf.org/resources/double-jeopardy/.

8. CBS News, "A Young Boy's Yardwork," *CBS Sunday Morning*, October 15, 2017, https://www.cbsnews.com/videos/a-young-boys-yardwork.

9. See www.aarp.org/experience-corps.

10. Tufts University study funded by the John Templeton Foundation, 2015. See "Tufts University Study Finds Boy Scouts Builds Positive Character," Scouting Newsroom, October 21, 2015, http://www.scoutingnewsroom.org/press-releases/tufts-university-study- nds-boy-scouts-builds-positive-character.

11. Boy Scouts of America, "Tufts University Study Finds Boy Scouts Builds Positive Character," Scouting Newsroom, October 21, 2015, http://www.scoutingnewsroom.org/press-releases/tufts-university-study-finds-boy-scouts-builds-positive-character.

12. See mankindproject.org.

13. See www.challengingteenagesons.com/Public/RightWayMethod/YoungMensUltimateWeekend.

14. Contact Brad Leslie at ymaw.com/contact.

15. Contact Cameron Withey at cameron@riteofpassagejourneys.org.

16. Nicholas Zill, "How Adopted Children Fare in Middle School," Institute for Family Studies, December 2, 2015, https://ifstudies.org/blog/how-adopted-children-fare-in-middle-school.

17. Steve Hartman, "Bachelor Detective Takes On Case of Two Pittsburgh Boys," CBS News, December 25, 2015, http://www.cbsnews.com/news/ bachelor-detective-takes-on-case-of-two-pittsburgh-boys.

18. Nicholas Zill, "How Adopted Children Fare in Middle School," Institute for Family Studies, December 2, 2015, https://ifstudies.org/blog/how-adopted-children-fare-in-middle-school.

19. Interview with Dr. Vanessa Dahn, founder of Safe Landing, Colorado, September 13, 2016. Safe Landing is an alternative foster care home that prioritizes a ection over medication, and emphasizes each of these characteristics.

20. Credit to Dan Gobunow, personal conversation, 2016.

英雄智商和健康智商

22. 英雄智商和健康智商

比尔看着朋友皮特从桥上纵身跳进了浅浅的溪水中，其他朋友都为皮特欢呼了起来，比尔迷恋的一个女孩也在为皮特喝彩。得意扬扬的皮特将目光转向了比尔，指着他说："比尔，接下来该你了！"所有人都满怀期待地注视着他们。皮特接着又调侃道："你是个胆小鬼吗？"几个朋友也开始一起跟着起哄了："娘娘腔！""胆小鬼！""娘娘腔！""胆小鬼！"

朋友们的起哄令比尔感到心烦意乱。看着桥下面，他摇了摇头。然而，他还是一声不吭地跳了下去，他的脑袋撞在了水下的一块暗礁上。皮特第一个冲到了比尔的身旁，可是他能做的就只是无助地哭喊着，从比尔的脑袋里冒出的鲜血顺着他的指缝流淌着。由于自己"害死"了比尔，皮特此后一直没能摆脱对比尔的负疚感，或者说再也没能摆脱悲伤的心情，因为他再也没有机会告诉比尔自己有多么抱歉了。

将男孩们培养成英雄的过程就是让他们接受男人短命的社会观念，"健康智商"则是帮助人们接受人应当长寿的社会观念，因此英雄智商和健康智商背道而驰。

即使像皮特这样的男孩没有冲着像比尔这样的男孩大声嚷嚷"胆小鬼！"，后者的心里还是埋藏着以前听到的这种辱骂，努力证明自己，以免再一次听到这种辱骂。英雄智商是对如何成为英雄的理解，健康智商是对如何保护自己的理解，合力驱使男孩"证明自己"的各种社会诱惑正是男孩们的"英雄智商"削弱他们的"健康智商"的一种工具，试图证明自己的男孩所面对的是失去自己的危险。

当然，敢于冒险有时候也是一种优秀品质，我们的发明家、企业家、海豹突击队队员、诺贝尔奖获得者、奥运会选手都是冒险家。但是，对男孩们而言冒险这种优点有时候会走向极端，变成一种缺点。没有多少男孩会成为真正的英雄，因此"证明自己"的需要——证明自己是万里挑一的人就成了一种驱使他们将冒险精神发挥到极致的社会诱惑。这种需要导致男孩由于意外事故身亡的概率比女孩大约高出了 1 倍。[1]当一个男孩担心从桥上跳下去自己的身体会受伤、不跳的话自己在人际方面就会遭到失败的时候，他就会感受到压力。造成这种压力的因素有些是相互重合的，这些压力来源导致男孩比女孩更有可能：

- 染上毒瘾或酒瘾。
- 对戒毒药物上瘾。
- 沉迷于电子游戏或者色情录像。
- 沉迷于赌博。
- 由于酒后驾车或者鲁莽驾驶在车祸中受伤或者身亡。
- 在具有风险性的运动中受伤（例如，橄榄球、拳击、摔跤、攀岩、牛仔竞技、长曲棍球、滑板运动、滑雪板运动、特技摩托车、冰球、赛车）。
- "失去理智"并且身体上有所表现。
- 加入帮派。
- 犯罪。
- 谋杀。
- 被杀害。
- 过着流落街头的生活（相对于在救济所里的生活）。
- 被关进监狱。
- 肥胖。
- 被诊断出多动症。
- 自杀。
- 由于前 16 种致死原因中的某一项过早死亡。[2]

对于这种状况，生物特性难道没有起到作用吗？

生物特性决定了女孩更长寿，对吗

当你的儿子在学校里了解到女性的寿命长于男性，如果追问"为什么"的话，他能听到的回答很有可能就是"这（基本上）是由生物特性决定的"。那么他就会产生自己的母亲在历史书里只看得到男性总统的身影时有可能会产生的想法，也许会默默地得出"生物特性决定命运"或者"我根本就没有机会"的结果。

迄今为止，全世界已经有 70 多个国家突破了女性生物特性的限制，让女性当上了国家元首或领导人。面对这样的现实，我们怎样才能突破男孩们潜意识里的"生物特性决定命运论"，更确切地说是，生物特性决定了男孩们天生就比较短命的观念？

首先来了解一下下面这组数据。在 1920 年，美国的男孩和成年男性的平均寿命仅比女性少 1 年；[3] 时至今日，美国的男孩和成年男性的平均寿命比女性少了将近 5 年（女性为 82.2，男性为 77.7）。[4] **男女两性的寿命差距已经扩大了将近 400%。**

让你的儿子再了解一下其他国家的情况。如果寿命的长短完全取决于基因，跟环境因素无关，那么在菲律宾和塞拉利昂的男孩和成年男性的平均寿命分别只有 65 岁和 49 岁的情况下，瑞士的男孩和成年男性的平均寿命就不会达到 81 岁。[5] 了解到瑞士的男孩和成年男性的平均寿命比菲律宾的多了25%、比塞拉利昂的多了 65%，你的儿子有可能就会意识到生物特性不能决定自己的命运。

要想让你的儿子拥有比较长寿的一生，你应当从什么时候就开始帮助他？从他的母亲怀上他之前。可以说，在他形成之前。

在形成之前

我们已经了解到父亲的日常饮食习惯和健康状况有可能会对精子的质量产生重要影响。因此，**父母长年累月塑造出来的健康体魄会为他们的儿子赋予健康的体魄，在他形成之前，他的健康状况就已经受到了影响。**

要想帮助你的儿子认识到保持健康也是人生目标的组成部分，最好的方法大概就是让他知道自己眼下的健康状况在未来将对孩子的健康状况产生影响——如果有一天他也想要孩子的话。让他知道自己不必冒着牺牲自己的危险，只要具备了一种能够支持自己的生理和心理健康的智慧，他也能成为儿子心目中最了不起的英雄。这种智慧也是他能传递给儿子的智慧。

但是，这就意味着我们需要对养育孩子的方式做出改变。我们已经形成的育儿方式会培养出具有英雄智商的男孩，当男孩发出第一声啼哭的时候，我们就开始采用这种育儿方式了。例如，决定抱起儿子所需的时间要长于决定抱起女儿所需的时间。[6] 你的儿子因此会产生怎样的认识？表达自己的感情是徒劳无益的事情，例如哭泣。在不知不觉中走向英雄的道路上，他迈出了第一步——认识到自己的感情无足轻重。**成为英雄就意味着不能让感情外露。**

正如发展心理学专家埃里克·埃里克森设想的那样，对拥抱、换尿布、喂食等基本需求得不到满足的婴儿有可能终生都无法建立起对他人的信任，在他们长大后这种缺陷有可能会表现为过度强烈的嫉妒心、需要不断检查自己的配偶，以及做出其他一些破坏亲密感情的行为。

我们给男孩唱歌的频率也低于给女儿唱歌的频率。给男孩讲故事的情况也是如此。给男孩读书的情况也是如此。[7] **渴望得到抚育和照料是男孩与生俱来的天性。可是，这种天性不太会受到我们的鼓励。**

我们会有意识地告诉男孩"不要受伤"，我们会督促他们按时睡觉、保持健康的饮食习惯。与此同时，我们却会在无意中向他们传达截然不同的信息。

通过前文我们已经了解到能够存活下来的每一个社会实际上都遵循着这种做法，都在培养男孩接受牺牲自己的观念——在战争中牺牲自己，在工作中牺牲自己。

这样的教育方式在悄悄地从三个层面损害着男孩们的健康：

- 告诉男孩们关注自己的健康违背了我们的生存本能。父亲鼓励儿子参加"华纳老爸"橄榄球联盟成了父子之间的一种亲密互动，这种鼓励的目标就在于培养男孩甘愿牺牲自己的英雄主义，父子俩都不会意识到这一目标有可能跟儿子日后的健康需求相抵触。
- 如果你担心自己有可能会失去儿子，那么下意识地避免和儿子建立起过于强烈的心理依赖就能够对你起到自我保护作用。例如，当你的儿子在哭喊的时候，你不会将他抱起或者抱他一会儿。这样一来，你的儿子就没有机会享受到这些亲昵行为对他的健康能够产生的促进作用，他在心理上的安全感也因此被剥夺了，他将不再相信情绪的流露能够帮助自己获得理解和同情、同他人建立亲密的关系。

- 你希望培养一个有自尊并且受人尊敬的儿子，一个令你引以为傲的儿子，因此你会在邻居们关注的社区体育活动中为他加油、喝彩，即使这些运动会给他带来一定的危险，例如橄榄球、长曲棍球、摔跤或者冰球。

成为男子汉涉及权力的问题。但是，一旦我们教导儿子不要哭泣，他们就会逐渐感到表露感情是一件难为情的事情，从而他们也就开始为自己的天性感到害臊，这种羞愧的心理会损害他们的健康。如果男孩们学着如何损害自己的健康、在心理上疏远自我，他们就失去了真正的权力。他们就成了失去自我的英雄，准备成为一尊雕塑，而不是一个活生生的人。

在当今社会，需要男孩们献出生命以保证我们继续活下去的情况已经越来越少了，人类社会终于发展到了一个新的历史阶段。在这个阶段，在帮助儿子培养男子汉气概的过程中，父母完全有条件将英雄主义的教育和健康教育结合起来。我们有条件吸取传统的英雄智商中最健康的成分，将其糅合进心理和生理健康智商中。不过，在你开始利用男子汉气概中的健康因素之前，我们首先需要更深入地了解一下各种社会诱惑所具有的影响力。正是由于这些社会诱惑的妨碍，你的儿子甚至都不会思考一下"健康"究竟意味着什么。

社会诱惑：好莱坞——英雄健康和心理生理健康

在向男孩们传播社会诱惑的各种渠道中，好莱坞的影响力一贯比较强大。在万圣节前夜，蜘蛛侠和忍者神龟的服装或许都属于最热门的选择。面具、斗篷和"武器"无不在高喊着"尊敬我吧！""畏惧我吧！"[8]

好莱坞在下意识里传递着什么样的信息？首先，英雄必须完全牺牲自己，只能让外人看到他会用人类的行为伪装自己，但是决不允许外人知道他是地地道道的人类。也就是说，世人只知道超人的存在，但是无人知晓克拉克·

肯特，超人的妻子露易丝·莱恩之所以会对克拉克·肯特产生兴趣也只是因为她发现他就是超人。同样地，世人只知道言行举止很像人类的蝙蝠侠，但是没有人知道大活人布鲁斯·韦恩的存在；世人都知道言行举止很像人类的蜘蛛侠，但是没有人知道大活人彼得·帕克的存在。你的儿子在不知不觉中发现忍者神龟在地面上一次次地完成着英雄般的使命，但是却生活在地下世界里。也就是说，人的一面只能默默无闻地存在着，远离世人的视线，甚至受到自己的无视。

好莱坞传递给你儿子的信息就是英雄绝对不可能跟自己完全合为一体。[9] 英雄都过着双重生活。詹姆斯·邦德对自己都是匿名的。

你的儿子会注意到詹姆斯·邦德的英雄健康和心理生理健康之间存在着一道鸿沟，以至于我们根本意识到不到他是一个有血有肉的人。如果英勇行为导致他在现实生活中丢了性命的话，我们更多的会怀念作为英雄的他，而不是作为人的他。此外，他的匿名性令我们在看到他面临着随时被牺牲掉的可能性时不会产生太强烈的负疚。

此外，好莱坞正在制造出越来越多的女英雄，这是否意味着新型女英雄会冒着生命危险拯救心爱的人，从而证明自己的价值？或者说，至少意味着你的儿子不再需要冒着生命危险争取女英雄的爱了？

你的儿子无意中发现了什么？你应当如何帮助他清楚地认识到这个问题，以便他做出有意识的选择？现在我们就来回答这两个问题。

新型女英雄的出现意味着你的儿子用不着冒着生命危险争取她的爱了吗？

在回答这个问题之前，我必须说明一点：面对同一部影片，家庭里的每一位成员都有着不同的理解，因此类似这样的影片才能够成功催化出家庭聚餐之夜的精彩讨论（见附录）。

我们首先来看一看《星球大战7：原力觉醒》（以下简称《原力觉醒》）。

在《原力觉醒》中，你的儿子会看到原先的莱娅公主成了莱娅将军，汉·索洛答应莱娅将军要将他们的儿子带回家。为了带儿子回家而献出生命的是汉·索洛，而不是身为将军的女主角。

关于寻找爱情的问题，你的儿子学到了什么？感情泛滥的男主角芬恩抓起蕾伊的手，想要挽救她，可是蕾伊却对芬恩进行了惩罚，因为他没有征求她的同意就抓住了她的手。迄今为止，已经有很多州都制定了针对大学校园的法规，面对一位女性，在没有征得她同意的情况下就抓起她的手是会受到惩罚的，这项法规被称为"确认同意"。按照规定，在同年轻女性发生肢体接触之前，年轻男性必须征得对方的口头或者书面同意。（这项规定不偏向任何一种性别，可是也太……）

怎样处理细节才能让这个片段起到鼓励你儿子尊重女性的效果，而不仅仅只让他看到男英雄为了拯救女英雄的生命而抓起她的手，结果却受到了她的惩罚？首先，蕾伊对芬恩表示感谢；接下来，如果芬恩想要抓起蕾伊的手，而蕾伊的态度摇摆不定或者对芬恩不感兴趣的话，蕾伊就会说出类似于下面这种话，"感谢你的好意，但是我想咱们还是不要拉手吧。我向你保证，如果我改变心意的话，我会采取主动的。"蕾伊已经知道芬恩对她有兴趣，拒绝对方几乎不存在任何风险。接着你的儿子就会看到在芬恩试图拯救蕾伊的时候，蕾伊没有惩罚芬恩，而是遵从了自己的心愿。

强大的女性也同样有责任保护他，也同样需要承担遭到拒绝的风险——如果好莱坞的确在不断进步，它怎样才能拍出一场能够令你的儿子产生这种印象的戏？首先，救人的英雄应当被换成蕾伊，在试图挽救芬恩的时候她想伸手抓起他的手；接着，蕾伊对芬恩流露出强烈的热情，超过了芬恩对她的热情，但她还是冒着遭到拒绝的危险采取了主动。

在《原力觉醒》的结尾，为了消除蕾伊受到的威胁，芬恩用光剑和别人厮杀了一场，被打败了后他陷入了昏迷，奄奄一息。显然，芬恩仍旧对蕾伊充满了眷恋。蕾伊毫发无伤，芬恩得到了奖励——蕾伊亲吻了一下他的额头。

在传统的好莱坞科幻影片中，为了赢得美人的芳心而甘愿用自己的生命冒险的男性得到的奖励几乎千篇一律，都是美人的芳心，而不是额头上的一个吻。通过这个细节，你的儿子或许会意识到面对已经超级强大的女性，今天的年轻男性无论做什么都不可能讨得对方的芳心。

有什么问题吗？**如果你的儿子不清楚一位十分强大的女性对他能产生什么样的需求，那么他很有可能就会把目光转向不太强大但是对他有明确需求的女性**。在对异性的渴望和需求方面，女性和男性之间存在着差异，你的儿子看到在这个问题上男英雄和女英雄和普通人也没有多少不同。

男性英雄的氪石 ①

就像男性超级英雄一样，女性超级英雄也具有强健的体魄、敏锐的头脑和性魅力。但是，她们没有几乎每一位男性英雄都存在的"阿喀琉斯之踵"，也就是对性的需求。无论在过去还是现在，所有的"詹姆斯·邦德"都不缺乏性需求，这种需求不仅害得他们受到牵制，而且还导致他们的任务和自己的生命都陷入了险境。然而，蕾伊没有流露出对性的需求，芬恩流露出了。"饥饿游戏"三部曲也显示出了同样的模式：女主人公凯特尼斯对爱情没有兴趣，皮塔和盖尔对爱情有兴趣。缺少性需求的特质令女性超级英雄成了超级英雄中的超级英雄。

美国电影为仅针对男性的征兵制播撒着种子

通过前文我们已经知道了如果不去征兵处登记报名的话，你的儿子就会付出惨重的代价。好莱坞一直在为征兵制播种，努力说服你的儿子接受现行的仅强制男性报名的征兵制，接受潜在的危险——牺牲自己的生命不再是他们有权选择的事情，而是一种义务。通过前后 7 部《星球大战》的共同影响，你的儿子有可能会下意识地认为如果心爱的女人，无论是爱人还是母亲面临生命危险的话，自己就应该冒着生命危险去拯救她。对他来说，头等大事就是拯救她的生命。因为他天生就是男人。这正是他报名参军或者说是被报名参军的目的。

假设你的儿子冒着生命危险保护一个女人，但是他的努力失败了，那么他又会拥有怎样的结局？在营救母亲遭到失败并且母亲最终身亡后，阿纳金·天行者变成了西斯黑暗尊主达斯·维德。阿纳金·天行者的经历所传达的信息就是：当一个男人利用自己的能量拯救一个女人的时候，如果失败了，他的能量就会崩溃，就会转化成腐蚀他并且将他拖入黑暗世界的愤怒。

---

① 氪石是超人故事里的虚构物质，与现实世界里的氪元素无关，是超人的家乡氪星爆炸后的碎片，是超人和绝大多数氪星人的终极弱点。现在，"氪石"一词被用来指刀枪不入的英雄的弱点。

美国电影中男英雄和女英雄的各种死法

头号男英雄有资格为了博得孩子的欢心而丢掉性命，就像汉·索洛那样；或者陷入昏迷，就像芬恩那样——影片的结尾没有告诉我们芬恩究竟能否活下来。如果主角是男性，那么他生死未卜的剧情就是可以被接受的。女主角不会死，也不会陷入昏迷。

当近些年出现好莱坞科幻影片中，每当有女性角色死亡时，死亡的原因大多都不外乎两种：

- 她杀死了其他女人（好女人），因此她是坏人——不是"真正"的女人。

- 她的死是为了让影片突出为了给她复仇而被杀死的男性。在好莱坞的科幻影片中，死于这种理由的女性角色在剧中的重要出场次数基本不会超过 3 次，这样观众会对她产生一些感情，但是感情又不会太深。

家庭聚餐之夜
电影——影像和现实

以下是一些适合家庭聚餐之夜讨论的基础话题。在进行讨论之前，先了解一下"附录 A"里的那组肖像画——用四种不同的方式描绘的同一个男人：

1. 性需求给你的儿子带来了什么样的困境？

2. 在美国电影的哪些故事片里，重要亮相不止 3 次的女主角死掉了？在哪些影片中，重要亮相不止 3 次的男主角死掉了？

3.《饥饿的游戏 3：嘲笑鸟》传递给你儿子的信息不仅是他应该冒着赴死的危险保护心爱的女人，而且一旦他没有遵循这个女人的做事方法，他就会失去她的爱？或者说，这部影片是否给你的儿子传递出了一个新的信息：相比他的计划，这个女人的计划更有可能取得成功？如果的确如此，你的儿子是否会感觉到在牺牲生命方面自己依然具有重要价值，但是智商更高的是女人？

4. 其他一些影片告诉我们为了赢得异性的爱还需要付出什么样的代价？

此外还有第三个原因，这个原因比较隐蔽，是好莱坞传统虚构世界经过痛苦反思之后的结果：如果一个好女人被害死了，罪魁祸首肯定是一个男人。例如，在《饥饿的游戏3：嘲笑鸟》中，男孩盖尔为了帮助凯特尼斯赢得战争设计了一套计划，但是他没有听从心爱的女人凯特尼斯的建议。结果呢？凯特尼斯的妹妹——一个好女人——小樱被杀死了。盖尔冒着生命危险去营救小樱（和其他的帕纳姆人），可是他没有听从凯特尼斯的建议。他是不可原谅的，他失去了凯特尼斯的爱。

在现实生活中，你希望自己的儿子既懂得倾听，又能得到别人的倾听。可是，在培养健康智商的过程中，你的儿子如何才能保留住英雄智商的精华，同时又不会受到英雄智商的束缚？

将英雄智商转化为健康智商

科迪问父亲瑞安自己能不能走路去上学，这样自己还能打一会儿临时组队的篮球赛或者别的比赛。他的母亲提醒他："我听说有一伙坏小子经常在那一带出没。"不过，他的父亲还是说服他的母亲同意给他放行了。

等科迪来到球场后，比赛已经开始了，他清楚地意识到有几个人在打球之前喝酒了。他问他们能不能带他一起玩，JV队里一个球技比较高超的家伙说他们更想要一瓶酒，不过他要想玩也没问题。他们邀请科迪一起喝点酒，科迪接受了，于是他们接纳了他。

科迪意识到这场球赛就是一场"脏球"，他感到很紧张。前几次投篮他都没有投中，最后一次甚至没有碰到篮筐。之前说他们更想要一瓶酒的那个家伙嘲笑科迪说："嘿，有了科迪的球队变成了残障队。"另一个家伙帮腔道："是'科迪残障队'！"后来，这个家伙在打球的时候又故意对科迪做了犯规动作。科迪将压抑在心里的怒火一股脑发泄了出来，一拳打了过去。他下手太重了，连自己的手都骨折了。

科迪惊慌失措地跑回了家。就在他的母亲正准备送他去急诊室的时候，父亲说这件事情的责任在于自己，毕竟是他劝说妻子给科迪放行的。在候诊的时候，科迪将事情的原委讲给了父母，还主动交代自己为了被那伙人接纳就同意喝酒了。瑞安不希望儿子为此感到羞愧，于是他向儿子透露了自己在高中的时候也做过同样的事情，以这样的方式表达了对儿子的理解。

接着，瑞安又叫科迪说一说在冲突发生之前他觉察到的"五大"危险信号，他叫科迪就像讲述一场游戏那样用轻松的语调描述"五大"危险信号。科迪终于考虑好了答案：喝酒；听到对方说更想要一瓶酒，而不是他；比赛看起来更像是一场"脏球"；对他嘲讽升级；别人故意对他犯规。瑞安最后又向儿子提了一个问题：以后碰到类似的情况，他会选择不同的做法吗？在科迪出门之前，母亲就提醒他躲开那伙人，可是他忽视了母亲的提醒，但是他的父亲还是将这次的经历变成了一个教育儿子的良机。

健康智商一览表

在帮助儿子培养健康智商的过程中，教育时机都是像炖锅一样的父母——而不是微波炉式的父母——慢慢创造出来的。当然，炖锅里放的是什么也同样很重要，因此你不妨根据下面这份健康智商一览表检查一下自己已经完成了哪些工作，还有哪些工作尚待完成。如果针对下列某一项你已经对儿子进行过教育了，那就给自己打1分；如果你的儿子已经将其消化吸收了，就打2分！

我的儿子已经通过被动或者主动的方式学会了：

——用尊重回应别人的侮辱，不要用侮辱、拳头或者枪支做出反击。

——在全家人一起吃饭的时候放下手里的电子产品。

——考虑玩夺旗橄榄球，而不是擒抱橄榄球（既正规橄榄球运动），即使父母不太可能去观看这种球赛，有啦啦队助阵的可能性也不太大。

—— 不会为了获得"归属感"而酗酒、过度欺凌别人或者忍受别人的欺凌，例如在面对兄弟会的时候，敢于拒绝这些事情。

—— 能够追问自己一个问题——什么事情最能给自己带来幸福感？例如当小学三年级的老师、当工程师。

—— 敢于拒绝从山崖上跳进山下小溪的挑战，即使男孩们管你叫作"胆小鬼"，即使自己心仪的女孩也在一旁围观。

—— 克制自己，不开快车，滑雪的时候不会高速滑下危险和不熟悉的山坡。

—— 和父母双方相处的时间保持均等，尤其是在父母离异的情况下。

—— 热衷于烤肉，但是也同样热衷于沙拉。

—— 在必须向他人求助的时候，绝不会犹豫。

—— 决不会为了"赢得"同龄人的尊敬而无视出现脑震荡的危险。

—— 尊重享有"精英"地位的危险职业，但是决不过度美化这些职业。

—— 明白很多利用社会诱惑的人其实会对敢于平静地解释清楚为什么自己不可能屈服于压力的人产生敬意。

—— 期望他能够和一位女性朋友相互保护，而不是期望他成为一名"免费保镖"。

—— 这是一份高难度的试卷，如果你得了 10 分，那就说明你对儿子的教育非常出色。

如果你的儿子想要选择某种危险职业，例如成为一名宇航员，只要他能够确定自己的考虑没有受到了社会诱惑因素的影响，那么做出这个选择就代表他的智商水平没有问题。

男孩的弱点：逞强

在高中一年级的时候，我一心想要靠着自己的努力进入校田径队。一开始，在一次半英里跑步练习的时候，我发现教练正看着我。一听到发令枪响，我一下子就抢先冲了出去——"对手"中还包括跑步成绩最好的同学。可是，我的表现似乎没有给教练留下多少印象。很快我的体力就耗尽了。福斯特教练比我聪明，他悄悄地把我拉到一边，对我说："按照自己的节奏跑，节省体力，到最后再全速冲刺。"

我接受了教练的"节省体力"策略，抛开了"逞强"的策略，结果我感到自己没有那么虚弱了，反而体力更充沛了。在这个过程中，我学到了跑步的技巧，同时也了解到我的弱点就在于逞强。

我轻而易举地就掌握了"节省体力"的技巧，这并不是因为我很特别，而是因为我和所有的男孩都一样，我们都想用最好的方法第一个冲过终点线。我需要的是一位权威人物，他会出于关心将我拉到一边，向我强化我父亲之前跟我说过但是一直被我忽视的那些事情，直到在现实生活中碰了壁我才接受了他的教诲。

科学研究已经证实逞强的性格其实会对男孩和成年男性的身体造成损害。对于经常救人的人，比如消防员，每一次参加应急工作，他们的睾丸酮分泌水平都会增加，从而削弱了他们的免疫系统。[10] 他们的肾上腺素分泌水平也会骤然上升，血液就会比较容易凝结，从而导致心脏衰竭。

在感到疼痛时，男孩"咬牙强撑"的可能性比女孩高，去看病的可能性比女孩低。一旦真的去看病了就说明他们的病情已经很严重了，尽管如此，他们听从医生医嘱的可能性还是比较小，[11] 甚至不太可能听从避免过度消耗体力的建议，例如喝酒、吃太多甜食。结果，男孩们二次住院的概率就比女孩高了62%。[12] 男孩的弱点就在于逞强。

男孩为什么会这么做？**因为我们告诉男孩强健身体是男人的做法，避免身体受到损伤女人的做法**。你的儿子拼命努力想要增强体能，可是在他看来，饮酒适度、食用甜食适度、早早睡觉、按照自己的节奏做事、哭泣、找治疗师帮忙缓解压力这些能够帮助他避免体能流失的做法都不太"光彩"。

怎样才能解决这个问题？趁着家庭聚餐之夜或者其他一些教育机会帮助

你的儿子来一场"范式转移"①，对做一个男人意味着什么的问题产生全新的理解。

拿出男人的样子：新范式

男孩通过锻炼强健身体。
成熟的男人通过锻炼和避免身体受到损伤强健身体。

男孩认为逞强是优点。
成熟的男人不需要逞强。

男孩通过掩盖自己的弱点"咬牙强撑"。
成熟的男人知道能够发现自己的弱点正是自己的一项优点，也是强健身体、避免身体受到损伤的第一步。

真的有可能让一个沉迷于证明自己的男孩接受这种新的范式吗？这种可能性是存在的，但是并不容易实现。这将是父母和一大堆社会诱惑的战斗。是父母和"拿不出男人样"的政治领导层之间的战斗。②正因为如此，父母才是至高无上的。

从男孩到成熟男人的道路并不是为了让男人活得更长久，而是为了让男人变得更强大。因此，我们就需要看一看在激发男子汉气概的传统社会诱惑中有哪些因素能够增进男孩们的健康。

增进健康的社会诱惑

利用"唯勇者行"增进健康

各种社会诱惑驱使男孩做的所有事情几乎都是好事，但是在发展到极端

---

① "范式转移"大致指行事或思维方式发生的重大变化，突破原有的束缚和限制，创造新的可能。一个领域里出现了新的学术成果，打破了原有的假设或者法则，从而迫使人们对本学科的很多基本理论做出根本性的修正。例如，人们对地球上出现的各种现象的理解原本依据的都是"地平说"，在发现地球是圆的之后，之前的所有理解都要重新考虑，从而旧的范式（地平说）就被新的范式（地圆说）所取代了。
② 这句话是作者法雷尔对美国政府的批判。

的时候都会变成坏事。例如，将"艰难之路，唯勇者行"这种信条跟男性英雄主义结合起来的话，我们就有可能驱使男孩们将"唯勇者行"发挥到极致。如果你的儿子无法成为万里挑一的人、无法成为大英雄，他或许就会对自己感到失望。

但是，在篮球比赛中，当你的儿子在一次决定胜负的关键性带球上篮时出现了失误后、在滑雪的时候摔断了一条腿后、在求职或者谈恋爱的时候遭到拒绝后，"唯勇者行"这个信条都能够帮助他咬牙坚持住。在这些情况下，"唯勇者行"的信条不仅能帮助他重新振作起来，而且还能：

- 在寻找新的途径争取成功的过程中，促进他的大脑神经突触的生长。
- 帮助他的大脑记住自己在什么时候以及通过怎样的方法重新振作了起来，从某种程度上而言就是创造出自己的"情感康复中心"。
- 在寻找能够说服自己重新振作起来的动力、获得重新振作起来的体力的过程中，提高他体内多巴胺的分泌水平、增强他的毅力。
- 让他相信自己不会输给其他人，这种想法会让他变得更合群。
- 促进他从依靠父母解决问题的男孩成长为依靠自己解决问题的成熟男人。
- 提高他的自尊。

可是，你的儿子如何才能知道应该何时放弃、何时坚持下去？正确的做法就是重视问题，而不是对问题置之不理。一旦男孩意识到成为男子汉并不意味着对自己的痛苦置之不理，而应当重视自己的痛苦，他就有能力做出比较细致的决定了。例如，他可以抛弃"没有痛苦，就没有收获"的观点，像瑜伽师艾扬格提出的那样，对两种痛苦加以区分：强健体魄的痛苦和削弱体魄的痛苦。在身体不活跃的时候感受到的痛苦是需要引起注意的痛苦。在身心合一地试图突破自己的"极限"的过程中，男孩感觉到的痛苦是"有益"的痛苦，是有助于强健体魄的痛苦，直到他到达了自己的"极限"。在倒掉洗澡水的时候，我们必须保留下来的"婴儿"就是对自己的"极限"做出积极反应的能力。

不要记仇

吉姆滑进了二垒，可是游击手拉尔夫宣布他"出局"了。吉姆说："不可能……你的眼睛瞎了啊。"游击手坚持认为吉姆真的出局了，而且还说他作弊了。坐在球员休息区的队友们倾巢而出，所有人都坚称吉姆成功上垒了。对方的球员也倾巢而出，他们也坚称吉姆出局了。转眼间，原本只是口头上的争执就发展成了你推我搡的肢体冲撞。

第二天下午，马蒂滑进了二垒。吉姆和拉尔夫现在成了队友，一个是二垒手，一个是游击手，他们都说马蒂"出局"了。马蒂坚持认为自己成功上垒了。这一次，吉姆和拉尔夫都说马蒂的"眼睛瞎了"。

多年来，吉姆和拉尔夫一贯如此，今天是对手，明天是队友，他们都没有记恨过对方。虽然他们都没有这么说过，但是凭直觉他们都明白"屁股决定立场"的道理。

临时组队的游戏没有固定的队伍，参加者会不断地改变所属的队伍，在这样的游戏中能够鼓励男孩们参与竞争的英雄智商会帮助他们认识到分歧，甚至是相互咒骂、推推搡搡，往往只是临时性的角色职能，并不是针对个人的。倘若今天记了仇，明天你就不太可能和对方做队友了。

我们怎么知道这种事情能够对男孩起到有益的作用？通过研究44个国家的男性和女性参加从乒乓球到拳击等各种体育运动的录像，研究人员发现在比赛结束后，男性和对手交谈、轻轻拍一拍对手的后背、互相拥抱的时间多于女性在这些事情上花费的时间。就连男性之间的握手都比女性之间的握手更温暖、更有力，后者的握手被描述为"冷淡"。[13]

由哈佛大学的乔伊斯·贝伦森主持的这项研究受到了对雄性黑猩猩开展的类似研究的启发，雄性黑猩猩也会今天打架，明天合作。贝伦森还指出一些研究显示"如果两位女性在工作中发生了竞争，事后她们会产生非常强烈的受伤感。"[14]

当男孩参与冲突的时候，家长们往往会拉开他们，老师们往往会动用惩罚措施。其实，英雄智商的一个积极方面就是男孩和成年男性倾向于"全力以赴地参加战斗"，但是事后不会记仇，在他们看来导致冲突出现的原因在于大家各司其职，而不是因为某个坏人的存在。

男孩更有可能将生命视作儿戏，无论是在虚拟的世界里还是在现实生活中，他们中的很多人也都知道今天的对手有可能到了明天就成了自己的队友。

保留传统的男子汉气概中的精华部分应当成为家长们的首要任务，因为你们的儿子现在一心只想解决一个自相矛盾的问题——如何能做到积极参与，同时又置身事外。趁着男子汉气概中的积极成分还没有转变成消极成分的时候，及时对你的儿子进行引导将会帮助他通过适合自己个性的方式解决这个悖论。

这不是一项轻松的工作：促使你的儿子培养出英雄智商的社会诱惑根深蒂固，这导致你儿子的身体几乎不属于他自己，往往也不由得你做出有意识的决定。不是在有意识的情况下做出的选择就不能算是选择，因此我们需要更深入地了解一下这些社会诱惑，以便你有能力为儿子提供你的父母当年不曾为你提供过的选择权。

男孩的身体，男孩无法做主

女孩时时刻刻都会听到"女人的身体，女人做主"这句口号。

但是男孩永远听不到"男人的身体，男人做主"这种话。

这种状况的出现是有原因的。如果男孩们能听到"男人的身体，男人做主"，女孩们或许就不会拥有自己能够做主的身体了。也就是说，女孩的生命，也是我们所有人的生命，都取决于社会要求男孩用自己的生命冒险的传统。

在男孩刚一呱呱坠地的时候，这一切就开始了……

你儿子的身体，你儿子应该做主：抵制社会诱惑

这样一来就出现了一个重要问题：目前，我们依然存在同恐怖主义进行斗争、建造摩天大楼和海底隧道、清理污水管道系统、保护我们的家园不被烈火吞噬等需要，如果我们教导男孩们抵制社会诱惑、自己为自己做主，我们会丧失他们的奉献为我们创造的安全和便利的环境吗？

基本不会。但是，你的儿子越重视自己，他就越希望自己承担的风险、

选择的职业都能够得到回报。他也就越希望自己的安全受到保障（例如，钻井平台的工作环境更安全，就像影片《深海浩劫》中展现的那样）。帮助你的儿子认识到每一种社会诱惑的存在都是为了诱惑他接受要求他做出自我牺牲的英雄主义，但是这并不意味着他就不会成为一名军人、一名建筑工人或者消防员。他仍旧拥有成为军人的自由，但是这个决定应当出于他自己的意愿，而不是受到社会诱惑的驱使。他应当和你的女儿拥有同样的选择机会。

怎样才能实现这一点？托弗为我们提供了一个好榜样……

当电影《星条旗》激昂的旋律达到了最高潮、照相机的镜头全都对准了海军陆战队队员，气派的军装衬托着一张张沉着自信的脸庞。与此同时，空军飞行中队的战斗机以完美的编队队形飞过了"超级碗"赛场的上空。17岁的托弗满怀敬畏地看着这一切。

托弗的父亲是一名高中教师，他注意到了儿子全神贯注的肢体语言。托弗即将要毕业了，眼下他正在上大学和其他几个选择之间举棋不定。父亲看得出在敬畏之情的诱惑下，托弗的态度开始向军队倾斜了，有可能会是安纳波利斯（美国海军学院所在地）。他什么也没有说，他知道无论自己说什么都无法抗衡托弗对"超级碗"的期待。

但是，在接下来一次的家庭聚餐之夜，他提起了"超级碗"的话题，并且问托弗在"超级碗"比赛期间他是否注意到军队里存在着哪些社会压力。

托弗不曾考虑过这个问题。一听到父亲问出这个问题，他一下露出了喜悦的神色。"那些战斗机整齐划一地在空中盘旋简直太了不起了……"

"没错，"父亲表示了认同。"还有呢？"

"嗯，也许那些海军陆战队队员看上去全都那么自信也算吧——我就没有自信，没准他们的自信只是装出来的，我也不知道，不过这让我觉得加入海军陆战队、空军或者别的什么队伍也能让我变得那么自信。"

经过父亲稍加点拨后，托弗意识到了《星条旗》和海军陆战队气派的军装所具有的感染力。

接着，父亲又问托弗是否看出军队、"超级碗"和啦啦队的女孩们之间存在着某种联系。

"哦，"托弗咕哝了一声，"我猜就是最漂亮的姑娘会为最剽悍的男人欢呼吧？"

听完儿子的回答，父亲补充了一句："也许还有'要是你成不了全世界最优秀的橄榄球球员，只要加入海军陆战队或者空军，你就还有机会成为女人们渴望得到的男子汉'？"

"我绝对不会这么想。"托弗笑了起来。

托弗和父亲都看出了战斗机、军装、爱国歌曲、充满自信的面孔、啦啦队队员和庆典活动在本质上就是各种社会压力的集合，是各种社会诱惑的大合唱。通过这样的讨论和最终形成的共识，父子俩的心贴得更近了。

需要说明的是：即使你的儿子在理智上能够辨识出各种社会诱惑，他还是不太可能抵抗住这些诱惑，除非他幸运地得到了两个方面的支持：

- 父亲和母亲双方的爱与支持。没有这一点做保障，社会诱惑就会在他空白贫瘠的情感世界里开花结果。
- 强制规则。强制规则能够帮助他培养遵守纪律的品质，这个品质又是保证在学业和体育运动中取得优异成绩、掌握社交技能的必要条件。满足了这些条件，他就无须通过向社会诱惑屈服，向自己证明自己的价值了。

奠定了这些基础，你的儿子就能更自由地探索自己的潜能，看一看如何才能通过没有生命危险的方式服务社会——无论是医疗保健员、信息技术人员、副厨师长、教师，还是全职父亲。他也有可能依然会选择存在生命危险的职业，但是现在他已经能够为自己的身体做主了。

23. 情商和心理健康

英雄智商教会人们如何厮杀，没有教人们如何倾听；教会人们压抑自己的感情，而不是表达感情；英雄智商教人们去冒险，但是很少教人们评估风险；教人们假装自信，而不是承认自己的恐惧；英雄智商教人们假装自己知道自己不知道的事情，教人们不要求助——无论是向自己的父母、同龄人，还是治疗专家、伴侣，或者……

这些教育都是有目的的。如果一个人能够假装自信、对于自己不知道的事情也假装知道，即使有可能被杀死，他还是会以领袖的身份死去，而不是一个跟从者，或许也可以说是以英雄的身份死去，而不是一个窝囊废。直到生命结束的那一刻，他或许一直期待着获得尊敬、爱和性，这些都胜过被善意地忽视，胜过自己和妻子在彼此的梦想生活中都只是最无足轻重的选择。

对男孩来说，英雄智商给情商造成的损害甚至超过了对生理健康智商的损害。生理健康方面的绝大部分问题——腿部骨折、感染病毒、营养缺乏都比情商不足所带来的问题更容易解决。例如，不对风险做出评估就做出冒险举动和假装自信都更有可能导致男孩被判定存在品行障碍的问题，[1] 而品行障碍又和反社会人格、侵略性、暴力、说谎成性、盗窃、毁坏财物、和权威发生冲突等问题相关联。[2] 情商不足的问题累积造成的各种恶果是男孩一生都无法摆脱的阴影，例如，在管教所里 18 ～ 21 岁的青少年中，男孩和女孩的比例是 14:1。[3]

对男孩的情商造成伤害的除了男子汉气概对男孩提出的各种要求之外，还有四个主要因素：父亲缺失、家长的虐待、家长的辱骂、家长的忽视。摆在我们面前的挑战就是趁着这些问题尚未让我们的男孩变得虚弱不堪时候最大限度地消除这些问题。

作为家长，你不只看得到你儿子内心的脆弱，你还感觉得到。可是，由于他对内心的脆弱采取的处理方法——宣泄不良情绪，愤怒，违法犯罪行为——导致外人注意不到他的脆弱，也让他自己注意不到自己的脆弱，因此除了你就没有多少人能意识到他的内心其实很脆弱了。作为家长，**如果只有你一个人明白你儿子的愤怒只是他用来掩藏脆弱内心的面具，你很容易就会感到外界在对你指手画脚、感到自己孤立无援。**

男孩培养情商的障碍

男孩的"同情心空白"问题

大多数男孩都会出现"同情心空白"的问题。为什么？首先，同龄人很少会倾听他们说话；他们抗拒能够缓解孤独感和疏远感的心理治疗以及对治疗师敞开心扉，尽管治疗师会对他们的谈话保密；他们认为向有可能和自己交往的女孩透露自己内心的不安是不可能为自己增加魅力的，除非他的"露易丝·莱恩"首先看到的是以超人形象出现的他，而不是像克拉克·肯特那样的平庸男人。没错，这些还只是最基本的原因。

刚一踏上成为男子汉的那条路，男孩就会发现自己心仪的女孩和自己交往的男孩在用不同的方式向他传递着同一条信息。

通常，他会无意识地发现，在碰到问题的时候，如果自己说出了心里的恐惧或者不满，在原本有可能跟他交往的女孩听来这些话就只是一通唠叨。女孩们会爱上男子汉，不会爱上唠唠叨叨的男人。

同性朋友们则最多给他 30 秒的时间允许他们宣泄自己的恐惧或者不满，超过 30 秒之后，他要是继续说下去的话，就会遭到同伴们的嘲笑、失去他们的尊敬。

简言之，他会意识到抱怨不可能得到理解，只会招致别人的怜悯，或者让自己失去别人的尊重。他认识到无论异性伙伴还是同性伙伴，对于他的抱怨他们的感觉都是一样的——就像听着指甲在挠黑板一样。于是，他自己也都不再继续听自己抱怨了，听自己抱怨会让他有些看不起自己。

相反，换作是男孩听自己心仪的女孩抱怨，男孩就会从中发现机会：帮她解决问题的机会，"拯救"她的机会。他希望得到什么？作为回报，女孩会尊敬他，给予他源自尊敬的一丁点爱。噢，没错，还会允许他的肉体和她的结合在一起。

那么，面对什么人男孩才能敞开心扉表达自己的感情，同时又不失去在伙伴中间的地位，也不会有人告诉他表达感情往往会失去别人的尊敬？在大多数男孩的生活中，这样的人是不存在的。

最有可能对男孩表示理解的人就是他的母亲。为什么母亲能够倾听儿子表达自己的恐惧，潜在的女友却不可能呢？因为**潜在的女友听到的是一个男人的抱怨，这种情况违背了她渴望被保护的本能；母亲听到的是儿子的抱怨，这会激发她保护他的本能**。

男孩的父亲略有不同。父亲有可能会带着对儿子的理解和同情保护儿子，直到儿子到了在他看来应该开始像男人一样做事的年纪。到了这个阶段，尽管父亲依然会在心里理解和同情儿子，但是他开始担心过多的理解和同情会削弱儿子培养起坚强性格的能力，他知道只有变得足够坚强了，儿子才能得到尊敬和爱。因此，他会帮助儿子制造一张面具，他认为儿子需要得到尊敬，需要被别人视作能够养一家人的男子汉，即使后者极度渴望以那个掩藏在面具背后的脆弱、可爱的小男孩的身份活着。

我们如何才能看透男孩们在面具——男子汉面具背后的模样？

你儿子的面具：填补"同情心空白"

新的研究发现家长**怀着同情心的倾听对青少年的大脑发育会起到积极作用，而且这种作用会持续终生**。[4] 研究人员对 12 岁的孩子进行了纵向研究，一组孩子的母亲都争强好胜、喜欢发火，另一组孩子的母亲性格热情、充满爱心、出现分歧时会对孩子表示认可。等这些孩子到了 16 岁的时候，研究人员对他们进行了对比，结果发现后一组孩子大脑里的杏仁核与前额叶皮质出现了变化，这预示着他们感到伤心和焦虑的概率会比前一组孩子小，自我控制能力会比前一组孩子强。[5]

这项研究只考虑到了母亲的因素对孩子的影响，但是本书中有关父亲缺失问题的章节中提到的各项研究还显示出其他因素也会对孩子产生影响，例如，和父亲相处的时间对男孩和女孩的心理健康都起到了关键性的作用。[6]无论是男孩还是女孩，母亲和父亲怀着同情心的倾听都会对他们产生至关重要的影响，但是面对男孩，家长们需要填补的"同情心空白"有可能更大。

我们应当怀着同情心倾听儿子表达自己，然而这种事情说起来容易，做起来难。就像彼得和他的父母（弗兰克和菲利西亚）所说的那样……

"我没事……别管我"

每当彼得对母亲说出"你就别管我了"的时候，菲利西亚就会感到自己无能为力，只能退缩了。彼得缺乏表达自己的真实感受的社交技能。

回想自己刚刚进入青春期的那段时间，他说："只要我一无所顾忌地跟我妈或者我爸说什么事情的时候，他们就只会把我教训一通。我的压力已经够大了，他们的说教只会给我增加更多的压力。"

长大一些后，彼得具有了必要的社交技能，他直言不讳地把自己的苦恼告诉了父母。可是，他感到这么做还是无济于事：

我妈和我爸都会跟我说"好了，我明白了。我只听你说。"我妈甚至还会跟我道歉。一开始，他们还会听我说，两个人都会。可是，好景不长。

很快，他们就又开始教训我了，只是比较简短，他们管这个叫"建议"。可是，在我有压力的时候，他们的"建议"听起来还是像批评。我十分反感他们的"建议"，因为这让我感觉他们不相信我有独立思考的能力。

这还不是最糟糕的地方。最糟糕的是，在对我进行说教的时候，他们总是用我刚刚说过的话来批评我，要是我一声不吭，他们反而不太会这么做。感觉就像是他们在用我说过的话来对付我。他们觉得这样会帮到我，可是我却感到他们背叛了我……感觉就像是他们答应听我的倾诉只是挂羊头、卖狗肉的把戏。

所以，虽然他们会说自己只听着，让我说，可我根本不信他们的话！

彼得的父母有着不同的看法："只要我们一开口——哪怕就说几个字，他都会说我们在教训他。只有受到重挫的时候他才会接受教训，可是你什么都没法跟他说。"

彼得的父母和儿子最终还是取得了进步。弗兰克说："在我一头扎进他所热衷的电子游戏《英雄联盟》之后，我们终于取得了很大的进步。我问他游戏里的每一个人物对他有着怎样的意义，他的回答很触动我，我感觉得到他意识到了我对他的尊敬。结果，他就对我们敞开了心扉。"

菲利西亚补充道："弗兰克，你还搭起了篮球架，我们又在屋外支起了乒乓球桌，你和我还叫彼得跟咱俩比试一下乒乓球，我想这些事情也都起到了作用。彼得好像对自己在篮球和乒乓球方面的能力有了信心，他已经愿意邀请朋友来家里打球了。他变得比以前合群了。他的朋友不光只有电子游戏里的人物了。"

说到这里，菲利西亚迟疑了片刻，接着她又继续讲了起来："我们还有一个很大的进步。我们的家庭顾问和我们一起强调彼得的优点，而不是他的弱点。例如，我们告诉彼得看到他那么快就能解决掉《英雄联盟》里的难题我们感到非常佩服。等到彼得终于隐晦地向我们提到自己碰到的某个问题时，我们就会先对他解决问题的能力表示肯定，然后再问他如果他喜欢的游戏角色碰到同样的问题时他会怎么处理。这种做法见效了。似乎每一次强调他的优点都会让他变得更强大一些。"

弗兰克提醒妻子说："最艰难的转变就是我们得确保我们不会因为跟彼得一起玩就试图以朋友，而不是家长的身份跟他拉近距离。我们不得不退回到老路上，就像彼得对我们预期的那样，继续采用强制规则。我们的努力并非一帆风顺，但是绝对比一两年前的情况强多了。"

男孩面临的一道鸿沟：得到同辈认可的需求和得到同辈认可的能力

年龄在 13 ～ 14 岁左右的孩子所面临的最艰巨的挑战包括他们对得到同辈认可的需求和满足这个心理需求所必需的社交技能之间的差距。对于一个孩子来说，如果具备了能够有效消除这个差距所必需的社交能力，他的大脑的回路就会出现持续终生的积极改变。[7]

在所有的社交技能中，同理心是最重要的一项。从生物学的角度看，在

13～16岁这个年龄阶段的孩子中，男孩在同理心方面会出现暂时性的下滑，女孩不会出现同样的退步。[8]英雄智商和情商之间的紧张关系会进一步强化这个退步过程。

在进入大学的第一年，汤姆加入了父亲曾经加入的兄弟会。在纳新的羞辱仪式上，他原本就已经下滑的同理心更是进一步受到了打击。他看着有可能和他成为兄弟的老会员们对一名新成员进行着羞辱，叫他喝下一大杯威士忌，几名老会员事先已经往酒里尿了尿。汤姆知道接下来就该轮到自己喝了。他想阻止这项考验，可是又担心自己会受到耻笑、被兄弟会拒之门外、令父亲感到失望。因此，面对眼前的一幕，他只是哈哈大笑着、欢呼着。

汤姆感叹自己竟然连直言的勇气都没有，同时他又担心自己想阻止考验继续下去的想法有可能意味着自己没有能力像真正的男人一样应付这项挑战。"我感到进退两难：'勇敢'究竟是直面兄弟会的勇气，还是喝尿的勇气？父亲也加入过这个兄弟会的事实对我毫无帮助，他勇敢地挺过了他们的欺负。我猜我把这件事情看成是一个'决定性的时刻'了——如果兄弟会的人能看穿我，那么我的父亲也就能看穿我。女朋友也就能看穿我。就算今天没有看穿，总有一天也会看穿的。"

幸运的是，类似历史悠久的"ΔΤΔ（德尔塔－陶－德尔塔）"兄弟会之类的一些全国性兄弟会已经将关注的焦点从英雄智商转移到了情绪健康智商，内部刊物近来都出现了"兄弟的力量：通过兄弟会增强幸福"这样的封面报道。[9]

帮助你的儿子学会在生活中冒险，但是不会拿生命去冒险

到了十五六岁的时候，男孩的大脑通常都会鼓励男孩们冒险，其作用机制就是在男孩冒险的时候释放出更多的多巴胺，也就是能让人"感觉良好"的荷尔蒙。适应冒险对男孩（或者女孩）来说都是有益的能力。离开家是一种冒险，结婚也是一种冒险，生儿育女、创业……都是如此。然而，通过冒险就能从自己的身体得到更多的化学物质奖励，这种奖励机制导致男孩远比女孩更容易在青春期阶段死亡或者受到永久性的伤害，因此我们必须知道怎样才能鼓励男孩学会在生活中冒险，但是不会拿生命去冒险。

如果孩子和父母能够心平气和地讨论各种问题，双方不争吵也不叫骂，

这样的交流就会促进孩子和父母之间的关系。一项针对十几岁的青少年进行的研究发现在 15 岁的孩子中，通过这种良性交流和父母的关系变得更为亲密的孩子就激活了大脑里能让他们"感觉良好"但是不会让他们过于冒险的区域。[10]（正因为如此，家庭聚餐之夜才具有至关重要的作用。你可以利用附录 A 中介绍的指导原则在家庭聚餐之夜开展讨论。）

英雄智商和情商在日常生活中是如何发挥作用的

搬到优质的社区对女孩有益，对男孩有害

美国住房和城市发展部进行了一项名为"搬家创造机会"的研究，作为研究的一部分，住房和城市发展部随机选择了 4 500 个搬到优质社区的家庭的孩子。在这些孩子搬家 10 ～ 15 年之后，研究人员对他们进行了调查，**结果发现搬到优质社区的男孩出现创伤后压力心理障碍症的概率十分接近从战场上下来的军人的发病率**。[11]

在参加这个研究项目的孩子中，克罗伊和加布里埃尔的表现都比较有代表性。由于具备了良好的社交技能，在搬家的时候克罗伊"哭诉"了自己的悲伤，后来又利用社交技能融入了新的班级。

加布里埃尔的情况刚好相反，他无法摆脱新邻居比自己更"优质"的念头。在原先那个"劣质"社区里，他不太需要证明什么，因而就比较容易找到自信、心情也比较放松，有能力接受别人的调侃和考验，也敢于考验和调侃别人。在新的社区里，他原先的社区和他的穿着都遭到了嘲讽，他已经忘记了接受考验是男性在建立友谊之前考查对方的一种方式，对所有人都是如此，并不仅仅针对"下等人加布里埃尔"。加布里埃尔感到灰心丧气，但是他装出一副不在乎的模样，拒绝在学校里接受心理顾问的帮助。

就像加布里埃尔一样，在参加了"搬家创造机会"研究 10 ～ 15 年后，男孩们出现创伤后压力心理障碍症的概率更高（比较对象同样还是从战场上下来的军人），出现抑郁、品行障碍① 和少年犯罪的概率也更高。

---

① 品行障碍是指少年儿童反复持久出现严重违反与其年龄相应的社会规范的行为，并以反复而寺久的反社会性、攻击性或对立性品行模式为特征的障碍。品行障碍主要包括反社会性品行障碍、对立违抗性品行障碍。

其实，造成这种状况的深层原因在于男孩的脆弱性。在失去友谊和爱情的情况下，男孩比女孩更脆弱，这种说法似乎跟我们的直觉相抵触，但事实的确如此。为什么？在面对考验的时候，只有有了安全感和对对方的好感，加布里埃尔才会产生良好的感觉，但是英雄智商不会"娇惯"他。熬过失去友谊和爱情的难关需要我们具备较高的情商，培养新的友谊和爱情需要我们具备良好的社交技能。[12] 面对爱情，英雄智商无法为男孩们提供保护，反而会让男孩变得虚弱，并且让男孩对爱的需要变得更加强烈。

情商：笑容的力量胜过利剑

在比较贫困的社区，帮派竞相扮演着父亲的角色，而且不光在争取男孩投靠他们的庇护，同时也在争取着女孩。看一看男孩利用英雄智商和女孩利用情商应付帮派生活的情况，我们就能对英雄智商和情商所能起到的作用有一个大致的了解了。不难想见，男孩会通过扮"硬汉"获得其他成员的尊敬、确立自己在帮派里的地位。"越粗野、越强硬、越卑鄙，地位就越高。"[13]

相反，女孩会通过自己的交际能力和无辜的假面具在帮派里获得比较高的地位。[14] 在发生街头斗殴之后，她们会拿起手机，保留下谁在什么时候做了什么之类的信息，帮助自己所属的帮派利用这些信息占据优势。这种做法可以减少男孩，有时候也会是女孩在运输武器和毒品时所面临的风险。

收集情报的工作很少需要女孩开枪或者杀死别人，因此女孩们可以保住自己的"清白之身"，也就是说不会留下案底。无辜的假面具降低了她们被警察抓到犯罪证据的可能性，例如，她们可以把东西藏在婴儿车里的婴儿旁边，[15] 也让她们在帮派接受警方交叉询问的时候能够更快地脱身。

就像在正常的生活里一样，在帮派里男孩逞强的性格往往会导致他们失去保护机制，而情商却能够帮助很多女孩得到双重保护——男孩凭着自己的体力对她们提供的保护，她们利用自己无辜的假面具和弱者地位进行的自我保护。

不过，除了成为英雄，男孩还有另外一个方法可以变成强者，只是在有些人看来这样的强者属于弱者。这个方法是我在读七年级的时候无意中发现的。

欺凌者和受害者

当时的情景直到今天依然历历在目。吉米站在我的面前，他拿着一块砖头，威胁说要砸烂我的脑壳。就像加布里埃尔一样，当时我刚刚搬到新泽西州沃德维克市的一个社区，我经常念叨原先在帕拉默斯市住的那个社区有多么好，吉米不喜欢看到我"危害"他的地盘。就在他把砖头举到我的脑袋上方的一刹那，我的脑海中一下子就闪现出了脑壳被砖头砸烂的景象。幸运的是，我调动了一个七年级学生仅有的情商——在吉米的身上找到值得我尊敬的优点。

找到啦！我想起吉米召集社区里的一些孩子组建了一个小型的俱乐部。我主动表示："吉米，你真是一个领袖。你说服鲍比和社区里的好多孩子加入了你的俱乐部，而且他们还选你当了队长。你觉得他们为什么会选你当队长？"我不记得吉米是怎么回答的，但是我记得就在他讲起自己为什么会被推选为队长的时候，他拿着砖头的那只胳膊放了下去，最终他把砖头丢进了路边的排水沟里。

太多的人受到过欺凌的伤害，也都对"挨打－逃跑－还击"这种两败俱伤的策略不再抱有幻想——小时候我们还以为这样的策略是我们有意识选择的，因此我们很容易就断定作为家长我们有责任不断加大对欺凌者的惩罚力度，直到他们不再欺负别人。

通过和吉米的接触，我无意中发现除了"挨打－逃跑－还击"这个策略，我还有别的选择：意识到欺凌者其实渴望得到别人的尊敬，如果我们能帮助他们找到他们身上值得尊敬的优点，愤怒的铜墙铁壁就会土崩瓦解。

简言之，我一不小心就发现了我们也可以用尊重来对抗别人对自己的不尊重。当时我并没有做出这样的论断，这样的选择也不是我的第一反应，但是在熬过难关的过程中，我还是做出了这样的选择，无疑从那时起这样的选择就一直在帮助我，因为太管用了。

后来，我了解到欺凌者往往在家里受到了家长的欺凌，[16] 或者受到了家长的忽视、得不到多少或者根本得不到父亲的照顾。我还发现现实和我们的直觉有所出入，其实欺凌者和受害者往往有很多共同点，他们中间有很多人都是自尊心比较弱的差等生。

如果我们打算弥合健康智商和英雄智商之间的鸿沟，我们不仅需要对受害者充满同情，而且也应当同情欺凌者。

帮助受害者，也帮助欺凌者

说到欺凌的问题，我们就不得不提一句：你的儿子生活在一个"惩罚扩大化"的时代。例如，在 2017 年，按照有关举报的强制性规定，一旦发现有可能构成重罪的行为或者给其他学生造成"精神损害"的行为，密苏里州的各学区必须向警方举报。注意，学生受到指控的罪名不是"轻罪"，而是"重罪"。[17] 出现问题后，"把问题关起来"的态度只能是把问题先捂起来，然后加重问题，最终释放出问题的过程。对于尚未进入青春期的孩子或者刚刚进入青春期的孩子来说，情况尤其如此。

我们能找到更好的解决方案吗？在学校对每一位学生都开展情商训练。受伤的男孩伤害我们。创伤愈合的欺凌者是保证我们避免欺凌的最佳方法。但是，这样的辅导项目目前还尚未得到落实。在这种情况下，根据对年龄在 10～12 岁的男孩进行的一些研究发现，降低你的儿子参与打架斗殴、出现焦虑和悲伤情绪的可能性、帮助他交到好朋友的最有效的一个方法就是在餐桌上和他讨论欺凌现象之类的话题。[18]（听起来耳熟吗？）

引发讨论的往往就类似下面的这种情况……

欺凌受害者的合气道

萨拉问儿子戴维他脸上的抓痕是怎么造成的，这时她觉察到戴维有所隐瞒，他说伤痕是在午餐时间踢足球的时候落下的。在萨拉的逼迫下，戴维终于承认是几个孩子推了他几把，他说那些孩子假称他踢了他们，就这样找了个借口开始推搡他了。萨拉搂着戴维，问他这种事情以前是否也发生过。在她的逼问下，戴维终于承认因为太胖，自己一直受到别人的戏弄，但是他哀求母亲："不要告诉别人！不要让我后悔跟你说了实话。"

这天晚上，萨拉把事情告诉了戴维的父亲丹尼尔。丹尼尔问他们为什么要欺负戴维。听到丈夫的话，萨拉感到有些恼火，她回答道："重要的不是为什么。现如今，学校会对欺负人的学生进行停学的处罚。咱们得跟校长约个时间见一面。"

丹尼尔继续追问道："究竟是什么事情促使他们欺负戴维？"

"他们管他叫'胖墩戴维',还说他应该当守门员,'因为他比球门都宽',差不多就是这么残忍的话。况且,他又没有超重。奥斯汀[戴维的朋友]比他还胖呢。问题不在于戴维。问题在于欺负别人的人。"

"与其给校长打电话,咱们干吗不把这件事情当成一个契机,说服戴维改变饮食习惯、开始锻炼身体呢?"丹尼尔说。

"丹尼尔,他们可是对他动粗了啊。在他的肚子上推来推去,还假惺惺地跟他说对不起,以免他们撞到的是一个'孕妇'。这样的嗤笑有可能会给戴维造成终生无法愈合的心理创伤。你就看看他的脸都被抓成什么样了。"

丹尼尔和萨拉争执了一番。最终,他们达成了协议:给校长打电话,报告戴维受到欺负的事情,同时全家报名参加减肥中心为期六个月的课程,全家人都参加,戴维的妹妹也不例外,她也有些超重。

最后,丹尼尔和萨拉达成了共识:在戴维参加减肥中心课程期间,丹尼尔要和他一起踢足球、打棒球,直到他成功减肥——在学校里能参加更多的体育活动,而且不会遭到嘲笑。

在丹尼尔的帮助下,戴维没有把"受到严重抨击"当借口,故意忽视自己能够从别人的抨击中学到的事情。丹尼尔教会了戴维将欺凌行为这种应当受到谴责的事情都视作一次成长的机会,从而帮助戴维提高了情商。

通过联系校长的方式,萨拉借用体制的力量制止了欺凌行为,她认为没有多少家长知道应当如何将欺凌行为转化成个人成长的机会。

丹尼尔和萨拉最终运用男性家长和女性家长对彼此的制衡,不仅制止了欺凌行为,而且确保了戴维在受到伤害后并没有止步不前。

在这个过程中,丹尼尔和萨拉教会了戴维精神上的"合气道":如何从负能量中获取能量,让自己的身心变得更加健全。这就是欺凌受害者的合气道。

整合心理及生理健康智商和英雄智商的 18 步法

糟糕的是,英雄智商和健康智商在你儿子身上存在的鸿沟是经历了漫长的岁月才形成的。在过去,由于社会压力的存在,我们会不断为儿子感到骄傲，直到驱策他成为英雄般的勇士或者是养活了一家人的顶梁柱。幸运的是，在当今社会这种社会压力已经减弱了，我们终于更有条件帮助他对自己的动机做出区分了——究竟是为了认识自我，还是受到了社会诱惑的诱惑？

在你的儿子认清了自己的动机之后，如果他还是决定成为一名海豹突击队队员、消防员或者一周工作 70 个小时的公司总裁，那么他的决定很有可能的确是自己有意识的选择，做出这种选择的动机是对"我是谁"的追问，而不是证明自己的需要。接下来，如果他能将健康智商和英雄智商进行整合的话，他就会成为一位英雄。

尽管如此，大脑里指挥我们对社会诱惑做出响应的喙部扣带区还是有能力让发现独一无二的自我变得十分困难，即使我们是已经出家的僧人。因此，我为你们提供了一笔小小的宝藏——18 步法。利用这套方法，你可以开始试着帮助你的儿子给英雄智商补充上心理生理健康智商。

- 如果有可能，保证两位家长基本均等地参与抚育儿子的工作，无论双方处于婚姻状态，还是已经离婚，或者从未结婚。如果有可能，让儿子参加童子军、人类计划或者本书第 20 章（"最好的家长就是双亲俱全，但是……"）介绍的各种项目。
- 如果父亲和母亲有着不同的育儿方式，请将二者之间的差异当作积极的制衡机制。
- 示范高超的倾听技巧——如果在受到批评时容易产生自我防卫心理，请寻求这方面的帮助。[19]
- 在家里打打闹闹、辅导孩子参加体育运动、一起玩耍。将购物之类的日常活动转化成游戏，提供有趣的比赛机会。
- 经常了解儿子的所思所想，利用在打打闹闹和玩耍时建立的感情影响强制规则的制定和落实。不要制定你自己都无法遵守的强制规则。制定强制规则赶早不赶晚，反复威胁但是不采取行动只会导致情况继续恶化、家人发生争执、一时冲动说出自己根本不会落实的规定、加剧儿子对你的不尊重甚至是不屑。
- 为家庭聚餐之夜以及附录 A 中介绍的"五项基本原则"赋予一种神圣感，尤其是接下来这两项。

- 在聚餐时讨论有意义的人生问题和困境、孩子们在生活中碰到的问题，确保没有人把持话语权，绝对不允许打断别人。直到最后才提出建议，根据实际情况自行决定建议的内容。

- 聚餐时讨论的话题百无禁忌。男孩喜欢接受挑战，他们宁愿讨论自己一知半解的话题，也不愿意感到无聊。

- 偶尔邀请朋友（包括你们的朋友和他的朋友）参加家庭聚餐，为自己的家庭建设一个后盾式的社交网络和致力于自我发现的意见领袖群体。

- 阐明同理心是男子汉气概的一部分——相当于在精神层面营救、治疗和保护他人。

- 阐明怀着尊重对方的心态向同伴们直言不讳地说出自己的想法是勇敢的表现，但是首先他必须敢于先听一听别人的看法。

- 针对你儿子结交的每一位新朋友（这样他就不会认为你只是针对他的某些朋友找茬）设计一些问题，询问你的儿子。那个朋友是你尊敬的人吗？为什么？那个人对你起到了怎样的激励作用，让你觉得自己会成为更完善的人吗？他或者她的身上有哪一点对你产生了强烈的吸引力，但是令你觉得有可能会引诱你走向最终会令自己追悔莫及的方向吗（无论是身体上还是心理上）？你觉得五年后这个人还会是一位可靠的朋友吗？

- 让体育锻炼成为你儿子的日常生活——不仅没有选择的余地，而且是当务之急。保证将三种形式的体育活动纳入你儿子的日常生活：团体运动，个体运动，临时组队的团体运动。每一种形式的运动都对他的全面发展具有独特的价值。

- 让他了解冥想、瑜伽，跟他一起进行联系。这些练习不仅能够为你的家人提供一段安静的时光，让你们对喧嚣生活产生比较深刻的理解，而且还能够增进家人之间的感情。

- 为你的儿子创造一些结交女性朋友（纯粹的友谊）的机会（例如，校报、学生会、辩论会，或者网球、乒乓球、跑步和足球等男女可以混合参加的运动）。

- 让他学听一些让人放松的音乐，让他思考自己为什么会偏好某一类型的音乐？让他听你解释你为什么会偏好某一类型的音乐。

- 制造一定的压力，让他学会如何应对压力。阐明"失败"是成功之母的道理——冒险、当男子汉的收获就包括成功。但是，必须确保他"明白"你爱的是他这个人，不是他做的事情，做的事情"失败"了其实为他这个人的成长提供了机会。让他知道压力可以成为生命游戏的组成部分，但是不能成为他的人生。（只有等他"明白"了失败是成功之母的道理后，适度的体育运动和电子游戏才会对这种认识起到强化作用。）

- 将全家人当作一个团队，让你的儿子参与家务劳动、对你的需求有所认识，这就是你帮助他"加入团队"的途径。如果只有家长对孩子单方面的理解和同情，孩子就无法培养出同理心。如果我们只考虑孩子的需求，他们也会只考虑自己的需求。让你的儿子知道加入团队的好处：父母在创造更幸福的生活的过程中承受的压力越小，孩子就会越成功。

考虑到《男孩危机》一书的关注焦点是男孩，培养家庭团队意识的最后一步就有着关键性的意义。因此，在本章的最后我们再深入了解一下"一个人不开心，所有人都别想开心"的科学解释。

"一个人不开心，所有人都别想开心"

母亲对男孩的心理健康会产生重要影响，但是老话"妈妈不开心，全家人都别想开心"并不全面，现实还包括"爸爸不开心，全家人都别想开心"。

承受压力、情绪低落的家长，无论母亲还是父亲，都会导致年幼的孩子出现严重问题，包括社交技能比较差、多动症、缺乏自控能力和合作精神等行为方面的问题。早在孩子蹒跚学步的时候，这些问题就会表现出来，但是在五年级以上（包括五年级）的孩子的身上这些问题格外突出。[20]

承受压力、情绪低落的家长还会严重阻碍男孩的语言能力的发展。[21] 正如我们在前文中看到的那样，面对压力和混乱动荡的家庭生活，男孩在其他很多方面也格外容易受到伤害。

当然，不开心、压力大的孩子反过来也会给家长带来不幸和压力。因此，家庭团队意识指的就是全家人能够意识到"一个人不开心,所有人都别想开心"。

"家庭团队意识"说起来容易,做起来呢? 14 岁的男孩乔丹认为"家庭团队意识"就意味着"听到'抽时间帮帮妈妈'或者'留一些时间帮爸爸做事',这种话会让只关心自己的我忘掉自己。"接着,他又兴奋地聊起了往事:"有一次,爸爸担心自己会没法在 NBA 的一场决赛开始之前赶回家。他没说,但是我知道他想看的是哪一场比赛,我就用录像机把比赛录了下来。他真的回来晚了,但是我很开心,这样一来我就有机会给他拿来一罐啤酒、让他观看整场比赛了。他开心极了,似乎觉得我很爱他,其实我只是做了一件小事。看到他的反应,我就想做更多的事情了。他的开心几乎比所有的事情都更令我开心——也许除了推迟晚上回家的时间吧!"

乔丹没有指明这其中的内在联系。让乔丹知道"抽时间帮帮妈妈"和"留一些时间帮爸爸做事"正是为培养家庭团队意识奠定基础的一个实例,有了家庭团队意识,乔丹才会想到把比赛录下来、给父亲一个惊喜。等到全家人的思维从"一个人不开心,所有人都别想开心"转变到"每一个人都开心,所有人才会都开心",你们就真正具备了家庭团队意识。

24. 逆转抑郁，预防自杀

你或许认为自己的儿子绝对不会自杀。如果你的确是这么想的，那么为什么不忽略这一章呢？即使我们不太可能死于车祸，我们还是要学习安全驾驶的知识，这跟你应该读一读这一章的道理是一样的。

每一位家长和每一位教育工作者都必须对自杀的危险信号有所了解，这样我们的学校才用不着举办哀悼活动。

在发达国家，男孩和成年男性面对着目标缺失、父亲缺失以及造成这场男孩危机的各种问题，在这样的世界里自杀人数不断飙升。尤其是白人男孩。在英国，自杀导致的死亡人数是交通事故的 3 倍，超过了白血病导致的死亡人数，超过了所有传染病和寄生虫病导致的死亡人数的总和。[1] 这就是强壮坚强的代价。

我们以为男女两性在自杀问题上的差距会在经济衰退时期达到最高值，**然而自 20 世纪 30 年代的"大萧条时期"以来，男女两性在这方面的差距已经增长了 2 倍**。[2]

自杀的首要危险信号就是抑郁，长期以来我们对抑郁的理解都来自我们对女孩而不是男孩的观察，因此很多家长都对男孩暴露出的危险信号视若无睹。

年轻人自杀，老年人自杀

男孩或者成年男性在一生中会感到最孤独、最脆弱的阶段有两个：

- 20 岁出头的时候。

- 65 岁之后，而且孤独感和脆弱感逐年增强。

在 20 岁出头的时候，他作为成年男性所承担的各种期望和他对自己无法满足这些期望的担心之间的鸿沟达到了最大值。在这个年龄阶段的人群中，男性的自杀率是女性的 5.4 倍。[3]

然而，退休之后的情况更加严重。随着退休，人的职业属性被丢弃了，留下的只有人的属性。面对这样的情况，男性会极其强烈地感到作为一个人，自己微不足道。有时候，男性还会感到对于自己的家人而言，自己更大的意义在于自己能留给家人的东西，而不是自己这个人。**在 85 岁的人群中，男性的自杀率是女性的 16.5 倍**。[4]

你的儿子还小，老年男性的自杀数据对他有什么意义吗？现在我们就来了解一下这个问题。

首先，他的祖父有可能会对他产生直接的影响。祖父自杀会给全家人留下心理阴影。我的母亲在 48 岁的那一年自杀了，我和妹妹当时刚刚 20 岁出头，随着年龄越来越接近 48 岁，我们都越来越担心自己最终也会走上自杀的道路。

其次，就像知道癌症并不是自己的基因所决定的一样，他应当知道自杀也并非是自己的性别无法逃脱的命运。认识到这一点，他就有可能比较主动地对一些工具加以利用，就像海军陆战队的战士借助地图穿过雷区一样。本章后面列出的"沃伦•法雷尔男性抑郁/自杀信号一览表"就是这一类的工具。

自杀的诱因

女人哭泣，男人死去

事实：在主动寻求帮助、预防自杀的人群中，女性占了 75%；在自杀人群中，男性占了 75%。[5]

女人寻求帮助、预防自杀的概率更高，男人自杀的概率更高，没有什么能比这个事实更能说明逞强的性格是男性的弱点，愿意表达自己的弱点是女性的优势。

女孩和成年女性自杀未遂的概率也不高吗？没错。自杀未遂也是预防自杀的一种手段。

女性会实施自杀，但是自杀成功的人数并不高，这是因为她们更多地选择了药片而不是枪支当作自杀工具吗？女孩和成年女性完全有能力像男孩和成年男性那样扣动扳机。

真正的差异是，自杀未遂的人大多都相信还是有人会关心他们、帮助他们的，而且也知道如何帮助他们。他们想唤起关爱他们的人对他们的关注，不再对他们的痛苦不闻不问，将解决他们的问题视作当务之急。

相反，选择自杀的男孩或者成年男性往往都认为——大多数情况下，他们的这种想法其实都是错误的——没有人关心他们、帮助他们，更没有人知道应该如何帮助他们。更确切地说，他们认为：

- 凡是了解他们的人都不爱他们——无论是了解到他们最恶劣的一面，还是最积极的一面。
- 没有人真的需要他们。
- 现状毫无改变的希望。
- 把自己的感受或者遭遇说出来令他们感到羞愧，无论告诉谁，他们都会失去对方的尊重，这样只会加重他的羞愧。

这还只是冰山的一角，或者说是地狱的入口而已。

没有工作，就没有自我

事实：国民生产总值每降低 1 个百分点，自杀率几乎就会下降 1%。[6]

事实：在英国的格拉斯哥，最贫困地区的居民的自杀率比最富于地区的居民高出 9 倍。[7]

在单身阶段，你的儿子为女性支付 5 大账单——酒水、餐饭、驾车、约会和钻石的渴望越强烈，一旦遭遇经济衰退并且失去工作，他陷入绝望的可能性就越大，陷入抑郁、选择自杀的可能性也就越大。如果你的儿子在单身阶段就开始承担这些账单，他就是在做日后承担全部家庭收入的心理准备，那么一旦长期失业、令家人和自己感到失望，他就会陷入抑郁或者选择自杀。

在前文中我们已经看到年满 65 岁的男性在退休后，自杀率会骤然上升，到了 85 岁的时候，自杀率会高达同龄女性的 16.5 倍。如果你的儿子对自我的认知就是自己的谋生方式（"我是医生"），那么在他看来，失去工作就等于失去了自我。到了 85 岁，他有可能还失去了妻子——这一点也有助于我们更深入地理解在失去感情后男性为什么变得更加脆弱。对他来说，失去爱和失去目标的潜在伤害永远不会消失，除非他结束生命。无论是被迫失去工作、正常退休，还是失去配偶，对选择自杀的男性来说，他杀死的只是一个死人。

自杀具有传染性

盖伊陷入了抑郁。自父母离婚之后，他心中的怒气就越来越强烈，成绩越来越退步。好大学接受了他的朋友，将他拒之门外。他感到自己令所有人都极度失望，尤其是令自己极度失望。每当他含蓄地向父母提到自己的问题时，他们不是把他教训一通，就是居高临下地给他打打气（"我知道这很难，但是你干吗不加入……打电话……试试看……"），对于父母的反应他感到非常反感。在他看来，朋友们的反应更像是怜悯，而不是理解，特别是他注意在把自己的心事告诉他们后，他们邀请他参加聚会的次数就少了。

盖伊的一个亲戚和他读的是同一所高中，那个孩子自杀了。在学校大会和追悼会上，他的男同学和家人都对他大加赞扬，还说真希望当初会多花一些时间了解他。盖伊幻想着大家也会哀悼他、赞美他，令那些希望当初没有放弃他，即使他们的好意遭到他的抗拒的人感到懊悔。在他看来，自杀似乎能让他的死亡变成一件光荣的事情。

自杀具有传染性，加州圣弗朗西斯科湾区的帕罗奥多市在 2015 年就出现了自杀模仿现象。[8] 要想将模仿自杀案例降低到最低限度，社会应该做些什么？首先，我们当然应该对逝者表达充分的同情，向试图自杀的少年少女的生命表示充分的敬意。接下来就是第二步：我们还应当向利用社会现有的资源对幸存下来的自杀者表示敬意，邀请他们把自己通过这些社会资源获得力量的心得分享给我们。让全社会都对提供、维持这些资源的人有所熟悉。

我们常常会发现在帕罗奥多市这样条件优越的社会里出现男孩自杀现象的概率反而高于贝德福—斯都维森（纽约市布鲁克林区）和沃茨（洛杉矶）这样比较穷困的社会。为什么？

在贫困的社会里，男孩有可能死于争取生存的斗争，没有锒铛入狱的人生就值得骄傲。在富庶的社会里，孩子们受到的期望比较高，没能实现这些期望就会令他们感到羞愧，求助他人只会为自己招致怜悯。男孩的情况尤其突出，被外部的优越条件所掩盖的有可能是内心对自己辜负外界的恐惧。

一旦认识到英雄主义的男性特质和自杀之间存在的关联，接下来我们要做的就是判断出一个男孩究竟是快乐的英雄，还是正在一步步走向自杀的人。以下就是判断危险信号的方法……

诊断危险：沃伦·法雷尔男性抑郁／自杀信号一览表

莫莉产生了自杀的念头、陷入了抑郁。她向大学里的心理医生报告了自己的情况，得到了帮助。去年，她完成了大学的学业。

汤姆产生了自杀的念头、陷入了抑郁。他甚至压根都没有考虑过向大学里的心理医生报告自己的情况。去年，他结束了自己的生命。

统计数据显示，女孩和成年女性比男孩和成年男性更容易患上抑郁症。莫莉向医生报告了自己患上抑郁的情况，巩固了这个数据；汤姆没有向医生报告自己患上抑郁的情况，同样也巩固了这个数据。

在《男权的神话》一书中，我对抑郁症患者的主体人群是女性的观点进行了质疑。我指出在自杀人群中男性占了绝大多数，那么抑郁人群就不太可能以女性为主。正如莫莉的情况，报告自己存在抑郁问题的女性多于男性这个事实反映出女性具有更高的情商。莫莉意识到了自己的问题，也知道朋友和救助机构会倾听她的心声，因此她主动向各种社会资源发出了求助的信号。

通过外界做出的反应，莫莉的情商得到了进一步的提高：当一个女人精神崩溃、哭泣、向外界求助的时候，她能够激活了男性体内的拯救者本能、促使其他女性和她产生情感上的交流，外界的反应进一步强化了她在日后对寻求帮助的重视。一个男人精神崩溃、哭泣、向外界求助的时候，他激活的是外界的怜悯。

自《男权的神话》一书于 1993 年出版以来，密歇根大学和其他机构研究人员已经达成了共识：在向外界透露自己的抑郁状况时，尽管女孩和成年女性采用的很多方式也都适用于男孩和成年男性，但是后者还是倾向于采用不同的表达方式。研究人员根据喜欢玩弄感情（仅针对男性）、性格易怒、滥用药物、喜欢冒险和自我毁灭行为、嗜好赌博、对工作狂热等指标对男女两性进行了考察，在将这些指标和被用来诊断抑郁症的常用指标（例如，精力差、情绪低落、失眠）结合起来后，他们发现就像《美国医学会杂志》报告的那样，**男性和女性出现抑郁状况的百分比差距不大**：男性为 31%，女性为 33%。[9]

这就是一个进步。但是，研究人员采用的上述这些指标只是冰山的一角。

研究人员新采用的指标都聚焦于男性的破坏性和自我毁灭的外部行为（例如，赌博、玩弄女性），忽视了很多男孩和成年男性内在的各种情绪，例如达不到期望值、没有目标感、感到自己是多余的、得不到爱、得不到理解。当然，在研究中补充进这些指标也同样有助于对女孩和成年女性是否存在抑郁问题做出判断。

将来，我们还应当在判断指标中纳入情境催化的抑郁，因为结合了催生出某些情绪的具体情境，男孩和成年男性承认自己存在抑郁问题的可能性会有所提高，例如，男孩终于主动向自己暗恋的女孩提出约会邀请，但是遭到了对方的拒绝，后来无意中听到的一些传言令他觉得大家都在笑话他追女生的事情；由于父母离异后或者父亲过世，失去了和父亲的大量接触；感到自己很不擅长社交，一旦生活中出现搬到新社区之类的变动，自己就会感到情感上被孤立了。正如我们在前文中了解到的那样，这些情况给男孩造成的困扰超过了给女孩造成的困扰。在男孩长大后，我们还需要探究其他的情境，例如遭到解雇、离婚，以及遭到限制"探视"，即使他感到孩子已经开始敌视他了。

这些内化的感受存在着一个共同点：促使男性认为没有人爱他，没有人需要他，而自己又毫无改变现状的希望。

将来，还有一点也必须纳入判断指标中—— 一名男性是否属于倾向于通过自杀的方式解决抑郁问题的人群，例如，白种人、印第安人、二十出头的有钱人、65 岁以上的人、有机会接触到枪支的人……

下面这份判断指标一览表包括了 60 多种危险信号，或者说是通往自杀的跳板（幸好，其中很多项都必须伴随其他因素才会起到作用）。我试图将这些理解和判断抑郁的依据整合进一套能够将更多的男性包括在内、同时又不会将女性排除在外的方法。下面这份判断指标一览表正是这项尝试的第一步。在家庭聚餐之夜，你和家人可以利用这份一览表进行一场讨论。

如果你的儿子（或者女儿）发现列表中的某个问题"一针见血"，他能够凭直觉意识到要是其他人不存在这种问题，调查问卷表就不会提到这种问题。这样一来，他就能够摆脱内心的恐惧，不再认为"只有我一个人是这样的"，"我肯定有毛病"。

结果呢？他会感到外界看到了他的问题，因此也就更容易敞开心扉，说出自己的感受。这就为报告自己的抑郁问题创造了条件，只有满足了这个先决条件，他才有可能找到解决问题的办法。

沃伦·法雷尔男性抑郁 / 自杀信号一览表

—— 你觉得凡是了解你的人都不爱你吗？

—— 你觉得没有人需要你吗？

—— 你觉得在可预见的未来不会有人爱你或者需要你吗？

—— 你觉得一旦把自己真正的恐惧告诉别人，就有可能会失去对方的尊重吗？

—— 你为自己做过的、并且最近被别人发现了或者很快就会被人发现的事情感到羞愧吗（例如，在考场上作弊，或者在其他重要场合作弊，例如在商业活动中）？

—— 你近来（过去的一两年）有过辍学的经历吗？

—— 你失业了吗？

——你失业已经超过一年了吗？

——你失业已经超过一年了，同时你还有家人需要养活吗？

——你处于失业中，同时还有家人需要养活，并且积蓄不足以维持三个月的生活吗？

——你觉得自己丢了工作是因为雇主对你本人或者你的工作不满意，或者二者兼而有之吗？

——你是白种人还是印第安人？

——你常常感到自己辜负了父母对你过高的期望吗？

——你的家庭属于中产阶层还是更富裕的阶层？

——你觉得自己跟有机会面对面交流的本地朋友隔绝了吗？

——你的朋友基本就只有异地的朋友和网友吗（例如，通过电子游戏、博客网、新闻网结识的朋友）？

——如果你还是一名学生，你们家近来搬到新的社区了吗？

——跟其他人交流令你感到不自在吗？

——你更关注自己的问题，不太关注朋友和家人的问题吗？

——谈论抑郁问题或者自杀问题，即使对方是专业人士，他会令你感到难为情吗？

——你觉得自己没有方向、没有目标吗？

——你会觉得要是以前自己跟父亲的关系好一些就好了吗？

——你希望自己跟父亲见面的次数多一些吗？

——你对自己的父亲感到气愤、为他在你的生活中消失而感到开心吗？

——你希望自己有一个不一样的父亲吗？

——你希望知道自己的父亲是谁吗？

——经常有人告诉你你是一个"妈宝男"或者说被保护过度了吗？

——你的年龄在 18～26 岁之间，还是 65 岁以上？

——你最近离婚了吗？

——你跟孩子的接触机会达不到你的需求吗？

—— 你打输了争夺监护权的官司吗？

—— 你觉得自己的孩子已经跟你产生了敌对情绪吗？

—— 你的孩子还比较小，正处在你能够对他们产生有益影响的年纪阶段，可是你觉得自己已经没有希望和孩子建立起良好的父子关系了吗？

—— 近来你有过严重的感情破裂经历吗？

—— 在感情破裂的过程中，采取主动的一方是你还是对方？

—— 你希望和对方破镜重圆，可是又觉得没有太大的希望吗？

—— 你觉得自己存在多动症的问题吗？

—— 你"活着"就是为了参与竞争极其激烈的体育运动吗（例如，滑雪、游泳、篮球、山地自行车赛）？

—— 你"活着"就是为了参与有可能对你的身体造成损害的体育运动吗（例如，橄榄球、摩托车赛、攀岩或者攀冰、冰球、极限运动、滑板或者滑雪板运动）？

—— 在近十年里，你由于超速驾驶或者鲁莽驾驶汽车或摩托车收到罚单的情况不止一次吗？

—— 你十分热衷于马拉松运动？

—— 你十分热衷于铁人三项赛？

—— 你过度沉迷于电子游戏，因而忽视了工作、责任、朋友和家人，也不太参加体育锻炼吗？

—— 你过度沉迷于色情制品，因而无法对现实中的女性勃起，或者遭到过女性的拒绝，因为对方感到你需要她们无法接受的极端性爱方式吗？

—— 你觉得如果主动约会潜在的恋爱对象，你很有可能会遭到拒绝吗？

—— 你认为自己属于性少数族群①，而且一直不敢将自己的身份告诉父母、同学或者同事吗？

—— 你存在体重超重的问题或者患有肥胖症吗？

—— 你每周参加体育锻炼或者体育活动的次数少于三次吗？

—— 你经常参与赌博活动，因而和自己关心的人关系紧张，或者一到年底你就感到手头紧张、希望自己当初没有输掉那么多钱吗？

---

① 性少数族群，又称"彩虹族群"，是对女同性恋者、男同性恋者、双性向者、跨性别者、酷儿（性别存疑者）、间性人、无性恋以及以上未提及的其他非规范性的性取向和性别认同的人的总称。

——你觉得自己的饮酒量和药物服用量已经超过了自己的健康需要吗？

——你会狂热支持某支球队，一旦他们输了重要的比赛，你就会感到灰心丧气甚至愤怒吗？

——你会经常无缘无故地勃然大怒吗（每几个月不止一次）？

——你在夜里经常失眠吗？

——你的身体长期感到疲惫吗？

——你患有慢性消化道疾病吗？

——你患有慢性头痛吗？

——你会为了逃避对家人、朋友的责任或者其他责任而没日没夜地忙于工作吗？

——你写过或者考虑过给家人的遗书吗———旦你自杀的话？

——你考虑过如何用意外事故掩盖自杀的事情吗，例如车祸、"出于失误坠落"山崖？

——你有过保险单比自己更有价值的念头吗？

——你自杀过吗？

——如果你自杀过，你希望自己自杀失败，然后人们纷纷向你伸出援手吗？

——你在最近的新闻里注意到很多自杀案例吗？你在当地参加过自杀者的葬礼吗？

——你进过监狱或者青少年管教中心吗？

——你遭到过身体上的虐待或者性虐待吗？

——你的母亲或者父亲存在严重的抑郁问题或者强烈的自杀倾向吗？

如果家人或者朋友的肯定回答不少于 7 项，或者对某一项关键性的问题做出了肯定的回答，例如考虑过自杀遗书的具体内容或者觉得没有人需要自己，他们就绝对需要治疗师的帮助，最好是通读过《**男孩危机**》的治疗师。

预防自杀

说出来

在 15 ~ 24 岁这个年龄阶段的男性中，自杀的人里只有一半的人会向外界求助。[10]

如果你担心自己的儿子可能自杀，有可能你不敢跟他谈及这个问题，因为你担心"会把这个想法灌输给他"。事实上，研究发现面对自杀问题，直截了当的谈论比避而不谈的效果积极。[11] 例如，有着抑郁症病史的戈登一家。除了督促儿子豪伊成为一名体育健将、结交了很多朋友之外，戈登还有意识地让豪伊知道自己是如何克服抑郁的、有谁帮助过他，并且告诉豪伊"求助"是勇敢的标志（正如人们所说的"勇于求助"）。结果，在自己一次次克服抑郁的时候，豪伊不仅不会觉得自己辜负了父亲的期望，反而会主动寻求父亲的安慰。实际上，他甚至感到自己坦诚的倾诉加深了父子之间的感情。

如果觉得直接谈论自杀的话题会过于令人沮丧，那就首先谈一谈抑郁的问题，而不是自杀。你的儿子不太会主动告诉你自己出现了抑郁的问题，但是很有可能会在回答具体的问题时敞开心扉（"今天你有过自杀的念头吗？""你想过用枪吗？"）你可以主动向他询问一些具体的问题，如果不希望意图太明显的话，你可以在家庭聚餐之夜的时候，要求全家人一起回答前文中介绍的"抑郁 / 自杀信号一览表"。

渗漏忽视

考入了一流的高校，但是很有可能无法完成学业的男孩同时具备了自杀的三个显著特征：男性；18 ~ 24 岁；没能满足家长过高的期望。

对于能够将儿子送进一流高校的家庭来说，最重要的消息来源就是美国公共电视网"新闻时刻"节目、国家公共广播电台、《今日秀》和美国有线新闻网络这些新闻机构或节目，而这些新闻渠道又都在频频转发《纽约时报》上刊登的报道。从本质上而言，《纽约时报》就是一股"渗漏"力量。

《纽约时报》经常报道自杀事件，但是却无视自杀问题中男孩和成年男性的因素。例如，高校男生和女生自杀率的比例高达 4∶1，《纽约时报》刊登过一篇有关校园自杀现象的报道，文章的篇幅将近 3 000 字，但是作者对究竟是什么原因导致了两性自杀率比例如此失衡的问题只字未提。[12]

相反，这篇发表于 2015 年的报道所引述的实例都是女生。[13]每一个为了追求完美承受着巨大压力的实例讲述的都是女生的痛苦。这篇文章中甚至没有提到自杀对男生来说也同样是一个现实存在的问题。

那么，《纽约时报》有能力运用自己的渗漏力量为你的家庭提供更多的帮助吗？这家报纸完全可以对男生进行采访，让他们谈一谈一想到考试有可能不及格，自己就会产生多么强烈的羞耻心，谈一谈年轻男性应当如何面对女朋友。根据数据统计，女朋友很有可能比他的成绩优异、也不太可能对缺少纪律性的男性产生兴趣，尤其是这个男性遭遇"独立生活失败"的问题。谈一谈男性是否会担心考试不及格会导致自己无法找到工作，从而减少赢得爱情、拥有婚姻的机会。

他应当如何将自己对自己的失望告诉父母？如果一个男孩感到自己的父母更看重他所从事的工作，那么他的失败是否意味着他这个人会令父母感到失望？

相比其他受欢迎的新闻来源，《纽约时报》对男孩的忽视并不突出。但是，它有着更强大的渗漏力量，因此它在道德方面承担着更大的责任，更不应当对男性所面临的问题采取渗漏忽视的做法。

关注的不足就会导致资助的不足。没有多少基金会和政府愿意为人们不关心的问题掏钱。即使本职工作就是关注这些问题的专业人士。例如，社会工作者和自杀学家，他们也必须得到更多的资助才能对这些问题进行更深入的研究。可是……

自杀：基本是男孩的问题，研究对象却只包括女孩

社会工作者协会对自杀问题开展的研究只包括女性的自杀问题。对于这种情况，社会工作者汤姆·格尔登感到了好奇，结果协会的总干事告诉他这是因为协会获得的资金只够研究女孩的问题。[14]

美国的自杀学协会是什么情况？该协会的总干事曾经悲叹道："我很想打头阵（找到促使男孩们自杀的真正原因），可是要想进行研究，我就得到处去找资金。"[15]

资助源于关注，因为关注能够催生出政治压力，政治压力能够促成资助。媒体对男孩所面临的问题进行报道将对唤起社会的关注大有帮助。

自杀基因：SKA2

在回答"沃伦·法雷尔男性抑郁/自杀信号一览表"上的问题时，如果你儿子的回答达到了危险水平，你务必要为他联系一位称职的治疗师，此外，你或许还可以让他接受一次血液检查，看一看他是否带有所谓的"自杀基因"，即 SKA2。约翰·霍普金斯大学通过最新的一项研究发现 SKA2 基因的存在对携带者产生自杀的念头或行为的预测的准确率高达 80% 左右。[16]

在面临压力的情况下，人体会产生一种名叫"皮质醇"的荷尔蒙（又被称为"压力激素"），如果你的儿子或者女儿带有 SKA2 基因，他/她抑制皮质醇分泌的能力有可能就比较差，因此控制情绪的能力也会比较差。

如果他/她的情况的确比较差，接下来你应该怎么办呢？

亨利·福特：遏制自杀

一提起亨利·福特，我们就会想到轿车。其实，他对遏制自杀的工作也有所贡献。在美国，住院病人的平均自杀率是每 10 万个住院病人中就有 230 人选择自杀。在总部设在底特律为大本营的"亨利·福特医疗服务系统"的努力下，在 2010 年 10 万住院病人中自杀者的数量为零。[17]

该机构采取的很多措施并非是专门针对男性病人设计的，但是解决了对男孩和成年男性的影响格外大的一些问题。[18] 例如，他们开展了"病人帮助病人"的项目，要求病人利用自己曾经经历过的困难帮助跟自己同病相怜的病人，这个项目产生了一个积极的作用，让男孩和成年男性获得了目标感、感到自己有用武之地，从而缓解了担心遭到拒绝的焦虑感，为培养和他人的友情打下了基础。低至零的自杀率说明这些对抗抑郁和自杀的方法也同样适用于女孩和成年女性。

我们在前文中说过，男孩不太会主动告诉别人自己出现了抑郁的问题，但是很有可能会在回答具体的问题时敞开心扉（"今天你有过自杀的念头吗？""你想过用枪吗？"）"亨利·福特"住院病人自杀预防项目也发现由直接具体的问题引发的讨论能够起到预防自杀的作用。[19]"沃伦·法雷尔男性抑郁/自杀信号一览表"也具有这样的功能。

预防自杀有三个关键因素：救助潜在自杀者的人值得信赖、关心他、每天的工作都能坚持到底。对男孩来说这三个因素尤其重要。"亨利·福特"住院病人自杀预防项目就完全具备了这三个要素。

当然，对抑郁最有效的"治疗手段"就是预防。

退伍老兵：关注终极关怀职业

我们或许可以认为军队是一种终极关怀职业。但是从军队走出来的人——退伍老兵却属于最缺乏关怀的人群。现在，我们已经有了更多的工作，有条件为他们提供更充分的关怀了，如果我们足够关心他们的话。

重新启动训练营

在各种人群中，英雄智商和健康智商之间存在的差距对退伍老兵造成的伤害是最严重的。

有一位退伍老兵患有创伤后压力综合征或者选择了自杀，就有更多的退伍老兵负伤或者死去。这些情况原本都是可以被避免的，它们的存在只是因为社会接受了牺牲是军人的天职这种观念。瓦内萨就向我讲述了发生在她丈夫身上的令人震惊悲剧：

我老公当时在进行在军队里的最后一次夜间反击训练。在完成了夜间反击训练之后，他应该再完成一轮16公里的夜间奔袭训练。当他从直升机的绳梯上下来的时候，直升机驾驶员犯了一个错误，直接起飞了。结果，我老公就从至少30英尺的高度自由落体了。这次受伤让他接受了三次足部手术和一次干细胞移植。另外，他还失去了听力、出现了肌腱钙化的问题，臀部也有问题。当时他完全可以直接被送进医院接受治疗，可是他却被告知如果不能立即完成16公里的训练，他的整个训练就算失败了。结果，他就同意继续完成训练了，只不过把下半辈子都搭进去了。这还不是一样糟糕？[20]

从新兵训练营的训练到成为五星上将的诱惑，军队里存在的各种社会诱惑让瓦内萨的丈夫将自我牺牲视作了自己的目标。这些社会诱惑根深蒂固，就像清理掉煎饼上的糖浆一样难以根除。要想帮助退伍军人丢掉这种观念，我们最起码也要帮助他们逐步抛开原先接受的各种英雄智商教育，重新对他们进行健康智商教育。

即使军人不再需要自我牺牲了，重返家庭生活后，有关英雄主义的训练依然还在发挥着作用。正如我们通过前文看到的那样，在很大程度上这正是导致在美国每 65 分钟就有一名退伍军人自杀的原因。[21]

退伍军人在申请专项住院医疗服务的时候往往需要排队等上 6 个月的时间，同时还要忍受众所周知的官僚主义不作为。不过，至少退伍军人事务部开通了自杀热线，并且配备了训练有素的专业咨询人员。自 2001 年以来，没有拨打自杀热线的退伍老兵的自杀率上升了将近 39%，与此同时，接受了自杀热线服务的退伍老兵的自杀率仅上升了 9%。[22]

这 9% 还是不够鼓舞人心，因此我们有必要了解一下更有效的退伍军人扶助项目，例如"时间会治愈"和"退伍军人过渡项目"，这两个项目都旨在帮助退伍军人利用自己接受的精神训练打赢一场新的战争——他们内心的战争。摄制于 2012 年的影片《内心的战争》[23]为我们展示了这个过渡过程。

这场"战争"纳入了心理训练内容，对战争的这种新定义对军人有着至关重要的作用，因为经过军队文化的训练，他们已经具备了"熬下去"的能力，也知道如果用某种方式毁灭自己的话，他们也必须依靠自己的力量停止自我毁灭的行为。他的战友为之流血牺牲，他自己也几乎付出了生命的代价的一切事情都关系到承担责任的问题。**一旦退伍军人认为自己没能承担起属于自己的责任，他就更加接近自杀的道路了。**

心理上的转变固然具有关键性的作用，但是我们新掌握的证据表明生理因素和心理因素之间存在着紧密的联系。如果你的儿子距离爆炸中心不到 150 英尺，即使他的身体安然无恙，他遭受脑部损伤的概率也非常高。[24] 确切地说就是，他的脑部有可能会留下一道不仅永远无法愈合的伤痕，随着时间的流逝，这道伤痕会像胚胎一样越长越大，从而导致他有可能会出现失忆、认知问题、无法睡眠的问题，如果严重的话，有可能就会出现自杀倾向或者患上抑郁症。就像这道胚胎般的伤痕一样，随着时间的流逝，这些危害不仅不会减轻，反而会变得越来越严重。[25]

恢复目标：恢复奉献能力

埃里克·格里藤森最近刚刚从伊拉克回来，他亲眼看见了几名战友在营房遭到基地组织的炸弹轰炸时身亡的景象。经过一段时间的恢复，埃里克花了一天的时间去了贝塞斯达海军医院，探望了身负重伤的退伍老兵。他向每一位退伍老兵问道："你现在想做什么事情？"退伍的伤兵们做出的回答有一个共同点——做出贡献。为自己的部队做贡献，或者为自己的社区做贡献，[26] 例如，当一名教师或者教练，或者建造残障儿童之家之类的工作。本质上，他们都希望自己的使命没有结束。

退伍老兵们的使命成了埃里克的使命，他创办了"使命还在继续"组织。[27] 该组织下属的"卢比肯小队"先后派出了 7000 多名退伍老兵参加救灾工作，其中包括 2016 年西弗吉尼亚州出现的洪灾和厄瓜多尔发生的地震。

如果你的儿子在结束了军队生涯回到家后出现了抑郁问题，外界最自然的反应就是"放他一马"。但是，对于将奉献当作人生目标的男孩来说，重新找到目标的最佳途径是为他人做出贡献。得到别人的需要，无论是家人还是外人的需要。最理想的情况就是两者兼而有之。

理解退伍军人的关键在于**意识到很多退伍军人其实都是"粗暴强硬的懦夫"**。他们所理解的关心不是口头表示，而是实际行动。让自己成为硬汉、奉献社会才是他们对爱的理解。

退伍军人让自己变得很坚强，这样其他人就无须充当硬汉。他们通过这样的方式"教化"着我们所有人。**退伍军人通过自己的奉献保证了一部分人不必奉献自己**。他们扑灭了我生命中的一场场大火，让我能够踏实放心地写下他们"扑灭了我生命中的一场场大火"。精神领袖和哲学家自上而下地对我们进行着教化，军人通过最基础的方式对我们进行着教化。[28]

理解这一点又具有关重要的意义。只有理解了这一点，我们才能意识到重返家园的退伍老兵奉献社会的方式不只有建造房屋、救援工作之类的户外工作。如果能够进入他们充满关爱的内心世界，我们就能够为他们创造从事"关怀职业"的机会，例如教练、教师、全职父亲、社会工作者，或者参加急诊或保健工作。

如果能够帮助退伍军人培养出勇士精神，我们就能帮助他们利用这种精神变成"技术勇士"， 就像盖茨、乔布斯、扎克伯格之类的人物，或者像创办了"狗爹"（域名注册和互联网主机服务公司）、"天空盒子影像"（卫星公司，已经被谷歌公司收购）的那些退伍老兵。

奉献家人

我们经常把退伍军人称为英雄，因为他们曾经在家庭之外做出了巨大的牺牲。但是，**大多数的传统男性都在做着巨大的牺牲，因为他们渴望在回到家的时候得到家人的理解和感激、渴望把自己的学习经验融入家庭生活中**。对于一个男人或者女人而言，他人生目标越是取决于他所承担的使命，当使命结束后，他们就越有可能出现"使命空白"或者抑郁的问题。正是因为这个原因，男性退伍军人和退休人员的自杀率才一直高居不下。

战争有可能会给军人带来创伤后压力综合征，但是成为一名军人的过程让一个普通男人变成了一个标准化的"零件"，他们不会把所有的事情都个性化，因此就有可能拥有更高的效能。这样一来，他们就有可能成为最具有团队精神的人。[29] 他们需要知道的是，家人也同样会因为他们的团队精神而珍视他们的存在。对于退伍军人来说，头等大事就是继续为家人做出奉献，战友们的心脏已经停止了跳动、无法继续完成这项使命了，但是活着的人需要继续前行。

25. 男孩的健康隐患

长久以来，男孩的生存和社会的存在一直保持着矛盾的关系，我们一直唯恐自己对儿子过于溺爱、保护过度。由于这样的担忧，在当今社会拯救男性的呼声甚至还不如拯救鲸鱼的呼声响亮。因此，男孩的健康受到的很多危害一直处于隐蔽的状态。我们首先从存在之初的阶段说起吧……

"精子危机"：生存，还是毁灭

一开始，首先出现了精子。寻找卵子的精子。早在 1990 年之前，男性精子的数量就已经减少了 50%。[1]现在，**每 5 个年轻男性中就有一个患有不育症**。[2]

结果呢？精子数量比较少的男性，即使有生育能力，也有可能寿命比较短。[3]

精子的质量对环境质量具有指示器的作用，因此也能显示出对女孩和成年女性产生影响的环境问题。精子就是"矿坑里的金丝雀"。[①]对精子危机的重视与否有可能会为我们人类带来有关存在的终极问题：生存，还是毁灭？

新的 SOS：拯救我们的精子 [②]
怎样才能帮助你的儿子或者未来的儿子提高精子的质量？我们知道的方法有以下几种。

---

① 金丝雀对有毒气体很敏感，很少的量就会致其晕倒，所以以前矿工会把金丝雀带到煤矿里监测瓦斯泄露。现在"矿坑里的金丝雀"被用来比喻对环境极其敏感。

② S·O·S 是国际通用的求救信号，"拯救我们的精子"的英文为"Save Our Sperm"，首字母缩写也为"SOS"。

- **怀孕之前**。父母不要抽烟。此外，日常饮食的质量也会影响到精子的质量。对于未来的儿子，父母双方的生活方式，例如，锻炼与否、压力的大小也会对其健康和精子状况产生影响。

- **怀孕期**。父亲应当以实际行动支持母亲保证做到上述各项，也就是说自己首先要坚持做到上述各项。此外，父亲还需要为母亲做到三件事情：倾听，爱，还有……没错，还是倾听。母亲需要为父亲做到三件事情：感激，感激，感激。

- **出生后不久**。不要用太热的水给儿子洗澡。坚持健康饮食，尤其是限制高脂肪食物和糖分的摄入量，除了水果和蔬菜含有的糖分。检查饮用水的质量，如果质量不太好，不妨试一试顶级过滤系统。或者，索性搬走。

- **父亲参与，肥肉拜拜**。肥胖症、糖尿病和勃起功能障碍是你的儿子所面临的三大问题。在预防男孩身体超重或者肥胖的事情上，父子关系的好坏远比母子关系更重要。[4] 但是，锻炼也十分重要。

- **应当注意的事项**。如果你的儿子在服用降血压的药或者其他药物，看一看这些药物对不育症会产生什么影响。教你的儿子或者请儿科医生教他检查阴囊内的静脉是否出现肿胀（精索静脉曲张）——在患有不育症的男性中，有40%的人存在精索静脉曲张的问题。严防你的儿子吸食消遣性毒品（包括大麻），大量吸食毒品会对生殖能力产生影响。如果他为了让自己的外表看起来更有阳刚之气而服用类固醇，那么他体内的高质量的精子有可能会减少。[5] 见下文有关如何预防睾丸癌的部分。[6]

- **关于手机**。手机有可能会对精子的存活率和活力（向卵子移动的能力）造成损害。[7] 手机有可能还会诱发脑胶质瘤（很有可能会是恶性肿瘤）和心脏肿瘤。目前，更多的研究尚在进行中，但是有一点已经得到了证实：你儿子的衣服口袋里不应当装着手机，除非他希望这一辈子没有孩子。

相比手机给男孩造成的危害，人类社会的进步给男孩的健康带来了更多的隐患。

塑料：制造阴盛阳衰的世界

在大约半个世纪之前出品的电影《毕业生》里，布拉德多克先生告诉儿子本杰明（达斯汀·霍夫曼饰）在未来成功与否就在于"塑料"。当年的"未来"已经出现了，塑料的确成了保证我们在"未来"取得成功的一个关键因素，一场让我们付出了代价的成功。

塑料能够浸析出邻苯二甲酸盐。就像塑料瓶和杀虫剂浸析出的大部分现代化学物质一样，邻苯二甲酸盐业能够模仿各种雌性荷尔蒙的活动。这些邻苯二甲酸酯类物质可以导致女孩提前进入青春期，美国鱼类和野生动物管理局还指出，栖居在阿波普卡湖（为奥兰多的迪士尼乐园供水的水域）里的短吻鳄出现睾丸皱缩的现象也同这些物质有关。[8]

阿波普卡湖是一个孤立的例子吗？不。在美国其他地区，雄性鱼类和多种哺乳动物也出现了性特征弱化的现象，例如五大湖区、爱达荷州、华盛顿州和阿拉斯加州。此外，研究人员在英国和格陵兰等地也发现了同样的问题。[9]

在弗吉尼亚州、马里兰州和华盛顿特区的河流中，雄性小口黑鲈已经开始产出卵子，而不是精子了。而且，这还不是个别现象，产出卵子的个体至少占了种群的80%。[10] 截至目前，科学家已经对波托马克河各条支流的7处地方进行了检测。对华盛顿特区以及附近的河流（马里兰州的可纳克奇格溪和蒙诺卡西河100多英里的河段）进行的检测也得到了同样的结果。显然，无论入主白宫的究竟是民主党人还是共和党人，小口黑鲈的精子状况都没有什么不同。

我们的儿子会受到影响吗？杜克大学和麻省理工学院的专家们做出了相似的估计：在1990～2006年期间，勃起功能障碍在接受他们咨询的男学生中间的发病率从几乎为零增长到了25%。[11] 二者之间是否存在联系还尚无论断。

预防睾丸癌

男性幼童也会患上睾丸癌，不过半数的病患还是集中在20～34岁的年轻男性。白人男性比黑人男性和亚裔美国男性的发病率高四五倍。在世界范围内，美国和欧洲男性的发病率是最高的。[12]

坏消息：近些年来，睾丸癌的发病率已经翻了 1 倍。[13] 现在，每一年新增病例多达 8 850 例。出于各种我们都知道的原因，无论是教育系统还是公共意识都不太可能告诉你的儿子如何检查睾丸癌发病的早期信号。因此，家长必须率先采取行动。

好消息：如果发现得早，睾丸癌的治愈率高达 99%。[14] 首先，检查你的儿子是否存在隐睾症（睾丸未降到阴囊），通过这种检查，可以及早判断出患上睾丸癌的可能性。到了中学阶段，让你的儿子每个月检查一次自己的阴囊是否出现肿块；通过同样的检查方法，你的女儿也可以检查一下自己是否有可能会患上乳腺癌。让你的儿子检查阴囊内的静脉是否出现肿胀。告诉他，只要发现得及时，睾丸癌的治愈率就高达 99%，因此他完全有机会避免遭受这种疾病的危害。帮助你的儿子学会自查睾丸癌的过程也是对他的一种最好的训练，让他意识到男性也应当对自己的健康负责。

酗酒和吸毒

男孩和成年男性酗酒的可能性比女孩和成年女性高了将近 2 倍，吸食大麻和可卡因之类的消遣性毒品的可能性高 1 倍。[15]

关键词："成瘾"。无论沉溺于电子游戏还是大麻，如果睾丸酮得不到积极的疏导，男孩就会将自己的荷尔蒙消耗在破坏性的事情上。男孩体内睾丸酮的分泌水平往往会在高中阶段结束的时候达到最高值，也正是在这个阶段男孩吸食毒品的概率（以及自杀率）出现了飙升趋势。在八年级至十年级这个阶段，男孩和女孩吸食毒品的概率基本相等；但是在大学一年级的男生中间，每天吸食大麻的人数达到了 8.5%，女生只有 3.3%。[16]

要想让你儿子的睾丸酮得到最积极的疏导，你就应当在他进入青春期之前帮助他做好基础建设，在这个年龄阶段他还能听得进去你的建议。对于这样的基础建设，我们可以采用的方法包括团体运动、家庭聚餐之夜、强制规则、父母双方参与育儿工作、整合英雄智商和健康智商的 18 步法，等等。通过前文我们已经了解到每一种方法都有着独特的功效，都能够帮助你的儿子建立起一套有效分流睾丸酮的保护体系，在青春期的防洪闸打开之后，让他免于被"洪水"淹没的命运。

三大杀手：肥胖症、糖尿病和勃起功能障碍

肥胖问题正在蔓延。肥胖症是"三大恶疾"之王，能够催生出糖尿病和勃起功能障碍。三大恶疾的存在对一个男孩在日后是否会患上心脏病、陷入贫困、缺乏自尊等问题具有一定的预示作用。对于男孩来说，勃起功能障碍是最难以启齿的问题，尤其是早泄和无法勃起，因此我们首先来深入了解一下这个问题。

对男孩来说，早泄是一个令人害臊的问题，会让他的伴侣感到他一心只想着自己是否快乐。令人欣慰的是，至少有一部分人的伴侣会认为早泄是由于他们对彼此有着不可抗拒的诱惑力！

但是，如果你的儿子在十几岁的时候就由于身体肥胖而无法勃起的话，没有多少伴侣会认为他萎软的阴茎是她们的魅力所造成的！相反，你的儿子有可能会遭受到五重危害：担心伴侣会认为他无法勃起是因为他觉得对方魅力不足；为自己无法勃起感到羞愧；为自己无法控制体重赶到羞愧；面对潜在的爱人，不仅担心自己有可能会遭到对方的拒绝，而且还担心自己会遭到对方的耻笑（"他又肥又软！"）；由于无法和任何人提及自己的问题而产生孤独无助的感觉。

在性意识的形成期里，男孩的心理是比较脆弱的，在这几个月里遭受到这五重伤害就有可能改变你儿子的命运。有可能会让他将目光转向色情制品，而不是冒着遭到拒绝的危险勇敢追求现实生活中的伴侣。色情制品能够催生出更严重的勃起问题，[17]并且让他陷入孤独无助和抑郁的状态，肥胖问题还将继续蔓延。

在青春期男性中间，肥胖症的发病率正在节节攀升（幸运的是，女孩的肥胖症发病率保持稳定）。在美国的年轻男性中，有75%的人达不到服兵役的最低体能要求，造成这种状况的首要原因就是肥胖症。[18]

为什么？首先，由于在饮食、锻炼和电子游戏方面缺少强制规则的约束，

美国男孩和成年男性成了全世界男性中最肥胖的人群。70% 的成年男性都存在超重的问题,[19] 1/3 的人都达到了肥胖的水平,[20] 这意味着男孩们在家里面对的是不健康的饮食和生活方式。最重要的是,如果小时候出现肥胖问题,你的儿子在成年后有可能会出现从新陈代谢到心血管并发症等各种问题。[21] 肥胖问题正在蔓延。

26. 从受伤者伤害他人
到治愈者治愈他人

有什么办法可以解决受伤者伤害他人的问题吗？办法就是治愈者治愈他人。

填补同理心空白

治愈心灵的一个最有效的方法就是倾听、同情。

同理心的培养并不容易。人类天生就只会为自己考虑。在感到饥饿的时候，任何一个婴儿都不会因为意识到自己的双胞胎兄弟或者姐妹比自己更需要吃饭或者关注而停止哭嚎。我们生来就以自我为中心。佢是，我们也能够接纳他人的需要和愿望，从而让自己得到满足。大脑里的喙部扣带区会强化我们的这种天性，当他人对我们的同情做出积极的反应、表示感谢的时候，这块区域就会释放出大量的多巴胺——能让人产生美好感觉的"良药"。这正是我们所具有的适应天性的一部分功能。

同理心就像吃素，通过后天的学习我们才会意识到它的益处，然后适应它。

如果你永远只对自己的孩子的需求和欲望表示理解，但是对其他人的需求和欲望却视若无睹，那么你的孩子往往会只关心自己的需求和欲望，因此就不太具备同理心。也就是说，他们不需要学会适应。

在当今社会，家长们往往过于理解孩子，这种状况已经造成了两个后果：从 1979 ～ 2010 年，大学在校生的同理心水平已经下降了 40%。[1] 同理心水平的降低产生了一种循环效应：朋友减少——更强烈的疏离感和抑郁状态——更沉迷于电子游戏和色情录像——对现实世界的敏感度减弱、对他人更为客体化、更缺乏同理心——朋友进一步减少……家长的同理心也同样是发展到极端就会演变成缺点的优点。

如何才能将同理心这种优点传递给孩子，同时又不会让他们产生以自我为中心的缺点？我们已经看到在世界各地父亲参与育儿工作的程度越深，孩子的同理心水平就越高。通过前文我们已经知道了其中的原因，例如，父亲喜欢利用在家里打打闹闹、做游戏的方式和孩子建立起亲密的父亲感情，然后利用这种感情引导孩子遵守强制规则，这些强制规则都要求孩子培养起延迟满足的能力，并且在关心自我需求的同时也尊重父亲的需求。例如，父亲不希望自己的眼睛在进行摔跤游戏的过程中被孩子抓到或者戳到。

但是，如果你的孩子无法得到父亲太多的照顾，那你又该怎么办呢？为了帮助孩子培养同理心，你可以首先对他表示理解和同情，然后要求他也听一听你的想法，以及兄弟姐妹和朋友的想法。无论你是母亲还是父亲，帮助孩子培养同理心最好从"逮到他"表现出同理心的那一刻开始，即使他同情的对象是一只青蛙。和孩子共同发现种子，然后浇灌它。浇灌了种子之后，开始对孩子的能量进行引导：教他学会写感谢信、在妹妹生病的时候照顾妹妹、邀请看上去没有朋友的同学一起吃午饭。

也就是说，同理心是可以通过教育培养出来的。丹麦的所有学校都为 6 ～ 16 岁的在校生提供了培养同理心的课程，每个星期一小时。在这一个小时里，学生们要讨论谁受到了冷落、谁遭到了欺凌、谁受到了排斥。通过对欺凌和嘲弄现象的讨论，欺凌者和受害者都有机会增强自己的自尊心，培养起对他人的同情心。这项课程的重点在于对彼此表示认可，倾听他人的观点，从不同的角度考虑问题。这种教育的目标就是丹麦人所说的"hygge"[2]——相互支持的氛围。经过长期的坚持，这个教育项目已经帮助丹麦的中小学生培养起了集体意识，以及安全感和自信心，同时也帮助孩子们在未来的岁月里摆脱了证明自己的心理需求对自己的束缚。

如果你的儿子（或者女儿）关心他人，同时又争强好胜，你不妨让他接触一下由联合关爱协会资助举办的"关爱竞赛"。我采访过的一位母亲告诉我她的儿子塞斯患有自闭症，在读了往届参赛者的竞赛作文后，他也创作了自己的参赛作品，在写作的过程中他感到自己的同理心得到了极大的提高，而且这种提高并不是一时的。[3] 塞斯的母亲觉得由于同理心得到了提高，塞斯已经能够顺利应对现实世界的各种难题，现在他完全有能力进入高校继续深造了。说服你的儿子读一读历届比赛的参赛文章，提交自己的作品，争取赢得一笔奖金，通过这样的活动提高自己在即关心他人方面的智商。

没错，同理心是可以通过教育培养出来的。

夫妻沟通：给孩子的最宝贵的"遗产"

就在丽兹和我结婚后不久，她的女儿亚历克斯和一个男孩开始了交往。当时，亚历克斯在读九年级，那是她交往的第一个男朋友。没过多久，他们之间就出现了问题。我一直在主持促进夫妻沟通的学习班，因此两个孩子希望我能帮一帮他们。

我首先告诉他们如何卸下防御心理倾听对方，在我说到一半的时候亚历克斯打断了我，她说："等等，你和妈妈就是这么做的！"丽兹和我习惯在私下里解决我们之间的问题，通过我们当着她的面进行的沟通亚历克斯竟然产生了那么细微的体会，我感到很吃惊。

在出生后的最初五年里，亚历克斯每天耳闻目睹的都是丽兹和前夫的沟通方式，而丽兹和我的沟通方式截然不同，但是亚历克斯的反应让我更加清楚地认识到她消化了我们的沟通方式。不过，我的辅导没能帮到亚历克斯和那个男孩，但是亚历克斯和第二个男朋友哈奇还是参加了我的学习班，后来他们结了婚，现在也已经有了一个儿子，但愿这个小家伙能够躲过这场男孩危机！

男孩危机和夫妻沟通有什么关系？导致这场男孩危机的首要原因就是让男孩失去父亲的离婚。但是，解决这个问题的办法并不是为离婚设置更大的障碍。真正的解决办法是改善婚姻。正如我在前文中提到过的那样，对于幸福的婚姻来说，最重要的因素并不是金钱、性和孩子，而是夫妻双方在金钱、性和孩子的问题上如何进行沟通。

如果所有人都有着和配偶顺利沟通的愿望，为什么不是所有人都能做到这一点？为什么不是所有人都能和配偶保持融洽的关系？

从历史的角度而言，一听到别人对我们的批评，我们就会担心对方成了我们的敌人，为了战胜敌人，我们就必须"为自己辩护"。或者说是，先下手为强，以免敌人杀死我们。

这种做法有什么益处吗？有，帮助我们的祖先存活了下来。

这种做法有什么弊端吗？有，你的伴侣在面对你的时候很可能会感到"如履薄冰"，唯恐好心办了坏事——自己认为有助于改善两个人的关系的心里话，可是一说出口却只会促使你做出防御性的反应。如果告诉你自己的心里话会导致你们之间的争执升级好几倍的话，对方就会集中精力恢复和平状态，但是这个时候对方的一部分自我以及对你的爱都已经消失在恐惧的阴影中了。

在阅读上面这一段话的时候，你是否感到心里产生了一些防御心理？下面这段话将上一段里的双方互换了一下位置，现在再来试一试在阅读的过程中你是否会放下防御心理？

当你向伴侣说出在你看来有助于改善两个人关系的心里话的时候，对方往往会做出防御性的反应。没过多久，你就发现自己开始感到"如履薄冰"，唯恐争论升级。渐渐地，你发现自己更愿意花心思维持两个人之间的和平状态，但是你的一部分自我以及你的爱都消失在恐惧的阴影中了。

如果你更容易接受后面这段话，那就说明你是一个人。正如我们通过前文所了解到的那样，人类依靠"为自己辩护"的方式争取生存的过程具有消极的一面——人类的"阿喀琉斯之踵"，也就是在面对爱人的批评时，我们无法不产生防御心理。**爱不会消除防御心理，因为爱会让我们变得更加脆弱，防御心理正是掩饰脆弱的面具**。如果我们的防御手段无法让对方闭嘴或者在争论中"打败"对方，我们就会感到愤怒。愤怒也是掩饰脆弱的面具，当防御手段没有产生预期效果的话，我们就会戴上愤怒这副面具。

近年来，我开始了一些将会持续终生的工作，其中的主要工作就包括设计一套能够解决顽固的防御心理的"应急措施"。防御心理是人类的生物属性，因此我建议夫妻每周抽出两个小时的时间学习"关心和分享"。在倾听对方的心里话之前，双方首先利用一套冥想练习改变自己与生俱来的思维方式。

这套冥想练习分为 6 个步骤，它可以帮助夫妻暂时完成违背天性的任务——在感到自己受到对方的批评时，认为自己其实得到了对方更强烈的爱。夫妻俩只需要在这两个小时里改变自己的天性，暂时认同爱人的批评。接下来，夫妻应当学会如何在这个星期接下来的 166 个小时里创造并保持一个"无冲突区"。创造"爱的艺术和纪律"是一项系统工程，上面介绍的只是其中的两项工作。

无论你们通过我介绍的方法[4] 还是其他方法让婚姻变得美满，相亲相爱的婚姻本身所具有的安全感和情商都会成为你们留给孩子的最宝贵的财富。

分享和关心

有的男人是家里的头号经济支柱，有的男人不是家里的头号经济支柱，研究人员对这两种类型的男性进行了一项大规模的比较研究，结果发现前者：

- 心理健康状况比后者更差。
- 精神健康状况比后者更差。
- 在赚钱最多的年月里心理健康和生理健康状况都处于最低值。[5]

不仅如此，和配偶共同承担经济负担的女性认为自己在心理方面比较健康。[6]

通过这项研究，我们发现了提高两性健康水平的秘诀：共同承担经济负担。

但是，很多父亲在适应配偶的选择时都感到了压力，无论是后者选择了全职工作、兼职工作，还是当一位全职母亲，上述这种有益于男女两性健康的秘诀和父亲们感到的压力有所抵触。如果孩子的母亲拥有三个选择，无论她做出怎样的选择，她都会感到这是自己自主选择的结果，不太会感到自己是迫于无奈。为了适应配偶的选择，孩子的父亲通常都只能在自己的"三个选择"中做出选择——全职工作，全职工作，或者全职工作（这往往意味着工薪阶层的父亲得做两份工作，高级经理阶层的父亲得不断加班）。如果你的儿子不知道如何识别社会诱惑，因此无法将社会压力和自己内心的渴望区分开，那么他就说不清楚自己的真实感受，这样的话，他的健康就会受到损害。

男性承受的这种压力一直遭到社会的忽视，因为在过去半个世纪里我们接收到的信息就是只有身为母亲的女性往往会牺牲自己的事业。我们基本上一直对父亲在工作中做出的牺牲不闻不问。

我们也不认为父亲们的整个职业生涯本身就是一种牺牲——牺牲了他们眼睛里的光亮。由于将高薪等同于权力和特权，我们就没能意识到高薪同时也意味着压力和期望。因此，我们也就忘记了通往高薪的道路往往是一条"收费公路"，[7]"过路费"就是和家人相处的时间、私人时间、培养友谊的时间……正是在这些"过路费"的逼迫下，《广告狂人》里那些闷闷不乐的男人养成了酗酒的习惯。

解决这个问题的办法就是认真地思考如何才能保证男女两性共同承担赚钱和育儿的任务。在做出分工选择的过程中，双方的个性会起到更大的作用，但是我们至少应该知道共同承担责任的做法总体上都能让父母双方变得更加健康，让孩子的表现更为出色。在有关父爱充足的男孩的章节中，我已经阐明了这一点。

一个人不开心，所有人都别想开心。

处方药，还是其他方法

在过去，保证男孩健康成长的"良药"包括完整的家庭、强制规则、纪律、每一位家庭成员各负其责；今天，这些"良药"已经断货了，因此医生为我们开出了各种药品，以代替曾经的"良药"。孩子们表现出来的各种"症状"并非都是积极的，例如注意力不集中、欺凌和骚扰别人。然而，对于男性文化表现出的消极症状，我们没有采用强制规则进行治疗，也没有利用目标感进行有益的引导，**我们只是一味地用处方药文化抑制这些消极症状。**

处方药能够帮助有自杀倾向或者患有多动症的男孩度过最艰难的时刻、帮助他们发现自己的潜力，从而让他们获得控制感和自尊。但是，服用这些药物往往会导致大脑萎缩、肝脏受损、心理失衡、增强对药物的依赖性。为了解决药物成瘾的问题，医生会为患者开出新的药物，取代原先的药物。在这个过程中，以前人们用来预防这个问题的"良药"，基于家庭价值观的"良药"就逐渐被遗忘了。

在这个时代，滥用处方药已经自动成了普遍现象。幸运的是，还有像科罗拉多州的"安全着陆"中心这样的机构在同精神病医生、护士和法官们对药物治疗的倾向做斗争。这些机构创造了近似家庭环境、成员之间相互支持的生活空间，利用积极的强化手段鼓励 12 ～ 18 岁的男孩参加体育和音乐活动、重体力劳动，以及其他一些有助于提高生活质量的活动。

对于患有多动症的孩子，约翰·格雷在本书的第五部分介绍了大量鲜为人知的解决方案，这些方法都无须使用处方药物。

我们在过去采用的很多方法都需要与时俱进的革新，但是有一个方法很容易发挥效力，只是这个方法已经被我们抛弃了。这就是课间休息。

应该如何帮助没有课间休息机会的男孩？——课间休息

对于缺失父亲的男孩来说，解决各种问题的关键就在于父亲；同样地，对于缺少休息的男孩来说，解决问题的关键就在于课间休息。解决问题的办法就在于问题本身……

课间休息通常不像体育课那样有着系统性的安排，因此在课间休息的时间里学生在玩什么、怎样玩的事情上有着更灵活的选择。也正因为如此，在男孩和休息的问题上，学校面临着两难问题：

- 男孩更有可能利用课间休息的机会欺凌同学。
- 男孩非常需要课间休息。

对学校来说，课间休息期间存在的欺凌并不仅仅限于欺凌行为本身，这种事情往往还有可能让学校惹上官司。出了欺凌行为和诉讼问题，课间休息还减少了学生们复习功课、准备参加地方和联邦政府指定考试的课堂时间。有办法解决这个问题吗？

不无矛盾的是，解决课间休息问题的办法正是课间休息本身。而且需要课间休息的不只有男孩。证据呢？

美国疾病控制和预防中心在 2017 年发布的一份报告指出课间休息有助于学生：

- 增强记忆力、注意力和专注度。
- 坚持完成课堂作业的毅力。
- 提高学习成绩。
- 减少课堂上的破坏行为。
- 控制体重、强化骨骼和肌肉。
- 缓解焦虑、压力和抑郁情绪。
- 提高社交能力和情感能力（例如，学会分享、解决问题、沟通、合作和协商）。[8]

仅仅看一看最后一项：课间休息有助于提高社交能力和情感能力。社交能力和情感能力越强，男孩就越不可能产生欺凌行为。**课间休息固然为欺凌行为的产生提供了空间，但同时也为师生提供了减少欺凌现象的实验空间。** 欺凌现象越少，法律纠纷就越少。为了减少欺凌现象而减少课间休息的效果就如同为了减少争执而减少课堂发言一样。

课间休息对学生的学习成绩、记忆力和注意力的影响表明最有助于你的儿子顺利通过联邦政府指定考试的方法就是在遵守课堂纪律、刻苦学习的同时重视课间休息，在奔跑中恢复精力。

课间休息能够为学生创造适合自发开展各种活动的氛围，因此对具有主动精神、渴望创业的男孩格外具有吸引力。我们都希望鼓励女孩培养主动性，同时帮助男孩增强原有的主动性。

我们千万不能在倒掉洗澡水的同时把男孩也一同倒掉。

传统上，英雄智商的核心在于照顾他人；健康智商的核心在于照顾自己。新型英雄知道如果现在对自己给予更好的照顾，在未来自己就能够给予他人更好的照顾。治愈者治愈他人。

第五部分注释

22. 英雄智商和健康智商

1. National Center for Health Statistics, CDC, *National Vital Statistics Reports* 64, no. 2 (2016):
   table B, "Number of Deaths, Percentage of Total Deaths, Death Rates, and Age-Adjusted Death Rates
   for 2013, Percentage Change in Age-Adjusted Death Rates in 2013 from 2012, and Ratio of Age-Adjusted
   Death Rates by Sex and by Race for the 15 Leading Causes of Death for the Total Population in 2013:
   United States," p. 5.

2. National Center for Health Statistics, *National Vital Statistics Reports* 64, no. 2 (2016), table B, p. 5.

3. E. Arias, B. L. Rostron, and B. Tejada-Vera, "United States life tables, 2005," National Vital
   Statistics Reports 58, no. 10 (Hyattsville, MD: National Center for Health Statistics, 2010), table 12,
   "Estimated Life Expectancy at Birth in Years, by Race and Sex: Death-Registration States, 1900–1928,
   and United States, 1929 - 2000."

4. "World Health Statistics 2016: Monitoring health for the SDGs Annex B: Tables of Health Statistics
   by Country, WHO Region and Globally," World Health Organization, 2016.

5. "World Health Statistics 2016: Monitoring Health," WHO.

6. M. Planty et al., *The Condition of Education* 2009 (report, NCES2009-081, US Department of Education,
   Institute of Education Sciences, 2009), 118, http://nces.ed.gov/pubs2009/2009081.pdf.

7. Planty et al., *Condition of Education* 2009, 118.

8. Nikita Coulombe, "Disney Sucks, but We're Also Hypocrites," Medium, May 17, 2017, https://medium.
   com/@NikitaCcoulombe/disney-sucks-but-were-also-hypocrites-e5e1e184ce17.

9. Coulombe, "Disney Sucks."

10. Kenneth Wetcher, Art Barker, and P. Rex McCaughtry, *Save the Males: Why Men Are Mistreated, Misdiagnosed, and
    Misunderstood* (Summit, NJ: Psychiatric Institutes of America Press, 1991).

11. "Why Men Are Readmitted to Hospitals More than Women," *Stone Hearth News* (blog), April 18, 2012,
    http://web.archive.org/web/20120430102049/http://www.stonehearthnewsletters.com:80/why-men-are-
    readmitted-to-hospitals-more-than-women/health-care-costs-2.

12. "Why Men Are Readmitted."

13. Matt McGrath, "Men May Have Evolved Better 'Making Up' Skills," Science and Environment, BBC News,
    August 4, 2016, http://www.bbc.com/news/science-environment-36969103.

14. Peter Reuell, "Resolving Conflict: Men vs. Women," Harvard Gazette, August 3, 2016, http://
    news.harvard.edu/gazette/story/2016/08/resolving-conflict-men-vs-women.

23. 情商和心理健康

1. M. H. Meier et al., "The Role of Harsh Discipline in Explaining Sex Differences in Conduct Disorder: A Study of Opposite-Sex Twin Pairs," Journal of Abnormal Child Psychology 37, no. 5 (July 2009): 653-664.

2. B. Maughan et al., "Conduct Disorder and Oppositional De ant Disorder in a National Sample: Developmental Epidemiology," *Journal of Child Psychology and Psychiatry* 45, no. 3 (2004): 609-621.

3. Bureau of the Census, " Population in Group Quarters by Type, Sex and Age, for the United States: 1990 and 2000" (unpublished tabulation, C e n s u s 2000, PHC-T-26, November 10, 2003), http://www2.census.gov/programs-surveys/decennial/2000/phc/phc-t-26/tab01.pdf.

4. Sarah Whittle et al., "Positive Parenting Predicts the Development of Adolescent Brain Structure: A Longitudinal Study," *Developmental Cognitive Neuroscience* 8 (April 2014): 7-17, doi:10.1016/j.dcn.2013.10.006.

5. Sarah Whittle et al., "Positive Parenting," 7-17.

6. K. Alison Clarke-Stewart and Craig Hayward, "Advantages of Father Custody and Contact for the Psychological Well-Being of School-Age Children," *Journal of Applied Developmental Psychology* 17, no. 2 (April-June 1996): 239-270, doi:10.1016/S0193-3973(96)90027-1.

7. Aaron S. Heller and B. J. Casey, "The Neurodynamics of Emotion: Delineating Typical and Atypical Emotional Processes During Adolescence," *Developmental Science* 19, no. 1 (2016): 3-18, doi:10.1111/desc.12373.

8. J. Van der Graa et al., "Perspective Taking and Empathic Concern in Adolescence: Gender Differences in Developmental Changes," *Developmental Psychology* 50, no. 3 (20140: 881-888, doi:10.1037/a0034325.

9. Greg Welikson, "The Power of Connection: Enhancing Well-Being Through Brotherhood," *Rainbow 143*, no. 3 (Summer 2017): 18-21, http://www.deltataudeltaarchive.com/wp-content/uploads/2017/06/Rainbow_Summer2017.pdf.

10. Sarah Whittle, et al., "Positive parenting predicts the development of adolescent brain structure: a longitudinal study," *Developmental Cognitive Neuroscience,* Vol 8, April 2014, pp. 7-17.

11. Andrew M. Seaman, "Moving Out of Poverty Linked to Kids' Mental Health," Reuters, March 4, 2014, https://www.reuters.com/article/us-poverty-kids/moving-out-of-poverty-linked- to-kids-mental-health-idUSBREA2324J20140304; see also http://media.jamanetwork.com/jama-report/girls-bene t-boys-suner-when-their-families-move-from-high-poverty-areas-to-better-neighborhoods.

12. Seaman, "Moving Out of Poverty."

13. Tony Trueman, "Girls Achieve High Status in Criminal Street Gangs Because of eir People Skills, Research Shows," Science X, April 25, 2014, http://phys.org/news/2014-04-girls-high-status-criminal-street.html; based on Dr. Simon Harding's *The Street Casino: Survival in Violent Street Gangs* (Chicago: University of Chicago Press, 2014).

14. Trueman, "Girls Achieve High Status."

15. Trueman, "Girls Achieve High Status."

16. Interview with Vanessa Dahn, September 13, 2016.

17. Alejandra Matos, "In Missouri, Students Who Bully Could Be Charged with a Felony," *Washington Post*, January 6, 2017, https://www.washingtonpost.com/local/education/in- missouri-students-who-bully-could-be-charged-with-a-felony/2017/01/06/0e71f17e-d1e2-1 1e6-945a-76f69a399dd5_story.html.

18. Joshua Weller et al., "Preadolescent Decision-Making Competence Predicts Interpersonal Strengths and Difficulties," *Journal of Behavioral Decision Making* 28, no. 1 (2015): 76-88, doi:10.1002/bdm.1822.

19. See http://warrenfarrell.com/couples-communication.

20. Claire Vallotton et al., "Child Behavior Problems: Mothers' and Fathers' Mental Health Matters Today and Tomorrow," *Early Childhood Research Quarterly* 37 (4th Quarter 2016):81-93, doi:10. 1016/ j. ecresq. 2016. 02. 006.

21. Claire Vallotton et al, "Child Behavior Problems. "

24. 逆转抑郁，预防自杀

1. Finlay Young, "Why Men Are Killing Themselves," *Newsweek,* February 12, 2015, http://www. newsweek. com/2015/02/20/suicide-men-305913. html.

2. Source for 2006 is the CDC's National Center for Injury Prevention and Control. For 1933, the Statistical Resources Branch of CDC's Division of Vital Statistics; cited in Jack Kammer, *Heroes of the Blue Sky Rebellion* (Halethorpe, MD: Healthy Village Press, 2009), 8.

3. Centers for Disease Control and Prevention (CDC), *Morbidity and Mortality Weekly Report* 58, no. 1 (2009); and Web-based Injury Statistics Query and Reporting System (WISQARS), 2010.

4. CDC, *Morbidity and Mortality Weekly Report,* 58, no. 1; and WISQARS, 2010.

5. Jed Diamond, "Women Seek Help, Men Die: New Findings on Depression and Suicide Will Save Millions of Lives," *Good Men Project,* November 11, 2013, https://goodmenproject. com/ featured-content/kt-women-seek-help-men-die-new-findings-on-depression-and-suicide-will-save-millions-of-lives.

6. This is the GDP in the Eurozone's periphery countries. The rate is across all ages, which equates to over six thousand suicides in total over the period 2011-2012. University of Ports-mouth, "Male Suicide on Rise as Result of Austerity, Report Suggests," *ScienceDaily,* October 16, 2015, http://www. sciencedaily. com/releases/2015/10/151006085437. htm.

7. Young, "Trouble with Men. "

8. Hanna Rosin, "The Silicon Valley Suicides," *Atlantic,* December 2015, http://www. theatlantic. com/ magazine/archive/2015/12/the-silicon-valley-suicides/413140.

9. Lisa A. Martin et al., "The Experience of Symptoms of Depression in Men vs Women," *JAMA Psychiatry* 70, no. 10 (2013): 1100-1106.

10. Tanya M. Caldwell, Anthony F, Jorm, and Keith B. G. Dear, "Suicide and Men-tal Health in Rural, Remote and Metropolitan Areas in Australia," *Medical Journal of Australia* 181, suppl. 7 (2004): S10, https://www.mja. com. au/journal/2004/181/7/ suicide-and-mental-health-rural-remote-and-metropolitan-areas-australia.

11. Gabrielle Glaseraug, "A Suicidologist's New Challenge: The George Washington Bridge," *New York Times,* August 19, 2016, http://www. nytimes. com/2016/08/21/nyregion/a-suicidologists-new-challenge-the-george-washington-bridge.html. The research advice is from Dr. Madelyn Gould.

12. Julie Scelfo, "Suicide on Campus and the Pressure of Perfection," *New York Times,* July 27, 2015. See http://www. nytimes. com/2015/08/02/education/edlife/stress-social-media-and-suicide-on-campus. html.

13. Julie Scelfo, "Suicide on Campus and the Pressure of Perfection," *New York Times,* July 27, 2015. See https://www. nytimes. com/2015/08/02/education/edlife/stress-social-media-and- suicide-on-campus. html.

14. Personal correspondence in 2009 between Tom Golden, author of *The Way Men Heal* (G. H. Publishing, 2013), and Elizabeth Clarke, the NASW executive director at the time.

15. Joan Ryan, "Sorting Out Puzzle of Male Suicide," *San Francisco Chronicle,* January 26, 2006, http:// www. sfgate. com/bayarea/article/Sorting-out-puzzle-of-male-suicide-2505891. php.

16. Zachary Kaminsky et al., "Epigenetic and Genetic Variation at SKA2 Predict Suicidal Behavior and Post-traumatic Stress Disorder," *Translational Psychiatry* 5 (August 2015): e627, doi:10. 1038/ tp. 2015. 105.

17. Henry Ford Health System, "Depression Care Program Eliminates Suicide," *ScienceDaily,* May 20, 2010, https://www.sciencedaily.com/releases/2010/05/100518170032.htm.

18. Henry Ford, "Depression Care."

19. Joanne Silberner, "What Happens If You Try to Prevent Every Single Suicide?" *Shots:Health News from NPR* (blog), NPR, November 2, 2015, http://www.npr.org/sections/health-shots/2015/11/02/452658644/what-happens-if-you-try-to-prevent-every-single-suicide.

20. Summary of Dr. Vanessa Dahn's written correspondence to me, November 19, 2016.

21. Janet Kemp and Robert Bossarte, "Suicide Data Report, 2012" (Department of Veterans Affairs, Mental Health Services, Suicide Prevention Program, 2012), p. 18, fig. 3, "Estimated Number of Veteran Suicides per Day by Year," https://www.va.gov/opa/docs/suicide-data-report-2012-final.pdf (accessed August 25, 2017); see also pp. 35 - 36.

22. Office of Public and Intergovernmental Affairs, "VA Conducts Nation's Largest Analysis of Veteran Suicide," Department of Veterans Affairs, July 7, 2016, http://www.va.gov/opa/pressrel/pressrelease.cfm?id=2801.

23. Legion Transitions Program, "A War in the Mind," YouTube video, 7:45, posted by Legion BC Yukon, June 28, 2012, http://youtu.be/QyGAggAO_tO.

24. Robert F. Worth, "Why Modern Warfare Destroys the Brain," June 10, 2016, *New York Times,* http://www.nytimes.com/2016/06/12/magazine/what-if-ptsd-is-more-physical-than-psycho-logical.html.

25. Worth, "Modern Warfare."

26. Joe Klein, "The Power of Pitching In," *Time,* July 1, 2013.

27. Klein, "Power of Pitching In."

28. Credit to Nikita Coulombe for "top-down" thought, October 16, 2017.

29. Credit for standardized part transferability comment to Nikita Coulombe, September 28, 2017.

25. 男孩的健康隐患

1. E. Carlsen et al., "Evidence for Decreasing Quality of Semen During Past 50 Years," *BMJ* 305, no. 6854 (1992): 609 - 613.

2. Richard Sharpe et al., "Male Reproductive Health: Its Impacts in Relation to General Well- being and Low European Fertility Rates," *European Science Foundation,* September 2010.

3. Shirley S. Wang, "The Decline in Male Fertility," *Wall Street Journal,* July 15, 2013, https://www.wsj.com/articles/SB10001424127887323394504578607641775723354.

4. University of Guelph. "Parents, Especially Fathers, Play Key Role in Young Adults' Health." *ScienceDaily,* June 24, 2016, http://www.sciencedaily.com/releases/2016/06/160624140429.htm.

5. Stanton C. Honig, "Modifiable Lifestyle Issues and Male Reproductive Health," in "Advancing Men's Reproductive Health in the United States" (summary of scientific research, CDC, National Center for Chronic Diesease Prevention, September 13, 2010), 20 - 22, http://www.cdc.gov/reproductivehealth/ProductsPubs/PDFs/Male-Reproductive-Health.pdf.

6. Honig, S., MD, "Modifiable Lifestyle Issues," 20 - 22.

7. Agarwal A, et al., "Are men talking their reproductive health away?", *Asian Journal of Androl-ogy,* 2015 May-Jun; 17(3): 433-434.

8. Leonard Sax, *Boys Adrift,* rev. ed. (New York: Basic Books, 2016), 132; citing Guillette Jr. etal, "Reduction in Penis Size and Plasma Testosterone Concentrations in Juvenile Alligators Living in a Contaminated Environment," *General and Comparative Endocrinology* 101, no. 1 (1996): 32 - 42.

9. Sax, *Boys Adrift,* 130.

10. Sax, *Boys Adrift*, 128.

11. Laura Sessions Stepp, "Cupid's Broken Arrow," *Washington Post*, May 7, 2006.

12. "What Are the Key Statistics About Testicular Cancer?" American Cancer Society, last revised, January 6, 2017, http://www.cancer.org/cancer/testicularcancer/detailedguide/ testicular-cancer-key-statistics.

13. Honig, "Modi able Lifestyle Issues," 20 - 22.

14. Honig, "Modi able Lifestyle Issues," 20 - 22.

15. David P. Barash and Judith Eve Lipton, Gender Gap: *The Biology of Male-Female Differences* (New York: Transaction Publishers, 2001).

16. L. D. Johnston et al., *Monitoring the Future: National Survey Results on Drug Use*, 1975 - 2014 (monograph, 2014 overview, key findings on adolescent drug use, Institute for Social Research, University of Michigan, Ann Arbor), http://www.monitoringthefuture.org/pubs/ monographs/mtf-overview2014.pdf.

17. See Gary Wilson, *Your Brain on Porn: Internet Pornography and the Emerging Science of Addiction*, (Commonwealth Publishing, 2014).

18. Andrew Tilghman, "Spooked by Obesity Trends, the U.S. Military Is Redefining Its Basic Fitness Standards," *Military Times*, August 7, 2016, http://web.archive.org/ web/20160809464002/http://www.militarytimes.com/story/military/careers/2016/08/07/ military-fitness-standards-body-fat/87748588/?from=global&sessionKey=&autologin=.

19. "Overweight and Obesity Rates for Adults by Gender, 2010," Henry J. Kaiser Family Foundation, retrieved April 29, 2014, http://kff.org/other/state-indicator/ adult-overweightobesity-rate-by-gender.

20. C. L. Ogden et al. (2010, December). "Obesity and Socioeconomic Status in Adults: United States, 2005 - 2008" (NHCS Data Brief, no. 50, HHS, CDC, National Center for Health Sta- tistics, December 2010), 1, http://www.cdc.gov/nchs/data/databriefs/db50.pdf.

21. Sonia Caprio et al., "Metabolic Impact of Obesity in Childhood," *Endocrinology and Metabolism* Clinics *of North America* 28, no. 4, (December 1999): 731 - 747, doi:10.1016/ S0889-8529(05)70019-2.

26. 从受伤者伤害他人到治愈者治愈他人

1. Diane Swanbrow, "Empathy: College Students Don't Have as Much as They Used To," *Michigan News*, May 27, 2010, http://ns.umich.edu/new/releases/7724-empathy-college-students-don't-have-as-much-as-they-used-to. The article presents Sara Konrath's meta-analysis of seventy-two studies of college students.

2. Jessica Alexander and Iben Sandahl, The Danish Way of Parenting: *What the Happiest People in the World* Know *About Raising Confident, Capable Kids* (New York: TarcherPerigee, 2016).

3. Interview with Christine Greenberg, Social Media Dir., Unified Caring, August 30, 2017. Essays at Uni edcaring.org

4. "Warren Farrell's Couples' Communication Video-from-Workshop," YouTube video, 2:49, drwarrenfarrell, June 5, 2017, https://www.youtube.com/watch?v=SHtXyzKk6bQ.

5. Hilda L. Solis and Keith Hall, *Women in the Labor Force: A Databook* (report 1034, Bureau of Labor Statistics, US Department of Labor, December 2011), p. 78, table 25, "Wives Who Earn More than Their Husbands, 1987 - 2009." The study controlled for age, education, income, and hours worked; cited in Honor Whiteman, "Money on the Mind: Breadwinning Men Have Worse Mental, Physical Health," *Medical News Today, August* 19, 2016, http://www.medicalnewstoday.com/articles/312425.php.

6. Solis and Hall, *Women in the Labor Force*, p. 78, table 25.

7. Warren Farrell, *Why Men Earn More—and What Women Can Do About It* (New York:AMACOM, 2005).

8. Centers for Disease Control and Prevention and SHAPE America—Society of Health and Physical Educators. Strategies for Recess in Schools (Atlanta, GA: CDC, HHS, 2017), www. cdc.gov/healthyschools.

注意缺陷多动障碍的药物及非药物治疗方法

27. 新的神经危机

我们在之前的章节中已经对加剧男孩危机的很多原因进行了探讨，例如目标缺失、父亲缺失，以及对英雄智商的重视超过了健康智商这种过时的思维，这些原因不仅对儿童的思维方式和行为方式产生了影响，而且还造成了儿童的大脑发生了一种生物变化。这种变化导致了一场新的神经危机的产生，这场神经危机不仅阻碍了儿童大脑的正常发育，还导致他们在战胜这些新挑战的过程中无法得到家长充分的支持。

在应对现代生活方式带来的压力时，孩子们需要我们在情感上给予他们支持，如果这种需求得不到满足，他们的大脑就会立即发生变化，正常发育受到阻碍。即使孩子能够得到家长的情感支持，现代社会里常见的很多生活方式因素还是会对他们的大脑功能和发育起到抑制作用。

这些现代生活方式因素包括空气和水体污染、大量使用杀虫剂和杀真菌剂的农业生产方式、精加工的食物、营养不良、抗生素、非处方药和处方药，以及电视、网络和电子游戏的过度刺激。这些新产生的社会因素都和这场新出现的男孩危机有着直接的关联。我们将通过下文了解到，面对生活方式中这些常见的变化，男孩比女孩更容易受到伤害。

你知道吗？在美国每 10 个男孩中就有一个人被诊断出患有注意缺陷多动障碍，即多动症。同样，确诊的男孩人数是女孩的 2 倍。[1]

你知道吗？美国每年每 9 个学生中就有一个人会产生强烈的自杀念头。[2]仅仅 30 年的时间，美国的精神病患者人数就增长了 34 倍。正如之前指出的那样，在青少年人群中，男性的自杀率是女性的 4 倍。[3]

你知道吗？在美国每6个孩子中就有一个人存在某种发育障碍。[4] 平均而言，存在学习障碍的男孩人数是女孩的2倍。[5]

此外，在完成学业方面，男孩的表现远远落后于女孩。完成高中学业的女孩多于男孩;[6] 完成大学学业的女性人数是男性的2倍。[7]

在儿童中，自闭症和发育障碍的发病率都出现了显著的增长。在1980年，被诊断为患有自闭症的儿童只有1万人;[8] 到了2016年，每68个儿童中就有一个人被诊断为患有自闭症谱系障碍，而且每42个美国男孩中就有一个人存在这种问题。[9] 男孩患有自闭症的概率几乎是女孩的5倍。[10]这种新的神经危机的影响波及每一个人的大脑健康，但是今天的男孩所面临的危险是最严重的。

这种新型神经危机在男孩中间最常见的问题就是多动症的发病率持续增高。[11]多动症不仅是最常见的一种症状，而且还是受到研究最多的一种症状，因此我们接下来主要探讨的就是多动症的各种表现形式、成因，最重要的是，切实可行的非药物治疗方法。

对多动症的新解释

"多动症"这个名称的涵义非常含糊，其全称"注意缺陷多动障碍"中的"障碍"一词其实具有一定的误导性，让很多家长和成年人都无法识别出孩子的病情，或者不能正确地理解这种疾病。对于这种疾病的常见症状，医疗行业的认识往往也千差万别，甚至相互矛盾，正如我将在下文中阐述的那样，迄今为止很多症状都缺少明确的描述。一些患有多动症的孩子表现为注意力不集中、做事没有条理，另一些孩子的表现是坐立不安、很冲动，还有一些孩子兼有这两种表现。

然而，大多数多动症患者其实根本不存在缺乏注意力的问题。相反，他们只是没有能力将注意力正确地分配在不同的事情上。有一些患有多动症的孩子注意力不够集中，或者说"精神恍惚"，他们在课堂上难以集中注意力专心听讲，他们总是深陷在白日梦里。还有一些患有多动症的孩子极度活跃、很冲动，或者说坐立不安，他们也同样无法专心听讲。但是，导致后一类孩子无法专心听讲的原因和前一类孩子是不一样的，他们只是对老师讲述的内容没有太大的兴趣。这一类孩子更愿意待在别处，他们在课堂上坐立不安，但是面对电视机或者电子游戏的时候他们就一动不动了。

玛莎·布里奇·邓克拉是一名临床医生，并且在肯尼迪·克里格研究中心和约翰·霍普金斯大学任职，她就说过在自己供职的多动症诊所里经常会见到十分困惑的家长。这些家长带着孩子去看病，"我得不停地向他们解释注意缺陷多动障碍并不是像预算不足或者甲状腺功能减退症那样的缺陷，不是缺乏某种东西。这种疾病是对注意力的控制能力出现了问题。"达纳基金会的一份简报概括地指出：

"邓克拉说问题在于'孩子把注意力用在了什么地方？是否用来满足家庭、学校和社会的需要？'[12] 正确分配注意力、保证学业的成功需要一定程度的自控力，也可以说是意志力，帮助自己抛开自己更感兴趣的事情，专注于有可能不太有趣或者不可能立即得到回报的事情。"

多动症患者有着足够的注意力。所以他们在玩电子游戏的时候一玩就是几个钟头，或者忘我地埋头于"乐高"的世界里，或者无休止地沉浸在能够带来生物刺激的事情上，例如吃垃圾食品、吸毒、进行冒险活动、看电视、使用平板电脑、在网上观看色情制品。他们可以非常专注，但是他们很难将注意力转移到不太令人兴奋的事情上。

一开始，他们只是无法将注意力集中在不太令人兴奋的普通事情上，渐渐地这种缺陷就促使他们将注意力更加集中在更具有刺激性的事情上。例如，相比于打扫房间或者做家庭作业，电子游戏能够产生更强烈的生物刺激，这种生物刺激带给人的强烈的愉悦感很容易就会促使患有多动症的孩子忘掉打扫房间或者做家庭作业。当他们的大脑适应了这种更强烈的刺激后，他们就越来越背离自己与生俱来的内在动机了，即配合家长和老师的工作、取悦他们。实际上，患有多动症的儿童有可能会对打电子游戏表现得更积极，对获得家长的认可不太积极。

一个原因

在过去的 30 年里，我们的生活方式在很多方面都发生了变化，这些变化都对这场新的神经危机的出现起到了推动作用，但是归根到底造成这场神经危机的主要原因其实是一个问题。如果我们能够理解并且解决这个根本原因，多动症和这场新的神经危机的很多其他症状，例如，焦虑、抑郁、学习障碍、对立行为以及成瘾行为，也就都可以得到解决了。[13]

简单说来造成这场神经危机的根本原因就是大脑的多巴胺功能受到了抑制。[14]**多巴胺是大脑分泌出的奖赏物质，能给我们带来愉悦感，帮助我们提高积极性，增强注意力和兴趣**。[15、16、17]有些孩子之所以对电子游戏比扫扫房间更积极，就是因为电子游戏就像成瘾性药物一样能够刺激他们的大脑分泌出更多的多巴胺。

对于很多研究专家来说，导致我们在精神健康方面出现严重退步的原因还是一个未解之谜。但是，与此同时科学界经过同行评议的各种研究都显示出多巴胺功能受到抑制和精神健康的缺乏之间存在着一定的关联。[18]

通过同许多家长和孩子合作的亲身经历，我发现改善大脑的多巴胺功能能够消除这种新型神经危机的很多症状，有些家长和孩子甚至在短短几天之内就能够产生积极的效果。

然而，能够产生积极改变的孩子基本上都是在治疗的过程中得到了必要的情感和行为方面的支持。孩子需要充满爱的关注，以及针对正常大脑发育的教育，但是，如果他们过多地摄入各种有毒物质、营养不良、接受过度刺激的话，在教育方面的这种支持是不足以帮助他们产生积极改变的。[19]帮助患有多动症的男孩康复的关键就在于知道如何才能让他们的大脑恢复正常的多巴胺功能。[20]

多巴胺功能抑制症

多巴胺功能和大脑健康之间存在着错综复杂的联系，因为它是控制我们注意力、兴趣、积极性和愉悦感的化学物质。当大脑里的多巴胺功能受到抑制，正常健康的生活状态所具备的大脑能力就会减弱，例如注意力不集中、兴趣和积极性减弱、难以产生愉悦感。当多巴胺功能减弱时，为了产生良好的感觉，我们就会依赖于能够提高多巴胺分泌水平的强效刺激因素。[21] 一旦缺少了十分刺激的活动，男孩就会感到无聊、坐立不安，比较冲动，注意力不集中，或者感到苦恼。

为了更清楚简单地阐明这些症状，我将其称为"多巴胺功能抑制症"，而不是"注意缺陷多动障碍"。正如我们在前文中了解到的那样，对这种疾病的标准描述"注意力缺陷"令人十分困惑，患有多动症的男孩在课堂上不专心被归因为无法长时间保持注意力，但是在打电子游戏的时候他们却能够高度集中注意力。"多巴胺功能抑制症"这个名称的内涵比较宽泛，这种新型神经危机的所有症状几乎都被涵盖了。

面对比较平静、放松、能给人带来满足感的日常活动，例如阅读、学习、游戏、交谈、恋爱、健康饮食、锻炼、社交生活和工作，患有多巴胺功能抑制症的人很容易就会感到无聊、空虚、不满足或者厌烦。这时，他们的大脑就需要得到超常的刺激才能产生正常水平的愉悦感、兴趣和积极性。

能够刺激大脑提高多巴胺分泌水平的都是一些比较激烈的活动，下面这些就是能够对儿童和成年人产生作用的一些常见的强效多巴胺刺激因素：[22]

- 速度和开快车。[23]
- 即时满足。[24]
- 吵闹的音乐。[25]
- 有风险的事情和危险。[26]
- 快餐和暴饮暴食。[27、28]
- 压力和创伤。[29]
- 挑战、成就。[30]
- 新的感情伴侣。[31]
- 不同的新活动或者经历。[32]
- 更多的钱。[33]
- 新的数码形式的刺激。[34]
- 耸人听闻的消息和令人激动的经历。[35]
- 电子游戏、电影和电视节目。[36]
- 成功或者取胜。[37]

- 鲜艳的颜色。[38]
- 性和高潮。[39]
- 网络色情和一夜情。[40]
- 突发事件。[41]
- 拖延。[42]
- 打架和射击。[43]
- 糖和甜食。[44]
- 咖啡和咖啡因。[45]
- 高强度的体育锻炼。[46]
- 剧痛或者强烈的快感。[47]
- 夸张强烈的情绪，无论是积极的还是消极的。[48]
- 损失和悲痛。[49]
- 担忧和压力。[50]
- 酒精、安非他明、海洛因和其他成瘾性药物。[51]

刺激大脑大量分泌多巴胺的强效刺激因素（无论是积极的还是消极的）都会给大脑带来压力，逐渐杀死脑细胞。[52]只要我们给大脑提供足够的支持和充分的休息机会，它就能恢复正常，因此偶尔接受一次强烈的刺激并不会给我们的大脑造成损伤。

在受到强烈的刺激、释放出大量多巴胺后，大脑需要恢复平衡。在这个过程中，大脑不仅需要降低刺激强度、减少多巴胺的分泌，从而放松下来，还需要通过健康饮食吸收更多的营养、获得充足安稳的睡眠，通过爱情生活和社会关系的支持缓解压力。如果在受到强烈刺激后得不到这些方面的支持，大脑不但无法恢复平衡，而且往往会渴望得到更多的刺激、释放更多的多巴胺，结果就会进一步失去平衡。[53]

导致出现多动症症状的儿童人数增加的因素中还包括当代社会增强了对阅读、写作和数学各科考试成绩的重视。对当代教育的重视增强了对多巴胺的刺激。而且，学校还放弃了以往对绘画、音乐、戏剧、舞蹈、唱歌、体育游戏和锻炼这些低强度多巴胺刺激因素的重视。**教育系统大大减弱了对艺术活动和体育锻炼的重视，这种做法妨碍了学生的大脑获得多巴胺平衡。**[54]最终，就连数学、写作和阅读这些强效多巴胺刺激因素也都会令大脑感到无聊、疲倦或者单调乏味。

学校逐步减少了不同形式的艺术活动和体育锻炼的机会，与此同时，多巴胺功能抑制症的各种症状（当然还有多动症的各种症状）一直在不断地增加着。[55]当代学校课程的失衡，再加上学校里垃圾食品和高糖饮料供应的增加，是多巴胺功能抑制症的主要发病原因。（**垃圾食品和不含酒精的饮料都属于强效多巴胺刺激物，食用这些东西的效果就类似于服用兴奋剂**。[56]）

越是接触多巴胺的高水平刺激因素，大脑就越是依赖于这些因素，就像对海洛因成瘾的人会逐渐依赖海洛因帮助保持正常的感觉一样。[57]当开始依靠更强烈的刺激因素保持活力和积极性的时候，大脑的多巴胺功能就越来越失去平衡了。

当代人的生活方式在很多方面都会对正常的大脑功能产生抑制作用，例如环境的毒性、脑震荡、抗生素、营养不良，但是，需要再强调一遍的是：长时间接触强效多巴胺刺激因素会导致大脑出现多巴胺功能抑制症（在 29 章里，我们将对导致多巴胺功能抑制症的其他因素进行详尽的探讨）。**简而言之，过多的强烈刺激会抑制大脑的正常功能。**

为了充分理解这一点，我们不妨来了解一下一种比较极端的现象。当我们的儿子在经历了几个月的战斗生活、回到家里的时候，我们就会观察到这种现象。

在艰巨、高压和危险的战斗环境中生活和工作了几个月之后，士兵的大脑会发生显著的变化。前文中的列表提到，有风险的事情和危险是刺激大脑分泌多巴胺的一种强效因素。[58] 即使离开家的时候他们的大脑完全正常，回到家的时候他们的大脑也有可能会出现多巴胺功能抑制症。一旦出现了这种情况，如果在家里接触不到强效的多巴胺刺激因素，他们就会感到无聊、没有活力和积极性。

他们通常都渴望获得某种强烈刺激，促使大脑分泌更多的多巴胺，让自己重新获得活力和积极性，例如，高速驾驶摩托车或者采取其他冒险行为，过量饮用咖啡、能量饮料或者酒类，服用毒品，过度锻炼，放荡的性生活，激烈的酒吧斗殴和家庭暴力。最终，很多人都会陷入抑郁，出现成瘾行为、离婚或者自杀。

很多重返家园的士兵悲惨而极端的遭遇显示出如果不断受到强效多巴胺刺激因素的刺激，却没有低强度的多巴胺刺激因素帮助保持平衡的话，我们的大脑会变得多么脆弱。大脑的健康、正常的运转和功能都取决于这两种刺激因素是否能够保持平衡。

多动症、儿童和大脑的运转

面对这场新型的神经危机，儿童尤其容易受到伤害，因为他们的大脑尚未发育完全。在 25 岁之前，我们的大脑会不断经历重要的发育阶段。[59]

在谈到多动症、儿童和大脑的运转这些问题时，我首先被问及的问题往往是：你认为多动症被过度诊断了吗？

对于这个问题，我不会做出非黑即白的回答。为什么？因为很多人其实是想问：我们应当让孩子服用这些药物吗？对于这个问题，我会干脆利索地告诉对方"不应当"。今天，包括医生和美国疾控中心的研究人员在内的大部分专家都认为**医生开出的多动症药物已经泛滥到了危险的程度**。[60]

利他林（哌甲酯，一种中枢兴奋药）这类有助于提高大脑效能的药物会在短期内产生积极的作用，但是从长期看，它实际上是在伤害大脑。[61] 这些药物其实是在增加造成多动症症状的问题。[62] 哈佛大学的研究专家威廉·卡尔逊等人发现在患者服用了刺激性药物后，患者大脑的多巴胺系统会出现长期无法复原的分子水平的改变。多巴胺功能受到的这种损害会令人产生无聊感，给人带来大量精神和情绪方面的问题，令人对自己的生活总体上感到不满。[63、64、65]

治疗多动症的药物和其他刺激因素不仅会加剧多巴胺功能抑制症，如果一个人持续服用药物或者接受刺激的话，药物和刺激因素的效力就会越来越微弱。[66] 布鲁克海文国家实验室的研究人员在发表的一项研究中指出**在服用刺激性药物治疗多动症仅 1 年后，大脑 24% 的多巴胺功能就受到了抑制**。[67] 这种变化就解释了为什么医生经常需要加大患者的药物剂量。

这些药物也会让导致多动症的各种问题继续恶化下去，而且绝大部分患者其实根本没有使用这些药物的必要，即使有些人的病情暂时有所减轻。[68] 我们将在第 30 章里介绍很多不依靠药物的疗法，这些方法都得到了经过同行评议的科学研究的支持，它们能够治愈大脑，帮助大脑恢复正常功能，同时又不会产生任何副作用，至少也能减少儿童对处方药物的需求。

有时候，当我听到"多动症被过度诊断了吗"这个问题时，很多提问的人其实是在问"你认为这真的是一种病吗？"

对于这种疑问，我会做出掷地有声的回答——是的！**医生们的确开出了过量的多动症药物，但是多巴胺功能抑制症的深层疾病是真实存在的**。研究人员发现患有多动症的儿童的大脑的确和没有多动症的儿童的大脑存在着差异。这是一种真实存在的疾病。而且，这种疾病很普遍。

在即时满足唾手可得、信息过载、节奏过快的数字时代，我们所有人都或多或少遭遇了跟多巴胺功能抑制症有关的神经危机。在一些儿童的身上，神经危机导致了多动症的出现，有一些孩子因此遇到了学习障碍，一些成年人则因此失去了对爱情的激情、精力不足、陷入抑郁。

几乎所有人的大脑运转都或多或少地受到了多巴胺功能抑制症的影响。在取得成功、发挥创造力的能力甚至是爱的能力方面，并非所有人都会受到妨碍，但是我们感知幸福、获得健康、获得满足感的能力都会受到影响。

多巴胺功能抑制症能给一些儿童带来学习上的困难，也能促使一些儿童过度专注于成就感。在当今社会，很多取得大成就的人也患有多巴胺功能抑制症，甚至会对强效多巴胺刺激因素产生依赖性，因此有可能会承受更大的压力，面对更多的感情问题，更容易陷入抑郁、焦虑，更容易出现成瘾行为。拿起任何一本杂志，你都会读到无数有关全世界最成功、最聪明、最有影响力的人遭遇家庭破裂、暴力和药物成瘾等问题的报道。

多巴胺功能抑制症增强了无聊、不满的感觉，在这些消极情绪的影响下，患者会出现形形色色的症状，从各种成瘾行为——咖啡因、酒精、电子游戏、垃圾食品、拖延问题、无法维持长久的亲密关系。[69] **有些患有多巴胺功能抑制症的孩子在长大成人后会变成酒鬼，有些孩子能够在经济上取得成功，但是他们会对色情制品上瘾，在爱情生活中无法维持激情**。一旦产生积极性或者获得满足感的能力受到削弱，一个人就有可能遭遇到无数问题。

多巴胺功能低下会对儿童产生影响，同样也会为成年人的感情生活、工作和婚姻带来各种挑战。从这个意义上而言，多动症——多巴胺功能低下的多种症状中的一种，实际上尚未得到充分的诊断。

那么，多动症被过度诊断了吗？我的回答是：**多动症受到了过度的药物治疗，但是没有得到充分的诊断**。

大多数家长和医生都不知道让儿童服用治疗多动症和其他精神疾病的药物都会对儿童产生长时间无法消除的副作用。更令人失望的是，大多数医生都对不会产生副作用的自然疗法一无所知。其实，大多数孩子都没有必要服用治疗药物，毕竟我们已经知道这些药物会产生副作用，而科学研究又不断证明自然疗法同样有效。

一个成因，多种症状

已经有越来越多的研究表明我们在儿童和成年人身上发现的每一种精神问题和情绪问题都和多巴胺功能的减弱有着密不可分的关系。[70] 同样是大脑出现了多巴胺功能抑制症的儿童，有些人患上了多动症，有些人患上了焦虑失调症，有些人出现了学习障碍、感觉障碍、心境障碍和自尊障碍。[71、72、73]

正如前文所述，多巴胺是大脑分泌的一种负责激发注意力、兴趣、积极性和愉悦感的化学物质。多巴胺功能低下会降低注意力，抑制兴趣、积极性或者愉悦感的产生，并且表现为各种各样的症状。总体而言，多巴胺功能低下表现为个体依赖于过度刺激以提高多巴胺的分泌水平，例如，小孩子不会任由自己因为缺乏兴趣而深陷在无聊的感觉中，他们会寻求电子游戏、电视节目、高碳水化合物零食的过度刺激获得愉悦感，激发兴趣和积极性。

一旦小孩子需要依靠强度更大的刺激因素获得良好的感觉，他们往往就更容易对父母的希望置若罔闻，出现不良的行为，因为取悦父母这种事情只能刺激大脑分泌正常水平的多巴胺，这种强度的刺激因素已经不足以驱使他们配合父母的要求了。**为了刺激他们"听话"，家长往往就会用冰淇淋诱惑他们，或者用惩罚威胁他们**。对甜点的期待和对惩罚的畏惧暂时会刺激他们的大脑分泌出更多的多巴胺，从而驱使他们配合父母的要求。[74、75]

多巴胺功能抑制症不仅会阻碍大脑的正常发育，还会削弱家长对孩子的引导和教育。如果孩子容易接触到强效多巴胺刺激因素，他们就不太需要依靠家长的刺激。反之，他们的大脑就会习惯于追求更强烈的多巴胺体验，例如甜点或者电子游戏的刺激，甚至是通过夸张的情绪流露、打架和叛逆引起家长消极的注意。

一旦多巴胺功能恢复正常，孩子自然就会比较配合家长的要求，家长也无须再用诱惑因素——如用甜品做奖励或者用惩罚进行威胁刺激孩子了——因取悦父母而产生的满足感就足以刺激他们的大脑分泌出足够的多巴胺。这样一来，孩子就会跟父母更加亲近，自然就变得更加自信，对生活中的方方面面也更加有责任心。

28. 多动症的四张脸

我们已经认识到我们最好将多动症理解为多巴胺功能抑制症的一种症状，这种症状表现为注意力过度集中于能够刺激大脑提高多巴胺分泌水平的活动，例如通过比较轻松的方式获得即时满足。事实上，**如果给常见的性格特征加上"过度"这个词，结果大多都是被诊断为多动症的症状**：过度活跃、注意力过度集中、过度冲动、控制欲过强、过度敏感、过度不专心、过度内向、过度外向、过度爱好社交、过度孤僻、过度依赖人、过度消极，或者过度魂不守舍、根本无法集中注意力。

如果患上多动症，生性内向的孩子会变得过度内向，因此会极度恐惧社交互动；生性外向的孩子会变得过度强势，因此有可能不太顾及他人的感受和需求。

儿童之间还存在着另一个常见的差异：有些孩子比较调皮，有些孩子比较严肃。如果患上多动症，生性调皮的孩子会变得过度调皮、过于缺乏计划性，做任何事情都虎头蛇尾、毫无条理；生性严肃的孩子会变得过度有责任心、过于严肃，但是往往会抗拒改变、对他人过于武断。

多动症或者多巴胺功能抑制症在每个孩子身上的具体表现是不一样的，

但是**形形色色的"过度"性格大致可以被划分为多动症的四张脸，即四种表现形式：富有创造力，富有责任感，大胆，敏感。**

- 富有创造力、喜欢新事物的孩子会**过度专注**于新的、刺激的事物，容易分心，无法专注于日常工作。

- 富有责任感、喜欢秩序和遵守规则的孩子会产生**过度的控制欲，**因此有可能会变得比较叛逆、目中无人，或者拒绝改变。

- 大胆、天生比较自信或者说行动支配大脑的孩子会变得**过度活跃或者过度冲动**。即使心怀好意，他们也很容易变得比较粗心大意，不太为他人着想。在做事或者说话的时候，他们往往不会顾及他人。

- 敏感、对自己的情感需求十分了解的孩子会变得**过度脆弱或者过度情绪化**。他们和大胆的孩子不同，他们有可能会过于在乎他人的需求、感受和愿望。因此，一旦别人无视他们的需求、感受和愿望，他们就很容易受到伤害。

多巴胺功能低下的基本症状

理解了多巴胺的功能，我们就能够更深入地理解多巴胺功能低下这种病症是如何通过五花八门的方式对不同的个体产生作用的。在前一章里我们了解到，多巴胺有四种功能：**提高注意力、积极性，激发兴趣，增强愉悦感。**

多巴胺功能低下的各种症状都是由于这四种功能中的任何一种过于低下所造成的。

下面描述的就是一旦这四种功能中的任何一种过于低下，儿童会出现什么问题，以及多巴胺功能恢复正常后又会出现什么样的情况。

- 汤米在做英文家庭作业的时候**注意力**不集中、没有**积极性**。"我一直觉得自己一辈子都不喜欢读书。一拿起书，我就打瞌睡。现在，我喜欢上读书了，经常读书。**一拿起书，我再也不会突然就感到厌倦或者无聊了。**"

- 布莱斯对学习没有**兴趣**。"无论读什么，我都理解不了。怎么也记不住那些知识。我一直以为是因为我太笨了。**现在，我喜欢上了学习，很多知识都理解了。我其实挺聪明的。**"

- 威利缺乏**注意力**。他无法让生活保持秩序，这个问题经常令他感到痛苦。"以前，我一直很焦虑，因为我不知道自己又把东西放到哪里去了。我总是丢三落四的，丢了东西之后我还跟自己说以后会好起来了。现在，我很有条理了。**我把东西放在该放的地方，这样我就能记住它们都在哪里。**"

- 凯西缺乏**愉悦感**。他常常会陷入抑郁。"以前，我会觉得一切都不如从前了，总是把现在的生活跟过去的做比较。现在，我觉得我的生活刺激、有趣，好日子还在后面呢。"

- 詹森缺乏**积极性**。他失去了活下去的理由。"以前，我觉得我的生活很无聊，我太胖了。小孩子都会拿我取笑。我吃太多甜食，看太多电视。我从来不出去。**现在，我开始冒险了，开始做新的事情了。我加入了合唱团，甚至开始滑雪了，滑雪真是太好玩了**。我开始对一个新的自我有了了解。"

- 斯蒂夫缺乏**注意力**。他总是忘记事情。"以前，我什么工作都完成不了。有时候，走进一个房间，我甚至都想不起来自己要去那里做什么。我很容易分心，总是放下手头的事情，去做别的事情。我经常无法把一件事情做完。**现在，一旦开始，我就会坚持到底，我也不会忘记自己的计划。我为自己的成果感到骄傲**。我能够把注意力集中在一件事情上了。我感到一切都变得清晰了，比较有秩序了。"

- 杰克缺乏**愉悦感**。他难以放松下来，享受生活。"以前，我一直忧心忡忡、难以入眠。我害怕改变。所有的事情都令我感到担心——你能想到的任何事情。现在，我能够顺其自然了，出现问题的时候，我相信自己有能力应付。**我爱上了睡觉。我对自己在生活中得到的支持心存感激，而不是一直为之感到担忧。**"

- 乔治缺乏**注意力和积极性**。他难以完成工作。"以前，每次做一件事情的时候，还没等做完，就有别的事情分散了我的注意力。我就没有积极性继续完成手头的事情了。**现在，每天到了最后我都要回顾一遍工作计划，看一看自己是否完成了各项任务。**"

简而言之，多巴胺功能低下的这四个方面会渗透进孩子独一无二的性格中，导致他们出现各种各样的症状。

在探讨多动症或者多巴胺功能低下的四个方面时，一定要记住你的儿子或许倾向于某个方面。任何一个孩子都不会跟某一个方面的问题完全贴合，所有人的情况都是不一样的。但是，当我们失去平衡的时候，以下面描述的这四个方面为框架进行判断，我们就有可能意识到自己在哪个方面出现了问题；在他人失去平衡的时候，我们也有可能会对他们产生更多的同情。

四张脸

我们可以用无数种方式对个体之间存在的天生的、健康的差异进行描述或者归类，但是在探讨多巴胺功能低下对人体产生的作用时，最有效的方式就是集中于四个比较宽泛的性格分类：创造型性格、责任型性格、大胆型性格、敏感型性格。

每一位家长或者教师都知道有的孩子比较大胆，有的则比较敏感，还有的孩子可能兼具多种性格。大多数孩子都有一个主要性格和一两个次要性格。此外，在发育的过程中孩子有时会显露出这副面孔，有时又会变成另一副面孔，或者在不同的环境下显露出不同的面孔。例如，一个孩子在私密的环境下有可能非常腼腆，但是在向陌生人兜售柠檬汁的时候有可能又会非常大胆。

在每一种性格中，有的人又比较善于分析，有的人比较多愁善感，有的人喜欢运动，有的人的直觉比较敏锐。此外，由于天生的性别差异，各种类型的性格在男性和女性身上也有着不同的表现形式，这些差异又会受到社会规范和具体情况的制约。

每一个孩子都具有某种主导性格，但是不同的环境或者具体情况会诱发或者说激活他们的次要性格。例如**富有创造力**的孩子，如果感到自己得到了外界的支持，他们性格就会向次要性格倾斜，变得比较**富有责任感**了；如果环境发生了变化，他们感到外界需要他们，他们又会变得比较**大胆**了；在面对挑战、需要解决问题的时候，他们又有可能会变得比较敏感。通过这样的方式，比较富有创造力的孩子经过一段时间就能逐渐培养起这四种性格，并且将其整合起来。

多动症或多巴胺功能低下决定不了这四种性格在儿童身上所占的比重，但是能够极大地改变其外在的表现。 如果能够更深入地了解多动症如何影响我们展现出来的天性，我们在面对孩子、其他家庭成员以及我们自己的时候就能够更耐心、更宽容，能够给予更多的支持。

1）创造型性格

富有创造力的孩子比其他类型的孩子更需要得到鼓励、耐心和接纳。得到了这样的精神支持，他们最终会变得比较**富有责任感**，做事情能够善始善终。在感到外界需要他们的时候，他们会变得比较**大胆**、善于表达自己。在面对挑战、需要解决问题的时候，他们会变得比较**敏感**或者说比较脆弱，会向他人求助，寻求和他人合作完成工作。

为了得到自己所需要的支持，这一类型的孩子需要更多的刺激、变化和探索各种兴趣的机会。 他们会成为好学生、优秀的研究人员，或者解决问题的高手。他们会主动寻求幸福。

但是，如果出现多巴胺功能低下的问题，创造型性格的孩子就会变得过度专注于自己的目标，过多地寻求新的刺激。这些生性开心快活的孩子比其他性格的孩子更容易分心、更容易失去条理。他们难以完成既定的任务，比较容易对工作感到厌烦。

面对完成任务的责任，他们不会产生更强烈的责任心，而是会变得健忘、杂乱无章、没有条理。 在感到外界需要他们的时候，他们不会变得更加大胆，不会对效劳他人的事情产生更大的积极性，而是会变得低效、过度警觉、拒绝接受任务。他们往往会等到最后一分钟才动手。想一想多年都没能完成作品的作家，或者不愿出售作品的画家。

在面对挑战、需要解决问题的时候，这种性格的孩子不会向他人求助，或寻求和他人合作完成工作，而是不自觉地完全无视他人的需求和愿望。你可以跟他们谈话，但是你说的话他们一个字都听不进去，因为他们非常专注于需要解决的问题。想一想心不在焉、健忘的教授。

2）责任型性格

富有责任感的孩子比其他类型的孩子更需要常规程序、规则和规律。知道预期的情况、得到外界的积极评价，例如他们表现良好、可爱、关心他人，那么他们就会获得安全感。得到了这样的精神支持，他们最终就会变得更加**大胆**，愿意接受更多的冒险。在感到外界需要他们的时候，他们会变得比较有同情心、比较**敏感**。在面对挑战、需要解决问题的时候，他们会变得比较灵活、**富有创造力**。

为了得到自己所需要的支持，这一类型的孩子需要更多的安全感、稳定感，更需要保持规律的生活作息，例如按时吃饭和睡觉。 他们会成为优秀的法官、组织者或者管理者。他们喜欢秩序，例如"法庭秩序"。他们希望做正确的事情。

但是，如果出现多巴胺功能低下的问题，责任型性格的孩子就会产生过强的控制欲、强迫性的性格。这些做事井井有条的孩子比其他性格的孩子更容易过度控制和评判他人。他们有可能会抗拒改变，难以完成任务。

在必须制定决策或者冒险的时候，他们不会变得更加自信或者大胆，而是会变得过于谨慎，抗拒改变。

在感到外界需要他们的时候，他们不会对他人的需求更加敏感，反而会对他人冷若冰霜，对一些事情固执己见，无论是自己对规则的理解，还是自己认为的正确或者公平的做法。想一想法官朱迪①在受到压力的时候做出的反应。

在面对挑战、需要解决问题的时候，这种性格的孩子不会被激发出更强大的创造力，而是会表现得缺少创意和想象力，固守现状。

3）大胆型性格

生性**大胆**的孩子比其他类型的孩子更需要感到自己发挥了重要的作用。如果他们的成就能够得到更多的赞扬、欣赏和承认，他们最终会变得比较富有同情心、比较体谅他人。在感到外界需要他们的时候，他们会变得比较灵活、**富有创造力**。在面对挑战、需要解决问题的时候，他们会变得比较可靠、

---

① 法官朱迪·沙因德林是美国的一位律师，前法官，电视制片人和自由作家。自 1996 年 9 月起，她的民事法庭被搬上电视。《法官朱迪》节目处理的民事诉讼均是真实案例，电视法庭所作出的裁决与常规法庭同样有效，在节目播出前必须征得诉讼双方的签字同意。

富有责任感。

为了得到自己所需要的支持，这一类型的孩子需要外界对他们所做的事情做出更多的承认和肯定，也需要更多的机会感到自己发挥了重要的作用。 他们会成为优秀的领导人、老板或者是合格的保护者。他们会主动寻求幸福。

但是，如果出现多巴胺功能低下的问题，大胆型性格的孩子就会变得过度自信。这些忙忙碌碌、积极性很高的孩子比其他性格的孩子更容易无视其他孩子的需求和感受、用刻薄的方式对待后者。无论是说话还是做事，他们的速度都有可能太快，毫不顾忌后果。为了避免无聊的感觉，冲动之下他们有可能会寻求刺激。

面对他人和自己不同的愿望、需求和感受，他们不会变得更敏感、无私，或者更有同情心，而是会变得冷漠或者傲慢。

在感到外界需要他们的时候，他们不会变得更加富有创造力、更有解决问题的积极性，而是很容易就会感到厌倦、没有积极性完成任何工作，除非到了"迫不得已"的时候或者是非常紧急的事情。他们比较容易对电子游戏上瘾。

在面对挑战、需要解决问题的时候，这种性格的孩子不太有责任感，也不太考虑什么事情是应该做的，他们会变得焦躁、冲动、不负责任、过于冒险。

4）敏感型性格

生性**敏感**的孩子比其他类型的孩子更需要得到理解、倾听，更需要外界对他们的感受表示认可。得到了这些特别的精神支持，他们最终会变得比较开朗、活泼、**富有创造力**。有时候，他们需要的只是痛痛快快地哭一场，哭完了他们一下子就会变得无忧无虑、开心起来。在感到外界需要他们的时候，他们会变得比较**富有责任感**、比较可靠。在面对挑战、需要解决问题的时候，他们会变得比较自信和**大胆**。

为了得到自己所需要的支持，这一类型的孩子需要外界对他们的感受表示更多的理解和关注。 他们还需要感到自己能够帮助、支持有困难的人，但是他们应当小心，不要过于慷慨。这些孩子会成为很好的养育者、支持者和团队合作者。他们渴望自己成为一个好人。

但是，如果出现多巴胺功能低下的问题，敏感型性格的孩子就会变得过度脆弱。这些关心、体谅他人的孩子比其他性格的孩子更容易陷入困顿、遭遇不幸，更容易出现抑郁、焦虑、过于情绪化的问题。他们有可能会在不知不觉中寻求外界消极的关注。

在和别人交往的过程中，他们不会以轻松、开朗、富有创造力的态度面对付出和回报的问题，而是会将一笔笔账都记在心里。他们有可能会变得喜怒无常、满怀怨恨、激烈或者固执。他们会拒绝接受任何鼓励、支持和有效的建议，"没错。可是……"成了他们的口头禅。

在感到外界需要他们的时候，一开始他们会付出更多，但是接着他们就会更加在意自己没能得到的回报，因此就会减少自己的付出。

在面对挑战、需要解决问题的时候，如果感到有压力，这种性格的孩子就不会变得大胆、自信，而是会变得更加胆小、戒备。他们会专注于自己不想做的事情，而不是自己想做的事情。

找到平衡

创造力、责任感、大胆和敏感这四种性格在每一个孩子的身上都占据着一定的比重，每一个孩子的情况都和别人是不一样的。在成长的过程中碰到的很多挑战和情况都能够帮助他们获得、发展和整合不同的性格。

导致多动症的多巴胺功能抑制症会阻碍这个过程，或多或少地导致大脑功能长期处于失衡的状态，阻碍正常的自我表达和发育过程。如果能够让多巴胺功能恢复正常，孩子们就能够无拘无束地表达自己、正常发育，能够根据生活中出现的不同情况展现出不同的天性。

恢复健康的多巴胺功能有很多方法。但是，在探讨某种解决方案之前，我们首先应当对引起多巴胺功能抑制症的诸多因素有所了解。

29. 多动症的诸多诱因

头疼的时候，如果你不停地用榔头敲打自己的脑袋，那么没有任何方法可以消除你的头疼。同样地，除非你先查明致病的原因，否则针对多巴胺功能低下的自然疗法也不会发挥效力。

因此，对自然疗法或者处方药物进行的研究试验都很少会出现 100% 的治愈率。**无论某种治疗方法多么有效，它都无法彻底解决多巴胺功能低下的问题。在药物治疗的同时，你还必须改变造成这种问题的行为习惯。**

以下是导致多巴胺功能低下的 16 种原因，这些因素都在一定程度上会对健康的多巴胺功能造成干扰。无论对大脑采用什么治疗方法，如果不消除这些因素，我们就无法让多巴胺功能恢复正常。

1）对乙酰氨基酚（非处方止痛及退烧药）

发热抑制剂和泰诺、奈奎尔、羟考酮、维柯丁这些治疗伤风、流感、过敏症以及止痛的药物都含有对乙酰氨基酚，都会对多巴胺功能产生抑制作用。长期服用对乙酰氨基酚会导致大脑无法恢复正常的多巴胺分泌水平。

现在，市面上有 600 多种药物都含对乙酰氨基酚活性成分。全世界销量最大的非处方药泰诺自 1980 年以来才得到广泛使用，也正是在同一时期多动症、双相情感障碍和自闭症的发病率开始增高。一些研究证明如果母亲在怀孕期内服用过含有对乙酰氨基酚成分的发热抑制剂或者止痛药的话，男孩患上多动症或者多巴胺功能抑制症的概率就会增加。[1、2] 由于对乙酰氨基酚会刺激胃黏膜，应在医生指导下慎用此类药，服用期间还要避免酒精饮料。

谷胱甘肽在肝脏中的浓度很高，能够保护大脑不受到剧烈伤害，但是对乙酰氨基酚会抑制谷胱甘肽的自然合成过程。[3] 在被用来退烧或者镇痛的同时，对乙酰氨基酚这种常见药物会对大脑本身具有的自愈能力起到抑制作用。[4、5]

患有多动症、双相情感障碍和自闭症的儿童和成年人，以及患有痴呆症、帕金森氏症和阿尔茨海默病的人都存在谷胱甘肽合成水平低下的问题。[6、7、8] 如果谷胱甘肽浓度偏低，髓鞘质的生长就会受到抑制。髓鞘质是一层脂肪组织，包裹在某些神经元的轴突外，保护大脑不受到过度刺激。如果大脑受到强烈的刺激、分泌多巴胺过多的话，就有可能出现髓鞘脱失的问题，这一状况是判断个体患上神经组织退化性疾病的标志。髓鞘脱失实际上就是脑损伤的同义语。

2）汞、谷氨酸钠（即味精）和锌缺乏症

我们都知道汞是一种神经毒素，会抑制脑细胞的生长、摧毁健康的脑细胞。[9] 在母亲子宫内的时候，如果通过母体接触到汞的话，胎儿正在发育中的大脑尤其容易受到损伤。[10]

在怀孕期内，女性应当格外当心，不要接触到汞，因为胎儿血液中的汞含量比母亲的高了70%。[11] 美国环境保护署在报告中指出：

> 在美国同汞、铅、砷和杀虫剂的接触有可能会对大脑发育产生不良作用，导致认知延迟、注意缺陷多动障碍、智商水平低、焦虑和抑郁症的高发病率、行为和认知障碍、自律能力减弱、注意力持续时间缩短等问题。目前，在新生儿中每年有10%～15%的人存在神经发育障碍，在过去的40年里各种障碍的发病率一直呈现上升趋势。在胎儿时期接触到毒素不仅会增加新生儿出现神经发育障碍的概率，而且还会导致孩子在童年阶段出现其他障碍。[12]

很多研究者，包括我自己都认为在胎儿时期以及（或者）出生后接触到汞有可能是导致多巴胺功能抑制症的主要因素。[13]

有些孩子之所以比其他人更容易受到汞的伤害是由于他们长期摄入谷氨酸钠。谷氨酸钠是许多包装加工食品里的常见成分，这种物质会让大脑更加容易受到汞的伤害。[14] 由于谷氨酸钠这样的"神经兴奋毒素"的存在，大脑里

的汞就能够加速脑细胞的死亡过程。[15]谷胱甘肽和其他抗氧化剂通常都能够中和汞产生的很多不良作用，而谷氨酸钠则会减弱这些抗氧化剂的活性。[16]

美国政府下属的有毒物质与疾病登记署将汞列为地球上毒性最强的第三种物质，仅次于砷和铅。尽管如此，汞还是被不断地倾倒进水道和土壤中，被释放进大气层，通过食品和水被我们直接摄入。

我们可以控制和汞的接触，但是不可能完全清除汞，因为在我们呼吸的空气和饮用的水中都存在着这种物质。**幸运的是，我们有一些天然的解决办法清除体内的汞，将它的伤害减小到最低程度**。我将在下一章里介绍这些自然疗法。

在美国，释放汞的主要源头包括汽车尾气、燃煤电厂、汞合金的牙齿填料、文身、有医疗垃圾焚化炉的医院，甚至是普普通通的流感疫苗。

政府已经逐渐认识到了医疗手术中使用的汞和其他重金属物质的毒性作用。例如，在加利福尼亚州，按照法律的规定牙科医生必须事先告知患者汞合金牙齿填料对健康的危害。[17]

但是，由于受到污染的海洋中的生物积累①，汞在鱼的体内极其常见。小鱼首先摄入了汞，然后大鱼又吃掉了小鱼。每当大鱼吃掉一条小鱼的时候，他们体内的汞含量就会增高。因此，体型最大的鱼体内的有毒物质汞的含量是最高的。

汞还存在于无机食品中，因为无机食品会接触到杀真菌剂。今天，软性饮料和包装零食中最常见的甜味剂就是果糖含量比较高的玉米糖浆，这种物质中也存在着微量的汞。[18]

男孩体内的睾酮水平高于女孩，因此在出生后的最初两年里，男孩比女孩更容易受到汞的毒害，汞会削弱他们对锌的吸收。日常摄入锌对保持新陈代谢过程具有至关重要的作用，而新陈代谢又对清除体内的汞有着不可或缺的作用。[19]缺锌和多动症的产生有着直接关联。[20]

在出生后的最初两年里，男孩体内的睾酮水平和成年男性的一样高。两岁后，睾酮水平会骤然降低，直到进入青春期。在制造睾酮的过程中，身体

---

① 生物积累是指生物通过吸附、吸收和吞食作用，从周围环境中摄入某些元素或难分解的化合物并且这些物质滞留体内的现象。当摄入量超过消除量，污染物在体内的浓度就会高于水体浓度。

就需要用到矿物元素锌。锌还被大脑用来解除汞释放出的毒性。在出生后的最初两年里，大脑里的锌含量不太高，所以男孩比女孩更容易受到汞的伤害，因此也比较容易出现多巴胺功能抑制症的很多症状。

多动症、自闭症和痴呆症都是多巴胺功能抑制症的表现形式，这三种疾病截然不同，但是有着一个共同点：都有可能受到汞之类重金属的诱发。[21]

在一定程度上，**大脑本身就具有滤除汞的功能，除非它的防御机制受到谷氨酸钠之类的添加剂的破坏，或者由于缺锌而受到削弱**。不幸的是，美国食品和药物管理局批准食品工业使用谷氨酸钠。中国许多食品中也含有谷氨酸钠。食品制造商无须在标签上注明谷氨酸钠成分，按照规定他们只需要写上"天然香辛料"或者"水解植物蛋白"就行了。更可悲的是，很多婴儿配方奶粉往往也都含有谷氨酸钠。

3）糖

过多摄入软性饮料、面包、饼干、薯片、冰淇淋、蛋糕、布丁之类的食品会提高血糖水平。**高血糖水平会对大脑造成损伤**，通过伤害大脑的神经元、给整个大脑造成慢性炎症，从而诱发多巴胺功能低下的问题。[22]

如果在怀孕期间女性的血糖水平比较高，胎儿正在发育中的大脑就有可能受到过多的刺激，多巴胺受体部位就会有所减少。多巴胺受体的这种下调和多动症之间存在着关联。[23、24] 今天，我们会提醒怀孕的女性不要饮酒、不要抽烟；未来，我们还将告诫她们不要食用高碳水化合物的垃圾食品。

此外，高血糖水平导致的高胰岛素水平会抑制谷胱甘肽的合成，让胎儿发育中的大脑更加容易受到铅、汞和铝这些有毒金属物质的伤害。[25、26] 怀孕的女性尤其不应当使用含有铅和铝成分的口红以及其他化妆品。

有毒金属物质和各种各样的精神障碍之间都存在着关联。危害大脑的铅和暴力行为、犯罪行为都存在着直接的关联；[27] 大脑中汞含量偏高和多动症、自闭症之间存在着关联；大脑中铝含量偏高和阿尔茨海默病、痴呆症之间存在着关联。[28、29、30]

各种研究都在糖的摄入和多动症的各种症状之间建立了联系。[31] 这些研究都提出糖分有可能会骤然提高多巴胺的分泌水平，经过一段时间后多巴胺受体就会有所减少。多巴胺受体的下调就导致了多动症或者多巴胺功能抑制症。

为了补偿受到抑制的多巴胺功能，患有多动症的儿童会摄取更多的糖分。

注意：并非所有的糖都是一样的。**最有益于人体的糖存在于未经加工的天然蜂蜜和完整的水果中**。要想让多巴胺功能达到最佳状态，你就应该多食用水果沙拉，将其当作正餐或者零食，远离蛋白质和脂肪，这样做有助于帮助大脑恢复正常的功能。此外，不含有农药的绿色水果——苹果、梨、葡萄等的外皮富含最有效、最有助于维持生命的益生菌。

有时候，吃下未经加工的水果后会出现腹痛的现象，这是因为这些水果含有有益于人体的细菌，这些细菌能够杀死有害的细菌。如果出现腹痛，你应当先减少水果的食用量，然后再逐步增加。未成熟的水果（不包括果汁）含有大量的纤维、有益的细菌和抗氧化剂，是让肠道和大脑恢复健康的最佳良药。

4）未发酵的大豆和经过杀菌处理的乳制品

食用未发酵的大豆也有可能会造成多巴胺功能抑制症，大豆蛋白和豆奶之类的食品中都有可能存在未发酵的大豆。豆制品含有高浓度的植酸，这种物质会导致人体无法充分吸收多种营养元素。[32] 此外，对奶制品进行巴氏杀菌处理会提高肠道出现过敏反应的可能，从而抑制肠道消化有益于人体的乳蛋白。[33] 一旦这个消化过程受到抑制，代谢酶和氨基酸的形成就会受到阻碍，而这两种物质都是大脑维持多巴胺的正常分泌和正常功能所必需的。

婴儿配方奶粉大多都含有大豆蛋白或者经过杀菌处理的乳蛋白。大部分快餐汉堡都添加了难消化的豆制品。

需要指出的是：几乎可以同样肯定的是，发酵的大豆和未经加工的乳制品不会阻碍人体对多种营养元素的消化吸收。发酵的大豆包括豆豉、味噌、酱油和日本常见的早餐食品纳豆。没有经过高温过度杀菌处理的未变性乳蛋白也同样对人体非常有益。

5）久坐不动的生活方式

淋巴循环能够帮助大脑清除从空气、水和食物中吸收到的重金属物质、化学物质和有毒物质，但是儿童在学校里一坐就是一整天，回到家后还要继续坐着写家庭作业、看电视或者打电子游戏，这样久坐不动的生活方式会妨碍淋巴系统的循环。

缺少运动还会阻止脑细胞的生长，限制感染了病菌的大脑恢复健康所必需的血液循环。身体运动对大脑的发育、多巴胺和大脑内的其他神经传递素的分泌都具有不可或缺的作用。

在多巴胺分泌不足的情况下，儿童容易产生无聊的感觉，为了摆脱这种无聊感，他们往往会寻求电视之类工具提供的被动刺激或者其他电子产品提供的刺激，而不会通过体育运动提高多巴胺的分泌水平。这种被动刺激能让人产生舒适的感觉，但是不会促进大脑的生长和发育。

6）长期压力

长期承受心理压力，例如，由于遭受过多的惩罚、损失、否定、侵犯或者威胁而产生的心理压力，会提高应急激素的分泌水平，从而导致大脑受到损伤。一个人在童年阶段和成年后受到的各种创伤都有可能提高应激激素分泌水平的基准线，因此会导致血糖长期处于比较高的水平、导致大脑受到损伤或者产生炎症。

此外，**长期承受压力还会抑制人体内帮助大脑愈合的主要分子结构谷胱甘肽的合成。**在前文中，我已经讲解了谷胱甘肽不足往往会导致多巴胺的分泌受到抑制。

今天，压力给大脑造成的损伤已经达到了史无前例的水平，因为糖制品风靡全球。正如前文所提到的那样，血糖水平过高会给大脑造成损伤。高血糖会增强压力产生的不良作用。

如果母亲在怀孕期和分娩时承受过大的压力，再加上血糖水平比较高，孩子就容易患上多动症或者出现多巴胺功能低下的其他症状。

7）兴奋药物和多动症药物

大量对大脑进行扫描的研究证明，在可卡因、霹雳（高纯度可卡因）、海洛因和冰毒这些毒品的刺激下大脑分泌出过多的多巴胺会改变大脑结构、给大脑造成损伤。[34] 治疗注意力缺失症和多动症的处方药也会对大脑产生类似的作用。[35、36、37、38]

大多数家长都不知道治疗多动症的药物和可卡因、病毒之类的违禁药物有多么相似。**被广泛用来治疗多动症的处方药利他林对大脑的作用方式同可卡因是一样的，略有不同的阿得拉对大脑的作用方式近似于甲基苯丙胺（冰毒）**。现在，在大学校园里吸食毒品、大量饮酒的现象不如从前那么常见了，这是因为学生们能够通过非法渠道买到治疗多动症的处方药。在美国高校的在校生里，有 50% ～ 60% 的人都会服用利他林或者阿得拉。[39]

很多人都认为服用治疗多动症的兴奋药物有可能会诱导青少年接受更烈性的违禁药物。**在青少年戒毒中心，有 30% ～ 50% 的人都服用过利他林。**[40]

只需服用一次，兴奋药物就能够对大脑产生强烈的作用。加利福尼亚大学旧金山分校附属的欧内斯特·嘉露诊所和研究中心最新开展的一项研究发现仅仅吸食一次，可卡因就有可能改变大脑的结构、对决策能力产生极大的影响。经过这样的改变之后，大脑就会主动寻求更多的刺激，无视比健康更重要的事情了。[41]

2005 年，神经科专家乔治·A·里考尔特和他在约翰·霍普金斯大学医学院领导的研究小组发表了一份报告，在这份报告中他们对治疗多动症的药物进行了更强烈的"谴责"（研究人员语）。里考尔特的研究小组教会狒狒和松鼠猴自主服用类似于阿得拉的一种口服安非他明，"2 ～ 4 周后，研究人员发现了能够证明安非他明会给大脑造成损伤的证据，狒狒和松鼠猴出现了多巴胺分泌水平偏低、大脑纹状体的神经末梢上的多巴胺转运蛋白较少的现象"。[42]

除了降低多巴胺的分泌水平，从而导致大脑更加依赖强烈的刺激因素提高多巴胺的分泌水平之外，**兴奋药物还会对产生多巴胺的脑细胞造成直接伤害**。2006 年，史蒂文·伯曼和其他一些研究人员发现治疗多动症的药物能够对大脑里释放多巴胺的神经元造成伤害，同时还会产生其他很多种副作用，包括过度活跃、抑郁、发育延缓、认知损害、睡眠失调以及药物成瘾。[43]哈佛大学的威廉·卡尔松认为，**治疗多动症的药物会对正在发育中的大脑的伏隔核（依伏神经核，一种神经元）造成伤害，导致个体在成年后"无欲无求"**。[44]布朗大学、密歇根大学、匹兹堡大学、南卡罗来纳大学，以及荷兰、瑞典、意大利等国的大学开展的研究都证实了威廉·卡尔松主持的这项研究所得出的结论。[45]

上述研究都发现了伏隔核受到了损伤，即使患者只在短时期内服用了不大的剂量。伏隔核控制着大脑里能让人产生良好感觉的化学物质，例如多巴胺和血清素，因此对提高注意力、积极性，激发兴趣，增强愉悦感，甚至是谈恋爱都具有重要的作用。

成瘾欲望及行为和大脑里的这部分组织受到损伤有关，多动症的出现也是如此。按照这种有研究证据支持的观点，成瘾行为完全可以说是个体试图暂时减弱或者消除多动症症状的一种手段。

这些研究人员都证实兴奋药物对大脑造成的伤害是永久性的，但是他们没有对能够帮助大脑恢复健康、戒断对药物的依赖的各种自然疗法进行过研究，不过其他一些研究人员已经对这些疗法开展了研究。

注意：决定完全依靠自然疗法预防多动症药物对孩子的大脑造成伤害的家长都应当向比较了解自然疗法的健康护理专家进行咨询。**任何人都不应当突然停止服用兴奋药物**。大多数拥护整体医学的医生都建议在全面采用各种自然疗法的同时应当逐步减少兴奋药物的用量。

8）. 电子游戏

从某种角度而言，电子游戏这种利润巨大的产业是有害事物，这种说法必然会引起争议。《华尔街日报》在报道中指出："越来越多的研究表明打游戏能够提高创造力、决策力和感知力，增强手眼协调能力和眼睛对灰色调的分辨力。"[46] 在制定决策的速度方面，经常打电子游戏的人比其他人高出25%。著名演讲论坛 TED 发表过一场备受关注的演讲，这场演讲也为暴力型电子游戏具有许多益处的说法提供了证据。[47]

这种说法听起来有些不可思议，但是服用可卡因或者甲基苯丙胺之类的兴奋药物之后，人的确会感到记忆力和创造力增强了，制定决策的速度提高了。**有人甚至宣传暴力型的电子游戏具有治疗效果，因为这种游戏就像利他林和阿得拉一样，能够在短时间内提高多巴胺的分泌水平**。促使大脑提高多巴胺分泌水平的刺激因素能够暂时缓解多动症的症状，但是我在前文中已经阐述过，这样的刺激会给大脑造成长时间无法消除的伤害。

电子游戏已经被证明能够增强创造力。但是，兴奋药物也有这样的效果！我们都知道很多富有创造力的作家、作曲家和艺人都有过依靠药物或者酒精刺激创作、提高积极性的经历。这些药物的确具有某种有益的作用，但是这并不意味着它们不会产生有害的作用。许许多多从事创作工作的人最终都进了康复中心，现在他们都明白了，没有兴奋药物的帮助，他们依然能进行创作工作。

电子游戏能够提高手和眼睛的协调能力，扔球也能起到同样的促进作用。同任何活动一样，熟能生巧。长时间地打电子游戏的确会产生有益的作用，但同时也会产生副作用。要想提高各方面的表现，有很多方法都比打电子游戏更健康。

电子游戏会改变你的大脑，这种改变有时候的确是积极，但是阅读、弹钢琴、听音乐，甚至是驾驶汽车也都能够产生同样的作用——而且没有副作用。无论我们做什么，只要能够直接改变大脑的结构，其结果都是好坏参半的。

研究人员发现伦敦的计程车司机的海马体——大脑中和记忆有关记忆的部位——基本上都比其他人的大很多。[48]结果显示，学习在伦敦的大街小巷寻找道路能够增大海马体的体积。（当伦敦的计程车司机退休后，他们的大脑又会恢复常态，这种现象证明了那句老话，"不用则废"。）

研究证实电子游戏就如同其他具有挑战性的活动一样，肯定会对大脑产生积极的影响。但是这些研究都忽视了电子游戏所具有的严重危害。电子游戏就像任何一种有趣的活动一样，适度的话——每天 30 分钟，或者偶尔玩上 1 个小时——就没有什么问题。但是，一旦过度，打电子游戏就变得和服用兴奋药物一样了，会逐渐对大脑造成伤害。

暴力型的电子游戏会对大脑造成更大的破坏，因为当意识到危险在不断升级的时候，大脑就会受到刺激，提高多巴胺的分泌水平，结果就导致大脑需要更强烈的刺激才能分泌出足够多的多巴胺，以产生并维持良好的感觉。这就意味着正常强度的多巴胺刺激因素变得平淡、无聊了，不再那么有趣、令人愉快了。

通过对大脑的扫描，印第安纳大学的研究人员发现持续玩上一周电子游戏之后，健康年轻男性的大脑功能就会被暴力型的电子游戏所改变，大脑中跟控制情感有关的区域的活动有所减弱了。[49]还有一些研究发现沉迷于电子游戏、因此多巴胺分泌水平较高的人往往会出现久坐不动、体重超重、性格内向、容易陷入抑郁等问题。[50]

要想了解电子游戏所具有的这种黑暗面，我们就需要回顾一下有关多动症以及治疗药物的知识。兴奋药物或者强烈刺激大脑大量分泌多巴胺的活动会让大脑分泌高出正常水平的多巴胺。这样的过度刺激会抑制多巴胺受体，用专业术语说就是，多巴胺功能减弱。这就意味着大脑需要更强烈的刺激因素才能维持注意力或积极性、产生兴趣或愉悦感。

暂且不论多巴胺功能减弱，玩电子游戏或者服用兴奋药物刺激大脑分泌出高于正常水平的多巴胺还存在其他各种副作用。在强效多巴胺刺激因素的作用下，流向伏隔核——大脑中部的"愉悦中心"——的血流量也会增加。与此同时，流向前额叶皮质的血流量则会减少。[51]前额叶皮质的活动关系到制定决策和控制冲动的能力。换言之，**长时间地打电子游戏的确会提高游戏水平，但同时也会减弱大脑对无意识冲动的控制能力。**[52]（看电视、听吵闹的音乐和吃垃圾食品也会对大脑产生类似的作用，只是程度不像电子游戏那么严重。）

斯坦福大学医学院的研究人员在不久前开展的一项研究显示男孩比女孩更容易对电子游戏上瘾。在美国的年轻人中，多达 90% 的年轻人都在玩电子游戏，其中有 31% 的人（包括 500 多万未成年人）有可能已经成瘾了。而且，**男孩对电子游戏成瘾的概率是女孩的 3 倍。**[53]

神经元回路对玩电子游戏的欲望的调控机制类似于我们已经观察到的对药物依赖的调控机制。[54] 如果受到过多的刺激，大脑里的"愉悦中心"就会变得迟钝起来，正常水平的刺激所产生的作用就会有所减弱。这样一来，多动症的头号症状就出现了：对正常水平的刺激感到无聊，需要通过更加强烈的刺激逃避无聊感。

正因为如此，打电子游戏或者看电视、吃甜食的机会对小孩子来说就变得比获得家长或老师认可、从而刺激大脑分泌正常水平的多巴胺的事情更重要了。此外，**前额叶皮质的活动有所减少会抑制大脑保持注意力的能力，即使对我们认为极其重要的事情也不例外。**想一想，多少次我们在新年到来的时候下定决心不再吃那么多垃圾食品、一定要减肥，可是最终却不了了之了？

9）. 引产

有证据证明使用合成催产素（催产针"匹脱新"）引产的过程会让新生儿患上多动症的概率翻倍。有研究人员对母亲在分娩时使用了匹脱新引产的

300 名儿童进行了研究，结果显示 67% 的人被诊断为患有多动症。[55] 引产不会直接造成新生儿患上自闭症，但是显然二者之间存在着关联；北卡罗来纳州进行的一项研究指出如果母亲在分娩时接受了引产手术，孩子在日后被诊断出患有自闭症的概率会比其他孩子高出了 16%。[56]

引产固然能够拯救生命，但是在美国现在为了医生和医院的方便，这种分娩手术已经被滥用了。在美国，有 1/4 的母亲在分娩时被注射过匹脱新，在一些医院这个数字甚至接近 90%。[57]

如果多巴胺功能正常、荷尔蒙水平平衡，待产的母亲自身就能够分泌出足够的催产素，实现自然分娩。[58] 研究发现母亲能否分泌出催产素直接关系到孩子能否具备正常合成神经递质（神经传导物质）的能力。[59] 学会如何通过自然的方法提高催产素的分泌水平，我们就无须求助于合成催产素实现引产。（有关提高催产素分泌水平的自然疗法，我撰写的《超越火星和金星》一书提供了更详细的介绍。）

10）. 缺少家长的照顾和强制规则的约束

父母双双陪在身边、自身幸福感较强的孩子被诊断出患有多动症的概率较低。**研究显示情绪抑郁的母亲生下的孩子比其他孩子患上多动症的概率高了 0.5 ～ 1 倍**[60]。此外，如果没有父亲陪着一起打打闹闹做游戏，男孩患上多动症的概率也会有所增加。[61]

从这一点而言，父亲的陪伴和照顾对男孩来说就更为重要了，因为男孩更有可能和父亲而不是母亲这样玩耍。[62]

在打电子游戏的过程中，游戏者会感到一定的危险感，这种感觉能够提高多巴胺的分泌水平；同样地，打打闹闹的游戏带来的危险感也能够促进多巴胺的分泌。[63] 但是，二者之间的差别在于打打闹闹的游戏刺激大脑分泌出的多巴胺会促进孩子对家长而不是电脑的感情。[64、65]

如果家长不能为孩子制定规则并且落实这些规则的话，孩子就会失去取悦家长的积极性。如果家长过于放任孩子或者极度想要讨好孩子的话，孩子就没有机会通过合作行为获得家长的认可，从而刺激大脑分泌出更多的多巴胺。

11）. 色情制品

荷兰于 2006 年进行的一项研究发现在所有互联网应用中，色情制品的成瘾性最高。[66] 剑桥大学开展的以下功能研究发现对色情制品上瘾的人的大脑会出现和酗酒者或吸毒者的大脑同样的活动。[67]

在线色情制品和其他各种非人际的性行为都能够刺激大脑极大地提高多巴胺的分泌水平，这种增长就像成瘾药物对大脑产生的效果一样，会减少多巴胺受体的数量，从而改变大脑。这种改变会导致个体需要更多的网络色情服务刺激大脑分泌出更多的多巴胺。结果，**经常接受网络色情服务将会减弱个体对现实生活中的伴侣的性欲，增强对色情制品的渴望**。[68]

一方面是手淫，一方面是和现实中的伴侣进行的性交，将二者进行比较就能发现个体的荷尔蒙发生了极大的变化。在这两种性活动中，性高潮会刺激大脑提高催乳激素的分泌水平。无论是对男人还是女人来说，性满足感都和催乳激素有着密不可分的关系。这种激素是一种天然的信号——"我做完了"。在手淫后，催乳激素的分泌会出现一定的提高，但是在和真正的伴侣性交后催乳激素分泌水平的提高比手淫后的提高高出 3 倍。[69] 如果看着网络色情制品、手淫无法刺激大脑极大地提高催乳激素的分泌水平，因此个体就需要更多的色情制品和手淫行为。

此外，**男孩比女孩更容易受到网络色情制品的伤害，有证据显示色情性的视觉刺激对男孩产生的刺激效果更强烈**。[70] 长期以来一直有观点认为一定程度的手淫有益于健康，然而研究清楚地显示沉溺于网络色情制品催生的手淫活动会减弱个体正常的性功能。在一项研究中，身体健康的志愿者在观看网络色情制品时进行手淫，结果他们在面对真正的性伙伴时远比面对露骨的色情制品时更容易出现勃起障碍。[71] 实际上，这意味着当男孩对网络色情制品或者性幻想的渴望越来越强烈，他们对现实中的女孩产生性兴趣、被对方所吸引、主动追求对方并和对方维持恋爱关系的欲望就会越来越弱。

12）. 抗生素，转基因生物、杀虫剂和除草剂，塑料

抗生素

抗生素会杀死肠道内的有害细菌，但同时也会杀死有益的细菌。缺少了

有益菌，有毒真菌念珠菌就会在肠道内大量繁殖。大量摄入抗生素的儿童（以及非母乳喂养的儿童）更有可能受到念珠菌的侵袭。[72] 在摄入了抗生素之后再服用益生菌有助于避免念珠菌大量繁殖的可能性。[73] 患有多动症或者自闭症的儿童往往都存在一定程度的消化问题，这都是由于过多摄入抗生素所造成的。[74] 多动症患者出现便秘、腹泻和其他肠胃问题都和多动症有着直接关系。[75]

大脑的正常运转离不开 B 族维生素和神经递质，如果肠道内存在过多的念珠菌，这些物质的正常合成和释放都会受到抑制。我们的大脑需要谷胱甘肽这种至关重要的抗氧化剂的保护，以免脑细胞受到强效多巴胺刺激因素或者其他有害因素的伤害。然而，如果得不到维生素 B_{12} 的话，肝脏就无法合成谷胱甘肽。

转基因生物、杀虫剂和除草剂

农民用杀虫剂杀死侵害庄稼的昆虫，用除草剂杀死和庄稼抢夺土地的杂草。非有机食品中残留的杀虫剂和除草剂能够杀死肠道内的有益菌，导致念珠菌过度繁殖并引起其他一些肠道问题。某些转基因生物还具有极其强大的破坏作用。经过基因修改后，即使被喷洒上杀虫剂和除草剂后，这些植物也不会死去。

在全世界使用最广泛的除草剂就是"农达"（孟山都公司制造），这种除草剂含有草甘膦，这是人类迄今为止发明的最强效的除草剂。现在，在美国国内种植的所有的玉米、大豆和棉花几乎都被喷洒了草甘膦。大部分经过加工的包装食品中都含有同玉米和大豆一样被喷洒立了草甘膦的转基因生物。看到食品标签上写有"高果糖玉米糖浆"的字样时，想一想草甘膦吧。

草甘膦目前属于合法农药，因为它不会杀死人体细胞，但是研究证实这种物质能够改变并摧毁肠道内的有益菌。[76]

此外，有些动物是用转基因玉米、大豆或者苜蓿喂养的，这种动物的体内含有高浓度的草甘膦。食用这种肉，我们就是在慢慢地摧毁肠道内的很多有益菌。

研究发现转基因食品中残留的草甘膦会抑制人体对苯丙氨酸、色氨酸和酪氨酸这些氨基酸的利用。[77] 苯丙氨酸是合成酪氨酸的必要条件，而后者能够产生多巴胺，这就意味着我们可以得出一个结论：食用转基因食品会直接影响到多巴胺功能抑制症以及多动症的发生。这几种氨基酸和多动症症状之间的联系不只如此，酪氨酸受到抑制还会引发体重增加、新陈代谢减弱、注意力减弱等问题。

色氨酸是合成维生素 B_3 的必要条件，对于保持胆固醇平衡、恢复体力和脑供血，维生素 B_3 都是必不可少的元素。身体缺乏维生素 B_3 会直接影响到多动症症状的出现。[78] 血清素的合成也需要色氨酸，这种化学物质能够让大脑保持平静。血清素的不足和压力水平偏高、焦虑和抑郁都有着直接关系。

使用过草甘膦的转基因食品造成的一个最严重的问题就是对大脑的伤害。每一秒钟，人体的新陈代谢过程都会释放出大量有害的自由基，在前文中我已经说过，保护大脑不受到自由基伤害的天然屏障就是谷胱甘肽。**肝脏需要硫酸盐合成谷胱甘肽，而草甘膦会破坏硫酸盐向肝脏的输送过程。**[79] 不仅如此，草甘膦还会抑制谷胱甘肽发挥作用，妨碍几种极其重要的荷尔蒙和维生素 D 的合成。[80] 维生素 D 的合成和利用对两千多个基因都具有不可或缺的作用，对大脑的发育和多巴胺功能保持正常也都具有至关重要的作用。

患有多动症的儿童的荷尔蒙水平处于失衡状态，这种情况和患者同合成化学物质的接触有着直接关系。**2003 年，科学家发现得到广泛使用的杀虫剂硫丹能够阻断睾酮的活动，从而中断并推迟男孩的青春期的到来。**[81] 睾酮的分泌水平会直接影响到多巴胺功能是否健康、积极性是否正常，对男孩们来说尤其如此。加利福尼亚州公共卫生部于 2007 年开展了一项研究，这项研究没有对多动症的发病率进行调查，但是发现在怀孕的最初 8 周内生活在喷洒了硫丹的农田附近的女性生下患有自闭症的孩子的概率比其他母亲高了数倍。

美国国家环境保护局于 2010 年 7 月开展了一项行动，计划在 2016 年 7 月 31 日之前逐步停止硫丹的使用。经过 10 年的时间和许许多多的法律诉讼，环境保护局终于宣布禁止继续使用硫丹，"因为这种杀虫剂会给农业工人及野生动植物的健康造成无法接受的危害，而且会长期存在于环境中"。现在，美国境内已经不再使用硫丹了，但是世界各地有很多向美国出口食品的国家还在继续使用硫丹。

另一种农药已经在欧洲被禁止使用了，这就是在美国最常见的除草剂莠去津。美国的农民为了保护玉米和其他庄稼不受到杂草侵害而消耗的莠去津多达 2.7 万吨左右，农药喷射器不断地污染着雨水、地下水，以及有着许多支流的大江小河。加州大学伯克利分校进行的一些研究表明水体中即使含有微量的莠去津都会产生令人震惊的后果。研究人员选择了从爱荷华州到犹他州的 8 个地点进行检测，结果发现 92% 的雄性青蛙的睾丸都发生了畸变，雌性青蛙则长出了额外的卵巢；仅仅接触到浓度为十亿分之二十五（即每升水中含有 25 微克）的莠去津就足以导致雄性青蛙的血睾酮浓度比正常水平降低了 10 倍。[82]通过前文我们已经了解到，睾酮分泌水平偏低会抑制男性的大脑维持正常水平的多巴胺功能。

塑料

某些塑料中常见的两种成分也能够对男孩和女孩的激素分泌起到严重的破坏作用。在过去的十年里，科学家发现塑料瓶、安抚奶嘴、婴儿奶瓶和各种各样的塑料饮料瓶都大量含有两种有毒物质：邻苯二甲酸盐和双酚基丙烷。辛辛那提大学的一支研究小组于 2005 年发表的一项研究显示塑料制品在使用过程中释放出的邻苯二甲酸盐能够对实验动物的大脑发育造成不可逆转的破坏。[83]

2004 年，神经科专家发现激素干扰物和多动症之间也存在着极其重要的关系。[84] 在接触到包括邻苯二甲酸盐在内的各种激素干扰物后，年轻的实验动物的大脑受到了损伤。这些实验动物变得十分"亢奋"，无法减慢自己的活动速度。

而且，如果过多地接触到塑料中含有的这些激素干扰物，女孩会显示出提前几年进入青春期的迹象，男孩则显示出延迟几年的迹象。[85] 美国国家环境保护局也在报告中指出"对实验动物进行的研究显示接触到塑料中使用的化学物质邻苯二甲酸盐的胎儿在成年后会出现多种问题，其中包括不孕不育，生殖器的发育和精子的生产也都会出现问题"。[86]

美国食品和药物管理局已经于 2012 年 7 月禁止婴儿奶瓶和"鸭嘴杯"（即水杯）使用双酚基丙烷，因为担心这种化学物质会对儿童的发育过程起到干扰作用，[87] 但是消费品包装材料中依然普遍含有双酚基丙烷，这种物质还被用在铝罐的内壁上，以保护铝层不受到腐蚀。塑料瓶、"特百惠"水杯、餐具和食品收纳容器等塑料制品中也依然含有双酚基丙烷。

随着全社会对塑料的危害性越来越了解，很多生产厂家和公司都会标明自己的产品"不含双酚基丙烷"。不幸的是,这种做法只意味着他们用其他类型的塑料取代了双酚基丙烷而已。乔治敦大学和得克萨斯大学的科研人员指出这种**"不含双酚基丙烷"的新型塑料释放出的化学物质对激素产生的干扰作用比含有双酚基丙烷的传统塑料制品更严重**。[88]

13）. 麸质不耐症和其他食物过敏症

1/3 的美国人的肠胃功能比较脆弱,接受不了麸质,这种蛋白质成分的物质在面包中的含量尤其高。[89] 目前,市场上尚未出现转基因小麦,但是快速发酵的酵母已经出现了。**快速发酵母能够提高面包的麸质含量,让面包变得更加难以消化,这种消化不良的问题会导致大脑出现炎症**。[90]

通过放弃食用含有麸质的食品,很多人都减轻甚至消除了多动症的症状。[91] 事实上,大量研究表明对很多成年人和儿童来说,对食物的敏感是造成多动症的一个主要原因。[92, 93] 引起食物过敏的常见"元凶"包括麸质、未发酵的豆制品(豆奶和豆腐)、经过杀菌消毒的乳制品、转基因食品、玉米、高果糖玉米果浆、糖、蛋、食用色素、防腐剂和人造甜味剂。**对食物的敏感和过敏都会引起肠胃炎症,结果就会导致大脑炎症和多动症的出现。**

发表在全世界历史最悠久、最知名的综合医学杂志《柳叶刀》上的一项双盲研究显示我们吃下的食物和儿童的多动症症状之间有着明显的关联。研究人员征集了 100 名患有多动症的儿童,对其中 50 名儿童的饮食进行了严格的限制,以米饭、肉、蔬菜、梨和水为主,其中一些人的饮食只是增加了少数几样食品。另外 50 名儿童,即控制组保持日常的饮食习惯。**经过 5 周的时间,严格限制饮食的一组儿童中有 64% 的人的多动症症状有了明显的改善,控制组里没有一个人的多动症症状得到改善**。[94] 这项研究清楚地揭示了我们给孩子的食物和他们的行为方式之间存在的比较隐蔽的联系。

14）. 毒素

神经毒素是一种能够和大脑里以及全身的神经细胞相互作用的物质,对神经细胞进行过度刺激,导致其死亡或者中断交流过程。**如果人体内缺少了足够的谷胱甘肽或者矿物质保护大脑的话,神经毒素的危害就更大了**。这一点就说明了为什么有些人比其他人更容易受到神经毒素的伤害,因为他们体内的谷胱甘肽和矿物质不如其他人那么多。

我们呼吸的空气、饮用的水、吃下的食物（所有的加工食品和包装食品几乎全都含有已知的各种神经毒素）的毒性增强不仅会对我们的大脑造成过多的伤害，还会大量消耗我们体内的谷胱甘肽。环境对我们的身体造成的这种压力会对大脑造成一定的损伤，受伤的大脑又有可能引起多动症的发生。[95]

以下是日常生活中最常见的几种神经毒素：

- 人造甜味剂，例如阿斯巴甜和三氯蔗糖。[96、97]
- 谷氨酸钠和所有的水解物质。[98]
- 大豆蛋白（经过发酵的豆制品没问题）。[99]
- 铝（饮用水和非处方抗酸剂中常见）。[100]
- 汞（鱼肉制品和银合金填料中常见）。[101]
- 氟化物（供水系统中常见，当然也是牙膏中的常见添加剂，含氟牙膏的标签上之所以会注明"不得吞食"就是因为氟化物具有毒性）。[102]
- 酵母提取物（罐头食品中常见）。[103]

每天我们都在遭受这些神经毒素的狂轰滥炸，大脑的健康依赖于身体中抵抗这些毒素所产生的有害作用、将毒素清除出身体的能力。**儿童更容易受到神经毒素的伤害，因为他们的大脑尚未发育完全。**[104]

除了这些常见的神经毒素，科学家还发现工业生产领域常见的 201 种化学物质也都有可能对多动症和其他精神障碍的出现起到了一定的作用。[105] 主持这项研究的菲利普·格拉吉恩在接受 WebMD（美国互联网医疗健康信息服务平台）的采访时表示："最重要的一点就是，大脑只有一次发育的机会。我们必须保护小孩子的大脑不受到化学污染的伤害，因为正处在发育中的大脑一旦遭受损伤，其后果将是不可挽回的。"[106]

我们呼吸的空气里充满了机动车辆和杀虫剂释放出的破坏环境的有毒物质和家庭日用品中存在的化学物质，设在纽约市的哥伦比亚儿童环境卫生中心开展的一些研究显示这些有毒物质和化学物质都直接进入了我们的血液中。这些研究还显示母亲会将有毒的化学物质传递给自己的孩子，科研人员也在新生儿的脐带中发现了这些有毒物质。[107]

不过，这些研究报告没有考虑到母亲的身体有多么强大的解毒能力，能否清除有毒物质的关键就在于女性怀孕期间是否能够维持谷胱甘肽的正常水平。正如前文所述，**泰诺能够抑制谷胱甘肽的合成，在怀孕期内服用泰诺的女性生下的孩子患有自闭症、多动症、出现行为问题和交流障碍、语言和运动能力低下的概率远远高于其他孩子**。[108]

抵御环境毒素的措施就在于尽可能地减少同有毒物质的接触，同时清除身体内的毒素。最有效的解毒方法就是偶尔进行断食疗法，并且服用有助于维持谷胱甘肽正常水平的营养品。

儿童不应当采用断食疗法，因为他们的身体尚处在成长发育的过程中，但是他们可以为自己规定一段解毒期，在排毒期间不食用任何加工食品和包装食品、饮用大量柠檬水、全天喝 3～5 次至少熬制了 8 个小时的骨头汤。在网上很容易查找到骨头汤食谱，最好的骨头汤是用青草喂养的牛的骨头和富含硫元素的蔬菜熬制而成的，例如，菜花、甘蓝、西兰花、卷心菜、青菜、西芹、洋葱、抱子甘蓝、四季豆、红薯、菠菜和豌豆。身体解毒需要谷胱甘肽，这种汤富含硫元素和合成谷胱甘肽所需的其他矿物质。

15）. 营养不良

维生素和矿物质是促进大脑分泌各种化学物质所必需的物质。在过去的一百年里，使用合成肥料的农业耕作活动在不断消除土壤中的维生素和矿物质。比如说，将今天的食品所含的矿物质成分和 60 年前的食品作比较的话，我们就会发现食品中的钙和铁的含量减少了 80%；对维生素成分进行比较的话，我们还会发现大多数水果和蔬菜的维生素 A 和维生素 C 的含量分别减少了 75% 和 50%。[109]

这些常见的矿物质和维生素的缺乏意味着**要想摄取跟过去等量的营养，我们就必须吃下更多的食物**。今天，你得吃 8 个橙子才能摄取你的祖父在过去吃 1 个橙子就能够摄取的维生素 A。而这些流失的维生素和矿物质都是我们保护大脑不受到伤害、促进多巴胺功能保持健康所必需的。

转基因食品的情况往往更为糟糕。一份公开发表的研究断言**非转基因玉米比转基因玉米的营养含量高 19 倍**。[110]此外，转基因玉米还含有非转基因玉米中不存在的许多有毒元素，例如氯化物、甲醛和草甘膦，而且含量达到了对人体产生危害的水平。[111]

另一种矿物质的缺乏也和脑损伤之间存在着关联，这种矿物质就是碘。

世界卫生组织在报告中指出儿童的认知能力发育出现障碍的主要原因就在于碘的缺乏。[112] 甲状腺利用碘刺激新陈代谢过程，同时还能净化血液、保护大脑不受伤害。**我们通常在水中加入的氯和氟、给面包酵母添加的溴酸钾以及水中本身含有的氟都在逐渐消耗着我们体内的碘**。根据美国国家研究委员会，"一些信息表明和氟接触会对甲状腺功能产生影响"。[113]

存在多巴胺功能抑制症的儿童会寻求比较强烈的多巴胺刺激，多巴胺分泌水平的提高同样也会抑制甲状腺功能，从而产生同样的消极作用，例如碘缺乏。甲状腺将碘和酪氨酸合成为甲状腺激素，大脑也需要酪氨酸生产更多的多巴胺。患有多动症的儿童依赖于强效的多巴胺刺激获得愉悦感，产生兴趣，保持注意力和积极性，多巴胺分泌水平提高就会消耗甲状腺为了调控新陈代谢、为身体解毒所必需的酪氨酸。我在下一章里介绍的一些自然疗法能够确保你的孩子获得充足的碘和酪氨酸。

16）. 脑震荡，或者说轻度颅脑损伤

加州大学圣迭戈分校进行的一些研究显示得过脑震荡的儿童更容易患上多动症，在控制情绪方面也更容易出现问题。[114] 脑震荡和身体损伤——无论是脑部还是脊椎底部受到撞击，都有可能直接引发多动症或者说多巴胺功能抑制症。

由于近年来美国职业橄榄球大联盟惹上的官司，公众终于认识到了脑震荡的长期影响。截至目前，已经有 4 000 名前橄榄球球员提起了诉讼。**在职业生涯中得过脑震荡的前橄榄球球员在上了年纪后纷纷向外界透露他们出现了类似于帕金森综合征的症状，以及失忆和多动症的症状**。[115] 现在，军队也有着 50 多万从战场上下来、患有轻度创伤性脑损伤的军人。"轻度创伤性脑损伤"实际上就是医学界用来描述脑震荡的新名词。

创伤性脑损伤已经成了参加过伊拉克或者阿富汗战争的军人标志性的创伤。在伊拉克和阿富汗的交战地区，军队在路上经常会遭遇到简易爆炸装置（即"土炸弹"）的袭击，退伍老兵往往会因此患上轻度创伤性脑损伤。这种脑部损伤不仅会引发多动症的典型症状，还会诱发抑郁、焦虑，以及极高的自杀率。

2007 年 1 月，我收到热情的邀请，要在一次特别会议上为美国军队领导

人讲一讲重返家园的军人需要培养人际关系技能的问题。在这场绝密会议上，与会人员首先探讨了军队面临的这种新问题，即轻度创伤性脑损伤。据说，站在距离简易爆炸装置引爆地点两个足球场远的建筑物或者家里都能够发生创伤性脑损伤。这是一个新问题，他们想要找到解决的办法。军方还设计了一套用来诊断创伤性脑损伤的评估方案，因为这种疾病的一个症状就是**患者不知道自己得了这种病**。直到今天，军方还是没能找到针对这种疾病的治疗方法，只能用药物控制病情。[116]

对脑震荡或者说创伤性脑损伤症状认识不足的不只有军队。**大多数患有创伤性脑损伤的儿童的家长都不知道自己的孩子在球场上的时候其实一直忍受着脑震荡，或者正在形成多动症的症状**，毕竟他们只是得了脑震荡，又没有昏迷。

创伤性脑损伤的另一个问题在于有时候症状会立即显现出来，有时候却不会。如果症状很晚才显现出来，患者有可能就不会将自己的病情和大脑以前遭受的损伤建立联系。如果症状在大脑遭受创伤后几天甚至几个月之后才显现出来，患者就更是不会联想到之前遭受的创伤了。

创伤性脑损伤的典型症状就是头疼，以及完全符合多动症不同症状的各种表现，其中包括：

- 难以集中注意力，反应时间减慢（注意缺陷型多动症）。
- 恶心，难以忍受明亮的光线和嘈杂声音（敏感性多动症）。
- 易怒，焦躁不安（多动冲动型多动症）。
- 失眠或者嗜睡（强迫型多动症）。

在得了脑震荡或者遭遇事故之后出现这些症状的情况下，学生有可能会出现成绩突然下降的问题，成年人的工作状态有可能会突然退步。除非得到治疗，否则这些症状不仅会持续终生，还会逐步恶化下去。加州大学圣迭戈分校的研究人员发现有 10% 得了脑震荡的孩子在患病 6 个月后患上了重度抑郁症。[117] 有时候，在大脑受到损伤的几个小时之内，从未出现过抑郁问题的孩子就会突然陷入抑郁，出现自杀倾向。[118]

找到原因，治愈大脑

下一章将对许多另类治疗方法进行探讨，这些治疗方法都有助于通过解决引起多动症的各种不同症状的一个因素——多巴胺功能抑制症——治愈大脑。

通过前文我们已经了解到，导致多巴胺功能抑制症的因素有很多。现在，我们已经查明并且能够消除或者缓解其中的很多因素，我们也知道了多动症有着很多不同的表现形式，自然疗法能够产生治疗效果。在你的儿子患上多巴胺功能抑制症的过程中，很多因素都或多或少地起到了作用；同样地，也会有很多不同的自然疗法都会对他产生治疗效果。

30. 修复多巴胺功能的自然疗法

　　研究人员已经找到了大量增强脑力的自然疗法，尽管媒体不会告诉你这一点，医生们大概对此也一无所知。这些自然疗法不能治愈疾病，但是能够唤醒身体和大脑并且为其提供支持，帮助多巴胺功能恢复正常。

　　例如，戴维·珀尔玛特医生在自己撰写的畅销书《谷物大脑》中就指出**一些被诊断为患有注意缺陷多动障碍的儿童仅仅依靠服用大剂量的维生素 D_3 和维生素 K_2、并且坚持执行不含麸质的饮食结构之后，病情就立即得到了缓解**。帕金森综合征是多巴胺功能抑制症更极端的症状，通过对帕金森综合征患者的治疗，珀尔玛特发现自己的患者中有 80% ～ 90% 的人的病情都依靠提高体内的谷胱甘肽水平而出现了明显的改善。

　　除了用骨头汤节食之类的身体解毒疗法，**能够显著增强身体合成谷胱甘肽能力的一个方法就是饮用未变性乳清蛋白，这种物质来源于未经过巴氏杀菌的奶液**（经过高温杀菌的奶液失去了刺激人体合成谷胱甘肽的能力，无法帮助人体恢复正常的多巴胺功能[1,2]）。这种未变性的乳蛋白没有经过杀菌处理，但是并不含有细菌，是解决多巴胺功能问题的安全、天然的良药，而且它的功效已经得到了研究证据的证实。[3,4]

　　自然疗法具有辅助疗效，但是这并不意味着每一种疗法都对所有的孩子有效。停止食用面包会减轻肠道炎症、食用含有未变性乳清蛋白的超级代餐奶昔对有些人会起到作用，但是不会对所有人都能够见效。这些疗法以及食用健康的有机食品、抛弃经过加工的垃圾食品肯定有助于大多数患有多动症的儿童缓解病情，但是仅仅依靠这些方法是不够的。患有肠道疾病的孩子——很多患有多动症的儿童都存在肠道问题，需要的不仅仅是骨头汤或者未变性乳清蛋白奶昔，因为无论他们饮食结构多么健康或者只食用有机食品，他们都没有能力充分消化吃下的食物。在为孩子选择适合的疗法之前，你或许需要先对各种疗法进行一下测试。

斯凯勒的故事

在 4 岁大的时候，斯凯勒就被诊断出患有注意缺陷多动障碍和自闭症谱系障碍。但是，通过完全不食用经过加工的食品、转基因食品、大豆、麸质和经过消毒的乳制品，没过几天他的症状就有所减轻了。

与此同时，他的父母开始让他服用各种维生素和矿物质营养品，以及用牛乳、初乳和 42 种不同的益生菌自制的酸奶。科学研究发现这些益生菌都有助于肠道产生一种名叫"GcMAF"的分子，即巨噬细胞活化因子，一种能把人体内沉睡的免疫细胞（巨噬细胞）激活的糖蛋白。这种重要的蛋白通常都产生自健康的肠道。GcMAF 和其他一些辅助因子能够激活维生素 D，而维生素 D 又能够对人体的数百种功能提供支持，帮助身体和大脑恢复健康。[5]当你晒太阳的时候，你的身体才会合成维生素 D，但是前提条件是你的肠道制造出了 GcMAF。[6]

每天，斯凯勒都要花一个小时的时间泡在泻盐热水里（起始阶段的水温约为 37℃，然后逐渐加入热水，在最后 20 分钟内水温保持在 39℃左右）。这种疗法通常都能激发人体合成出热休克蛋白，这种热应激蛋白质通常都是在人体发烧的情况下产生的。**在保护大脑神经细胞、帮助其再生和生长方面，这种蛋白质具有不可思议的强大能力。**[7, 8]

在接下来的几个月里，斯凯勒的病情一直在稳步改善。经过 3 个月的治疗，他就能够听进去别人跟他说的话了，也能说出完整的句子、和他人保持目光接触了。他的睡眠质量也得到了改善，原本焦躁、易怒的他现在露出了笑容，一副开开心心的模样。在对他进行重新评估后，医生没有再将他诊断为多动症或者自闭症谱系障碍患者了。

斯凯勒的大脑受到的挑战其实源自于他的肠道。还是婴儿的时候，他的耳朵被病菌感染了，为了治病摄入的抗生素摧毁了他的肠道内的很多有益菌。暂时放弃对他来说最难以消化的食物，肠道内的炎症就得到了最大程度的缓解。与此同时,通过给肠道补充缺失的益生菌——由初乳发酵而产生的益生菌,他就有条件恢复肠道的正常功能。(初乳是女性在分娩后的头三天里分泌出的特殊奶汁,这种奶汁能够增强婴儿的免疫系统。)

为了让大脑功能保持最佳状态,斯凯勒每天还要喝一份含有未变性乳蛋白并且经过预消化处理的超级代餐奶昔。为了让代餐中的蛋白更容易被消化,未变性的奶粉首先要加入水和消化酶,然后静置30～40分钟。在这段时间里,乳蛋白会自动分解为缩氨酸,完成预消化的缩氨酸就能够被大脑加以利用了。因为蛋白质都提前经过了消化,所以斯凯勒的消化功能受到了一定的削弱,但是这样的蛋白质能够直接被他的身体和大脑所利用了。

斯凯勒的改变并非特例。在 2015 年举办的一场有关自闭症的会议上,我有幸听到杰夫·布拉德斯里特医生的报告,他在大会上介绍了自己采用的类似疗法——利用含有 GcMAF 的酸奶治疗自闭症谱系障碍。**布拉德斯里特表示在用这套方法对 3 000 个患有自闭症的孩子进行治疗的过程中,仅仅 3 个月的时间就有 700 多个孩子的症状得到了极大的改善。**尽管病情得到显著改善的孩子只占到总体的 25%,但是其他孩子的病情也都得到一定程度的缓解。

帮助斯凯勒缓解病情的几种方法——改变饮食结果、热水浴、营养补充品和含有初乳的自制益生菌酸奶,只是许许多多自然疗法中的几种,我将在本章里对这些疗法逐一进行讲解。如果能够接受这种新思维的话,你就不会认为治疗大脑是一项艰巨无比的工作了,你自己都能对你或者你的孩子进行治疗。这些疗法同药物和医疗手段不同,不会对人体产生副作用。

有些孩子只需要不再食用面包、多晒太阳,多动症的症状就立即能够得到减轻。但是,大多数孩子都和斯凯勒的情况类似,除了不吃面包、多晒太阳,他们还需要接受专门的治疗,再加上服用营养补充品、草药、维生素和代餐品。

自然疗法的长期益处

养育患有多动症的男孩对每一位家长来说都是一项令人发怵的事情,因此让孩子服用兴奋药物对他们来说充满了诱惑力。不幸的是,正如我们在前文中指出的那样，这些兴奋药物虽然在短时间内会起到一定的治疗效果，但是会对患者产生长时间无法消除的副作用。

多参加锻炼、唱歌、跳舞、艺术、戏剧和体育活动，接受咨询、按摩、热水浴、红外光波浴、低温治疗和顺势疗法等形式的治疗，这些自然疗法不仅会产生短期效果，还会对患者带来长期的益处。如果能辅以改变饮食结构、服用针对性的营养品的话，**这些治疗手段所能起到的作用就会远远超过任何一种兴奋药物所能产生的疗效了**。

在下文中，我列出了已经被证明有效的各种多动症治疗方法，我的主要目的就在于进一步证明各种自然疗法是有效的（我还会告诉你们我亲眼见证的最有效的治疗方法）。面对如此多经过充分验证的自然疗法，采用非药物治疗方法帮助你的儿子改善大脑健康状况将会是你最明智的选择。

在对多巴胺功能低下问题的很多成因和大量有可能见效的治疗方法有了新的认识后，你就能够为你的儿子找到最好的治疗方案。根据我自己的亲身经历，一旦你为你的儿子确定了最好的一种或者多种治疗方法，不出几天他就会感到自己的状况有所改善了。

增强体育锻炼可以显著改善多动症的症状

导致儿童患上多动症的一个最明显的原因就是缺乏体育锻炼。**脑发育的早期阶段尤其需要体育运动、打打闹闹和肢体活动**。[9]身体经常进行各种有难度的活动，大脑才能培养出保持健康和注意力的能力。缺少了运动，很多患有多动症的孩子在学校就无法专心学习，在家里就听不进去家长的话。

"大脑的可塑性"这个术语指的是大脑适应环境并根据环境做出改变的能力，这也是大脑研究领域最激动人心的新领域。对儿童的大脑进行扫描的结果显示在接受了不同的刺激或者缺少刺激的时候，大脑的结构都会发生改变。**实践证明，难度比较大的体育运动和新的肢体活动都能帮助大脑发生最显著的也是最积极的改变**。[10]

身体活动和体育锻炼能够刺激睾酮的分泌，体育锻炼又能够刺激大脑分泌多巴胺。在保持正常的身体功能方面，男孩比女孩更依赖于睾酮，这就意味着男孩更依赖于身体活动。如果一个孩子在课堂上疲倦无力、躁动不安，或者容易走神，只需要一小会儿体育活动就能够提高多巴胺的分泌水平，激发起他听讲和学习的热情和积极性。

直到 20 年前，研究大脑的科学家都一直认为人在出生后的几年之内大脑就会停止发育，大脑里的所有神经连接都是在至关重要的早期阶段形成的，如果某个区域受到损伤或者发育不完善，该区域的神经细胞就无法长出新的结构或者说没有再造的能力。科研人员针对大脑的可塑性进行的新研究已经推翻了这种错误的旧观念。**在生命的整个过程里，大脑始终都具有自我再造和重组的能力，以补偿有毒物质和营养不良造成的损伤或炎症。**[11] 心理学家及畅销书《超越极限的孩子》的作者阿奈特·巴尼尔说过："最有可能帮助孩子改变自己的方法并不是拼命让孩子做他们做不到的事情，而是想办法帮助每一个孩子培养出独一无二的大脑，使其能够自然而然地想办法突破自己的极限，尽管这一点并不容易做到。"[12]

大脑的可塑性是实实在在存在的。比如说，研究发现仅仅练习一首新的钢琴曲就能够刺激大脑发生显著的改变。每天练习专门设计的新的手部运动两个小时、连续练习五天，大脑就会出现明显的发育。[13] **对大脑进行的扫描显示弹奏乐器的孩子的大脑灰质体积比其他孩子大很多。**[14] 这项针对大脑的可塑性进行的新研究证实了体育活动是对大脑最有效的刺激因素，能够促进儿童大脑的发育。

在监督下参加体育锻炼有助于提高学习成绩

另一项研究证实在学校里参加有人监督的体育锻炼越多，学习成绩就越高，行为表现也会出现明显的改善。**厄本达弗特许学校的行政人员会招收其他学校成绩最差的学生，借助体育活动帮助他们取得优异的成绩。**[15] 在这所学校，每天前三个小时的课程包括专门设计并且有人监督的体育活动和竞争性的体育项目。在接下来的时间里，体育老师还会在课间休息的时间里监督孩子们进行体育活动，孩子们和体育老师之间也培养起了感情。

这项措施取得了不可思议的结果：98% 的孩子完成了高中学业，90% 的孩子升入了大学。在校方采取这项措施之前，没有一名学生有希望完成高中学业或者升入大学。

这项措施的成功并不表示所有的孩子只需要增强体育锻炼，也不能说明缺乏锻炼是造成多动症的首要原因。但是，它显示出我们的孩子，尤其是在学习方面存在困难的孩子其实都具有尚未得到开发的巨大潜力，而体育锻炼能够将他们的这种潜力激发出来。比厄本达弗特许学校实施的体育锻炼计划强度低一些的体育锻炼可以被当作整体医疗的一部分，在其他一些非药物治疗方法的配合下，这样的体育锻炼也能够起到同样的效果。

美术课能够改善大脑功能

美术疗法已经被证明能够帮助患有多动症的学生减少冲动行为，改善人际行为，提高学习能力和学习成绩。[16] **阅读、写作和数学都以左脑的活动为主。利用艺术活动锻炼大脑的右半部已经被证明能够帮助儿童提高学习成绩、改善行为，所有的孩子都不例外。**[17]

畅销书作家布莱恩·梅恩已经帮助超过十万名儿童改善了大脑的能力，他采用的方法就是同时利用语言和图片激活整个大脑，他将这套方法称作"制定目标法"。使用左脑制定目标，使用右脑绘制彩色图画，描述实现这些目标的结果，按照这套方法进行练习，无论是儿童还是成年人，大脑都会出现明显的改善。[18]

我本人也患有多动症，因此在 30 年前撰写第一本书《能感觉到得，就能治愈》的过程中，我一度深陷在某一条思路中无法继续前进，难以从一个话题推进到下一个话题。于是，我写了一页，然后花了一些时间画了一幅漫画，对我正在撰写的话题进行了总结。画画需要我的大脑活动从左脑转换为右脑，这样的转换让我能够对整个大脑进行利用，改善我表达观点、进行创作的能力。

不幸的是，美国的大多数学校都对大脑的发育缺乏如此重要的认识，它们一直在减少能够刺激右脑的美术课程以及锻炼身体的体育课。学校将目光集中于左脑的活动，例如阅读、写作和数学。让右脑和左脑都得到锻炼能够促进整个大脑的发育。

顺势疗法和身体疗法能够治愈脑震荡

如果多动症或者多巴胺功能抑制症是由脑震荡、身体损伤、脑部或者脊椎底部受到撞击所引起的，那么对这些患者来说行为疗法就不管用了。在这种情况下，顺势疗法和各种身体疗法，例如脊椎推拿疗法、颅骶疗法、低温疗法（冷冻治疗）和热水疗法都能够起到作用。

有些顺势疗法能够唤醒人体治愈大脑的能力。顺势疗法得到了美国食品和药物管理局的批准，这种医疗方法不使用任何药物。简单地说就是，顺势疗法能够激活身体的治愈基因。

美国的医学机构经常抨击顺势疗法，试图证明这种疗法是无效的，它们的依据是西方科学无法证明这种治疗方法是否会起作用。尽管遭到了强烈的反对，顺势疗法还是得到了美国食品和药物管理局的批准，因为这种疗法对很多药物无法治愈的患者见效了。[19]

截至目前，科学界已经出现了 150 多项按照严格的证明标准进行的顺势疗法研究，而且研究结果都发表在了声誉卓著的医学期刊上。其中很多研究都证明相比安慰剂或者传统药物治疗，顺势疗法的治疗结果更为理想。[20、21、22、23] **顺势疗法具有两大优势：成本低、如果见效也不会产生副作用**。

顺势疗法的一个不足之处在于它并不是对所有人都能起到作用的万灵丹，这是所有医疗方法都具有的一个缺点。不过，也有很多研究显示顺势疗法没有任何效果或者最多只能起到安慰剂的效果。

亚利桑那州顺势医学委员会的委员加里·戈登博士利用顺势疗法治疗患者已经有 50 多年的时间，除了医学博士这个学位，他还获得了"顺势医学博士"的学位。他参与创办了非营利性组织"美国医学进步学院"，该组织以中西医结合的方法为基本原则，每年都会对来自世界各地的数千名医生进行培训。

戈登博士告诉我人类使用顺势疗法历史已经有 235 年的历史了，但是现代生活方式的改变导致 **"顺势疗法不如以前那么奏效了"**。在最近 50 年里，顺势疗法的效果一直在不断减弱。

导致顺势疗法无法对所有人见效的原因有三个：

- 使用了错误的治疗方法。
- 现代的饮食习惯缺乏激活特定基因治愈身体所必需的矿物质和维生素。

- 咖啡、糖、兴奋药物和电子游戏这些强效的刺激因素干扰了顺势
疗法发　挥效力的过程。

在人类发明兴奋药物和垃圾食品之前，顺势疗法是最有效的治疗方法。在那个年代，医生会嘱咐患者戒断咖啡这种强效刺激食品，以便为治疗方法发挥效力创造条件。在今天，要想让顺势疗法起到同样的效果，患者就必须戒断当今社会提供的这些超强效的刺激因素，摄取更多的维生素和矿物质营养品。

治愈脑震荡首先就需要减少同超强效的刺激因素的接触，增加维生素和矿物质的摄入。接下来才能采用顺势疗法进行治疗。依靠顺势疗法激活身体里的治愈基因有可能还是无法治愈脑震荡。如果受到的震荡给身体造成了损伤，那么身体或许还需要接受复位治疗。最显而易见的例子就是骨折。只有经过复位治疗，骨折的部位才能彻底康复。脊椎推拿疗法和颅骶疗法都能够帮助大脑恢复同身体的连接。

同顺势疗法一样，脊椎推拿疗法也总是遭到美国医疗机构的诋毁和抨击。不过，科学的发展已经跟上了世界各地成千上万患者的步伐，对这种疗法有了新的认识。每个月都会有新的研究发现这种疗法的功效。[24] 就连保险公司的保险计划都开始涵盖脊椎推拿疗法和其他一些有效的非药物治疗方法了，例如针灸。

身体受到的震荡会对连接大脑和躯干的脑脊液在很多脊椎骨之间的自然流动造成阻碍，当脑脊液恢复自然流动后，由于神经受到的刺激最大限度地被减少了，脊椎推拿或者颅骶疗法脊髓就能帮助你的身体释放压力，从而大脑就能够更有效地恢复正常的多巴胺功能了。事实上，一旦脑脊液恢复自然流动，身体的各种功能就都能够恢复正常了。

> 流水不腐，户枢不蠹。健康和生命在于运动。疾病和死亡源自静止。
>
> ——中医谚语

我的一位读者曾经在奥运会上拿到过奖牌，在花样滑冰的职业生涯中她经历了无数次失败，到最后出现了抑郁症、焦虑症和多动症的症状。脊椎推

拿治疗以及我针对营养问题提供的建议都缓解了她的病情，但是没能彻底消除各种症状。不过，经过6个星期的脑功能顺势治疗后（我本人也是这种疗法的受益者），她的大部分症状都消失了。她又继续接受了治疗，结果各种症状都彻底消失了。[25] 这堪称是一个奇迹。这套脑功能顺势治疗法是享誉全球的研究专家和顺势疗法治疗师萨拉尔·法拉曼德设计的。

我曾在世界各地举办的各种会议上主持过一个个研讨会，在这些研讨会上我经常能听到有患者用自己的亲身经历为脊椎推拿疗法提供奇迹般的证明。凡是出现了肋骨脱臼问题的人都知道去脊椎推拿治疗师那里做一次治疗，症状就能够立即得到缓解。你可以吃止痛药，但是疼痛不会消失，除非肋骨的位置能恢复原状。有时候，你需要的只是做一次复位治疗。

在14岁那一年，我经历了人生的第二次脑震荡，在接受了脊椎推拿治疗师的10次治疗后，头部的剧痛消失了。后来，我又遭遇了几次脑震荡，结果就出现了颈部长期紧张的问题。通过接受最初由摩西·菲尔德克拉斯博士设计、经过了阿奈特·巴尼尔博士完善的"阿奈特·巴尼尔神经运动法"的治疗，消除了我的颈部肌肉紧张的症状。

正如巴尼尔博士说过的那样，"当我们注意到'神经'运动的时候，大脑就又开始以极快的速度生长了。"[26] 阿奈特·巴尼尔神经运动法就像是某种类型的身体疗法，其实是一种新的治疗大脑的方法。**以新的、特定的方式缓缓地转动身体，受过创伤的大脑就会被激活，就能学会治愈自己的能力了。** 我亲眼看到过很多先天存在重度脑损伤的孩子仅仅接受了几次治疗后就开始说话、行走了。

以前，对脑震荡的标准治疗过程只是观察患者是否会出现某些能够被治愈的症状。人们认为"7～10天后大脑即可自行康复"。[27]

这样的疏忽最终还是被纠正了。现在，军队已经认识到轻度颅脑损伤会对患病的军人产生至少3个月的直接影响，橄榄球运动员们也已经认识到了这个问题。不幸的是，军队和橄榄球界仍旧认为大脑能够自行康复。

现代医学提供不了解决办法，但是截至目前已经有20多种顺势疗法得到了美国食品和药物管理局的批准。 科学界针对另类医学进行了不少设计合理的双盲试验，其中一项已经证明顺势疗法在治疗脑震荡方面的功效了。[28]

情绪释放疗法已经显示出能够对患有轻度颅脑损伤和创伤后压力心理障

碍症的军人起到很大的帮助作用，这种疗法采用的治疗方式是谈话疗法，同时对身体上特定的压力点进行刺激。情绪释放疗法能够发现患者的消极思维方式和痛苦的情绪，同时对一系列特定的压力点采取针灸治疗，从而帮助患者缓解焦虑情绪、减轻压力。**在一项研究中，接受情绪释放治疗的军人中有90%的人不再符合创伤后压力心理障碍症的临床判断标准，**在没有接受这种治疗的控制组中只有4%的人恢复到了这样的程度。[29] 这种疗法对患有多动症的儿童、青少年和成年人也能够产生有益的作用。

时至今日，医学界对脑震荡和轻度颅脑损伤的标准治疗方式依然是建议患者让身体和精神得到休息。在身体方面，医生会鼓励患者不要参加体育运动、暂时放下手头的工作，直到症状消失；在精神方面，医生会要求患者不要读书、盯着电脑屏幕或者做作业。

令人震惊的是，现代医学对脑震荡及其引起的脑损伤提供的非药物治疗方法就只有静养并且避免接受刺激6个月。休息的确能够让人体得到康复的机会，但是顺势疗法、脊椎推拿疗法、颅骶疗法、阿奈特·巴尼尔神经运动法和情绪释放疗法，再加上补充营养元素的摄入，也能够起到同样的作用。

热水疗法

热水疗法将分别利用矿泉水和高温进行治疗的水疗和热疗结合了起来，能够为出现了低烧的大脑降温。用热水疗法治疗大脑的方法源自德国，这个国家素来以重视温泉疗养的治愈能力而著称。至今，德国的健康保险还在为心脏病患者提供药物治疗之外的另一种选择——在德国境内的某处温泉疗养地进行为期两周的水疗。[30] 药物治疗和温泉疗养被证明同样有效，但是和药物治疗不同，温泉疗养不会对患者产生副作用。

根据我本人的经验，德国这种古老的热水疗法是治疗大脑的最有效的方法之一。在100多年前所著的《活力学》一书中，医学博士爱德华·哈里斯·拉多克指出"如果所有治疗方法都不起作用，那么不妨试一试热水疗法吧。"这种疗法对美国人来说还比较陌生，但是在德国的各个温泉疗养地这种疗法已经有数百年的历史了。

热水疗法简单易行，在家里就可以完成，对医疗保健产业来说没有多少利润空间，因此后者也就没有能力资助科学界对这种疗法开展同行评议的科学研究。

在我主持的"火星金星健康中心"，我们曾大规模地使用热水疗法长达十年的时间。（十年后，我终止了温泉疗养服务，因为家长在家里就可以为孩子进行这样的治疗，没有必要远赴北加利福尼亚接受治疗。）热水治疗，再加上摄入营养元素，就能够对几乎每一种健康问题产生极其显著的治疗作用。

2013 年，研究人员对 40 名患有自闭症的儿童进行了一项临床研究，[31] **结果发现仅仅一次时长 30 分钟、水温 38.8℃的热水浴就能够缓解自闭症的各种症状，让孩子变得比较合群了。**这样的热水治疗能够改善患者的沟通交流能力，减轻了他们不停地重复同一行为的倾向。可惜的是，这批研究对象没有继续接受治疗、获得长期疗效。

这项研究最重要的发现就是水温只降低几度，哪怕降到 36.6℃，患者都不会出现这些变化。**热水浴有作用，温水浴没有用。**我本人在过去的 15 年里治疗过许许多多成年人和儿童，根据我的经验，这项研究只显示了热水疗法的一小部分功效。如果患者能够每两天做一次、连续进行 3 个月热水治疗的话，治疗效果会非常惊人的。

热水治疗要求患者每次在水中平躺 1 个小时，脸露出水面，头部的其余部分都浸入水中。患者应当一直保持这个姿势，在进行治疗的 1 个小时内水温逐渐升高，在最初的 20 分钟里水温为 36.6℃，在接下来的 20 分钟里水温升至 38.3℃，在最后 20 分钟里水温升至 39.4℃。患者应当每隔一天做一次这样的治疗，连续进行 3 个月。

一定要确保最后 20 分钟的水温达到 39.4℃。最后这个阶段的水温能够导致大脑出现低烧反应，这样就能激活大脑的治愈分子"热休克蛋白"，现在我们已经知道这种蛋白质能够保护并修复大脑的神经细胞。**患有多动症的男孩体内的谷胱甘肽浓度偏低，而这种利用热水给大脑制造的低烧就能够提高谷胱甘肽的合成，**大脑释放出的热休克蛋白又能够修复多巴胺功能。在发烧期间，人体能够释放出更多的免疫因子，帮助大脑恢复健康。[32] 现在，人们已经开始利用热休克蛋白治疗糖尿病、肥胖症、痴呆症，甚至缓解肿瘤了。[33、34]

对于各年龄阶段、各种状况的人，这种热水疗法都是完全安全无害的。

但是，不建议有高血压或者多发性硬化症病史的人尝试这种治疗方法。

在专人的照看下，你的儿子在家里的浴缸里就能够进行热水治疗。你只需要在水中加入 2.7～5.2 千克泻盐。在治疗的过程中，如果你的儿子感到无聊或者想喝一些冷水，那么坐起来一会儿也无妨。如果家里的浴缸不够长，你的儿子只需要蜷起膝盖就可以了。让脑温升高的关键就在于将脑袋的一部分浸入水中，但是即使你的儿子在浴缸里坐起来，热水治疗还是能够发挥效力的。带着患有自闭症的孩子前来我的健康温泉疗养中心的家长们都注意到仅仅接受了几天的水疗之后，孩子的病情就出现了显著而且持久的改善，得到帮助的大部分孩子都只是在热矿泉水中坐着而已。

不只是热水疗法，就连生病造成的发烧也能够对大脑产生极大的帮助。**多年来，不断有自闭症儿童的母亲宣称在发烧期间，孩子的自闭症症状消失了，等到退烧后症状又重新出现了。**[35] 在另一项对 30 名患有自闭症谱系障碍的儿童的研究中，有超过 80% 的人在体温升高期间显示出了行为有所改善的迹象。[36] 但是，他们还会旧病复发，因为脑部的感染并没有得到彻底治愈。

每隔一天做一次热水治疗能够增强人体的免疫系统，使其最终根除大脑里的慢性感染和炎症，这些感染和炎症都是同各种精神问题——从多动症到自闭症相伴而生的。按照这套程序仅仅治疗两周的时间，再加上补充矿物质和蛋白质营养品，我的很多患者都表示头脑明显清晰了很多，心情也平静了很多，注意力也得到了极大的增强。

很多男孩都不愿在浴缸里一连躺上一个小时，因为这种事情对他们来说太无聊了。家长为他们读书或者让他们坐在浴缸里自己听有声书都有助于他们克服抗拒心理，但是他们不应当接受强烈的刺激，例如听吵闹的音乐或者看录像。**在接受低度刺激的情况下，大脑的治愈能力会得到极大的增强。**

患者还可以听低度刺激的古典音乐。"先进大脑科技"公司的研究人员设计了一套"畅听计划"，这套计划能够在刺激大脑的同时帮助大脑放松下来，从而对大脑进行改造、修复多巴胺功能。[37] 即使没有热水治疗的配合，这套计划也会起到作用，但是加上热水治疗，其治疗效果会更加显著。

在对儿童进行热水治疗的时候，医生或者家长一开始最好让孩子先坐着接受治疗。通过几次治疗，孩子就会逐渐习惯在浴缸里坐上一个钟头。这时，如果有可能，你就可以向孩子介绍躺在水中的方法了。即使孩子一开始不愿意躺在水中、将脑袋部分地浸入水中以保持脑袋的温度，或者实在无法在浴缸里坚持一个小时，那么即使在浴缸里坐半个小时也会产生很大的积极作用。如果是在晚上临睡前进行热水治疗，那么治疗还有助于促进睡眠。

有效的水疗有很多不同的操作方式。每天，在正常的沐浴结束后进行冷水浴能够提高肝脏里的谷胱甘肽浓度。**经过冷水浴或者在冷水中浸泡一段时间，人体就会以上火的方式升高温度**。北欧各国有一种常见的做法——先在桑拿房里让体温升高，然后在雪地里躺上几分钟。冷热交替也能够有效地刺激大脑释放出热休克蛋白。经常在北大西洋冰冷的海水中进行冬泳的北欧人，无论男女都以精力充沛、头脑健康和长寿而闻名。[38]

用冷水浇头 20 分钟也同样能够刺激大脑释放出热休克蛋白。这种新的治疗方法被称为"低温疗法（冷冻治疗）"。这种治疗方法出现的时间不长，但是在世界各地已经有越来越多的健康机构开始提供这种服务了。

红外光波浴也非常有助于身体排毒，这种疗法所产生的效果近似于热水治疗。在我的健康中心，为了尽可能充分地利用热水疗法，在完成水疗之后我们还要在红外光波浴室里坐 20 ～ 30 分钟，然后再进行一次冷水浴。红外光波浴已经被证明远比传统的高温桑拿更有效。而且，就连年幼的自闭症患者在光波浴室里也能坐得住。

在配合热水治疗或者单独进行的情况下，红外光波浴能够产生三种功效：

- 促进排汗，从而帮助身体排出有害的汞和其他重金属元素。对于体内缺乏谷胱甘肽的儿童和成年人来说，这一点尤其有益。
- 热水治疗诱发的适度发烧现象能够刺激大脑释放出热休克蛋白，让神经和多巴胺功能恢复正常。
- 促进血液循环，从而为大脑输送更多的养分。

另一种治疗方法也能够对人体起到类似的作用，这种治疗方法是日本的科研人员在对热休克蛋白的多种功效进行了研究之后设计出来的。治疗要求患者躺在"生物垫子"上，这种特殊的垫子带有远红外线加热设备，并且带有紫水晶，能够帮助人体温度升高，从而产生低烧效果。[39]

远红外线设备公司和热水浴缸公司都会警告家长不要让孩子接触过高的温度。**但是，没有任何一项研究证明孩子在高温环境下会受到伤害**。但是，迄今为止也没有研究证明高温对儿童是安全的，因此各家公司都不得不采取自我保护措施，以免惹上官司。这些公司都不知道已经有研究证明热水治疗不仅对成年人有效，[40] 对儿童也同样有效。热水对儿童来说是相对安全的，但是在进行热水治疗的过程中，应当有人在旁边进行监督，以确保最高水温能达到 39.4℃，并保护儿童的安全。[41]

降低食物过敏法能够让多动症患者的症状得到彻底的改善

食物过敏和消化问题都会导致大脑出现炎症，大脑的炎症又能够直接对大脑的功能产生抑制作用，而且往往会诱发各种程度的多动症。[42] 在患有自闭症和多动症的儿童中，有将近 90% 的人患有一定程度的慢性肠炎。[13] 食物过敏和消化问题同多动症之间存在着非常直接的关联，因此人们发现剔除某些食物就能够显著地改善多动症患者的病情。

最著名的降低食物过敏法就是"范戈尔德饮食法"，实践证明这种方法的有效率高达 50%。[44] 通过在日常饮食中剔除含有人造色素、人造香精、几种防腐剂、合成甜味剂或者水杨酸（类似于阿司匹林）的食品，范戈尔德饮食法能够取得明显的效果。（美国食品和药物监督管理局列出了 30 多项双盲临床试验证明人造色素和多动症以及相关的一些儿童行为问题之间都存在关联。[45]）糟糕的是，根据这种饮食法，超市里出售的很多食品都不宜于食用。幸运的是，对于几乎所有有问题的食品，我们都能找到安全、天然的替代品。在连续 4 天不食用任何有可能造成问题的食物（见 feingold.org 列出的问题食物清单）后，你可以重新开始食用这些食物，一次测试一种食物，从而找到对你有害的食物。

降低食物过敏法还包括进行食物过敏测试，找到有可能造成多动症的食物。最常见的测试食物都是我们在餐桌上最常见的食物：

（1）小麦面包以及其他麸质食品；
（2）糖以及糖的各种替代品，无论是天然的还是人造的；
（3）玉米尤其是转基因玉米；

（4）经过巴氏消毒处理的乳制品；

（5）大豆，如转基因大豆和未发酵的大豆。

排除了这些食物以及含有人造色素和添加剂的加工食品后，很多儿童的多动症症状立即就消失了。[46] 就像范戈尔德饮食法的做法那样，在连续 4 天不食用这些食物后，对每一种食物进行单独测试，以确定哪种食物会导致你旧病复发。如果某种食物导致你旧病复发，你就必须戒断这种食物至少一段时间。有些人在戒断某种食物 6 个月之后即使少量地食用这种食物，原先的症状也不会复发。

还有一种更严格的降低食物过敏法适用于治疗比较难以治愈的肠道炎症，这就是肠道和心理综合征饮食法。这种饮食法强调的是剔除难以消化、对肠道菌群有害的食物，食用营养密集型的食物，为肠道组织创造自愈和闭合的机会。这种饮食法需要数年的时间才能治愈肠道、帮助肠胃恢复正常的消化功能，但是已经有成千上万的人依靠这套方法摆脱了严重的肠易激综合征（肠躁症）、克罗恩病（节段性肠炎）和其他一些肠道顽疾的折磨。肠道和心理综合征饮食法的设计者娜塔莎·坎贝尔－麦克布莱德博士利用这套方法帮助自己三岁的儿子治愈了自闭症。[47]

用益生菌改善肠道健康和消化问题

让消化功能恢复健康是治疗多动症的重要组成部分。一项对 742 939 名儿童进行的研究发现患有多动症的儿童出现便秘或者腹泻问题的概率比其他儿童高了很多。[48] 肠道健康之所以对大脑维持正常的多巴按功能如此重要是因为要想将氨基酸转化为多巴胺的前体物质蛋白肽，儿童就必须充分消化摄入的蛋白质。**消化功能不健康，大脑就无法获得必需的营养物质**。肠道不健康，消化功能就会受到损害。

此外，如果肠道不健康，肠壁就会向血液中渗透未经消化的蛋白质。一旦进入血液，这些未经消化的微粒就会引发各种炎症。

根据我帮助儿童改善消化功能、消除肠道炎症的经验，并非所有人都必须执行极其严格的饮食方案才能立即见到成效。

有一种方法可以替代严格的降低食物过敏法，这种方法就是直接加强肠道健康、治疗食物过敏症。如果你的儿子最近在服用抗生素，医生很有可能会建议他服用大量的"益生素"（即益生菌，有益细菌的别称），以恢复肠道功能和消化功能。

益生菌的一个天然来源就是发酵食品，例如酸奶和克菲尔饮料（又称为"牛奶酒"，一种牛奶发酵饮料）。数百年来，自然疗法治疗师们一直在推荐人们食用发酵食品，现代医学终于接受了这种观点。在最近十年来，医生们已经认识到了益生菌在保持肠道和大脑健康方面功效强大。[49] **近些年来，最令人兴奋的研究都显示出发酵食品中含有的益生菌能够直接对消化功能产生加强作用，而肠道健康又能够促进大脑功能。**

比如说，有越来越多的证据显示肠道菌群、肠道和中枢神经系统之间存在相互作用的关系，即所谓的"微生物群—脑—肠轴"。近些年来产生的有关益生菌鼠李糖乳杆菌（是目前研究最多、应用最广泛的益生菌菌株）的数据显示这些微生物能够调节大脑分泌化学物质的水平，因此有可能有助于治疗多动症、抑郁症和焦虑症。[50]

益生菌还能够保护身体免受多种有毒物质以及能够抑制肠道、肝脏和大脑功能的食物的影响，这些有害物质和食物都能够引发多动症的不同症状。通过前文我们已经了解到，毒性最大的食物就是转基因大豆和三米、加工过的小麦和麸质制品、经过巴氏消毒的牛奶（相对于生牛奶、黄汩、酸奶、克菲尔饮料、未变性乳蛋白这些容易被消化吸收，且对人体有益的食品来说）。

健康的身体和消化系统能够耐受具有一定毒性的食物，但是这些食物肯定会干扰人体的自愈能力。要想让多巴胺功能恢复正常，在摄入天然产生的益生菌——例如发酵食品中含有的大量益生菌的同时，你最好完全避免或者至少尽量不要接触这些有毒物质。

31. 增强脑力的天然营养物质

很多儿童在改善了消化功能，再加上摄取了一些天然营养物质的几天后，注意力就增强了，情绪也出现了积极的改变。服用营养品意味着你不必等到消化功能彻底康复就有机会让多巴胺功能得到改善。**天然营养物质能够快速补充人体所必需但是由于消化功能受损而无法吸收的营养物质。**

在治疗数千名患有多动症的男孩的过程中，我惊讶地看到天然营养物质、矿物质元素和维生素在彻底改善多动症和多巴胺功能抑制症的很多症状方面具有多么神奇的功效。其中大多数营养物质的功效都充分得到了科学证据的证明。在各地或者网上的保健品商店就能买到这些营养品。下面，我将列出我亲眼见证过的最有效的一些营养物质。在 MarsVenus.com 上，我还针对下文提到的每一种营养物质上传了一段短视频，专门介绍各种营养物质的使用方法。

抗氧化剂

碧萝芷

多巴胺功能抑制症给患者带来的一个大问题就是注意力不足。**增强注意力的一个最简单也是最有效的方法就是摄入天然营养物质碧萝芷。**

碧萝芷是松树皮的天然提取物，作为一种纯天然药物已经被人们用来治疗关节炎 60 多年了。碧萝芷含有一种名为"原花青素"的物质，这种物质是一种超级抗氧化剂，能够缓解关节和大脑的炎症。葡萄籽提取物同样富含原花青素，而且比碧萝芷便宜。

在一项双盲研究中，61 名患有多动症的儿童每天服用 50 毫克碧萝芷，连续服用 4 个星期，结果显示孩子们的多动问题得到了极大的缓解，注意力增强了很多。在服用安慰剂的一组儿童中，没有一个人的病情出现积极的变化。[1]

维生素 C 和维生素 E

原花青素还有助于激活其他抗氧化剂的抗氧化功效。**当原花青素遇到维生素 C 和维生素 E 的时候，这些抗氧化剂的功效能够增强 50 倍**。通过缓解肠道和大脑的炎症，这些抗氧化剂，尤其是一起被摄入的话，有助于治愈大脑。

在另一项研究中，一组患有多动症的儿童按照要求服用利他林或者阿得拉之类的兴奋药物，另一组儿童同时服用维生素 C 和原花青素。两组儿童的症状在短期内都得到了同样的改善，但是服用天然营养物质的那一组没有受到副作用的影响。[2]

高抗氧化复合维生素

富含原花青素和其他抗氧化剂的特殊复合维生素制品也已经被证明能够增强脑力。通过"饮食、锻炼、优秀"计划的落实，安东尼小学的学生亲眼见证了补充营养物质带来的巨大变化。他们不但学到了健康的饮食习惯和锻炼的重要性，而且每天还要服用两片复合维生素咀嚼片。这种维生素片不是普通的维生素片，除了含有各种维生素元素之外，它还独有一种富含上述原花青素之类的抗氧化剂的水果和浆果萃取物。此外，它还含有 500 毫克的 L-牛磺酸（一种氨基酸），这种物质有助于大脑保持多巴胺的分泌水平。[3]

谷胱甘肽

在解决多巴胺功能低下的问题上，功效最强大的抗氧化剂就是我们在前文中介绍过的谷胱甘肽。在视频网站 YouTube 上，你可以亲眼看到这种天然营养物质在治疗帕金森综合征方面发挥的巨大作用。我们已经知道，帕金森综合征正是多巴胺功能受到抑制的极端体现。**仅仅接受一次谷胱甘肽静脉**

注射，重度帕金森综合征患者的症状就能够得到大幅度的减轻。要想观看这段视频，请搜索戴维·珀尔马特（David Perlmutter）在 YouTube 上上传的"帕金森综合征和谷胱甘肽疗法"的视频《用谷胱甘肽治疗帕金森综合征》（Parkinson's-Glutathione Therapy）。[4]

医生会要求患者接受谷胱甘肽静脉注射治疗，但是治疗的结果只是一时的。要想获得长期疗效甚至治愈疾病，你的身体最好能够自动合成谷胱甘肽。每天摄入未变性乳清蛋白有助于身体合成谷胱甘肽。

氨基酸

氨基酸是大脑合成化学物质的前体物质，同时也是像谷胱甘肽一样的抗氧化剂。有了充足的氨基酸，大脑才能得到充分利用，恢复正常的多巴胺功能。

在一项案例研究中，研究人员认可在专业人员的监控下，患者通过 L-酪氨酸、左旋多巴、5 羟色胺酸和 L- 半胱氨酸之类的非处方药补充氨基酸，并且服用复合维生素，结果帕金森综合征不再继续恶化了，而且这些营养物质对患者没有产生副作用，有些患者的症状甚至出现了逆转。[5] **略有改动的另一项实验对多动症的症状也产生了逆转的作用，这表明这种治疗方法有可能会产生胜于处方药的疗效**。[6]

欧米伽 –3

在畅销书《谷物大脑》中，戴维·珀尔玛特医生（上文提到的谷胱甘肽疗法视频正是他上传的）透露了自己治疗多动症症状的方法：让儿童停止食用麸质食品，同时要求他们每天摄入 300 毫克 DHA（二十二碳六烯酸）欧米伽 –3。

单独摄入 DHA 欧米伽 –3 也被证明能够改善学习能力和记忆力、在人体衰老的过程中维持人的正常的认知能力。[7]研究人员同样也发现患有多动症的儿童体内的欧米伽 –3 脂肪酸的含量偏低。[8]

富含欧米伽 -3 的油脂本身就能够促进人体健康，但是有不少研究显示在结合了维生素 C 的情况下，欧米伽 -3 油脂能够发挥出更大的效力。印度的一项研究显示同时摄入亚麻籽油（富含欧米伽 -3）和维生素 C，患有多动症的儿童的症状得到了很大的缓解。[9]

相比用鱼油制成的欧米伽 -3 营养品，亚麻籽油存在的一个问题就是太容易变质。如果你选择植物来源的欧米伽 -3，那么你不妨在早餐的代餐食品中加入亚麻籽和芡欧鼠尾草籽（奇亚籽），以取代油脂胶囊。亚麻籽和奇亚籽不仅富含欧米伽 -3，还有助于平衡血糖，让你的身体保持正常。

一些患有多动症的儿童在摄入了欧米伽 -3 补充品之后症状还是没有减轻，这有可能是由于他们承受的压力水平过高、体重过大或者胰岛素水平过高，因此身体没有能力代谢欧米伽 -3 有益油脂。为了解决这个问题，患者可以服用一两克乙酰左旋肉碱，一种人体代谢脂肪所必需的氨基酸，帮助身体充分利用欧米伽 -3 营养品。[10]

磷脂酰丝氨酸

各种研究发现摄入天然成分的磷脂酰丝氨酸——常见于蛋黄里，不仅可以增强记忆力、改善情绪，还能够缓解多动症的症状。在一项研究中，78 名认知能力轻度受损的老年人分别按照研究人员的要求服用磷脂酰丝氨酸或者安慰剂。6 个月后，服用营养补充品的一组老人的记忆力得到了明显的增强。[11]

同时服用磷脂酰丝氨酸和欧米伽 –3 有可能还会对儿童的多动症和情绪问题的治疗起到辅助作用。在一项类似的研究中，200 名患有多动症的儿童接受了为期 15 周的治疗，按照要求一部分孩子服用了含有磷脂酰丝氨酸和欧米伽 -3 的营养品，一部分孩子服用的是安慰剂。研究显示相比于服用安慰剂的一组儿童，服用营养补充品的儿童的情绪有了明显的改善、多动症的行为也明显减少了。[12]

另一项对 36 名年龄在 4 ～ 14 岁之间的儿童进行的研究显示磷脂酰丝氨酸对多动症症状的疗效超过了医生通常使用的处方药的疗效。参加试验的儿童被随机分成了两组，两组每天分别服用 200 毫克磷脂酰丝氨酸或者安慰剂，连续服用 2 个月。结果，**服用磷脂酰丝氨酸的一组儿童在注意力、多动行为、冲动行为和短期听觉记忆等方面的问题都出现了明显的改善**。[13]

维生素 B$_6$ 和镁

维生素 B$_6$ 和镁都是大脑维持正常的多巴胺功能所必需的物质。大多数患有多巴胺功能抑制症的儿童都存在镁元素不足的问题。

研究人员在 2006 年对 40 名出现多动症临床症状的儿童进行的一项研究显示每天摄入维生素 B$_6$（3 毫克）和镁（30 毫克）、连续服用 2 个月后，这些儿童的多动攻击性行为有所减少，对学习的注意力有所增强了。[14]

营养品的外包装上都写有建议用量。正如前文所述，富含镁元素的泻盐热水浴也能够起到作用。

维生素 B$_{12}$ 和叶酸

大量研究显示维生素 B$_{12}$ 和叶酸都和大脑的正常发育有着直接的关联。医生通常都会要求怀孕期间的女性服用含有维生素 B$_{12}$ 和叶酸的复合维生素，叶酸是合成形式的维生素 B$_9$。

天然形式的维生素 B$_9$（Floate，中文也译作"叶酸"）可以被人体用来制造 DNA 和其他一些基因物质。它还有助于人体保持正常的肾上腺功能和激素的分泌，还能帮助神经系统保持平静。对于大脑的健康生长和发育来说，叶酸具有至关重要的作用，它能够刺激正常的神经活动和大脑功能。

维生素 B$_{12}$ 是人体制造红细胞、利用氧气、恢复精力所必需的物质。同叶酸一样，它也是肾上腺功能和激素分泌保持正常、神经细胞正常发育所必需的物质。而且，它还是人体利用叶酸所必需的物质。

叶酸存在于多叶的绿色植物中，尤其是西兰花、芦笋、菠菜、萝卜叶子，以及各种豆子，尤其是小扁豆。在新鲜的、未经过加工的、有机的上述各种蔬菜中，叶酸的含量尤其高。但是，维生素 B$_{12}$ 基本上只存在于动物组织中，尤其是肝脏、蛋和乳制品中。

患有多动症的儿童通常都存在维生素 B$_{12}$和叶酸不足的问题。这些维生素对于降低血液中同型半胱氨酸的浓度，从而提高谷胱甘肽的浓度非常重要，通过前文我们已经了解到谷胱甘肽能够促进大脑功能和多巴胺功能恢复正常。

有各种各样的研究都显示维生素 B$_{12}$和叶酸营养品无法改善多动症的症状，其原因有可能在于人体需要锂元素将维生素 B$_{12}$和叶酸输送给细胞。[15] 患有多动症的儿童体内的锂含量通常都偏低。根据我治疗儿童的经验，同时摄入维生素 B 和低剂量的乳清酸锂（见下文），情况就完全不一样了，患者的多巴胺功能很快就能够恢复正常。

维生素 D：阳光维生素

一项对 1 331 名患有多动症的儿童和同样数量的正常儿童进行的大型研究证明患有多动症的一组儿童中缺乏维生素 D 的人数多于控制组。[16]

在新西兰的一项研究中，参加试验的 80 名成年多动症患者的体内都严重缺乏维生素 D，**通过补充维生素 D，他们的症状都有所减轻了。**[17] 还有一项研究显示，在美国日光比较充足的地区，多动症的发病率比较低。（晒太阳能够提高人体内维生素 D 的含量。）[18]

维生素 D 还能够促进一种酶（谷氨酰转肽酶）的合成，这种酶能够增强谷胱甘肽的合成，从而对大脑的健康起到保护作用。[19] 维生素 D 还能够调节大脑内酪氨酸的合成，而酪氨酸又能转化为多巴胺。[20] 除非身体能够合成足够的酪氨酸，否则大脑就无法分泌出足够的多巴胺。要想让多巴胺的分泌达到足以唤醒大脑、提高个体积极性的水平，你就必须服用一定量的维生素 D 补充品，或者至少充分地晒晒太阳。

铁元素补充剂

有研究显示缺铁有可能是儿童患上多动症的一个原因。在一项对患有多动症的儿童进行的研究中，23 名儿童每天服用 80 毫克铁元素补充剂、连续服用 3 个月，结果他们的症状都有所缓解了；在服用安慰剂的控制组中，没有一个人的症状得到缓解。[21]

截至目前，已经有 40 多项研究直接证明缺铁引起的贫血会对多巴胺功能造成损害，神经功能和行为发育也会受到损害，而且会出现精力衰退、认知能力减弱、睡眠不规律等症状。[22] 法国于 2004 年对患有多动症的儿童进行的一项研究显示在患有多动症的儿童中，有 84% 的人体内的铁含量异常低。铁缺乏症最严重的儿童在注意力、冲动和多动等方面的情况也是最严重的。[23]

服用铁元素营养品时应当十分小心，因为铁元素过多会产生毒性。要想摄入安全、纯天然的铁元素，你可以试着每天吃少量的糖浆。吃有机糖浆富含铁元素和其他一些矿物质元素，一调羹糖浆中仅含有一茶匙半的糖分。你可以在吃早餐的时候给代餐奶昔中加入一些糖浆。

锌

锌是输送大脑分泌的多巴胺所必需的矿物质，大脑里的每一个神经元都有一个锌受体，有了锌，大脑才能维持正常的功能。美国的很多研究都提供了证据证明多动症患儿体内的锌含量低于正常值。[24]

一些研究显示锌元素营养品能够增强利他林和哌甲酯制剂之类的多动症药物的功效。[25] 在服用利他林的同时服用锌元素营养品，减少利他林的剂量仍然能够产生同样的疗效。但是，科学界尚未证实单独服用锌元素营养品就能够改善多动症的症状，除了在居民疑似普遍缺锌的中东各国。**在全世界锌水平最低的地区，多动症患者在补充了锌元素之后症状的确有所减轻了。**[26] 缺锌的多动症患者已经显示出锌元素营养品即使不能缓解多动症的症状，至少也能够改善多巴胺功能。[27]

如果锌水平偏低，男孩会比女孩更容易受到伤害，因为男孩会分泌更多的睾酮，因此体内的锌会被消耗殆尽。我亲眼见证了同时服用锌元素营养品和乳清酸锂（见下文）之后，男孩的冲动行为明显减少了。

在一项对动物进行的实验中，研究人员发现单独用锂进行治疗就能提高多巴胺的分泌水平，但是神经传递物质血清素和乙酰胆碱没有增加。血清素有助于大脑放松下来，修复多巴胺受体的功能；乙酰胆碱有助于提高记忆力。**同时补充锌和锂基本上能够明显增强短期记忆力、改善认知功能**。在用锂元素对患者进行治疗的同时补充锌元素，合成乙酰胆碱所必需的酶就会增多，同时多巴胺和血清素也会有所增多。[28]

矿物质为什么如此重要

在我推荐的所有营养品中，能够和乳清酸结合的矿物质，例如乳清酸镁对多动症的治疗效果最突出，而且起效最快。**大脑和身体的所有功能都需要矿物质的支持，而且矿物质属于一次性消耗品**。比如说，从规律的肠道运动、肌肉放松到燃烧脂肪等 300 多种人体功能都依赖于镁元素。一旦被派上用场，矿物元素就会被消耗殆尽，我们就需要摄入更多的矿物元素。

我们能够通过食物摄取矿物质，但是我们的身体无法加工、合成矿物质，也无法对其进行回收利用。我们依赖于食物获得身体必需的矿物质。现代农业耕作方式和快餐食品的加工方式都造成了食品中矿物成分含量不足的问题，因此我们需要某种形式的矿物质营养品。

没有足够的矿物质，大脑就无法发挥正常的功能。矿物质是大脑制造和利用各种化学物质所不可缺少的物质。为汽车补充燃料可以充分说明矿物质的重要性。即使你的车毫无问题，只要缺少了燃料，它就无法运转。同样地，大脑可能完全正常，但是一旦矿物质被耗尽，它就会停止工作，无法发挥它原有的功能。

一旦身体缺少了必要的矿物质，有些孩子的情绪就会极度不稳定，这种症状往往会被诊断为双相情感障碍。如果车的马力比较大，燃料消耗的速度也就比较快。同样的，如果你拥有天才的大脑，你就需要更多的"燃料"，因为天才的大脑运转得更快，会发生更多的活动，而这些活动都需要"燃料"的支持。考虑到这一点，一项对 70 多万名学生进行的研究所得到的结论就不难理解了。根据这项研究，学习成绩拔尖的学生患上双相情感障碍的概率比中等成绩的学生高了 3 倍。[29] **亚里士多德说过："凡是伟大的天才都有着疯**

狂的一面。"

在矿物质和谷胱甘肽的共同作用下，大脑就能够恢复正常的多巴胺功能了。要想让大脑功能保持最佳状态，碱化的矿物质镁、钙、钾、锌和锂都是最重要的物质。在这些矿物质同维生素 D、欧米伽 -3 和维生素 K（有机黄油和绿色蔬菜）的共同作用下，大脑就能够放松下来，同时恢复正常的多巴胺功能。

在这些矿物质中，对患有多巴胺功能抑制症的儿童最有效的就是锂。锂能够直接保护脑细胞不受到有毒物质的压迫，合成出催产素（"拥抱荷尔蒙"），从而帮助个体提高社交技能。它还能够保护大脑不受到谷氨酸钠之类的兴奋性毒素的伤害，预防大脑萎缩，保护肝脏不受到伤害，保护脑神经不受到汞、铅、铝和镉这些重金属的伤害，帮助受伤的脑细胞修复，甚至能够促进脑细胞的增殖。[30、31、32、33、34]

如果在压力、愤怒、哭泣、碳酸饮料、甜食、薯片、电子游戏、兴奋药物之类的刺激下，多巴胺的分泌水平有所提高，人体内的锂就会被消耗完。[35]如果大脑经常受到强烈刺激、多巴胺分泌水平经常偏高的话，锂就会彻底被耗尽了。

锂元素功效强大，因此会被用来治疗多种精神疾病。《纽约时报》刊登过一篇意见性文章，文章的作者是一位精神病医生及教授，他甚至提出所有人都能够通过服用少量锂元素营养品缓解压力。[36]

锂元素和其他矿物质营养品的主要问题在于大多数矿物质营养品不会也无法通过血—脑屏障向大脑输送矿物质。如果我们吃下的食物中含有大量矿物质，它们就能够通过血液的保护屏障，进入大脑。只有一种特殊的矿物质营养品能够通过血—脑屏障向大脑输送矿物质。

著名的另类医学实践者汉斯·涅珀博士擅长的领域是利用矿物质输送系统治疗癌症、多发性硬化症和其他一些重症，他找到了一种让矿物质有效、快速地被输送给大脑的方法。他的方法就是将矿物质和乳清酸（在母乳和乳清蛋白中的含量比较高）结合起来，从而培养出了一种新的输送系统。普通的矿物质营养品都是将矿物质同碳酸盐、柠檬酸盐、磷酸盐、抗坏血酸盐、氯化物和其他一些类似的化合物结合起来，**同乳清酸结合的矿物质能够畅行无阻地通过血—脑屏障，向大脑输送矿物质。**我亲眼看到在将这种矿物质乳

清酸同欧米伽 -3 脂肪、维生素 B 还原辅酶Ⅰ一起服用仅仅数天后，许多儿童的大脑功能就得到了改善。这些矿物质乳清酸是培养超级大脑的超级矿物质。

乳清酸锂：被误解的矿物质

在涅珀博士的许多新发现中就包括一种新形式的矿物质锂。他发现在患者摄入充足营养物质的情况下，乳清酸锂对抑郁症、偏头痛和双相情感障碍都能够产生疗效，而且不会产生副作用。我还发现这种矿物质在治疗多动症方面也同样有效。**如果配合上其他矿物质乳清酸，每日服用乳清酸锂就能够帮助所有人减轻压力、维持积极的情绪。**

根据我的经验，少量乳清酸锂对患有多动症的儿童来说是最重要的营养品。在过去的 15 年里，我一直在大胆地提倡服用乳清酸锂；在过去的 5 年里，越来越多的医生意识到了这种化合物的重要性，并且开始向患者推荐。

锂是一种天然矿物质，不是药物。数千年来，世界各地的原住民都会大批涌向富含硫黄或者锂的温泉，治疗疾病。美洲土著造访佐治亚州的里特亚温泉、治疗各种疾病地区的历史已经长达 5000 年之久了。**很受欢迎的柠檬味碳酸饮料"七喜"在 1929 年刚刚被投放进市场的时候还含有柠檬酸锂，直到 1950 年的时候还含有锂**，在那一年锂的销售开始被制药公司控制住了。

乳清酸锂以治疗抑郁症闻名，其实在治疗多动症方面它也是一种必不可少的矿物质。它有助于治愈并激活大脑中受伤的多巴胺受体部位。在大脑中受伤的多巴胺神经元康复后，继续服用乳清酸锂还有助于大脑保持最佳功能。一些医生表示自己利用少量乳清酸锂成功地帮助患者减缓了阿尔茨海默病的恶化速度。[37]

尽管医学界已经开始用锂治疗各种疾病，但是大多数医生还是不知道少量乳清酸锂对成年人和儿童都完全无害，属于非处方药，不会产生副作用，只会产生有益的作用。乳清酸锂鲜为人知，这是因为它属于最廉价的营养品，因此没有大众市场。因为它是纯天然的物质，因此，没有人能为它申请专利。

你之所以没有听说过乳清酸锂这种物质的存在有可能还有另外一个原因——近 50 年来它的近亲碳酸锂一直被医生用来治疗抑郁症和双相情感障

碍，但是疗效并不显著。用碳酸锂而不是乳清酸锂进行治疗，药物会对患者产生各种副作用，包括体重增加、疲倦。碳酸锂具有毒性，因为要想产生疗效，患者服用的剂量就必须远远高于服用乳清酸锂时的剂量。

医生都非常重视患者碳酸锂的摄入量，因为他们要求患者服用的剂量都非常大，能够对人体产生毒性，往往比乳清酸锂的建议用量高出百倍。正是由于医学界广泛使用碳酸锂，很多人才会误以为乳清酸锂也是一种有害的精神药物。正是由于这种误解，人们才会对乳清酸锂望而却步。结果，大多数健康食品商店都不会销售这种营养品。

碳酸锂和乳清酸锂的主要区别就在于，要想通过血—脑屏障，碳酸锂的剂量就必须达到对人体有害的程度，而乳清酸锂只需要很少的剂量就能够轻松通过这道屏障。这个区别很重要。碳酸锂能够缓解抑郁症和焦虑症的症状，但是患者的正常新陈代谢功能必然会受到损害；乳清酸锂只需很少的剂量就能够发挥作用，不会对人体产生毒性。我在前文中阐述过，在结合了锌、钙、镁和钾的情况下，乳清酸锂能够将效力发挥到最大值。

所有有益于人体的矿物质一旦摄入过量就都有可能产生毒性。钾摄入过量会诱发心脏病；镁过量会诱发腹泻；盐过量会造成体内水分潴留和心脏病；铜过量会诱发过敏；钙过量会诱发关节炎；硒过量会导致神经受损；锂过量则会导致代谢速度减慢、诱发肾脏疾病。

今天，很多从事整体医疗的医生都不再向患者推荐剂量足以产生毒性的碳酸锂了，而是开始推荐没有毒副作用、剂量很小的乳清酸锂。在其他乳清酸矿物质和营养品的配合下，乳清酸锂能够成功地对抑郁症、双相情感障碍和多动症患者产生疗效，而且不会产生副作用。

抗抑郁药物只能抑制抑郁症，兴奋药物只能暂时缓解多动症，而乳清酸锂却能够以天然的作用方式治愈情绪问题。比如说，当我们遭受损失、陷入抑郁的时候，哀伤的过程非常重要。服用乳清酸锂不会抑制我们因为损失而产生的痛苦；相反，它会帮助大脑合成或者分泌健康的神经传递素，从而减轻我们承受的压力、加速我们对痛苦情绪的消化。**在陷入抑郁或者压力增强的时候，你必须略微加大乳清酸锂的摄入量，因为这时你体内的锂比平时消耗得快一些**。

控制乳清酸锂的摄入量不难，因为它的效果是立竿见影的，每天最多服用 6 粒小小的胶囊。对于成年人来说，有效的摄入剂量为每日 1 ～ 6 粒胶囊；儿童需要将剂量减半，每日 1 ～ 3 粒。每一粒胶囊含有 4.5 ～ 4.8 毫克锂，其余部分都是乳清酸。

儿童服用剂量总的原则为每日 1 ～ 3 粒胶囊，具体剂量因人而异，有些男孩需要的剂量稍微大一些，有些男孩则小一些。如果 1 ～ 3 粒乳清酸锂相对来说比较低的剂量没有产生预期的效果，患者就必须同时服用其他营养品。剂量并非越大越好。再说一遍：所有的矿物质营养品一旦摄入过量都会产生毒性。只要摄入剂量不会对人体产生危害，那么锂就可以说是治疗多动症的天然疗法中的"超级巨星"。[38]

在过去的 15 年里，我一直在向许许多多的读者、学习班的学员、接受咨询的顾客、患有自闭症的儿童、访问 MarsVenus.com 的互联网用户介绍推广乳清酸锂，为这种矿物质的疗效提供证明。迄今为止，我针对这个问题在 YouTube 上发布的 3 段视频已经有 60 多万人次观看过了。许多人都向我提供了积极的反馈意见，我只听到了一个个成功的案例，从未听到有人反应乳清酸锂对自己产生了不良的副作用。

乳清酸锂在我自己的营养摄入名单上也永远排在第一位。15 年来，我几乎每天都要服用一粒含有乳清酸锂的超级矿物元素胶囊。偶尔有几天没有服用，我就会发现我的压力水平升高了。

当然，乳清酸锂对有些人的效果比较好，对有些人却不太理想，效果的好坏取决于个体摄入其他营养物质的状况。**对于多动症、焦虑症和抑郁症患者来说，仅仅摄入乳清酸锂是不够的**。但是，如果加上健康的饮食结构和其他有益的营养品，情况就完全不同。

一开始，很多家长都不愿接受自己服用或者让孩子服用乳清酸锂的建议。有些人会说，"我不知道。锂应该是疯子吃的东西吧"，或者，"这是一种危险的药物吧"。没错，乳清酸锂非常有效，因此能够帮助"疯子"缓解病情。但是，它也能够帮助我们降低压力水平、提高睡眠质量、保护脑细胞不受到有毒物质的伤害、促进血清素的合成、改善多巴胺功能、增强注意力、平复情绪，甚至能够刺激脑细胞的生长。**乳清酸锂的功效非常好**。它不是药物，而是一种极其重要的矿物质，对所有人都是有益的。我们应当像服用钙、镁和维生素 C 一样，服用乳清酸锂。

矿物质对所有人都有益

15 年来，我一直在向人们推荐乳清酸锂以及其他乳清酸矿物质，在这 15 年里我收到了很多来自青少年和家长的积极反馈，他们都认为在摄入了乳清酸矿物质仅仅几天后，他们自己或者他们的孩子就立即产生了"哇！"的感觉。即使你的饮食结构非常健康，多动症或者其他疾病为你的大脑带来的过大压力还是会消耗尽你体内储备的矿物质。对所有人来说，摄入矿物质都有助于控制压力。

在一场非常重要的专题讲话结束后，我连续站了 5 个钟头为读者签名、倾听他们通过我撰写的有关两性关系的作品获得的有益帮助。排队等待签名和交谈的读者中，有超过一半的人主要向我表达的观点都是我在几本书里和 MarsVenus.com 上推荐的乳清酸矿物质对他们以及他们的家人起到了帮助作用。

作为一名致力于改善沟通方式、育儿方法和两性关系的作家及领军人物，我知道培养新的交往技能有多么重要。但是，充足的营养，尤其是矿物质的帮助也同样重要。在我日常进行的咨询工作中，我的顾客常常告诉我摄入这些特殊的矿物质让他们的情绪和精力状况都有了极大的改善和提升，这样一来，他们也就非常容易和他人建立充满爱意、相互帮助和令人满意的关系了。

借助经过预消化并且营养丰富的超级代餐蛋白奶昔、乳清酸矿物质和其他几种营养品，我协助很多家长成功地帮助他们的孩子改善了精神状态，不再服用医生开出的兴奋药物治疗多动症了。**并非每一个孩子在坚持这套养生法的过程中都停用兴奋药物，但是他们的精神状态会得到改善**。家长们表示，在摄入了这些营养物质仅仅几天后，他们的孩子就不再那么容易分散注意力、产生对抗行为、情绪波动不定了，他们变得专注了，有合作精神了，比以前开心了。

治愈大脑

治愈大脑是一个庞大复杂的系统工程。我撰写《男孩危机》第六部分的目的就是为了给读者提供一些切实可行的选择。了解了多巴胺功能抑制症——造成多动症的大脑疾病——的不同成因，你就具备了必要的知识储备，就能够为你自己或者你的家人选择最适宜的天然疗法了。

天然疗法的一大好处就是不会产生消极的副作用。使用天然疗法最差也只是没有效果。如果一种疗法不见效，你还可以试一试另外一种疗法。**这不是一条轻松的坦途，但是现在你已经有了必要的知识储备，最终肯定能找到对你有用的疗法**。永远记住一点：在这条路上，你不是一个人。

请跟我们分享你的成功经历。通过 MarsVenus.com 获得生活和爱情方面切实可行的建议，分享你在天然疗法方面的经验。你的成功经历将会激励其他人找到适合自己的治疗方法。祝愿你和你的家人终生健康、幸福、永远相亲相爱。

第六部分注释

27. 新的神经危机

1. Key findings to "Trends in the Parent-Report of Health Care Provider-Diagnosis and Medication Treatment for ADHD: United States, 2003 - 2011," Centers for Disease Control and Prevention (CDC), last updated September 7, 2017, https://www.cdc.gov/ncbddd/adhd/features/key-findings-adhd72013.html.

2. Alex Johnson, "Half of College Students Consider Suicide," NBC News, August 18, 2008, http://www.nbcnews.com/id/26272639/ns/health-mental_health/t/half-college-students-consider-suicide.

3. "Teen Suicide Statistics," TeenSuicide.us, accessed October 17, 2017, http://www.teensuicide.us/articles1.html.

4. "Data & Statistics," Autism Spectrum Disorder (ASD), CDC, last updated July 11, 2016, http://www.cdc.gov/ncbddd/autism/data.html.

5. Meredith Melnick, "Developmental Disabilities, Including Autism and ADHD,Are on the Rise," *Time*, May 23, 2011, http://healthland.time.com/2011/05/23/developmental-disabilities-including-autism-and-adhd-are-on-the-rise.

6. Marcus A. Winters and Jay P. Greene, "Leaving Boys Behind: Public High School Graduation Rates," Manhattan Institute, April 18, 2006, https://www.manhattan-institute.org/html/leaving-boys-behind-public-high-school-graduation-rates-5829.html.

7. Tamar Lewin, "At Colleges, Women Are Leaving Men in the Dust," *New York Times,* July 9,2006, http://www.nytimes.com/2006/07/09/education/09college.html.

8. "Autism Prevalence Now 1 in 88 children, 1 in 54 boys," National Autism Association,accessed October 17, 2017, http://nationalautismassociation.org/autism-prevalence-now-1-in-88-children-1-in-54-boys.

9. "Facts About Autism," Autism Speaks, accessed October 17, 2017, https://www.autismspeaks.org/what-autism/facts-about-autism.

10. "Facts About ASD," ASD, CDC, last updated March 28, 2016, https://www.cdc.gov/ncbddd/autism/facts.html.

11. "Basic Information," Attention-Deficit / Hyperactivity Disorder (ADHD), CDC, last updated May 31, 2017, https://www.cdc.gov/ncbddd/adhd/facts.html.

12. Brenda Patoine, "What's the Real Deficit in Attention Deficit/Hyperactivity Disorder?" Dana Foundation, August 31, 2010, http://dana.org/News/Details.aspx?id=43498.

13. Larry Silver, "When It's Not Just ADHD," *ADDitude*, accessed October 17, 2017, http://www.additudemag.com/adhd/article/774.html

14. Darin D. Dougherty et al., "Dopamine Transporter Density in Patients with Attention Deficit

Hyperactivity Disorder," *Lancet* 354 (December 1999): 2132-2133, doi:10.1016/S0140-6736(99)04030-1.

15. Wendy Richardson, "The Link Between ADHD & Addiction," ADD and Addiction, accessed October 17, 2017, http://www.addandaddiction.com/?p=2014.

16. Bryon Adinoff, "Neurobiologic Processes in Drug Reward and Addiction," *Harvard Review of Psychiatry* 12, no. 6 (2004): 305-320, doi:10.1080/10673220490910844.

17. Roy A. Wise, "Dopamine and Reward: The Anhedonia Hypothesis 30 years on," *Neurotoxicity Research* 14, nos. 2-3 (2008): 169-183, doi:10.1007/BF03033808.

18. "Low Dopamine Levels: Symptoms & Adverse Reactions," *Mental Health Daily* (blog), accessed October 17, 2017, http://mentalhealthdaily.com/2015/04/02/low-dopamine-levels-symptoms-adverse-reactions.

19. Michael Y. Aksenov et al., "Cocaine-Mediated Enhancement of Tat Toxicity in Rat Hippocampal Cell Cultures: The Role of Oxidative Stress and D1 Dopamine Receptor," *NeuroToxicology* 27, no. 2 (2006): 217-228, doi:10.1016/j.neuro.2005.10.003.

20. Doron Merims and Nir Giladi, "Dopamine Dysregulation Syndrome, Addiction and Behavioral Changes in Parkinson's Disease," *Parkinsonism & Related Disorders* 14, no. 4 (2008):273-280, doi 10.1016/j.parkreldis.2007.09.007.

21. Ellen Littman, "Never Enough? Why Your Brain Craves Stimulation," *ADDitude,* accessed October 17, 2017, http://www.additudemag.com/adhd/article/12324.html.

22. "Basic Information," ADHD, CDC, May 31, 2017.

23. Åse Dragland, "Risky Young Drivers Are Highly Emotional," *ScienceNordic,* April 6, 2014, http://sciencenordic.com/risky-young-drivers-are-highly-emotional.

24. "Brain Chemical Makes Us More Impulsive," Health, *Live Science,* June 29, 2010, http://www.livescience.com/6645-brain-chemical-impulsive.html.

25. Karen Hopkin, "Musical Chills Related to Brain Dopamine Release," *Scientific American,* January 9, 2010, transcript and audio, https://www.scientificamerican.com/podcast/episode/musical-chills-related-to-brain-dop-11-01-09.

26. Crystal A. Clark and Alain Dagher, "The Role of Dopamine in Risk Taking: A Specific Look at Parkinson's Disease and Gambling," *Frontiers in Behavioral Neuroscience* 8 (2014): 196, doi:10.3389/fnbeh.2014.00196.

27. Nicole M. Avena, Pedro Rada, and Bartley G. Hoebel, "Evidence for Sugar Addiction: Behavioral and Neurochemical Effects of Intermittent, Excessive Sugar Intake," *Neuroscience & Biobehavioral Reviews* 32, no. 1 (2008): 20-39, doi:10.1016/j.neubiorev.2007.04.019.

28. Pedro Rada, Nicola M. Avena, and Bartley G. Hoebel, "Daily Bingeing on Sugar Repeatedly Releases Dopamine in the Accumbens Shell," *Neuroscience* 134, no. 3 (2005): 737-744, doi:10.1016/j.neuroscience.2005.04.043.

29. Jens C. Pruessner et al. "Dopamine Release in Response to a Psychological Stress in Humans and Its Relationship to Early Life Maternal Care: A Positron Emission Tomography Study Using [11C]Raclopride," *Journal of Neuroscience* 24, no. 11 (2004): 2825-2831, doi:10.1523/JNEUROSCI.3422-03.2004.

30. Eugene Sheely, "The Winner Effect: How Success Affects Brain Chemistry," *Gamification* (blog), February 21, 2014, http://www.gamification.co/2014/02/21/the-winner-effect.

31. Scott Edwards, "Love and the Brain," *On the Brain,* And the Brain, accessed October 17, 2017, http://neuro.hms.harvard.edu/harvard-mahoney-neuroscience-institute/brain-newsletter/and-brain-series/love-and-brain.

32. Belle Beth Cooper, "Novelty and The Brain: Why New Things Make Us Feel So Good," Lifehacker, May 23, 2013, http://lifehacker.com/novelty-and-the-brain-why-new-things-make-us-feel-so-g-508983802

33. Jason Zweig, "Your Money and Your brain: Humankind Evolved to Seek Rewards and Avoid Risks but Not to Invest Wisely," CNNMoney, August 23, 2007, http://money.cnn.

com/2007/08/14/pf/zweig.moneymag/?postversion=2007082313.

34. M. J. Koepp, "Evidence for Striatal Dopamine Release During a Video Game," *Nature* 393 (1998): 266 – 268, doi:10.1038/30498.

35. Daniel Siegel, "Dopamine and Teenage Logic," *Atlantic,* January 24, 2014, https://www.theatlantic.com/health/archive/2014/01/dopamine-and-teenage-logic/282895.

36. David J. Linden, "Video Games Can Activate the Brain's Pleasure Circuits," *Psychology Today,* October 25, 2011, https://www.psychologytoday.com/blog/the-compass-pleasure/201110/video-games-can-activate-the-brains-pleasure-circuits-0.

37. Sheely, "Winner Effect."

38. Jules Standish, "Colours to Boost Your Mood! Don't Be Scared to Clash," Daily Mail, December 8, 2014, http://www.dailymail.co.uk/femail/article-2864623/Colours-boost-mood-Dontscared-clash-scientists-brighter-clothes-make-happier.html.

39. Donald L. Hilton Jr., "Pornography Addiction: A Supranormal Stimulus Considered in the Context of Neuroplasticity," *Socioaffective Neuroscience & Psychology* 3 (2013): 20767:doi:10.3402/snp.v3i0.20767.

40. Luke Gilkerson, "Brain Chemicals and Porn Addiction: Science Shows How Porn Harms Us," Covenant *Eyes* (blog), February 3, 2014, http://www.covenanteyes.com/2014/02/03/brain-chemicals-and-porn-addiction.

41. Scicurious [Bethany Brookshire], "Stressed Out and Not Thinking Straight? Blame Dopamine Release in Your Prefrontal Cortex," Neurotic Physiology(blog), December 5, 2012, http://scicurious.scientopia.org/2012/12/05/stressed-out-and-not-thinking-straight-blame-the-dopamine-in-your-prefrontal-cortex.

42. Scicurious, "Stressed Out?"

43. Annemoon M. M. van Erp and Klaus A. Miczek, "Aggressive Behavior, Increased Accumbal Dopamine, and Decreased Cortical Serotonin in Rats," *Journal of Neuroscience* 20, no. 24 (2000): 9320 – 9325, http://www.jneurosci.org/content/jneuro/20/24/9320.full.pdf.

44. Eliza Barclay, "Why Sugar Makes Us Feel So Good," *The Salt* (blog), NPR, January 16, 2014, http://www.npr.org/sections/thesalt/2014/01/15/262741403/why-sugar-makes-us-feel-so-good.

45. Marcello Solinas et al., "Caffeine Induces Dopamine and Glutamate Release in the Shell of the Nucleus Accumbens," *Journal of Neuroscience* 22, no. 15 (2002): 6321 – 6324, https://pdfs.semanticscholar.org/0d8d/1cc8d5af8e80b44ed98cc59123cfe0dc760a.pdf.

46. David J. Linden, "Exercise, Pleasure and the Brain: Understanding the Biology of 'Runner's High,'" *Psychology* Today, April 21, 2011, https://www.psychologytoday.com/blog/the-compass-pleasure/201104/exercise-pleasure-and-the-brain.

47. Kara Gavin, "Pleasure and Pain: Study Shows Brain's "Pleasure Chemical" Is Involved in Response to Pain, Too," *University of Michigan News,* October 25, 2006, http://www.ns.umich.edu/new releases/1003-pleasure-and-pain-study-shows-brains-q-pleasure-chemicalq-isinvolved-in-response-to-pain-too.

48. Mary-Frances O'Connor et al., "Craving Love? Enduring Grief Activates Brain's Reward Center," *Neuroimage* 42, no. 2 (2008): 969 – 972, doi:10.1016/j.neuroimage.2008.04.256.

49. O'Connor, "Craving Love?"

50. Compound F, "PTSD: Rewards of Stress, the Rush of War, & Drug Abuse: Part 1," *Daily Kos*(blog), June 25, 2007, http://www.dailykos.com/story/2007/6/24/350260/-.

51. Dana Dovey, "Alcohol Addiction Affects Dopamine Levels in Brain, Making It Harder to Catch a Buzz, Easier to Relapse," *Medical Daily,* March 4, 2016, http://www.medicaldaily.com/alcohol-addiction-dopamine-levels-376577.

52. Jun Chen, Christophe Wersinger and Anita Sidhu, "Chronic Stimulation of D1 Dopamine Receptors in Human SK-N-MC Neuroblastoma Cells Induces Nitric-oxide Synthase Activation and Cytotoxicity," Journal of

Biological Chemistry 278, no. 30 (2003): 28089 - 28100, doi:10.1074/jbc.M303094200.

53. Kris Gunnars, "How Sugar Hijacks Your Brain and Makes You Addicted," *Authority Nutrition* (blog), Healthline, January 26, 2013, https://authoritynutrition.com/how-sugar-makes-you-addicted.

54. Pamela Spann, "The Negative Effects of High-Stakes Testing" (course paper, Education Law and Policy, Loyola University, 2015), http://www.luc.edu/media/lucedu/law/centers/childlaw/childed/pdfs/2015studentpapers/Spann.pdf.

55. "Data & Statistics," ADHD, CDC, last updated October 12, 2017, https://www.cdc.gov/ncbddd/adhd/data.html.

56. Christ Woolston, "Kids, Soda, and Obesity," Health Day, last updated January 20, 2017, https://consumer.healthday.com/encyclopedia/food-and-nutrition-21/food-and-nutritionnews-316/kids-soda-and-obesity-644731.html.

57. Fran Kritz, "What You Don't Know Unless You've Been There: Heroin," Heroin.Addiction.com, August 5, 2015, https://www.addiction.com/12360/what-you-dont-know-unless-youve-been-there-heroin.

58. Compound F, "PTSD: Rewards of Stress".

59. Tony Cox, "Brain Maturity Extends Well Beyond Teen Years," interview with Sandra Aamodt, *Tell Me More*, October 10, 2011, transcript, Brain Candy, NPR, http://www.npr.org/templates/story/story.php?storyId=141164708.

60. Alan Schwarz and Sarah Cohen, "A.D.H.D. Seen in 11% of U.S. Children as Diagnoses Rise," Health, *New York Times*, March 31, 2013, http://www.nytimes.com/2013/04/01/health/morediagnoses-of-hyperactivity-causing-concern.html.

61. L. Alan Sroufe, "Ritalin Gone Wrong," *New York Times*, January 28, 2012, http://www.nytimes.com/2012/01/29/opinion/sunday/childrens-add-drugs-dont-work-long-term.html.

62. Jason Yanofski, "The Dopamine Dilemma—Part II," *Innovations in Clinical Neuroscience* 8, no. 1 (2011): 47 - 53, https://www.ncbi.nlm.nih.gov/pmc/articles/PMC3036556.

63. T. E. Robinson and B. Kolb, "Structural Plasticity Associated with Exposure to Drugs of Abuse," *Neuropharmacology* 47, suppl. 1 (2004): 33 - 46, doi:10.1016/j.neuropharm.2004.06.025.

64. Peter W. Kalivas, Nora D. Volkow, and J. Seamans, "Unmanageable Motivation in Addiction:A Pathology in Prefrontal-Accumbens Glutamate Transmission," *Neuron* 45, no. 5 (2005):647 - 650, doi:10.1016/j.neuron.2005.02.005.

65. Yong Li and Julie A. Kauer, "Repeated Exposure to Amphetamine Disrupts Dopaminergic Modulation of Excitatory Synaptic Plasticity and Neurotransmission in Nucleus Accumbens," *Synapse* 51, no. 1 (2003):1 - 10, doi:10.1002/syn.10270.

66. Jason Yanofski, "The Dopamine Dilemma—Part II," *Innovations in Clinical Neuroscience* 8, no.1 (2011): 47 - 53, https://www.ncbi.nlm.nih.gov/pmc/articles/PMC3036556.

67. Gene-Jack Wang et al., "Long-Term Stimulant Treatment Affects Brain Dopamine Transporter Level in Patients with Attention Deficit Hyperactive Disorder," *PLOS ONE* 8, no. 5(2013): e63023.

68. Sroufe, "Ritalin Gone Wrong."

69. Yanofski, "Dopamine Dilemma—Part II."

70. Preussner et al., "Dopamine Release."

71. Jim Schnabel, "Dopamine Linked to 'Anxious' Amygdalas," Dana Foundation, December 31, 2008, http://www.dana.org/News/Details.aspx?id=42898.

72. Albert-Ludwigs-Universität Freiburg, "Sensory Stimuli Control Dopamine in the Brain," *ScienceDaily*, January 13, 2017, https://www.sciencedaily.com/releases/2017/01/170113093358.htm.

73. D. J. Diehl and S. Gershon, "The Role of Dopamine in Mood Disorders," *Comprehensive Psychiatry* 33, no.

2 (1992): 115 - 120, doi:10.1016/0010-440X(92)90007-D.

74. Adam Hadhazy, "Fear Factor: Dopamine May Fuel Dread, Too," Scientific American, July 14, 2008, https://www.scientificamerican.com/article/fear-factor-dopamine.

75. Barclay, "Why Sugar Makes Us Feel So Good."

29. 多动症的诸多诱因

1. Zeyan Liew et al., "Acetaminophen Use During Pregnancy, Behavioral Problems, and Hyperkinetic Disorders," *JAMA Pediatrics* 168, no. 4 (2014): 313 - 320, doi:10.1001/jamapediatrics.2013.4914.

2. Susan Scutti, "Acetaminophen Use During Pregnancy May Increase Risk of Hyperactivity in Kids," CNN, August 15, 2016, http://www.cnn.com/2016/08/15/health/acetaminophen-pregnancy-kids-adhd.

3. T. Rousar, "Glutathione Reductase Is Inhibited by Acetaminophen-Glutathione Conjugate in Vitro," *Physiological Research* 59, no. 2 (2010): 225 - 232, pmid:19537930.

4. Paavo O. Airola, *How to Get Well* (Phoenix, AZ: Health Plus, 1980), 237.

5. Amanda Chan, "Fever Increases Immune System Defense, Study Shows," *Huffington Post*, November 4, 2011, http://www.huffingtonpost.com/2011/11/03/fever-immune-systemcells_n_1074445.html.

6. William Shaw, "Evidence that Increased Acetaminophen Use in Genetically Vulnerable Children Appears to Be a Major Cause of the Epidemics of Autism, Attention Deficit with Hyperactivity, and Asthma," *Journal of Restorative Medicine* 2, no. 1 (2013): 14 - 29, doi:10.14200/jrm.2013.2.0101.

7. Olivia Dean et al., "A Role for Glutathione in the Pathophysiology of Bipolar Disorder and Schizophrenia? Animal Models and Relevance to Clinical Practice," *Current Medicinal Chemistry* 16, no. 23 (2009): 2965 - 2976, doi:10.2174/092986709788803060.

8. William M. Johnson, Amy Wilson-Delfosse, and John J. Mieyal, "Dysregulation of Glutathione Homeostasis in Neurodegenerative Diseases," *Nutrients* 4, no. 10 (2012):1399 - 1440, doi:10.3390/nu4101399.

9. University of Calgary, "Mercury-University of Calgary Study" (2012) YouTube video, 2:14, posted by DrRyan French, April 29, 2012, https://www.youtube.com/watch?v=73XyJq9Z3-k.

10. S.K. Sagiv, S.W. Thurston, D.C. Bellinger, C. Amarasiriwardena & S.A. Korrick, "Prenatal exposure to mercury and fish consumption during pregnancy and ADHD-related behavior in children," Archives of Pediatrics & Adolescent Medicine, 2009, 166(12), 1123 - 1131. http://doi.org/10.1001/archpediatrics.2012.1286.

11. "Fish: Toxic for Mothers, Poisonous to Babies," People for the Ethical Treatment of Animals (PETA), 2014, https://www.peta.org/living/food/fish-toxic-mothers-poisonous-babies/.

12. "NIEHS/EPA Children's Environmental Health and Disease Prevention Research Centers. Protecting Children's Health Where They Live, Learn, and Play," Environmental Protection Agency (EPA), last updated October 19, 2017, https://www.epa.gov/sites/production/files/2017-10/documents/niehs_epa_childrens_centers_impact_report_2017_0.pdf.

13. "NIEHS/EPA Children's Environmental Health and Disease Prevention Research Centers. Protecting Children's Health Where They Live, Learn, and Play," Environmental Protection Agency (EPA), last updated October 19, 2017. https://www.epa.gov/sites/production/files/2017-10/documents/niehs_epa_childrens_centers_impact_report_2017_0.pdf.

14. J. Albrecht & E. Matyja. "Glutamate: A potential mediator of inorganic mercury neurotoxicity," *Metabolic Brain Disease,* Vol. 11, No. 2, June 1996, pp. 175-184.

15. Ewa Matyja, Jan Albrecht, "Ultrastructural evidence that mercuric chloride lowers the threshold for glutamate neurotoxicity in an organotypic culture of rat cerebellum," *Neuroscience Letters,* Volume 158, Issue 2, 1993, Pages 155-158, ISSN 0304-3940, https://doi.org/10.1016/0304-3940(93)90252-G.

16. K. Singh & P. Ahluwalia. "Studies on the Effect of Monosodium Glutamate [MSG] Administration on Some Antioxidant Enzymes in the Arterial Tissue of Adult Male Mice," *Journal of Nutritional Science and Vitaminology,* 49 (2), 145-148.

17. Charlie Brown, "California Dentist Forced to Disclose Health Risks of Mercury Fillings," Counsel for Consumers of Dental Choice Counsel for Consumers of Dental Choice, 2002. http://www.mercurypoisoned.com/california.html.

18. R. Dufault, R. Schnoll, W. J., Lukiw, B. LeBlanc, C. Cornett, L. Patrick, R. Crider, "Mercury exposure, nutritional deficiencies and metabolic disruptions may affect learning in children," Behavioral and Brain Functions: BBF, 2009, 5, 44. http://doi.org/10.1186/1744-9081-5-44.

19. R. Dufault, R. Schnoll, W. J. Lukiw, B. LeBlanc, C. Cornett, L. Patrick, R. Crider, "Mercury exposure, nutritional deficiencies and metabolic disruptions may affect learning in children."

20. Katarina Curkovic & Mario Curkovic & Josipa Radic & Dunja Degmecic. "The role of zinc in the treatment of hyperactivity disorder in children," Acta medica Croatica: casopis Hravatske akademije medicinskih znanosti, 2009, 63. 307-313. https://www.ncbi.nlm.nih.gov/pubmed/20034331.

21. Richard Horowitz, "Are ADHD and Dementia Preventable Diseases?" *Psychology Today,* December 28, 2013, http://www.psychologytoday.com/blog/why-can-t-i-get-better/201312/are-adhd-and-dementia-preventable-diseases.

22. A. Rovlias and S. Kotsou, "The Influence of Hyperglycemia on Neurological Outcome in Patients with Severe Head Injury," *Neurosurgery* 46, no. 2 (2000).

23. DOE/Brookhaven National Laboratory, "Deficits in Brain's Reward System Observed in ADHD Patients: Low Levels of Dopamine Markers May Underlie Symptoms," *ScienceDaily,* September 10, 2009, http://www.sciencedaily.com/releases/2009/09/090908193432.htm.

24. Rachel Reilly, "Food Addiction DOES Exist," Daily Mail, August 27, 2013, http://www.dailymail.co.uk/health/article-2402746/Food-addiction-DOES-ex.

25. Associated Press, "High Blood Sugar in Pregnancy Puts Baby at Risk," NBC News, June 22, 2007, http://www.nbcnews.com/id/19374297/ns/health-pregnancy.

26. Syed Ibrahim Rizvi and M. A. Zaid, "Intracellular Reduced Glutathione Content in Normal and Type 2 Diabetic Erythrocytes: Effect of Insulin and (-)Epicatechin," *Journal of Physiology and Pharmacology* 52, no. 3 (2001): 483-488, pmid:11596865.

27. Alex Knapp, "How Lead Caused America's Violent Crime Epidemic," *Forbes,* January 3, 2011, http://www.forbes.com/sites/alexknapp/2013/01/03/how-lead-caused-americas-violent-crime-epicemic.

28. Kelly FitzGerald, "Prenatal Mercury Intake Linked to ADHD," *Medical News Today,* October 9, 2012, http://www.medicalnewstoday.com/articles/251293.php.

29. Liz Bestic, "Is Aluminium Really a Silent Killer?" Telegraph, March 5, 2012, http://www.telegraph.co.uk/news/health/9119528/Is-aluminium-really-a-silent-killer.html.

30. H. Meiri, E. Banin, and M. Roll, "Aluminum Ingestion—Is It Related to Dementia?" *Reviews on Environmental Health* 9, no. 4 (1991): 191-205, pmid:1842454.

31. Richard Johnson et al., "Attention-Deficit/Hyperactivity Disorder: Is it Time to Reappraise the Role of Sugar Consumption?" *Postgraduate Medicine* 123, no. 5 (2011): 39-49, doi:10.3810/pgm.2011.09.2458.

32. R. F. Hurrell et al., "Soy Protein, Phytate, and Iron Absorption in Humans," *American Journal of Clinical Nutrition* 56, no. 3 (1992): 573-578, pmid:1503071.

33. F. Roth-Walter et al., "Pasteurization of Milk Proteins Promotes Allergic Sensitization," Allergy 63, no. 7 (2008): 882-890, doi:10.1111/j.1398-9995.2008.01673.x.

34. "Alcohol and Drug Abuse," Amen Clinics, accessed October 17, 2017, http://www.amenclinics.com/

healthy-vs-unhealthy/alcohol-drug-abuse.

35. Genetic Science Learning Center, "Ritalin and Cocaine: The Connection and the Controversy," Learn. Genetics, University of Utah, August 30, 2013, http://learn.genetics.utah.edu/content/addiction/ ritalin.

36. "Methylphenidate," Wikipedia, last modified October 18, 2017, http://en.wikipedia.org/wiki/ Methylphenidate.

37. Rachel Rettner, "ADHD Drug May Spur Brain Changes, Study Suggests," Health, *Live Science*, May 15, 2013, http://www.livescience.com/32044-adhd-drug-treatment-brain-changes.html.

38. Deborah C. Mash et al., "Dopamine Transport Function is Elevated in Cocaine Users," *Journal of Neurochemistry* 81, no. 2 (2002): 292-300, doi:10.1046/j.1471-4159.2002.00820.x.

39. Katie Couric, correspondent, "Popping Pills a Popular Way to Boost Brain Power," 60 Minutes, April 22, 2010, transcript, CBS News, https://www.cbsnews.com/news/popping-pills-a-popular-way-to-boost-brain-power.

40. "Ritalin Abuse: Statistics," *summary of Frontline: Medicating Kids,* directed by Marcela Gaviria (Boston: WGBH, 2001), http://www.pbs.org/wgbh/pages/frontline/shows/medicating/drugs/ritalinstats.html.

41. Robin Wilkey, "Cocaine Rewires Brain, Overrides Decision-Making After Just One Use, Says Study," *Huffington Post,* August 27, 2013, http://www.huffingtonpost.com.au/entry/cocaine-decision-making_ n_3818400.

42. Edmund S. Higgins, "Do ADHD Drugs Take a Toll on the Brain?" *Scientific American,* July 2009, https:// www.scientificamerican.com/article/do-adhd-drugs-take-a-toll.

43. Steven M. Berman et al., "Potential Adverse Effects of Amphetamine Treatment on Brain and Behavior: A Review," *Molecular Psychiatry* 14, no. 2 (2009): 123-142, doi:10.1038/mp.2008.90.

44. Sax, "Boys Adrift."

45. T. E. Robinson, "Structural plasticity associated with exposure to drugs of abuse," *Neuropharmacology* 47, suppl. 1 (2004): 33-46, doi:10.1016/j.neuropharm.2004.06.025; Kalivas, Volkow, and Seamans, "Unmanageable Motivation"; Shao-Pii Onn and Anthony A. Grace, "Amphetamine Withdrawal Alters Bistable States and Cellular Coupling in Rat Prefrontal Cortex and Nucleus Accumbens Neurons Recorded in vivo," *Journal of Neuroscience* 20, no. 6 (2000): 2332-2345, http://www.jneurosci.org/content/20/6/2332; Li and Kauer, "Repeated Exposure to Amphetamine"; Rochellys Diaz Heijtz, Bryan Kolb, and Hans Forssberg, "Can a Therapeutic Dose of Amphetamine During Pre-adolescence Modify the Pattern of Synaptic Organization in the Brain?" *European Journal of Neuroscience* 18, no. 12 (2003): 3394-3399, doi:10.1046/j.0953-816X.2003.03067. x; Gaetano Di Chiara et al., "Dopamine and Drug Addiction: The Nucleus Accumbens Shell Connection," *Neuropharmacology* 47, suppl. 1 (2004): 227-241, doi:10.1016/j.neuropharm.2004.06.032; Louk J. M. J. Vanderschuren et al., "A Single Exposure to Amphetamine Is Sufficient to Induce Long-Term Behavioral, Neuroendocrine, and Neurochemical Sensitization in Rats," *Journal of Neuroscience* 19, no. 21 (1999): 9579-9586, http://www.jneurosci.org/content/19/21/9579.full.pdf.

46. Robert Lee Hotz, "When Gaming Is Good for You," *Wall Street Journal,* March 13, 2012, http://www.wsj. com/articles/SB10001424052970203458604577263273943183932.

47. Daphne Bavelier, "Your Brain on Video Games," (lecture, TEDxCHUV, Lausanne, France, June 2012), https://www.ted.com/talks/daphne_bavelier_your_brain_on_video_games.

48. "Taxi Drivers' Brains 'Grow' on the Job," BBC News, http://news.bbc.co.uk/2/hi/677048.stm

49. Fran Lowry, "Playing Violent Video Games Changes Brain Function," Medscape Medical News, November 29, 2011, https://www.medscape.com/viewarticle/754368.

50. John Lee, "Adult Video Gamers Are Heavier, More Introverted and More Likely Depressed," Choose Help,

August 19, 2009, http://www.choosehelp.com/news/non-substance-addictions/adult-video-games-are-heavier-more-introverted-and-more-likely-depressed.html.

51. Goh Matsuda and Kazuo Hiraki, "Sustained Decrease in Oxygenated Hemoglobin During Video Games in the Dorsal Prefrontal Cortex: A NIRS Study of Children," *NeuroImage* 29, no. 3 (2006): 706 - 711, doi:10.1016/j.neuroimage.2005.08.019.

52. Doug Hyun Han et al., "Brain Activity and Desire for Internet Video Game Play," *Comprehensive Psychiatry* 52, no. 1 (2011): 88 - 95, doi:10.1016/j.comppsych.2010.04.004.

53. Michelle Brandt, "Video games activate reward regions of brain in men more than women, Stanford study finds," Stanford Medicine, February 4, 2008, https://med.stanford.edu/news/all-news/2008/02/video-games-activate-reward-regions-of-brain-in-men-more-thanwomen-stanford-study-finds.html.

54. Hyun Han et al., "Brain Activity."

55. Lisa Kurth and Robert Haussmann, "Perinatal Pitocin as an Early ADHD Biomarker:Neurodevelopmental Risk?" *Journal of Attention Disorders* 15, no. 5 (2011): 423 - 431,doi:10.1177/1087054710397800.

56. Liz Szabo, "Brain Changes of Autism May Begin in the Womb," *USA Today*, August 12, 2013,http://www.usatoday.com/story/news/nation/2013/08/12/autism-labor-induction/2641391.

57. National Partnership for Women & Families, "What Are Some Factors Driving Use of Induced Labor in the United States?" data brief of Listening to Mothers III survey (May 2013),*Transforming Maternity Care* (blog), http://transform.childbirthconnection.org/reports/listeningtomothers/induction.

58. National Partnership for Women & Families, "The Role of Hormones in Childbirth," Childbirth Connection, accessed October 17, 2017, http://www.childbirthconnection.org/maternity-care/role-of-hormones/.

59. Françoise Moos and Philippe Richard, "Excitatory Effect of Dopamine on Oxytocin and Vasopressin Reflex Releases in the Rat," *Brain Research* 241, no. 2 (1982): 249 - 260,doi:10.1016/0006-8993(82)91061-7.

60. Diana Mahoney, "Maternal Depression Predicts ADHD in Kids," *Clinical Psychiatry News*,July 1, 2007, http://www.mdedge.com/clinicalpsychiatrynews/article/22771/pediatrics/maternal-depression-predicts-adhd-kids.

61. J. Panksepp. "Can PLAY Diminish ADHD and Facilitate the Construction of the Social Brain?" *Journal of the Canadian Academy of Child and Adolescent Psychiatry,* 2007; 16(2), 57 - 66.

62. Michael Murray, "Roughhousing with Dad Crucial for Development, say Researchers " ABC News, June 17, 2011, http://abcnews.go.com/Health/dads-roughhousing-children-crucial-early-development/story?id=13868801.

63. Crystal A.Clark and Alain Dagher, "The Role of Dopamine in Risk Taking: A Specific Look at Parkinson's Disease and Gambling," *Frontiers in Behavioral Neuroscience* 8 (2014): 196,doi:10.3389/fnbeh.2014.00196.

64. Northeastern University, "How Humans Bond: The Brain Chemistry Revealed," *ScienceDaily,* 17 February 2017, https://www.sciencedaily.com/releases/2017/02/170217160940.htm.

65. Emory Health Sciences, "How Dads Bond with Toddlers," *Neuroscience News,* February 17, 2017, http://neurosciencenews.com/oxytocin-dad-bonding-6127.

66. Gert-Jan Meerkerk, Regina J. J. M. van den Eijnden, and Henk Garretsen, "Predicting Compulsive Internet Use: It's All about Sex!" CyberPsychology & Behavior 9, no. 1 (2006): 95 - 103,doi:10.1089/cpb.2006.9.95.

67. YBOP, "Cambridge University Study: Internet Porn Addiction Mirrors Drug Addiction," Your Brain on Porn, July 10, 2014, http://yourbrainonporn.com/cambridge-university-brain-scans-find-porn-addiction.

68. YBOP, "Men: Does Frequent Ejaculation Cause a Hangover?" Your Brain on Porn, May 17, 2012, http://www.yourbrainonporn.com/node/941.

69. Stuart Brody and Tillmann H. C. Kruger, "The Post-orgasmic Prolactin Increase Following Intercourse Is Greater than Following Masturbation and Suggests Greater Satiety," *Biological Psychology* 71, no. 3 (2006): 312 – 315, doi:10.1016/j.biopsycho.2005.06.008.

70. Heather A. Rupp and Kim Wallen, "Sex Differences in Response to Visual Sexual Stimuli: A Review," *Archives of Sexual Behavior* 37, no. 2 (2008): 206 – 218, doi:10.1007/s10508-007-9217-9.

71. YBOP, "Cambridge University Study."

72. Amber J. Tresca, "Can Breastfeeding an Infant Help Protect Him from Developing IBD?" VeryWell, Dotdash, December 5, 2016, https://www.verywell.com/preventing-ibd-with-breastfeeding-1942673.

73. B. Y. Park, G. Wilson, J. Berger, M. Christman, B. Reina, A. P. Doan. "Is Internet Pornography Causing Sexual Dysfunctions? A Review with Clinical Reports," *Behavioral Sciences*, 2016, 6(3), 17.

74. Kristen Michaelis, "New Research Confirms ADHD Caused by Food," Food Renegade, accessed October 17, 2017, http://www.foodrenegade.com/new-research-confirms-adhd-caused-by-food.

75. Connor McKeown et al., "Association of Constipation and Fecal Incontinence with Attention-Deficit/Hyperactivity Disorder," *Pediatrics* 132, no. 5 (2013): e1210 – 1215, doi:10.1542/peds.2013-1580.

76. Gaia Health, "Glyophasphate: Chronic Disease Degeneration," *Gaia* (blog), April 26, 2013, archived February 19, 2014, http://web.archive.org/web/20140219112346/http://gaia-health.com/gaia-blog/2013-04-26/xxx-3/

77. Gaia Health, "Glyophosphate."

78. http://orthomolecular.org/resources/omns/v09n23.shtml.

79. Gaia Health, "Glyophosphate."

80. Anthony Samsel and Stephanie Seneff, "Glyphosate's Suppression of Cytochrome P450 Enzymes and Amino Acid Biosynthesis by the Gut Microbiome: Pathways to Modern Diseases," *Entropy* 15 (2013): 1416 – 1463, doi:10.3390/e15041416.

81. Kate Ramsayer, "Slowing Puberty? Pesticide May Hinder Development in Boys," *ScienceNews*, December 10, 2003, https://www.sciencenews.org/article/slowing-puberty-pesticide-may-hinder-development-boys.

82. Tyrone B. Hayes et al., "Hermaphroditic, Demasculinized Frogs After Exposure to the Herbicide Atrazine at Low Ecologically Relevant Doses," *PNAS 99*, no. 8 (2002): 5476, doi:10.1073/pnas.082121499; Harvard University, "Feminization of Male Frogs in the Wild," Nature, October 31, 2002, doi:10.1038/news021028-7.

83. Elsevier, "Six Environmental Research Studies Reveal Critical Health Risks from Plastic," *ScienceDaily*, October 3, 2008, https://www.sciencedaily.com/releases/2008/10/081002172257.htm.

84. Yoshinori Masuo et al., "Motor Hyperactivity Caused by a Deficit in Dopaminergic Neurons and the Effects pf Endocrine Disruptors: A Study Inspired by the Physiological Roles of PACAP in the Brain," *Regulatory Peptides* 123, nos. 1 – 3 (2004): 225 – 234, doi:10.1016/j.regpep.2004.05.010.

85. I. Colón et al., "Identification of Phthalate Esters in the Serum of Young Puerto Rican Girls with Premature Breast Development," *Environmental Health Perspectives 108*, no. 9 (2000): 895 – 900, https://www.ncbi.nlm.nih.gov/pmc/articles/PMC2556932.

86. "Human Health: Early Life Exposures & Lifetime Health," Endocrine Disruptor Research, EPA, archived March 18, 2015, http://web.archive.org/web/20150318001656/http://www.epa.gov/research/endocrinedisruption/early-life-exp.htm.

87. Sabrina Tavernise, "F.D.A. Makes It Official: BPA Can't Be Used in Baby Bottles and Cups," *New York Times*, July 17, 2012, http://www.nytimes.com/2012/07/18/science/fda-bans-bpafrom-baby-bottles-and-sippy-cups.html.

88. Mina Kim and Molly Samuel, "Are BPA-Free Plastics Any Safer?" KQED Science, March 5, 2014, https://ww2.kqed.org/science/2014/03/05/are-bpa-free-plastics-any-safer.

89. Nancy Shute, "Gluten Goodbye: One-Third of Americans Say They're Trying to Shun It," *The Salt* (blog), NPR, March 9, 2013, http://www.npr.org/blogs/thesalt/2013/03/09/173840841/gluten-goodbye-one-third-of-americans-say-theyre-trying-to-shun-it.

90. http://www.motherjones.com/environment/2015/02/bread-gluten-rising-yeast-health-problem/.

91. Joseph Mercola, "Children with ADHD? Stop Feeding Them Gluten," Mercola, November 2, 2011, http://articles.mercola.com/sites/articles/archive/2011/11/02/gluten-contribute-toadhd.aspx.

92. Serena Gordon, "Allergies, Asthma Show Links to ADHD," Health Day, August 22, 2013, https://consumer.healthday.com/respiratory-and-allergy-information-2/food-allergynews-16/allergies-asthma-show-links-to-adhd-study-679471.html.

93. Courtney Hutchison, "ADHD from Allergy? Study Shows Benefit from Diet Changes," ABC News, February 4, 2011, http://abcnews.go.com/Health/Allergies/adhd-food-allergy-case-restricting-diet/story?id=12832958.

94. Hutchison, "ADHD from Allergy?"

95. Deborah C. Rice, "Parallels Between Attention Deficit Hyperactivity Disorder and Behavioral Deficits Produced by Neurotoxic Exposure in Monkeys," *Environmental Health Perspectives* 108, suppl. 3 (June 2000): 405 - 408, https://www.ncbi.nlm.nih.gov/pmc/articles/PMC1637819/pdf/envhper00312-0043.pdf.

96. Timothy J. Maher and Judith Wurtman, "Possible Neurologic Effects of Aspartame, a Widely Used Food Additive," *Environmental Health Perspectives* 75 (1987): 53 - 57, doi:10.2307/3430576.

97. J. P. Finn and G. H. Lord, "Neurotoxicity Studies on Sucralose and Its Hydrolysis Products with Special Reference to Histopathologic and Ultrastructure Changes," *Food and Chemical Toxicology* 38, suppl. 2 (2000): S7 - 17, doi:10.1016/S0278-6915(00)00024-7.

98. Clementina M. van Rijn, Enrico Marani, and Wop J. Rietveld, "The Neurotoxic Effect of Monosodium Glutamate (MSG) on the Retinal Ganglion Cells of the Albino Rat," *Histology and Histopathology* 1, no. 3 (1986): 291 - 295, pmid:2980121.

99. Brian Palmer, "Is Your Veggie Burger Killing You?" *Slate*, April 2010, http://www.slate.com/articles/news_and_politics/explainer/2010/04/is_your_veggie_burger_killing_you.html.

100. J. G. Joshi, "Aluminum, a Neurotoxin Which Affects Diverse Metabolic Reactions," *Biofactors* 2, no. 3 (1990): 163 - 169, pmid:2198876.

101. Louis W. Chang, "Neurotoxic effects of mercury: A Review," Environmental Research 14, no. 3 (December 1977), 329 - 373, doi:10.1016/0013-9351(77)90044-5.

102. Nick Meyer, "Fluoride Officially Classified as a Neurotoxin in One of World's Most Prestigious Medical Journals," AltHealthWORKS, December 20, 2015, http://althealthworks.com/2267/fluoride-officially-classified-as-a-neurotoxin-by-worlds-most-prestigious-medical-journal/.

103. Michael P. Byrne et al., "Fermentation, Purification, and Efficacy of a Recombinant Vaccine Candidate against Botulinum Neurotoxin Type F from Pichia pastoris," *Protein Expression and Purification* 18, no. 3 (2000): 327 - 337, doi:10.1006/prep.2000.1200.

104. "Chlorine," Environmental Protection Agency (EPA), Publication No. 7782-50-5, last updated January 2000, https://www.epa.gov/sites/production/files/2016-09/documents/chlorine.pdf.

105. Saundra Young, "Putting the next generation of brains in danger," CNN, February 17, 2014, http://www.cnn.com/2014/02/14/health/chemicals-children-brains/index.html.

106. EHANS, "One Chance."

107. Stephanie Smith, "Toxic Chemicals Finding Their Way into the Womb," CNN, July 28, 2010, www.cnn.com/2010/HEALTH/06/01/backpack.cord.blood.

108. Jonathan Benson, "When Pregnant Women Take Tylenol, Their Children Are More Likely to Be Born with Autism," Natural News, December 1, 2013, http://www.naturalnews.com/043087_Tylenol_autism_pregnant_women.html.

109. Diane McLaren, "Do Fruits & Veggies Have Enough Nutrients Today," Healthy You Naturally, http://www.healthyyounaturally.com/edu/enough_nutrients.htm.

110. Mike Barrett, "Analysis Finds Monsanto's GM Corn Nutritionally Dead, Highly Toxic," Natural Society, April 28, 2013, http://naturalsociety.com/analysis-monsanto-gm-corn-nutritionally-dead-toxic.

111. Susan Scutti, "Nutritional Value Of Corn: Does GMO Corn Contain The Same Nutrients?" Medical Daily, June 4, 2013, http://www.medicaldaily.com/nutritional-value-corn-does-gmo-corn-*contain-same-nutrients*-246496.

112. "Micronutrient Deficiencies," Nutrition, World Health Organization, accessed October 18, 2017, http://www.who.int/nutrition/topics/idd/en.

113. Fluoride Action Network, overview of the National Research Council's 2006 report, accessed October 18, 2017, http://fluoridealert.org/researchers/nrc/findings.

114. "Teen concussions increase risk for depression," Health Behavior News Service, Center for Advancing Health, Science Daily, last updated January 9, 2014, www.sciencedaily.com/releases/2014/01/140109175502.htm.

115. Nordqvist, "Concussions."

116. Leo Doran, "Military Struggling with Traumatic Brain Injury Fallout," *InsideSources*, September 8, 2017, http://www.insidesources.com/military-traumatic-brain-injury-fallout.

117. Health Behavior News Service (HBNS), part of the Center for Advancing Health, "Teen Concussions Increase Risk for Depression," *ScienceDaily*, January 9, 2014, http://www.sciencedaily.com/releases/2014/01/140109175502.htm.

118. HBNS, "Teen Concussions."

30. 修复多巴胺功能的自然疗法

1. P. Mickie et al., "Oral Supplementation with Whey Proteins Increases Plasma Glutathione Levels of HIV-Infected Patients," *European Journal of Clinical Investigation* 31, no. 2 (2001):171-178, doi:10.1046/j.1365-2362.2001.00781.x.

2. G. Bounous and P. Gold, "The Biological Activity of Undenatured Dietary Whey Proteins: Role of Glutathione," *Clinical & Investigative Medicine* 14, no. 4 (1991): 296-309, pmid:1782728.

3. P. Tosukhowong et al., "Biochemical and Clinical Effects of Whey Protein Supplementation in Parkinson's Disease: A Pilot Study," *Journal of the Neurological Sciences* 367 (2016): 162-170, doi:10.1016/j.jns.2016.05.056.

4. Andrew Weil, "A New Approach to Parkinson's?" Weil Lifestyle, March 10, 2009, https://www.drweil.com/health-wellness/body-mind-spirit/disease-disorders/a-new-approach-to-parkinsons.

5. Jacques Fernandez de Santos, "An Interview with Prof. Marco Ruggiero: Understanding the GI and Brain Microbiome and the Role of GcMAF in Harmonizing the Immune System with the Microbiome Populations," *Townsend Letter* (October 2016), http://www.townsendletter.com/Oct2016/ruggiero1016.html.

6. Dario Siniscalco et al., "The *in vitro* GcMAF Effects on Endocannabinoid System Transcriptionomics, Receptor Formation, and Cell Activity of Autism-Derived Macrophages," *Journal of Neuroinflammation* 11 (20140): 78, doi:10.1186/1742-2094-11-78.

7. http://www.springer.com/us/book/9781402082306.

8. M.A.Buccellato et al., "Heat Shock Protein Expression in Brain: A Protective Role Spanning Intrinsic

Thermal Resistance and Defense Against Neurotropic Viruses," *Progress in Brain Research* 162 (2007): 395 - 415, doi:10.1016/S0079-6123(06)62019-0.

9. Jon Hamilton, "Scientists Say Child's Play Helps Build a Better Brain," *Morning Edition*, August 6, 2014, transcript, nprEd, NPR, http://www.npr.org/sections/ed/2014/08/06/336361277/scientists-say-childs-play-helps-build-a-better-brain.

10. Mara Betsch, "Brain Games and Exercise: A Drug-Free Treatment for ADHD?" *Health*, February 29, 2016, http://www.health.com/health/condition-article/0,,20252861,00.html.

11. Stephanie Liou, "Neuroplasticity," *HOPES* (blog), Huntington's Outreach Project for Education, at Stanford, June 26, 2010, https://www.stanford.edu/group/hopes/cgi-bin/wordpress/2010/06neuroplasticity.

12. Anat Baniel, "More Help for Children with Special Needs," Anat Baniel Method, accessed October 18, 2017, http://www.anatbanielmethod.com/children/more-help-for-children-with-special-needs.

13. Baniel, "Movement Techniques."

14. Gwen Dewar, "Music and Intelligence," Parenting Science, accessed October 18, 2017, http://www.parentingscience.com/music-and-intelligence.html.

15. Urban Dove Charter School, "Full Proposal" (application to the New York State Education Department, Albany, September 2010), http://www.p12.nysed.gov/psc/documents/Full_App_Urban_Dove_CS_Sept_2010REDAC.pdf.

16. Cathy Malchiodi, "Art Therapy in Schools" (paper, International Art Therapy Organization & Art Therapy Alliance, 2010), archived March 16, 2012, http://web.archive.org/web/20120316131619/http://www.internationalarttherapy.org/SchoolArtTherapy.pdf.

17. Ellen Winner and Lois Hetland, "Does Studying the Arts Enhance Academic Achievement?" *Education Week*, November 1, 2000, http://www.edweek.org/ew/articles/2000/11/01/09winner.h20.html.

18. Brian Mayne, "Goal Mapping for Kids," Lift International, archived April 1, 2015, http://web.archive.org/web/20150401173509/http://www.liftinternational.com/goal-mapping/kids.html

19. Brauer Natural Medicine, "What Does Research Say About Homeopathic Medicines?" accessed October 18, 2017, https://www.brauer.com.au/what-does-research-say-about-homeopathic-medicines.

20. Wayne B. Jonas, Ted J. Kaptchuk, and Klaus Linde, "A Critical Overview of Homeopathy," *Annals in Internal Medicine* 138, no. 5 (2003): 393 - 399, doi:10.7326/0003-4819-138-5-200303040-00009.

21. Klaus Linde et al., "Are the Clinical Effects of Homoeopathy Placebo Effects? A Meta-analysis of Placebo-Controlled Trials," *Lancet* 350, no. 9081 (1997): 834 - 843, doi:10.1016/S0140-6736(97)02293-9.

22. Jos Kleijnen, Paul Knipschild, and Gerben ter Riet, "Clinical Trials of Homoeopathy," *British Medical Journal* 302 (1991): 316 - 323, https://www.ncbi.nlm.nih.gov/pmc/articles/PMC1668980/pdf/bmj00112-0022.pdf.

23. Dana Ullman, *Homeopathic Family Medicine: Evidence Based Nanopharmacology* (self-pub., Homeopathic Educational Services, 2005 -), e-book.

24. See the American Chiropractic Association's webpage for news releases, www.acatoday.org/News-Publications/Newsroom/News-Releases.

25. Farzad Farahmand, "Homeopathic Wonders: In Memory of Dr. Salar Farahmand," Homeopathic Wonders, accessed October 18, 2017, http://www.homeopathicwonders.com/in-memory-of-dr-salar.

26. Anat Baniel, "Movement Techniques That Keep You Young," interview for the Future of Health Now 2012 (conference), San Francisco, CA, July 10, 2012; see also her book *Kids Beyond Limits* (New York: TarcherPerigee, 2012).

27. Benjamin Wedro, "Concussion," ed. Melissa Conrad Stöppler, MedicineNet, reviewed on November 6, 2015, http://www.medicinenet.com/brain_concussion/page4.htm.

28. Edward H. Chapman et al., "Homeopathic Treatment of Mild Traumatic Brain Injury: A Randomized,

Double-Blind, Placebo-Controlled Clinical Trial," *Journal of Head Trauma Rehabilitation* 14, no. 6 (1999): 521 - 542, doi:10. 1097/00001199-199912000-00002.

29. Dawson Church et al., "Psychological Trauma Symptom Improvement in Veterans Using Emotional Freedom Techniques: A Randomized Controlled Trial," *Journal of Nervous and Mental Disease* 201, no. 2 (2013): 153 - 160, doi:10. 1097/NMD. 0b013e31827f6351.

30. Chuck Emerson Media Services "Spas in Germany," How to Germany, accessed October 19, 2017, http://www. howtogermany. com/pages/spas. html.

31. Fiona Macrae, "A Hot Bath 'Helps Soothe the Symptoms of Autism and Makes Children More Sociable, ' " *Daily Mail*, December 13, 2013, http://www. dailymail. co. uk/health/article-2522714/Autism-symptoms-soothed-hot-bath. html.

32. Antonio De Maio, "Heat Shock Proteins: Facts, Thoughts, and Dreams," *Shock* 11, no. 1 (1999):1 - 12, doi:10. 1097/00024382-199901000-00001.

33. Darren C. Henstridge, Martin Whitham, and Mark A. Febbraio, "Chaperoning to the Metabolic Party: The Emerging Therapeutic Role of Heat-Shock Proteins in Obesity and Type 2 Diabetes," Molecular *Metabolism* 3, no. 8 (2014): 781 - 793, doi:10. 1016/j. molmet. 2014. 08. 003.

34. Rui-Chun Lu et al., "Heat Shock Protein 70 in Alzheimer's Disease," *BioMed Research International* 2014 (2014): 435203, doi:10. 1155/2014/43520.

35. Salynn Boyles, "Report: Fever Improves Autism Symptoms," WebMD, December 3, 2007, http://www. webmd. com/brain/autism/news/20071203/report-fever-improves-autism-symptoms.

36. Boyles, "Fever Improves Autism Symptoms."

37. See https://advancedbrain. com/the-listening-program-research.

38. Pirkko Huttunen, Leena Kokko, and Virpi Ylijukuri, "Winter Swimming Improves General Well-Being," *International Journal of Circumpolar Health* 63, no. 2 (2004): 140 - 144, doi:10. 3402/ijch. v63i2. 17700.

39. De Maio, "Heat Shocks Proteins."

40. Minna L. Hannuksela and Samer Ellahham, "Benefits and Risks of Sauna Bathing," *American Journal of Medicine* 110, no. 2 (2001): 118 - 126, doi:10. 1016/S0002-9343(00)00671-9.

41. Rose Welton, "Children and Hot Tubs," Livestrong, last updated August 14, 2017, http://www. livestrong. com/article/271400-children-hot-tubs.

42. Courtney Hutchison, "ADHD from Allergy? Study Shows Benefit from Diet Changes," ABC News Medical Unit, February 4, 2011, http://abcnews. go. com/Health/Allergies/adhd-food-allergy-case-restricting-diet/story?id=12832958.

43. A. J. Wakefield et al., "Enterocolitis in Children with Developmental Disorders," American Journal of *Gastroenterology* 95 (2000): 2285 - 2295, doi:10. 1111/j. 1572-0241. 2000. 03248. x.

44. For research on the topic, see www. feingold. org/Research/PDFstudies/list. html.

45. Thomas J. Sobotka, "ADHD in Childhood and Related Problem Behaviors," interim toxicology review memorandum, September 1, 2010, attachment 4, exhibit 1, FDA/CFSAN March 30 - 31, 2011, Food Advisory Committee, http://www. fda. gov/downloads/AdvisoryCommittees/CommitteesMeetingMaterials/FoodAdvisoryCommittee/UCM248124. pdf.

46. Georgia Ede, "Food Sensitivities and ADHD," *Diagnosis: Diet* (blog), December 21, 2012, http://diagnosisdiet. com/food-sensitivities-and-adhd.

47. See www. gapsdiet. com.

48. Connor McKeown et al., "Association of Constipation and Fecal Incontinence with Attention-Deficit/Hyperactivity Disorder," *Pediatrics* 132, no. 5 (2013): e1210 - 1215, doi:10. 1542/peds. 2013-1580.

49. Elizabeth C. Verna and Susan Lucak, "Use of Probiotics in Gastrointestinal Disorders:What to

Recommend?" *Therapeutic Advances in Gastroenterology* 3, no. 5 (2010): 307 - 319, doi:10. 1177/175628
3X10373814.

50. Javier A. Bravo et al., "Ingestion of *Lactobacillus* Strain Regulates Emotional Behavior and Central
GABA Receptor Expression in a Mouse via the Vagus Nerve," PNAS 108, no. 38(2011): 16050 - 16055,
doi:10. 1073/pnas. 1102999108.

31. 增强脑力的天然营养物质

1. Jana Trebatická et al., "Treatment of ADHD with French Maritime Pine Bark Extract, Pycnogenol,"
European Child & Adolescent Psychiatry 15, no. 6 (2006): 329 - 335, doi:10. 1007/s00787-006-0538-3.

2. Rachel Elizabeth, "OPC-3 Isotonix for ADHD," Livestrong, August 14, 2017, http://www.
livestrong. com/article/525476-opc-3-isotonix-for-adhd.

3. Mia Ericson et al., "Taurine Elevates Dopamine Levels in the Rat Nucleus Accumbens:Antagonism
by Strychnine," *European Journal of Neuroscience* 23, no. 12 (2006): 3225 - 3229, doi:10. 1111/j. 1460-
9568. 2006. 04868. x.

4. Center for the Improvement of Human Functioning International, "Eat, Exercise and Excel," (2004),
YouTube video, 28:56, posted by Riordan Clinic, September 15, 2011, http://youtu. be/Jf4yJwAORfE.

5. David Perlmutter, "Parkinson's Glutathione Therapy," YouTube video, 2:55, posted by ProtandimAntiA
ging(LifeVantage), November 5, 2010, http://youtu. be/KWuOezgVHdI.

6. Marty Hinz, Alvin Stein, and Thomas Uncini, "Amino Acid Management of Parkinson's Disease:A Case
Study," *International Journal of General Medicine* 4 (2011): 165 - 174, doi:10. 2147/IJGM. S16621.

7. Lloyd A. Horrocks and Young K. Yeo, "Health Benefits of Docosahexaenoic Acid (DHA),"
Pharmacological Research 40, no. 3 (1999): 211 - 225, http://citeseerx. ist. psu. edu/viewdoc/dow
nload?doi=10. 1. 1. 334. 6891&rep=rep1&type=pdf.

8. NewsTarget, "Fish Oils Treat ADHD Better than Prescription Drugs, Study Shows," *Natural News*, June
20, 2006, http://www. naturalnews. com/019432_fish_oil_nutrition. html.

9. Kalpana Joshi et al., "Supplementation with Flax Oil and Vitamin C Improves the Outcome of Attention
Deficit Hyperactivity Disorder (ADHD)," *Prostaglandins, Leukotrienes and Essential Fatty Acids* 74 (2006):
17 - 21, doi:10. 1016/j. plefa. 2005. 10. 001.

10. ADHD Treatment Guide, "10 Ways Carnitine Can Help Treat ADHD," *ADHD Treatments* (blog), April 17,
2009, http://adhd-treatment-options. blogspot. com/2009/04/10-ways-carnitine-can-help-treat-adhd. html.

11. Yael Richter et al., "The Effect of Soybean-Derived Phosphatidylserine on Cognitive Performance
in Elderly with Subjective Memory Complaints: A Pilot Study," *Clinical Interventions in Aging* 8 (2013):
557 - 563, doi:10. 2147/CIA. S40348.

12. I. Manor et al., "The Effect of Phosphatidylserine Containing Omega3 Fatty-Acids on Attention-Deficit
Hyperactivity Disorder Symptoms in Children: A Double-Blind Placebo-Controlled Trial, Followed by an
Open-Label Extension," *European Psychiatry* 27, no. 5 (2012): 335 - 342, doi:10. 1016/j. eurpsy. 2011. 05. 004.

13. S. Hirayama et al., "The Effect of Phosphatidylserine Administration on Memory and Symptoms
of Attention-Deficit Hyperactivity Disorder: A Randomised, Double-Blind, Placebo-Controlled Clinical
Trial," *Journal of Human Nutrition and Dietetics* 27, suppl. 2 (2014):284 - 291, doi:10. 1111/jhn. 12090.

14. M. Mousain-Bosc et al., "Improvement of Neurobehavioral Disorders in Children Supplemented with
Magnesium-Vitamin B6: II. Pervasive Developmental Disorder-Autism," *Magnesium Research* 19, no. 1 (2006):
46 - 52, pmid:16846100.

15. Nancy Mullan, "MTHFR+ and Lithium," *Chronic Disease Recovery* (blog), April 30, 2013, https://
chronicdiseaserecovery. wordpress. com/2013/04/30/mthfr-and-lithium.

16. Abdulbari Bener, Azhar O. Khattab, and Mohamad M. Al-Dabbagh, "Is High Prevalence of Vitamin D Deficiency Evidence for Autism Disorder?: In a Highly Endogamous Population," *Journal of Pediatric Neurosciences* 9, no. 3 (2014): 227 - 233, doi:10.4103/1817-1745.147574.

17. J. J. Rucklidge et al., "Moderators of Treatment Response in Adults with ADHD Treated with a Vitamin-Mineral Supplement," *Progress in Neuro-Psychopharmacology & Biological Psychiatry* 50 (April 2014):163 - 171, doi:10.1016/j.pnpbp.2013.12.014.

18. Martijn Arns et al., "Geographic Variation in the Prevalence of Attention-Deficit/Hyperactivity Disorder: The Sunny Perspective," *Biological Psychiatry* 74, no. 8 (2013): 585 - 590, doi:10.1016/j.biopsych.2013.02.010.

19. Mohammad Reza Sharif et al., "The Relationship Between Serum Vitamin D Level and Attention Deficit Hyperactivity Disorder," *Iranian Journal of Child Neurology* 9, no. 4 (Autumn 2015): 48 - 53, https://www.ncbi.nlm.nih.gov/pmc/articles/PMC4670977.

20. X. Cui et al., "Vitamin D Regulates Tyrosine Hydroxylase Expression: N-Cadherin a Possible Mediator," *Neuroscience* 304 (September 2015): 90 - 100, doi:10.1016/j.neuroscience.2015.07.048.

21. Eric Konofal, Michel Lecendreux, Juliette Deron, Martine Marchand, Samuele Cortese, Samuele Mohammed Zaïm, Marie Christine Mouren, Isabelle Arnulf, "Effects of Iron Supplementation on Attention Deficit Hyperactivity Disorder in Children," *Pediatric Neurology.* January 2008, 38. 20-26. doi:10.1016/j.pediatrneurol.2007.08.014.

22. Erica L. Unger et al., "Dopamine D2 Receptor Expression Is Altered by Changes in Cellular Iron Levels in PC12 Cells and Rat Brain Tissue," *Journal of Nutrition* 138, no. 12 (2008):2487 - 2494, doi:10.3945/jn.108.095224.

23. E. Konofal et al., "Iron Deficiency in Children with Attention-Deficit/Hyperactivity Disorder," *Archives of Pediatrics & Adolescent Medicine* 158, no. 12 (2004): 1113 - 1115, doi:10.1001/archpedi.158.12.1113.

24. K. Dodig-Curkovic et al., "The Role of Zinc in the Treatment of Hyperactivity Disorder in Children," *Acta Medica Croatica* 63, no. 4 (2009), 307 - 313, pmid:20034331.

25. L. Eugene Arnold, "Zinc for Attention-Deficit/Hyperactivity Disorder: Placebo-Controlled Double-Blind Pilot Trial Alone and Combined with Amphetamine," Journal of Child and Adolescent Psychopharmacology 21, no. 1 (February 2011): 1 - 19, doi:10.1089/cap.2010.0073.

26. L.Eugene Arnold and Robert A. Disilvestro, "Zinc in Attention-Deficit/Hyperactivity Disorder," *Journal of Child and Adolescent Psychopharmacology* 15, no.4 (2005): 619 - 627, doi:10.1089/cap.2005.15.619.

27. Peter Lepping and Markus Huber, "Role of Zinc in the Pathogenesis of Attention-Deficit Hyperactivity Disorder," *CNS Drugs* 24, no. 9 (2010): 721 - 728, doi:10.2165/11537610-000000000-00000.

28. Punita Bhalla, Vijayta Dani Chadha, and D. K. Dhawan, "Effectiveness of Zinc in Modulating Lithium Induced Biochemical and Behavioral Changes in Rat Brain," *Cellular and Molecular Neurobiology* 27, no. 5 (2007): 595 - 607, doi:10.1007/s10571-007-9146-0.

29. G. J. Moore, "Lithium-Induced Increase in Human Brain Grey Matter," *Lancet* 356, no. 9237(2000): 1241 - 1242, pmid:11072948.

30. Shu-Sen Cui et al., "Prevention of Cannabinoid Withdrawal Syndrome by Lithium: Involvement of Oxytocinergic Neuronal Activation," *Journal of Neuroscience* 21, no. 24 (2001):9867 - 9876, pmid:11739594.

31. Hashimoto R. et al., "Lithium Induces Brain-Derived NeuroTrophic Factor and Activates TrkB in Rodent Cortical Neurons," *Neuropharmacology* 43, no. 7 (December 2002): 1173 - 1179, pmid:12504924.

32. Alan E. Lewis, "Lithium: Under-appreciated Brain Nutrient & Protector," Pacific BioLogic,May 1, 2009, https://www.pacificbiologic.com/sites/default/files/Lithium%20article.pdf.

33. E. J. Scharman, "Methods Used to Decrease Lithium Absorption or Enhance Elimination," *Journal of Toxicology: Clinical Toxicology* 35, no. 6 (1997): 601–608, pmid: 9365427.

34. Anna Fels, "Should We All Take a Bit of Lithium?" *New York Times*, September 13, 2014, https://www.nytimes.com/2014/09/14/opinion/sunday/should-we-all-take-a-bit-of-lithium.html.

35. James Phelps, "Lithium for Alzheimer Prevention: What Are We Waiting For?" *Psychiatric Times*, October 7, 2016, http://www.psychiatrictimes.com/bipolar-disorder/lithium-alzheimer-prevention-what-are-we-waiting.

36. John Gray, "ADHD | ADD: Part 1—Understanding Attention Deficit Hyperactivity Disorder" *Mars Venus* (blog), Health Advice, November 28, 2012, http://www.marsvenus.com/blog/john-gray/adhd-add-part-1-understanding-attention-deficit-hyperactivity-disorder.

37. Available at www.marsvenus.com/p/super-foods-shake-for-men.

38. Available at www.marsvenus.com/p/super-minerals-for-men.

结语

1941 年 12 月 7 日——在此之前的多年里，我们一直不承认希特勒和轴心国已经制造出了一场危机。由于"珍珠港"（美国太平洋海军舰队基地）遭到日军的偷袭，我们才终于不再继续否认了。

不再否认、做出反应就意味着 1 600 万个男孩要甘愿献出自己的生命。然而，我们的儿子还是挺身而出了。我们的女儿和每一位家长也紧随其后。

现在，我们的面前又出现了一位强大的敌人。这个敌人不再是希特勒，而是"父亲缺失"问题；不再是轴心国，而是"目标缺失"问题。我们不再需要我们的儿子献出生命，我们需要的是为他们找到生命的目标。

怎样才能说服我们的儿子勇敢面对一场没有"珍珠港"事件的危机？一场问题主要在于内部而不是外部的危机？

我们的儿子是否有勇气面对这场危机取决于我们会用怎样的方式将他们抚养长大。过去，我们告诉他们"活着就要付出"；今天，很多男孩都知道了"活着就要享受"。

社会需要他们付出，这样的需求赋予了他们目标感；享受别人的付出，为他们赋予了权利感。大多数家长在理性上都能认识到这一点，但是我们需要获得被需要的感觉，这种需求诱使我们甘愿为我们的儿子付出，而不是教他们为他人和社会付出。这就导致我们的儿子出现了目标缺失的问题。

如果付出的价值观压倒了享受的价值观，当我们提醒男孩他们的面前出现了一场危机、帮助他们发现自己在消除这场危机的过程中能够扮演什么样的角色时，他们挺身而出、勇敢面对这场危机的可能性就比较大。如果他们需要面对的危机就是父亲缺失，那么他们的使命就是成为一名出色的父亲，从而激励其他男孩也承担起这样的使命。

无法独立生活的男孩大多都缺少了两个素质：目标和延迟满足能力。缺少了这两个素质的男孩在生活中大多也都缺少另外两个要素——父亲和母亲，二者的相互制衡作用。如果你的儿子能够充分享受到父爱，他不仅不会遭遇父亲缺失的危机，而且还会受到你的激励，愿意成为一名出色的父亲。

你的使命：指引儿子找到他自己的使命

并非每个男孩都会将成为一名出色的父亲当作自己的使命。你的使命就是帮助自己的儿子找到真正属于他的使命。这不是一件轻松的事情，因为我们没有先例可循。我们的父亲就不曾学会如何找到属于自己的使命，他们学会的是履行自己被赋予的使命。赋予他们使命的因素就是生存的需要。他们的使命就是成为一名供应者和保护者。

我们的父亲有两种选择：要么成为供应者和保护者，要么成为失败者。他们没有机会问一问"什么事情能让我的眼睛发亮？"他们学到的是你做什么工作是最重要的，你是什么样的人是次要的，或者根本就无足轻重。这种认知导致他们往往会远离对自己的爱，最终会远离自己所爱的家人。对他们来说，能够感受到自己的生命，能够成为家人的保单比自己的生命本身更重要。

你的使命就是帮助儿子找到他的使命，要完成这项任务，你首先应当帮助他找到真正的自我，然后再帮助他实现职业属性，或者说谋生的方式，为实现自我提供支持。

这种颠覆祖父辈价值观的认知能够确保你的儿子认识到：

- 通往高薪的道路是一条"收费公路"——需要牺牲他作为人的属性。
- 在事业上取得成功的过程往往和他成功获得并维持爱情和亲情产生冲突。
- 如果他追求幸福，那么他就会失去金钱，除非他具有延迟满足的能力，例如，能够花更多的时间，努力成为一名成功的艺术家、作家、演员或者他所梦想的职业者。

你的作用就是帮助他获得事业成功而且做人也成功所必需的素质和方法，帮助他找到属于他的独一无二的道路——如何能在事业取得成功的同时获得爱情和亲情。

通过前文我们已经探讨过要想实现这样的成功需要我们做些什么，例如，如何组织家庭聚餐之夜的活动，鼓励你的儿子重新认识成为真正的男子汉意味着什么，从而帮助他找到真正的自我。社会对男性权力的传统定义是：认为自己有义务赚钱供养他人，即使自己会过早死亡。男性权力的新定义是：让工作和生活保持和谐共处的状态，以独一无二的自我为主要判断标准，同时又不抛弃对他人应当承担的责任和义务。

你的使命包括教会你的儿子学会倾听，帮助他做好充分的准备，不会产生精力衰退的感觉，也不会因为"自己生为男性，只有男性能够享受特权、拥有权力，因此应当闭紧嘴巴"这种观念而羞于说出自己内心的想法。

尽管如此，你还是应当帮助他认识到自己与生俱来的特权。没错，如果他出生在发达国家，他的确拥有一些"特权"，其中就包括只有第一世界才会出现的一些问题（例如，"全食超市把我喜欢的红茶菌卖光了"）。他的姊妹也同样拥有这些特权。

选择在家育儿的话，如果你是中产阶级或者收入水平更高，你的儿子还拥有阶层特权（例如，"今晚我能开那辆新车带邦妮去剧院吗？"）他的姊妹也同样拥有这些特权。

如果你的儿子是白种人，相比其他种族的男孩，他受到种族歧视的概率就要低很多。他的姊妹也同样拥有这些特权。

如果你的女儿天资聪颖、有志成为公司执行总裁或者美国总统，她就会清楚地知道放眼全世界，可以供她效仿的榜样要少于她的兄弟可以效仿的榜样。面对这样的现实，她有可能会认为这也是男性特权的一种反映。因此，你应当帮助你的儿子认识到这一点。

如果你的儿子喜欢小孩子，有志成为全职父亲——49%的父亲都做出了这样的选择（直到皮尤研究中心开始重视这个现象并且展开了调查，我们才得到了这个数据），他就会清楚地知道放眼全世界，可以供他效仿的榜样要少于他的姊妹可以效仿的榜样。面对这样的现实，他有可能会认为这是……什么呢？实际上，人类社会尚未提供适当的词汇或者术语，或者说是一种蔑称性的谴责（例如，"女性特权"），让他能够清晰准确地阐明自己在成为全职父亲的道路上面对的障碍。如果他打破了内心或者外部世界的沉默，他就将面对歧视，敢于打破常规、突破社会规定的性别角色的女性就面临这样的歧视。

你还应当帮助你的儿子认识到自己作为男性所享有的"特权"包括社会需要他做好牺牲自己的准备。仅针对男性的征兵制度就存在着这样的社会期望。如果他敢于冒着伤害身体的危险参加橄榄球运动或者奔赴前线参加战斗，他有可能就会感觉到这样的社会期望意味着父母的骄傲和同辈人的敬意。这样的期望会得到社会压力的强化，例如，女性往往会爱上军官和绅士，而不会爱上列兵和反战主义者，就连早期的女权主义者都会在教堂之类的公众场所给不愿冒着生命危险参加一战的男性发放白羽毛——懦夫的标志。

也就是说，你应当帮助你的儿子认识到能够冒着生命危险服役、以便妻儿老小能够活下去，甚至活得更好、更自由，即使他们不得不天人永隔的确是一种光荣的行为。但是，你应当和他讨论一下对于男性而言这究竟是一种特权和权力，或者说男性应当承受的期望，还是一种压力、责任和义务。如果他成为万里挑一的大英雄而且还能活下来的话，父母的骄傲、异性的爱、所有人的吹捧等社会诱惑就会把这种观念兜售给他。

你应当帮助你的儿子认识到身为男性并不意味着他有权欺凌别人。让他认识到传统男性几乎承担了建造住宅、办公室、公共卫生和运输等基础设施的全部义务，从而让我们的寿命比 1900 年的人几乎增加了 1 倍。为了儿女不需要付出那么多，男女两性都在生活中做出了巨大的牺牲。男女两性是互助互利的关系。男女两性在家庭这条小船上同舟共济。

男人赚的钱更多吗？是的。赚钱更多让男人获得了更多的权力？是的。但是也可以说并非如此。通过前文我们已经了解到作为家里的经济支柱，赚钱越多，男性在生理和心理两方面的健康状况就有可能越差。

你应当和你的儿子探讨一下他是否认为男性在赚钱方面应当胜过女性这种社会期望是不是对男性的一种歧视。如果你觉得这个问题有可能会引起太大的争议而难以启齿的话，那就说明你的确应当和他探讨一下这个问题。记住：男孩天生就愿意成为第一个吃螃蟹的人。

但是，你的儿子和家里的其他人一样，既需要学会倾听，也要有机会发表意见。在帮助他做好准备承担起这项新使命而对他进行训练的时候，你们的训练场不是战场，而是晚餐餐桌；教官不是中士，而是他的父母；训练不是为了让他敢于用自己的生命冒险，而是要教会他如何抵御社会诱惑因素驱使他用生命冒险的危险信号。他必须随时警惕的不是敌人在附近活动的声响，而是潜藏在他内心深处的社会诱惑发出的声响。

如何解决答案引发的新问题

这场男孩危机正在一些发达国家蔓延的事实清楚地表明问题的根源并不是家长和老师。

颇有讽刺意味的是，这个问题是由答案引发的——确保我们能够存活下来的解决方案。如果一个国家的经济水平非常高，它就会被贴上"发达国家"的标签，这样的经济水平为离婚创造了更大的自由空间，结果导致许多男孩是在缺少父亲、很少得到父亲的照顾或者父亲成了"有条件的父亲"的环境下长大成人的。

有些男孩是由于战争而失去父亲的，他们会将父亲奉为英雄，而离婚不会让男孩将父亲视作英雄。父亲是勇士的男孩知道自己的父亲有可能会失去生命，但是父亲的目标感会对他产生激励作用。离异家庭的男孩在幻想自己有朝一日成为父亲的时候却不太见得到自己的父亲，那么他有可能在日后就会出现目标缺失的问题。

离婚自由，再加上未婚先孕，在这两个因素的共同作用下，男孩和男孩之间就出现了一道鸿沟——父亲缺失的男孩和父爱充足的男孩之间的鸿沟。这道鸿沟横亘在世界各地，但是它的存在至今尚未得到社会的承认。

《男孩危机》已经充分阐明了父亲缺失和父爱充足之间的差距将成为一种最有效的预测指标，能够预示出经济上失败和取得成功的男孩之间的差距，以及情感贫瘠和情感丰富的男孩之间的差距。

幸运的是，对于这个问题，我们有解决的办法。解决办法具有两大支柱：第一，认识到在男性中，心理健康和精神健康状况最差的就是作为家里唯一经济来源的男性，而且这个群体的男性在收入水平最高的时期，心理健康和精神健康状况都会达到最低点。当然，由于是家里唯一的经济来源，男性就会承受极大的压力，就会渴望赚很多钱。第二，认识到和伴侣共同承担经济压力的女性在心理方面比其他女性更健康。

简言之，解决男孩危机的一个办法就是夫妻共同承担育儿工作。通过前文我们已经了解到，即使双方离婚，4 项"基本原则"也能够保证双方继续共同承担照顾孩子的责任，我们也看到了为什么这几项基本原则是孩子能够像在完整的家庭里一样健康成长的前提条件。

因为你的儿子的基因有一半来自于他的亲生父亲，因为每一次照镜子的时候他都会在自己的身上看到父亲的影子。他的亲生父亲是任何人都无法彻底取代的。但是，我们也看到了如何才能让继父、祖父母、教练、"兄弟守护者"和童子军之类的男性组织发挥出最大的效力，逐渐缩小父亲缺失的男孩和父爱充足的男孩之间的差距。

"爱的两难选择"：改变与生俱来的思维方式

每一对夫妻其实都面临着"爱的两难选择"：爱上对方是生理上自然而然的反应，维持爱情在生理上却需要违背自然的奴役。当伴侣表达自己的想法时，我们往往会将其理解为批评，人类的"阿喀琉斯之踵"就是在面对批评，尤其是来自爱人的批评时，我们无法不摆出一副防御的姿态。

光靠爱情是无法解决问题的，因为爱得越深，面对对方的批评时我们就越脆弱。防御姿态只是掩饰脆弱内心的面具。很快，我们就会"如履薄冰"，爱也就随之消退了。

解决这个问题的办法就是为离婚制造困难？不。解决的办法是让婚姻变得更美好。

亲生父母婚姻稳定会让孩子受益无穷；如果父母维持着婚姻状态，但是精神上已经离婚，过着貌合神离的生活，或者说婚姻貌似"最低安全级别的监狱"，孩子原本可以从父母那里获得的益处就会大打折扣。

《男孩危机》提出了一个观点：金钱、性、孩子对离婚产生的影响并不大，真正重要的因素是双方在金钱、性和孩子这些问题上的沟通方式。要想让我们的孩子不会对婚姻望而却步，我们就必须让他们看到他们的父母已经学会了维持爱情的技巧。学会如何维持爱情就能够为落实化解这场男孩危机的大部分重要措施创造最重要的前提条件。消除防御心理需要我们改变与生俱来的反应方式，因此我针对夫妻沟通设计了一套"思维方式改变法"。维持婚姻既需要技巧，也需要训练，因此我还设计了一套维持婚姻的技巧和训练法。[1]

思维方式改变法和其他新涌现出的沟通技巧都强调了同理心的培养，无论选择哪一种方法，小学应当将沟通技巧教育纳入到常规课程中。需要事先声明的是：学校在教育孩子的同时还必须对家长进行教育。为什么？如果孩子们在学校里学会了以同理心为基础的沟通技巧，但是在家里却耳闻目睹到家长出于防御心理而相互贬低指责，他们就会不再尊重自己的父母，因为他们已经知道世界上还有更好的沟通方式。如果学校不对孩子和家长同时开展教育的话，家庭的稳定就会被破坏。这样一来，解决上一个问题的办法就会成为下一个需要解决的问题。

在这场男孩危机最主要的一场"战役"中，你的儿子完全有机会在这场战役中成为英雄，方法就是成为男孩们的老师，一位懂得在男孩受到督促和压力的情况下会做出最佳反应的老师。这是竞争的自然结果。不妨考虑一下沟通竞赛，为获胜者颁发沟通奖杯。或者关爱竞赛，让男孩们说出自己通过照顾弟弟妹妹或者祖父祖母的经历都学到了些什么。或者组织辩论队，谁能够最清楚地表述出对手的观点，谁就赢得了比赛。在这种情况下，帮助你的儿子成为英雄的是他的情商。

简言之,未来将为你的儿子提供机会,让他成为新英雄智商先锋——依靠情商和健康智商的领袖。

让父亲们也加入性别解放的大军

对你的儿子来说,有条件憧憬照顾孩子、将其当作自己的目标就如同你的女儿有条件将成为公司主管当作自己的人生目标一样,对他来说最重要的发现或许不是对外太空的探索,而是对内心的探索——对他的"父亲大脑"的探索。"父亲大脑"是男性身体与生俱来的组成部分,如果他能积极参加育儿工作,他就能够激活一张神经网,否则这张网就处于蛰伏状态,如果你的儿子能够认识到这一点,那么他就更有可能将照顾孩子的事情视作男性与生俱来的天赋。

尽管如此,每一位积极参加育儿工作的父亲还是必须对育儿工作的三个要素有所认识:连贯性,连贯性,连贯性。挑三拣四的育儿方式——今天来了,明天走了;今天许诺,明天忘记——会让你的儿子产生被抛弃的感觉,觉得你不可靠,对你充满怀疑。

让父亲们也加入性别解放的大军就如同让女性承担男性自古承担的角色一样,是一件充满危险的事情。大多数父亲都会惊讶地发现 93% 的母亲都认为由于父亲的缺失美国社会已经出现了一场新的危机。[2] 很多女性在工作单位都会感觉到一种微妙的歧视,这种隐隐存在的感觉令她们怀疑男性究竟是否真的支持男女平等这种事情;同样地,很多父亲在照顾孩子的时候也会感觉到一种微妙的歧视,这种感觉也会令他们怀疑女性究竟是否真的支持男女平等这种事情。

如果对女性员工的期望不仅限于适应传统的男性工作方式,而是更重视她们能够为工作带来的改变,尽全力为工作单位奉献的女性就会感到自己受到了尊重,而工作单位就会从这样的女性身上获益。同样地,如果男性感到按照自己的方式照顾孩子能够得到配偶的尊重,那么他照顾孩子的积极性就更高了。男性通常采用的育儿方式包括动手实践、探索陌生的世界、和孩子调侃、在有能力为孩子充当可靠的安全网的前提下鼓励孩子冒险、通过玩耍培养和孩子的感情、教孩子参加各种体育运动、和孩子在家里打打闹闹，以及利用父子感情执行强制规则。

在父亲照顾孩子的过程中，如果母亲按照自己对父亲应当采取的正确育儿方式的理解限制规定父亲的行为时，父亲就会感到自己只是一个受到女主人贬低的保姆而已。他们会感到自己是多余的，很容易放弃对孩子的照顾，忽视孩子，增加花在工作上的时间，甚至试图找到一个在他看来会重视他的女人。

《男孩危机》为父亲们提供了和母亲沟通所需的知识——尊重对方的育儿方式，但是也要认识到自己的育儿方式有助于促进孩子的成长。这本书要求身为家长的女性和男性认识到一点：就如同在管理治理国家的过程中各种制约因素所起到的作用一样，父母双方在育儿方式上存在的矛盾对孩子是有益的。重视父母之间的相互制约还能够促进下一阶段的进步：重视男孩在成为父亲后能够做出的独一无二的贡献。或者说，让父亲们也加入性别解放的大军。

逞强是男孩的弱点

通过前文我们已经了解到逞强其实是男孩的一种弱点。我惊讶地看到，新的研究不断提供着证据证明男孩在许多方面有多么脆弱。

第一，失去父亲的孩子到了 9 岁的时候，他们的端粒长度就显示出他们的寿命有可能缩短了 14%，[3] 而男孩的寿命更是比女孩缩短了 40%。[4]

第二，在感情破裂后，男孩出现抑郁问题的概率要高于女孩。刚刚听到这种说法的时候，我还想"这是真的吗？"其实，"硬汉"一样的男孩很有可能只是外强中干的"懦夫"。外表强硬粗糙，内心温柔浪漫。你一直都很清楚这一点。

第三，由单身母亲抚养长大，尤其是生活在离异家庭的孩子中，男孩表现不佳的概率远远超过了女孩。

第四，搬到新社区后，即使是"更好"的社区，男孩有可能比女孩的适应能力差。失去了老朋友，再加上社交能力不如女孩，因此男孩在建立新的友谊的过程中会碰到更多的困难。

第五，由于父亲缺失而感到受伤的男孩不但更有可能成为恐怖分子、犯罪团伙、新纳粹集团和极右翼势力的猎物，而且遭受权威人物性虐待的概率也更高。

需要重申的是，由于我们不得不消除男孩们造成的各种损害，无论是通过伤害我们（恐怖主义活动、帮派凶杀事件、校园枪击事件）还是以伤害自己的方式（酗酒、吸毒、加入帮派），我们忽视了男孩们脆弱的本质。由于无视给我们带来恐惧的男孩的脆弱本质，我们就任由一个恶性循环继续下去：受伤的男孩伤害我们。

我们一直错误地认为男孩在陷入抑郁时表达情绪的方式和女孩一样，这样的误解不断强化着我们对男孩的脆弱本质视而不见的错误做法。正是这个错误促使我针对男孩设计了一套早期预警系统，"沃伦·法雷尔男性抑郁/自杀信号一览表"。

一直以来，英雄智商都更多地在强调通过强化力量（例如，锻炼肌肉），培养男孩坚强的表面，而不是预防力量的流失（例如，日常检查、健康饮食、冥想、瑜伽）。一旦男孩出现了问题，例如患上了多动症，我们往往会求助于"快速疗法"，这些疗法只能立即修复男孩们的坚强表面，但是无视男孩身上造成问题的潜在弱点。这种态度源自于人类长久以来的一种潜意识：男孩越快地做好成为一名战士的准备，我们存活下来的希望就越大。社会的发展已经让我们有条件注意到男孩们的深层问题，约翰·格雷就在从事这方面的工作。他正在致力于通过预防工作和天然疗法，并结合了健康智商的概念，解决这场男孩危机正在四处蔓延的一个问题——多动症。

从文化漠视到文化使命：性别解放运动

对男孩危机的文化漠视是一种全球性的现象，发动一场全球性的文化转变是我们的使命，为了完成这项使命，我们就必须勇敢面对"男孩危机悖论"：我们对儿子的感情和我们对儿子的疏远。

我们对儿子的感情是显而易见的，我们对他们的疏远是必需的。人类社会的存在与否取决于我们是否能够让男孩们做好牺牲自己生命的准备，因此我们没有条件宠爱他们。这个现实导致我们的儿子同自己的真情实感相脱离，同时也让我们在不知不觉中做好了疏远他们的心理准备，以便我们能够接受失去他们的现实。

各种社会诱惑制造的迷雾遮挡了男孩们的视线，让他们难以认识到自己完全有能力发现独一无二的真实自我。在潜意识里，我们唯恐一旦教会男孩们看透这样的迷雾，我们就会失去保护我们的力量。但是，我们必须直面自己的这种恐惧。幸运的是，无论怎样，依然会有一些男孩将我们需要的各种职业，例如，军人、消防员、应急工作者当作自己的奋斗目标，就像一些女孩也依然会将传统的女性角色当作自己的奋斗目标一样。但是，在职业属性的问题上，你儿子为自己做出的选择应当和他作为人的属性保持一致，你的女儿实现这种状态的可能性会大一些（她不受到"越有女性气质，面临生命冒险的概率越高"这种社会诱惑的制约）。男孩对我们的馈赠——冒着生命危险保护我们应当是他们自主选择的结果，而不是无力抗拒社会诱惑的结果。

我们的男孩在多大程度上能像我们的女孩一样按照自己的意愿选择自己的身份，我们的进步就有多大——这将是从女性解放上升到性别解放的进步。这样的进步需要的不是一场将错误归咎于男性的女性运动，也不是一场将错误归咎于女性的男性运动，而是一场将男女两性都从过去那种僵硬死板的性别角色中解放出来，让他们在未来都拥有更灵活的角色选择机会的性别解放运动。这样的进步需要一场文化转变，让我们明白男女两性是同舟共济的关系，一种性别获胜只会产生两败俱伤的结局。

结语注释

1. The Altered Mindsets method involves the creation of a "conflict-free zone" and resolving conflicts only during a two-hour "caring and sharing" time that begins with six mindsets that temporarily alter our biologically natural defensiveness and allow us to replace it with emotionally associating criticism with an opportunity to be more deeply loved. You can find an introduction to the method in my book *Women Can't Hear What Men Don't Say* (New York: Berkely, 1999) and updates to the method in my couples' workshops, see http:// warrenfarrell. com/where-warren-will-be.
2. Norval Glenn and Barbara Dafoe Whitehead, "MAMA SAYS: A National Survey of Mothers' Attitudes on Fathering" (National Fatherhood Initiative, October 2009), http://www. fatherhood. org/mama-says-survey.
3. Colter Mitchell et al., "Father Loss and Child Telomere Length," Pediatrics (July, 2017):e20163245, doi:10. 1542/peds. 2016-3245.
4. Mitchell et al., "Father Loss."

附录 A

家庭聚餐之夜：五项基本原则

《男孩危机》一书暴露出了男孩极其脆弱的本质，也阐明了为什么你的儿子有可能会用男子汉气概这个面具掩藏自己的脆弱。在抚养儿子的过程中，你会碰到"戈尔迪之结"：帮助他成长为"男子汉"，同时又要允许他成为坦率、好奇、敏感的男孩——你知道这才是面具之下真正的他。

我在《男孩危机》一书中不断提到过解开"戈尔迪之结"的一个最好的办法，这就是家庭聚餐之夜。家庭聚餐之夜能够为你的儿子营造一个安全的情感环境，这样的环境是他面对自己内心的脆弱并且将其说出来所必需的条件。家庭聚餐之夜能够帮助他保持那个坦率、好奇、敏感的自我。如果他能够学会如何在情感上保持平衡、获得安全感，能够倾听别人的心里话，也能够说出自己的心里话，他就会成为男人中的佼佼者。

在面对感情问题时，没有多少男孩善于采取主动。但是，如果其他人率先采取了主动，他就会觉得自己坦率直言的话也不会遭到别人的非议，这样一来他就能够说出自己对是非对错的判断，说出自己的故事了。

但是，**家庭聚餐之夜完全有可能变成"家庭聚餐噩梦"**。下述五项基本原则不仅能够预防这种情况的发生，而且还能促使全家人一起畅谈如何创造幸福的家庭生活。

1. **时间安排**。全家人能每天晚上一起吃饭是最理想不过的，但是对于比较有组织性的"家庭聚餐之夜"，最理想的频率是一周进行一两次。每周的活动时间必须固定，每次活动应当持续 1 ~ 1.5 小时。在结束活动之前，核实下一周的活动时间，看一看是否需要更改时间。在某位家庭成员缺席的情况下进行一次临时性的家庭聚餐之夜也没有问题。

2. **不使用电子设备，不看电视**。一旦明确了规定，凡是有人将电子设备带到饭桌上，电子设备必须被没收，当晚不得使用。

3. **轮值主持人，主题广泛**。家庭成员轮换主持家庭聚餐之夜，每次选择一位主持人，主持人负责宣布当晚的谈话主题。主题可以是主持人希望讨论的话题（"那份工作需要我在周末的时候出差，我应该接受那工作吗"），也可以是宽泛的家庭生活类的话题（"有必要上大学吗？""不完成被指派给自己的家务活，会有什么后果？""小孩子也应该参与做饭吗？"），或者在学校里碰到的两难问题（"应该广泛涉猎多种体育运动，还是精通一样？""学校里有一个同学，大家都不喜欢他，可是我觉得他很孤单，我应该怎么办？"）

4. **签到，主题百无禁忌**。在开始讨论之前，主持人应当进行一个计时的签到环节，每个人最长陈述 3 分钟。如果有人有严肃的问题需要讨论，这个问题就应当成为当晚首要讨论的话题。如果大家都没有严肃的问题需要讨论，那么接下来的 30 分钟就被分配给每个人，每个人都要对当晚的话题发表意见。有人发言的时候，任何人都不得插嘴。每个人的发言都要计时。在计时发言环节结束后，全家人就可以进行比较自由的讨论了。

   聚餐时的讨论话题应当百无禁忌。男孩喜欢接受挑战，他们宁愿讨论自己一知半解的话题，也不愿意感到无聊。帮助你的女儿坦然接受激烈的讨论将会让她也能够说出自己的想法，而不会过于压抑自己。

5. **每个人都要说出自己的故事，任何人都不能对别人乱下定论**。在我主持的夫妻沟通学习班上，我会让学员们看一看下面这四幅画。

来源：托马斯·富克斯所绘，原载于《纽约时报》

这四幅插图是插画家托马斯·富克斯按照四位画家的风格绘制的纽约前
州长马里奥·科莫的肖像画，这四位画家（沿顺时针方向、从左上角开始）
依次为：沃霍尔、毕加索、蒙德里安、罗伯特克鲁伯。每一位家庭成员的讲述，甚至是同一个人的讲述或者几个人对同一时刻发生的事情的讲述，往往就像这几幅肖像画一样会有所差异。

有时候，某位家庭成员的发言显然是不正确的。设想一下，如果有人说"太阳绕着地球转动"，你会怎么办。每一位家庭成员首先需要做的是听完别人的发言，不通过肢体语言含蓄地表达出或者直接说出对对方的不屑，然后再说明为什么你觉得应该是地球绕着太阳转动。记住：正如主持电视节目《宇宙》的科学家卡尔·萨根在节目中说过的那样："托勒玫的地心说存在了1 500 年，这个事实让我们知道智力并不能保证我们不会犯下极其严重的错误。"

简言之，在家庭聚餐之夜你可以用《男孩危机》这本书作为引子。如果别人先"开球"，而且不会对他们的"球技"评头论足的话，男孩们就能最大限度地放开手脚、尽情参与了。

附录 B

男孩危机清单：父亲的益处，父亲缺失的危害[①]

在为 2001 年出版的《父子重聚》一书进行研究准备工作期间，我在书中零零星星地写到了由于父亲参与育儿工作孩子享受到的益处，以及由于父亲的缺失孩子受到的伤害。在书出版后我接受了采访，期间我被问到父亲能为孩子带来多少种益处，我告诉对方估计有 25 种。结果，很多人都要求我将这些益处一一列举出来。

因此，《男孩危机》收录了一份涵盖 5 个方面的清单，对父亲参与育儿工作能够带给孩子的益处和父亲缺失会给孩子造成的危害总共列出了 70 多项。

这份清单只是对结果的总结。《男孩危机》的正文为你解释了问题的成因和解决方案，以及在不同的情况下父亲参与育儿工作的理想程度。例如，对于没有条件和父母同时生活在一起的孩子来说，只有和父母相处时间均等的孩子才"能同父母保持婚姻状态的孩子拥有同样的家庭环境"。[1、2、3、4]

通过《男孩危机》的正文，你还能了解到充分参加育儿工作的父亲可以激活一套处于蛰伏状态的神经网，从而发育出"父亲大脑"。[5] 也能了解到充分参与育儿工作能为男性带来哪些的益处。[6]

[①] 在本书第四部分中随处都可以看到对每一种益处提供的证据，在 boycrisis.org 网站上也可以找到相应的文档。

下面这份清单仅仅是对充分参与育儿工作的父亲为孩子带来的益处和父亲缺失对孩子造成的危害（共计 50 多种）进行的标题式的概括。

1. 失去父亲的孩子到了 9 岁的时候，他们的端粒长度就显示出他们的**寿命**有可能缩短了 14%，而男孩的寿命更是比女孩缩短了 40%。

2. 对恐怖组织的成员进行的一项研究断言该组织的成员——无论是男性还是女性——几乎全都具有一个共同特征："呈现出某种'缺少父亲'的症状"。

3. 只和父亲一起生活的孩子，当孩子同母亲相处的时候，只有 1/9 的**家长**会产生冲突。

4. 父亲到医院探望早产婴儿越频繁，婴儿出院的速度就越快，婴儿的**社会性发展和个人发展水平**都更高，**适应能力**也越强。

5. 家里有父亲的学生在**数学**和**自然科学**课程上的成绩比较高，即使他们所在的学校**比较差**。

6. 在预防孩子**吸食毒品**方面，父亲对孩子的照顾能够起到的作用比孩子和家长关系亲密、家长制定的规定、家长的信任、严格管束、孩子的性别、民族和社会阶层等因素所起到的作用至少有效 5 倍。

7. 一项对家庭背景相似的男孩进行的研究显示，到了小学 3 年级的时候，家里有父亲的男孩在每一门功课的考试中取得的**成绩**都高于其他男孩，获得的**教师评价**也更高。

8. 在青少年人群中，缺少父亲这个因素和**自杀**的关联比其他因素更紧密。

9. 父亲往往会要求孩子执行强制规则。对于刚刚学习走路的孩子，有父亲划定界限、制定强制规则的孩子在 12 ~ 18 个月后会培养出更出色的**社交技能和情感能力**。

10. 在 0 ~ 6 个月这个阶段，和父亲的互动越多，男孩的**心智**就越健全。

11. 在 0 ~ 2 岁这个阶段，如果父亲和孩子进行积极的接触，孩子出现令人反感的行为和**失控行为**的迹象就越少。

12. 在新奥尔良的 2 所医院接收的学龄前**精神病患者**中，有 80% 的孩子都来自于没有父亲的家庭。在加拿大、南非和芬兰，从学龄前的幼儿到十几岁的少年人群中，来自父亲缺失家庭的精神病患者的数量也达到了近似的比例。

13. 对于孩子在长大后的**同理心**的强弱，和父亲相处的时间是最有效的预测指标，在世界各地都是如此。

14. 到了 1 年级，在有父亲的家庭里长大的男孩和女孩在**智商**测验中的得分远远高于缺少父亲的孩子。

15. 在成长的过程中，和父亲的接触越多，孩子就容易对生活中出现的新伙伴敞开心扉，接纳并信任对方。在出生后的 6 个月内，和父亲的接触越多，婴儿就越容易建立起对他人的**信任**。

16. 和父亲的接触越多，男孩的**语言发育**就越充分。

17. 父亲的缺席对**欺凌者**和**受害者**的特征都具有预示作用：自尊心偏低，成绩较差，社交技能较弱。

18. 在父母离异的青少年中，和父母相处时间均等的孩子比其他的孩子更容易交到**朋友，**在这方面的表现甚至超过了父母保持婚姻状态的孩子。

19. 在父母离异后，如果父亲仍旧和母亲共同承担育儿工作，那么孩子同继父建立良好关系的概率就会比较高，**全家人的凝聚力**也更强。

20. 在根据**心理、社交**和**生理健康**这三项指标对 172 000 儿童的生活状况进行的测量显示，享受到父母均等照顾的孩子的状况远比单亲家长照顾或者第一家长决定一切的孩子的状况理想，和完整家庭的孩子的状况差不多。

21. 在父母离异后，和父母相处时间均等的孩子出现**兄弟姊妹不和、对家长产生消极态度的概率都比较低，**即使在夫妻离异后的最初几个月里也是如此。

22. 和再婚的**亲生父亲**，而不是**继父**一起生活的孩子的**学习成绩**远远高于和再婚的亲生母亲一起生活的孩子。这些孩子违反**纪律**的概率也比较低，完成高中学业、升入大学并且完成大学学业的概率都比较高。

23. 父母离异对男孩和女孩都会造成伤害，但是剥夺感最强烈、出现**抑郁行为**的案例都来自男孩。

24. 即使种族、教育背景、收入水平和其他一些社会经济因素相同，缺少父亲的孩子在高中阶段**辍学**的概率还是会比其他孩子高出 1 倍。

25. 父亲对孩子的照顾严重不足或者根本不照顾孩子，其孩子在高中阶段辍学的**概率**为 71%，逃学或者被"赶走"（**开除**）的概率也高于其他孩子。

26. 缺少父亲的男孩**失业**的概率高于自己的姊妹；相反，双亲俱全的男孩就业的**概率**高于自己的姊妹。

27. 失去父亲的男孩即使找到工作，在事业上取得**成功的概率也低于其他人**。

28. 在出生于贫困家庭但是由保持婚姻状态的父母共同抚养长大的孩子中，**进入中产阶层或者更高阶层**的概率为 80%；相反，出生在中产家庭但是得不到婚内父亲照顾的孩子最终过着经济水平大幅度下滑的生活的**概率**高了将近 3 倍。

29. 在一项针对 12 000 多名**父母离异的青少年**进行的研究中，跟单亲父亲一起生活的孩子的发展状况好于跟单亲母亲一起生活的孩子。

30. 只跟父亲一起生活的幼儿出现**头痛**和**腹痛**现象的频率是只跟母亲一起生活的幼儿的 1/3。

31. 不和父亲一起生活的男孩会在母亲面前变得难以取悦、**咄咄逼人**。

32. 看到年幼的孩子迟迟不睡或者不**按时睡觉**，单身父亲放任孩子的概率不到单身母亲的 1/3。

33. 在只跟父亲一起生活的孩子中存在注意力方面的问题（例如**多动症**）的概率为 15%，只跟母亲生活的孩子中这个概率为 30%。

34. 在 5 ～ 11 岁的儿童中，跟父亲一起生活的孩子入院治疗的概率不到跟母亲一起生活的孩子的 1/3。

35. 在育儿方面如果父亲和母亲拥有同等的发言权，那么父母双方都会认为孩子在接触自己的**社交圈**时比较开心，也都会感到自己有能力对孩子产生积极的影响，有能力为孩子提供更好的居住环境、工作安排、经济和身体健康。

36. 离异后，父亲当着孩子的面说母亲**坏话**的概率不到母亲当着孩子的面说父亲坏话的 1/4。

37. 跟父亲一起生活的孩子往往**对母亲怀有积极的想法；**跟母亲一起生活的孩子往往对父亲怀有消极的想法。

38. 夫妻离异后，父亲承担了大部分育儿工作的孩子**和母亲接触**的概率比母亲承担大部分育儿工作的孩子和父亲接触的概率高了一倍多。

39. 和父亲在家里打打闹闹有助于帮助刚刚学习走路的幼儿克制**攻击性，**尤其能够通过对男性幼儿左脑回路的影响，帮助他们控制睾丸酮的分泌催生出的**攻击性**。

40. 跟父亲一起生活的男孩受到更严格的强制规则的约束，因此**控制冲动**的能力比较好，违反**纪律**的情况比较少。

41. 大约有 90% 离家出走和无家可归的青年来自没有父亲的家庭。

42. 年龄在 10 ~ 17 岁、生活中缺少了亲生父亲的孩子更容易成为儿童虐待、严重暴力行为、性侵害、家庭暴力的**受害者**。

43. 在一个社区里，没有父亲的家庭所占的概率每提高 1%，该社区出现青少年**暴力犯罪**的概率就会提高 3%。

44. 在服刑的青年人中有 85% 的人都来自于缺少父亲的家庭。**监狱**基本上就是父亲缺失的年轻男性的集中地。

45. 缺少亲生父亲的照顾、在**再婚家庭**里长大的青少年入狱的概率甚至高于由单亲母亲抚养长大的青少年。

46. 在黑人男孩中，得到父亲大量照顾的男孩出现**高血压**的概率减少了 46%。

47. 在缺少父亲照顾、由未成年母亲抚养长大的青少年中，男孩"状态异常的水平高得惊人"，即药物滥用和犯罪行为。等他们成年后，这些问题更是会严重恶化。

48. 父亲缺失增加了**未成年少女怀孕生子**的概率。

49. 即使社会经济变量受到控制，"父亲"是**精子捐献者**的孩子
    a) 在 25 岁之前出现**违法行为**的概率比其他人高了 1 倍；
    b) **滥用药物**的概率比其他人高了 2.5 倍；
    c) 出现**抑郁**和**精神问题**的概率也略微高于其他人。

50. 在**暴力犯罪**的问题上，父亲的缺席和收入不足产生的作用是一样大的。

51. 在强奸犯中，尤其是被判定为**出于愤怒实施强奸**的犯罪者，有 80% 的人都来自缺少父亲的家庭。

52. 单独实施**校园枪击案**的罪犯中，有很多人都缺少父亲的照顾。

53. 缺少父亲照顾的男孩会在**帮派**中寻找组织和尊重。

54. 在 10 ~ 17 岁的孩子中，跟亲生父母一起生活的人遭到**性攻击**和**虐待**的概率远远低于生活在单亲家庭或者再婚家庭里的孩子。

55. 在 10 ~ 17 岁的孩子中，跟亲生父母一起生活的人亲眼看见到**家庭暴力**的概率低于生活在单亲家庭或者再婚家庭里的孩子。

附录 B 注释

1. Robert Bauserman, "Child Adjustment in Joint-Custody Versus Sole-Custody Arrangements: A Meta-analytic Review," Journal of Family Psychology 16, no. 1 (2002): 91 - 102; as cited in William V. Fabricius et al., "Custody and Parenting Time: Links to Family Relationships and Well-Being After Divorce," in The Role of the Father in Child Development, 5th ed., ed. Michael E. Lamb (Hoboken, NJ: John Wiley & Sons, 2010).

2. E. G. Pojman, "Emotional Adjustment of Boys in Sole Custody and Joint Custody Compared with Adjustment of Boys in Happy and Unhappy Marriages" (PhD diss., California Graduate Institute, Los Angeles, 1982).

3. D. A. Luepnitz, "Maternal, Paternal, and Joint Custody: A Study of Families After Divorce" (doctoral dissertation, State University of New York at Buffalo, 1980).

4. B. Jablonska and L. Lindberg, "Risk Behaviours, Victimisation and Mental Distress Among Adolescents in Different Family Structures," Social Psychiatry and Psychiatric Epidemiology 42, no. 8 (August 2007): 656 - 663, doi:10.1007/s00127-007-0210-3.

5. The neural network includes circuits that link emotional importance to experience (the amygdala, the ventral anterior cingulate cortex, the inferior frontal gyrus, insular cortex, and the ventral tegmentum), as well as others that help us impute needs, intentions or mental state to other people (the ventromedial prefrontal cortex, the superior temporal sulcus). See Eyal Abraham et al., "Father's Brain Is Sensitive to Childcare Experiences," Proceedings of the National Academy of Sciences 111, no. 27 (2014): 9792 - 9797, doi:10.1073/pnas.1402569111. Description of neural network from Melissa Healy, "Caring for a Baby Changes a Man's Brain, Study Shows," Los Angeles Times, May 28, 2014, http://beta.latimes.com/science/sciencenow/ la-sci-sn-men-parenting-mom-brain-20140527-story.html.

6. Kyle D. Pruett, "The Nurturing Male: A Longitudinal Study of Primary Nurturing Fathers," in Fathers and Their Families, ed. Stanley H. Cath, Alan Gurwitt, and Linda Gunsberg (Hillsdale, NJ: Analytic Press, 1989), 390.

参考文献

Biddulph, Steve. The New Manhood[M]. Mona Vale: Finch Publishing Sydney, 2013.

Brizendine, Louann. The Male Brain[M]. New York: Three Rivers Press, 2010.

Farrell, Warren. Why Men Are the Way They Are[M]. New York: Berkely Books, 1988.

Farrell, Warren. The Myth of Male Power[M]. New York: Simon & Schuster, 1993.

Farrell, Warren. Women Can't Hear What Men Don't Say[M]. New York:Berkley Books, 1999.

Farrell, Warren. Father and Child Reunion[M]. New York: Tarcher/Putnam, 2001.

Friedan, Betty. The Second Stage[M]. Cambridge: Harvard University Press, 1998.

Golden, Tom. Helping Mothers Be Closer to Their Sons[M]. Gaithersburg:G. H. Publishing, 2016.

Gray, John. Men Are from Mars, Women Are from Venus[M]. New York: Harper, 2012.

Gray, John. Beyond Mars and Venus[M]. Dallas: BenBella Books, 2017.

Gurian, Michael. The Wonder of Boys[M]. New York: Jeremy P. Tarcher, 2006.

Gurian, Michael. Boys and Girls Learn Differently![M]. San Francisco: Jossey-Bass, 2011.

Gurian, Michael. Saving Our Sons[M]. Chandler: Gurian Institute, 2017.

James, Abigail Norfleet. Teaching the Male Brain[M]. Thousand Oaks: Corwin Press, 2007.

Keen, Sam and Gifford Keen. Prodigal Father, Wayward Son[M]. Studio
City: Divine Arts, 2015.

Kindlon, Dan and Michael Thompson. Raising Cain[M]. New York: Ballantine Books, 2000.

Kipnis, Aaron. Angry Young Men[M]. San Francisco: Jossey-Bass, 1999.

Kruk, Edward. The Equal Parent Presumption[M]. Quebec: McGill-Queen's University Press, 2013.

Louv, Richard. Last Child in the Woods[M]. Chapel Hill: Algonquin Books, 2006.

McCann, Rex. Fatherless Sons[M]. Auckland: HarperCollins, 1999.

Mitscherlich, Alexander. Society without the Father[M]. Verlag: R. Piper & Co., 1963.

Nemko, Marty. Cool Careers for Dummies[M]. Hoboken, N. J.: Wiley, 2007.

Pollack, William. Real Boys[M]. New York: Owl Books, 1999.

Pruett, Kyle and Marsha Pruett. Partnership Parenting[M]. Cambridge, Mass: De Capo Press, 2009.

Raeburn, Paul. Do Fathers Matter?[M]. New York: Scientific American / Farrar, Straus and Giroux, 2014.

Real, Terrence. I Don't Want to Talk About It[M]. New York: Scribner, 1999.

Reichert, Michael and Richard Hawley. Reaching Boys Teaching Boys[M]. San Francisco: Jossey-Bass, 2010.

Rosin, Hannah. The End of Men[M]. New York: Riverhead Books, 2012.

Sax, Leonard. Boys Adrift[M]. New York: Basic Books, 2016.

Sax, Leonard. Why Gender Matters[M]. New York: Harmony Books, 2017.

Sommers, Christina Hoff. The War Against Boys[M]. New York: Simon & Schuster, 2000.

Thompson, Michael and Teresa Barker. It's a Boy[M]. New York: Ballantine Books, 2009.

Tyre, Peg. The Trouble with Boys[M]. New York: Three Rivers Press, 2008.

Verrier, Nancy Newton. The Primal Wound[M]. Baltimore: Gateway Press, Inc., 1993.

Wiseman, Rosalind. Masterminds & Wingmen[M]. New York: Harmony Books, 2013.

Zimbardo, Philip and Nikita Coulombe. Man, Interrupted[M]. Newburyport:Conari Press, 2016.

致谢信

《男孩危机》历时 11 年才完成，对这本书有所贡献的人远远不止下面提到的这些人，但愿被遗漏的人能够原谅我。

无论如何，我绝对不会忘记我的妻子丽兹的功劳。她几乎每天都会通过电子邮件为我提供对这本书有所帮助的研究资料，更重要的是，不断的合作过程深化了我们的爱情，从而让我能够安心、充满信心地从事写作工作。

对丽兹的耐心我也心存感激。把时间花在写作上意味着我们的收入会有所减少，但是她依然凭借着聪明的头脑和勤恳的态度经营着自己的公关公司，从而保证我们依然能够享受到舒适的生活。

在写作的过程中，约翰·格雷和我每周都要出去散散步，聊一聊，这样的交流不仅充实了这本书的内容，而且还加深了我们的友谊。我知道每一个受益于他的多动症非传统治疗方法的家庭也都对他心存感激。

我还要对马克·加夫尼表示感谢，他同约翰和我针对男孩出现的问题进行了一系列富有洞见的谈话，并将我引荐给我们的经纪人弗兰克·魏曼，正是后者为这本书找到了合适的出版人——本贝拉出版社的格伦·耶夫斯。

得知"本贝拉"这个名字来自于格伦的孩子本杰明和尹莎贝拉，我一下子就对我们和格伦的合作产生了强烈的好感。格伦本人对《男孩危机》一书非常有兴趣，在他的努力下这本书得到了利亚·威尔逊的充分重视，后者是我迄今为止见过的最敬业的一位编辑。利亚对书中的每一段文字都进行了精妙准确的分析，最大限度地提高了内容的清晰度，对有些内容她还加入了新的视角，她的付出让这本书大为改观。米基·亚历山德拉·卡普托的贡献也是如此，他全心全意地对几乎每一条尾注进行了核对。如果书中有什么疏漏之处，那完全是因为本贝拉出版社把最终的决定权交给了约翰和我！

我憧憬着逆转这场男孩危机的那一天，甚至希望将这项工作提高到政府水平，为了推动创办白宫男性和男童事务委员会的工作而组建的专家联合会更是增强了我的信心。首先，起草建议书的过程：在组建后的 18 个月里我们起草了一份具有多方意见的建议书，在此期间我接触到了迈克尔·古里安、彼得·摩尔、伦纳德·萨克斯、马蒂·尼姆克和其他一些人的观点。第二，男童军组织：通过该组织的政府关系主任威利·艾尔斯，我结识了奥巴马政府里的很多官员。第三，全食超市的约翰·麦基：在他的资助下，我们得以将创办这个委员会的需要告诉了参加 2016 年大选的多位共和党总统候选人。最后，专家联合会每个星期召开的例会和格伦·巴克、汤姆·戈登、菲尔·库克、马克·谢尔曼、莫利·奥尔森、吉姆·埃利斯、吉米·博伊德、迪克·伍兹和肖恩·库尔曼等人都对我提供了帮助。

书中提到的有关家庭和学校生活的真实故事来自下列各位：我的妹妹盖尔，约翰和我接触到的育有男孩的无数母亲，通过寄养家庭的孩子向我提供信息的瓦内萨·达恩。此外，作家之家文学代理公司的艾尔·朱克曼对本书内容提供了很多颇有见地的评价，凯西·库托、尼基塔·库仑贝、艾米莉·怀特曼·马丁、梅尔·鲁兹、泰南·伯克和瓦莱丽·安德鲁斯等人也都为我提供了同样的帮助。

沃伦·法雷尔

　　我想对我的妻子邦妮·格雷表示感谢，感谢她 30 年来给予我的全心全意的爱和支持。我还要感谢我们的三个女儿和他们的伴侣：香农和乔恩，朱丽叶和丹，劳伦和格莱德以及我们那几个可爱的孙子和孙女：索菲亚、波、布莱迪和玛凯纳。没有邦妮的支持，我就无法完成本书的内容，也无法一直拥有成功的事业、和睦的家庭和非常健康的身体。

　　我十分感激沃伦已经表示过感谢的本贝拉公司的诸位编辑们，尤其是负责我的书稿的几位编辑。我还要对我的行政助理哈里娜·波普科、我们 MarsVenus.com 网站的市场总监乔恩·迈尔斯、客服部门的玛西·威恩、负责我的博客和网页的视频制作总监格莱德·特鲁伊特，以及世界各地的"火星金星生活培训"机构的全体工作人员表示感谢。我尤其要对在 MarsVenus.com 担任创意总监的女儿劳伦·格里表示感谢，感谢她经营的倍受欢迎的视频博客。

　　我要对很多研究人员表示衷心的感谢，没有他们在健康和幸福领域开展的研究工作，本书有关注意缺陷多动障碍的章节就不可能存在。对一位位身为家长的男性和女性我也要表示衷心的感谢，他们不仅信任这些改善婚姻的建议，而且还为自己的孩子创造了修复大脑功能的机会，让他们有能力开发并发挥自己在谋求幸福、学习知识和争取成功等方面的全部潜力。

约翰·格雷

作者简介

（© Sam Martin）

【美】沃伦·法雷尔

多部著作都出版有 17 种语言的版本，其中包括两部获奖的国际畅销书：《男人为何是这样的》和《男权神话》。沃伦曾被《金融时报》评选为世界百名思想领袖。

沃伦博士目前担任白宫男性和男童事务委员会促进联合会的主席。他是美国唯一一位三次当选为总部设在纽约的美国妇女组织（NOW）理事会成员的男性。他先后创办了 300 多个男性和女性小组，其中包括约翰·列侬和约翰·格雷等知名人物参加的一些小组。沃伦博士反复在《奥普拉脱口秀》《今日秀》和《早安美国》等电视节目中露面，美国广播公司还在黄金时段播出的大型新闻节目《20/20》对他进行了专题报道，《福布斯》《华尔街日报》《人物》《大观》和《纽约时报》等报纸杂志也对他进行过报道。

【美】约翰·格雷

著有《男人来自火星，女人来自金星》，这部著作在《今日美国》评选的最近 25 年里最有影响的图书排行榜中排名第六，它的精装版在上榜的 90 部非虚构类畅销书中排名第一。约翰·格雷的著作被翻译成了大约 45 种语言，被介绍给了 100 多个国家的读者。

格雷博士最新的著作包括《卧室里的火星和金星》《火星和金星会碰撞》和《跟我一起努力》（和芭芭拉·安妮丝合著）。格雷博士还反复在《奥普拉脱口秀》《奥兹博士秀》《今日秀》《CBS 早间新闻》和《早安美国》等电视节目中露面。《时代》《福布斯》《今日美国》《电视指南半月刊》和《人物》等报纸杂志都对他进行过报道，著名节目主持人芭芭拉·沃尔特斯也通过一期长达 3 个小时的专题节目对他进行了重点报道。

（© Glade Truitt）